Vocabulaire de la gestion
des finances publiques

Vocabulary of Government
Finance Management

Bulletin de terminologie 232   Terminology Bulletin 232

Yolande Bernard
Samek Janowski

Illustration

Conception : Kostron Graphics   Design: Kostron Graphics

© Ministre des Travaux publics et Services
gouvernementaux Canada 1997

En vente au Canada chez

votre libraire local

ou par la poste, par l'entremise du

Groupe Communication Canada - Édition
Ottawa (Canada) K1A 0S9

N° de catalogue S52-2/232-1997
ISBN 0-660-60198-2

© Minister of Public Works and
Government Services Canada 1997

Available in Canada through

your local bookseller

or by mail from

Canada Communication Group - Publishing
Ottawa, Canada K1A 0S9

Catalogue No. S52-2/232-1997
ISBN 0-660-60198-2

Données de catalogage avant publication (Canada)

Bernard, Yolande

Vocabulaire de la gestion des finances publiques = Vocabulary of government finance management

Éd. rév. de : Vocabulaire budgétaire, comptable et financier = Budgetary, accounting and financial vocabulary. Secrétariat d'État du Canada, c1987.
(Bulletin de terminologie = Terminology bulletin ; 232)
Texte en français et en anglais.
Comprend des références bibliographiques.
ISBN 0-660-60198-2
N° de cat. S52-2/232-1997

1. Finances publiques — Canada — Dictionnaires. 2. Comptabilité — Dictionnaires. 3. Anglais (Langue) — Dictionnaires français. 4. Finances publiques — Canada — Dictionnaires anglais. 5. Comptabilité — Dictionnaires anglais. 6. Français (Langue) — Dictionnaires anglais. I. Janowski, Samek. II. Canada. Travaux publics et Services gouvernementaux Canada. Direction de la terminologie et de la normalisation. III. Titre : Vocabulary of government finance management. IV. Coll. : Bulletin de terminologie (Canada. Travaux publics et Services gouvernementaux Canada. Direction de la terminologie et de la normalisation) ; 232.

HJ796.B47 1997   336.003
C97-980028-5F

Canadian Cataloguing in Publication Data

Bernard, Yolande

Vocabulaire de la gestion des finances publiques = Vocabulary of government finance management

Rev. ed. of: Vocabulaire budgétaire, comptable et financier = Budgetary, accounting and financial vocabulary. Dept. of the Secretary of State of Canada, c1987.
(Bulletin de terminologie = Terminology bulletin ; 232)
Text in English and French.
Includes bibliographical references.
ISBN 0-660-60198-2
Cat. no. S52-2/232-1997

1. Finance, Public — Dictionaries. 2. Accounting — Dictionaries. 3. English language — Dictionaries — French. 4. Finance, Public — Dictionaries — French. 5. Accounting — Dictionaries — French. 6. French language — Dictionaries — English. I. Janowski, Samek. II. Canada. Public Works and Government Services Canada. Terminology and Standardization Directorate. III. Title: Vocabulary of government finance management. IV. Series: Bulletin de terminologie (Canada. Public Works and Government Services Canada. Terminology and Standardization Directorate) ; 232

HJ796.B47 1997   336.003
C97-980028-5E

Table des matières

Avant-propos	vii
Introduction	ix
Remerciements	xi
Membres du Comité	xiii
Guide d'utilisation	xv
Vocabulaire anglais-français	1
Lexique français-anglais	367
Figure 1	569
Bibliographie	571

Table of Contents

Foreword	vii
Introduction	ix
Acknowledgments	xi
Members of the Committee	xii
User's Guide	xv
English-French Vocabulary	1
French-English Glossary	367
Figure 1	570
Bibliography	571

Avant-propos

De tout temps, l'administration des budgets, la comptabilité publique et la gestion financière ont constitué une facette essentielle des affaires de l'État. Voilà pourquoi le Bureau de la traduction, dans son rôle d'appui aux ministères fédéraux, s'est toujours attaché à tenir et à diffuser un fonds terminologique à la fine pointe des nouveautés dans ces sphères d'activité humaine.

C'est ainsi que TERMIUM®, la banque de données linguistiques du gouvernement du Canada, renferme depuis sa mise sur pied des milliers de termes se rapportant à ces domaines. En 1987, le Bureau de la traduction faisait aussi paraître son *Vocabulaire budgétaire, comptable et financier* (BT-174), communément appelé le BCF, qui s'est très rapidement imposé dans la fonction publique et ailleurs.

Depuis cette date, de nombreux changements sont survenus dans la gestion des finances de l'État. Témoin, par exemple, la refonte de la *Loi sur l'administration financière*, qui est devenue la *Loi sur la gestion des finances publiques*, et le Système de gestion des dépenses, qui a succédé au système des enveloppes. Mentionnons aussi l'examen des programmes fédéraux entrepris en 1994 et dont les effets se font sentir de façon marquée dans la conduite des affaires

Foreword

Budget administration, government accounting and financial management have always been an essential facet of government business. For this reason, the Translation Bureau, whose role is to support federal government departments, has always maintained and promoted the use of its terminology database as a reliable source of information on the latest concepts relating to these spheres of human activity.

From the very beginning, TERMIUM®, the linguistic data bank of the Government of Canada, has been the source of thousands of terms relating to the above-mentioned fields. In 1987, the Translation Bureau published its *Budgetary, Accounting and Financial Vocabulary* (BT-174), a publication popularly known as the BCF, which quickly gained recognition in the Public Service and elsewhere.

Since then, government finance management has experienced many changes. Two examples of these are the *Financial Administration Act*, which was revised, and the envelope system, which was replaced by the Expenditure Management System. Another example worthy of mention is the federal program review undertaken in 1994, that continues to have significant influence on how the government conducts its business. As a result of these changes, a host of new concepts were created,

vii

gouvernementales. Cette évolution a donné naissance à une foule de nouveaux concepts, auxquels se rattache une terminologie particulière.

Soucieux de toujours offrir une terminologie normalisée qui reflète fidèlement les nouvelles réalités, le Bureau de la traduction a procédé à une révision en profondeur de l'ancien BT-174 avec le concours de spécialistes appartenant à des ministères clés de la fonction publique dans le domaine de la gestion financière. Cette actualisation a donné lieu à la publication du tout nouvel ouvrage qu'est le *Vocabulaire de la gestion des finances publiques* (BT-232).

Je suis convaincue que le nouveau BT-232 connaîtra le même succès que son prédécesseur et qu'il deviendra rapidement un outil de référence privilégié pour toutes les personnes, du grand spécialiste au simple profane, appelées à utiliser ce genre de terminologie.

and in the process a new terminology was established specifically to designate these concepts.

Aware of the importance of providing permanent access to terminology that is both standardized and current, the Translation Bureau carried out an extensive revision of the earlier BT-174 in collaboration with finance management specialists from key departments of the Public Service. The product of this revision project is the brand new BT-232, the *Vocabulary of Government Finance Management*.

I am convinced that this publication will be as successful as its earlier version and will quickly become the reference tool of choice for all users interested in this type of terminology, specialists and non-specialists alike.

La présidente-directrice générale
(Bureau de la traduction),

Diana Monnet

Chief Executive Officer
(Translation Bureau)

Introduction

Le *Vocabulaire de la gestion des finances publiques* (BT-232) constitue une refonte complète du *Vocabulaire budgétaire, comptable et financier* paru en 1987.

Ce nouvel ouvrage de consultation, qui comprend 2 900 entrées, traite quelque 2 400 notions et présente 920 définitions, reflète les nouvelles façons de faire et les nouvelles réalités de la fonction publique fédérale dans le domaine de l'administration financière.

Aux rédacteurs, traducteurs et réviseurs appelés à employer ce genre de terminologie, le BT-232 offre aussi une composante phraséologique destinée à faciliter l'utilisation du vocabulaire qu'il renferme. Il présente de plus, au moyen d'un tableau, le système de gestion des dépenses du gouvernement du Canada.

Une partie du contenu du *Vocabulaire* a été établie avec le concours d'un groupe de spécialistes formant le Comité de terminologie des finances publiques et représentant le Secrétariat du Conseil du Trésor, les services du receveur général de Travaux publics et Services gouvernementaux Canada, le ministère des Finances Canada ainsi que le Bureau du vérificateur général du Canada.

Introduction

The *Vocabulary of Government Finance Management* (BT-232) is a complete revision of the *Budgetary, Accounting and Financial Vocabulary* published in 1987.

This new reference work contains 2 900 entries, including some 2 400 concepts and 920 definitions. It reflects new ways of doing business and new realities in the federal Public Service relating to financial administration.

In addition, BT-232 provides writers, editors and translators with a phraseological component intended to facilitate the use of this terminology. Included is a table which outlines the expenditure management system of the Government of Canada.

A portion of the contents of this *Vocabulary* was prepared in collaboration with a group of specialists who are members of the Committee on Financial Administration Terminology. This Committee consists of representatives from the Treasury Board Secretariat, the Receiver General at Public Works and Government Services Canada, the Department of Finance Canada, and the Office of the Auditor General.

La gestion des finances publiques est un domaine très vaste, qui évolue d'ailleurs constamment. D'ici l'an 2001, par exemple, le gouvernement fédéral entend mettre en oeuvre une *Stratégie d'information financière* qui viendra modifier en profondeur ses méthodes comptables et donnera sans doute naissance à une nouvelle terminologie. Le BT-232, malgré qu'il soit aujourd'hui très actuel, ne saurait prétendre à l'exhaustivité, ni son contenu à la pérennité. Chose certaine, cependant, les changements qui se produiront dans ce secteur d'activité trouveront toujours leur écho dans *TERMIUM*®, la banque de données linguistiques du gouvernement du Canada.

Les lecteurs qui le désirent sont invités à faire part de leurs observations aux auteurs du *Vocabulaire* en écrivant à l'adresse suivante :

Direction de la terminologie et de
   la normalisation
Bureau de la traduction
Travaux publics et Services
   gouvernementaux Canada
Ottawa (Ontario)
CANADA
K1A 0S5

Téléphone : (819) 997-6843
Télécopieur : (819) 953-8443

Internet :
   termium@piper.tpsgc.gc.ca

Government finance management is an extensive field that is constantly evolving. By the year 2001, the federal government is expected to implement a *Financial Information Strategy* that will significantly change its accounting methods, creating a new terminology in the process. Despite its current relevance, BT-232 cannot claim to be complete, and its contents will be subject to change. Nonetheless, any future changes in this field will always be reflected in TERMIUM®, the linguistic data bank of the Government of Canada.

Any comments or observations will be greatly appreciated and should be sent to the authors of the *Vocabulary* at the following address:

Terminology and Standardization
   Directorate
Translation Bureau
Public Works and Government
   Services Canada
Ottawa, Ontario
CANADA
K1A 0S5

Telephone: (819) 997-6843
Fax: (819) 953-8443

Internet:
   termium@piper.pwgsc.gc.ca

Remerciements

Nous aimerions remercier tous ceux et celles qui ont contribué à la réalisation du *Vocabulaire de la gestion des finances publiques*, en particulier Robert Beaudin et Elaine Maheu, du Bureau du vérificateur général, et Gilles Vézina, du Secrétariat du Conseil du Trésor, qui ont revu le manuscrit et nous ont apporté nombre d'éclaircissements utiles. Nous tenons aussi à souligner la participation de Madeleine McCartin et du personnel de son secteur, au Secrétariat du Conseil du Trésor.

Nos remerciements s'adressent aussi à nos collègues du Bureau de la traduction, Fernand-Paul Boisvert et Louiselle Gagnon, pour leur contribution à la validation des équivalences.

Nous saluons chaleureusement les membres du Comité de terminologie des finances publiques, et en particulier son président, Richard Deschênes, des services du receveur général du Canada. L'apport du Comité à l'établissement du *Vocabulaire* a été déterminant.

Nous aimerions aussi exprimer notre gratitude à nos collègues

Acknowledgements

We would like to thank all those who contributed to the preparation of the *Vocabulary of Government Finance Management*, in particular Robert Beaudin and Elaine Maheu from the Office of the Auditor General, and Gilles Vézina from the Treasury Board Secretariat, who revised the manuscript and whose useful comments were instrumental in clarifying a number of difficult questions. Also worthy of special mention for their involvement in the project are Madeleine McCartin and her staff at the Treasury Board Secretariat.

We would also like to thank our Translation Bureau colleagues, Fernand-Paul Boisvert and Louiselle Gagnon, who actively participated in the process of validating the terms and their equivalents.

Our warmest gratitude is extended to the members of the Committee on Financial Administration Terminology, and in particular its president, Richard Deschênes from the Receiver General for Canada. Their input during the preparation of the *Vocabulary* was indispensable.

We would also like to express our appreciation to our colleagues

Charles Skeete, qui a revu toutes les définitions anglaises, et Jacqueline Fauvelle, qui a participé à la validation de certaines appellations officielles.

Charles Skeete, who revised all the English definitions, and Jacqueline Fauvelle, who was involved in confirming the accuracy of a number of official titles.

Yolande Bernard
Samek Janowski

Yolande Bernard
Samek Janowski

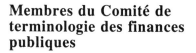

Membres du Comité de terminologie des finances publiques	Members of the Committee on Financial Administration Terminology

Travaux publics et Services gouvernementaux Canada (TPSGC)

Public Works and Government Services Canada (PWGSC)

Receveur général du Canada
Richard Deschênes (président)
Hélène Couroux Audet
Lyne Ippersiel

Receiver General for Canada
Richard Deschênes (president)
Hélène Couroux Audet
Lyne Ippersiel

Bureau de la traduction
Yolande Bernard
Louiselle Gagnon (pour le Bureau du vérificateur général)

Translation Bureau
Yolande Bernard
Louiselle Gagnon (for the Office of the Auditor General)

Secrétariat du Conseil du Trésor

Madeleine McCartin

Treasury Board of Canada, Secretariat

Madeleine McCartin

Société Gamma Inc.
Gilles Gamas (pour Finances Canada)

Société Gamma Inc.
Gilles Gamas (for Finance Canada)

Guide d'utilisation

Pour alléger la présentation du vocabulaire et en faciliter la consultation, nous avons établi les règles suivantes :

Les entrées sont classées suivant l'ordre alphabétique absolu. Par exemple, le terme «expenditure strategy» se trouve après le terme «expenditures».

Les abréviations et les synonymes sont séparés de l'entrée principale par un point-virgule.

Les chiffres en exposant indiquent qu'un même terme recouvre des notions différentes et non interchangeables.

Dans une entrée, les parenthèses signalent la nature grammaticale et le genre d'un terme, une courte explication pour situer le terme, une variante orthographique (le trait d'union par exemple) ou une marque d'usage («à éviter» par exemple).

Le point gras (•) annonce le début d'un bloc phraséologique. Les phraséologismes anglais sont classés en ordre alphabétique. Ceux du bloc français sont des équivalents possibles des phraséologismes anglais et suivent l'ordre de ces derniers. Comme il peut y avoir plus d'un équivalent pour le même phraséologisme, ceux-ci sont séparés par une barre oblique.

User's Guide

To streamline the vocabulary and facilitate its use, the following rules have been observed:

Entries are classified in strict alphabetical order. For example, the term "expenditure strategy" appears after the term "expenditures".

A semicolon is used to separate the synonyms and abbreviations from the main entry.

Superscripts indicate that a term designates concepts that are different and not interchangeable.

In an entry, parentheses enclose the part of speech and gender of the term, a short explanation to situate the term, a spelling variant (for example a hyphen), or a usage note (for example "avoid").

The boldface period (•) is used to introduce a phraseological component. English component phraseologisms are classified in alphabetical order. Those in the French components are suggested equivalents for English phraseologisms and are classified in the same order as that of the English. Since phraseologisms may have more than one equivalent, slashes are used to separate them.

Abréviations et symboles   *Abbreviations and Symbols*

(adj.)	adjectif	(adj.)	adjective
(n.é.)	nom épicène	cf.	cross-reference to a related term
(n.f.)	nom féminin	e.g.	example
(n.m.)	nom masculin	(n.)	noun
NOTA	remarque sur le sens ou l'emploi d'un terme	NOTE	a comment on the meaning or use of a term
cf.	renvoi à une notion apparentée	SEE	indicates under which entry the concept is defined
p. ex.	par exemple	(v.)	verb
SEE	renvoi au terme sous lequel la notion est définie	•	introduces a phraseological component
•	début d'un bloc phraséologique	~	position of the base term in a phraseological unit; the article preceding this symbol refers to the first term
~	place du terme noyau dans une combinaison phraséologique; l'article qui précède ce signe se rapporte au premier terme	/	separation of substitutable elements in a phraseological unit
/	séparation des éléments substituables dans une combinaison phraséologique		

Vocabulaire anglais-français / English-French Vocabulary

$000 000
SEE **millions of dollars, in**

AAG; Assistant Auditor General vérificateur général adjoint (n.m.); **VGA**

ABM
SEE **activity-based management**

accommodation costs[1] frais de logement (n.m.); frais d'hébergement (n.m.)

accommodation costs[2] coûts des locaux (n.m.)

account (n.) compte (n.m.)
• *establishment, maintenance, scope of an ~* • *création, ouverture, tenue, portée d'un ~*

account (for) (v.) **comptabiliser; constater; inscrire; enregistrer; passer une écriture; prendre en compte**

• *accounted for money* Porter une opération ou un fait économique dans les comptes d'une entité.

  • *somme d'argent comptabilisée*

accountability **obligation de rendre compte** (n.f.); **obligation de rendre des comptes** (n.f.); **reddition de comptes** (n.f.); **obligation redditionnelle** (n.f.); **responsabilisation** (n.f.); **imputabilité** (à éviter) (n.f.)

The obligation to answer for a responsibility that has been conferred. Obligation de répondre de l'exercice d'une responsabilité qui a été conférée.

1

accountability (cont'd)

NOTE There is a difference between responsibility and accountability. Responsibility is the obligation to act; accountability is the obligation to answer for an action.

• *enhance, facilitate ~*

accountability document

accountability regime

accountable advance

A sum of money advanced from an appropriation and for which the recipient is required to make an accounting or a repayment.

• *accounting for, recovery of, repayment of an ~*

Accountable Advances Regulations

account balance
SEE **balance**[1] (n.)

account classification
SEE **classification of accounts**

account closing; closing of account

account code; code of accounts

• *accroître, favoriser, renforcer la responsabilisation*

document de responsabilisation (n.m.)

régime de responsabilisation (n.m.)

avance à justifier (n.f.); **avance comptable** (à éviter) (n.f.)

Avance, prélevée sur un crédit parlementaire, consentie au bénéficiaire qui doit rendre compte de l'emploi de la somme reçue ou la rembourser.

• *justification, recouvrement, emboursement d'une ~*

Règlement sur les avances comptables (n.m.)

NOTA Dans le titre du Règlement, «avances comptables» devrait être remplacé par «avances à justifier».

clôture de compte (n.f.)

code de comptes (n.m.)

account for government funds; account for public funds; account for public money	rendre compte de l'utilisation des fonds publics
account for payment or settlement	compte à payer ou à régler (n.m.)
account for public funds; account for public money; account for government funds	rendre compte de l'utilisation des fonds publics
account for public money; account for government funds; account for public funds	rendre compte de l'utilisation des fonds publics
accounting^1	comptabilité (n.f.)
accounting^2 (for)	comptabilisation (n.f.)
accounting change A change in an accounting policy or an accounting estimate or the correction of an error relating to prior fiscal year financial statements.	**modification comptable** (n.f.) Changement aux conventions comptables, révision des estimations comptables ou correction des erreurs dans les états financiers antérieurs.
accounting crosswalk SEE **crosswalk**	
accounting date	**date de l'arrêté des comptes** (n.f.) NOTA Le plus souvent, la date de l'arrêté des comptes correspond à la «date de clôture de l'exercice». Elle peut correspondre aussi à la fin d'une période intermédiaire pour laquelle on prépare des états financiers. Dans ce dernier cas, on ne pourra évidemment pas y référer comme étant la date de clôture de l'exercice.
accounting entity One or more accounting units or bodies which are treated as one for purposes of financial reporting.	**entité comptable** (n.f.) Une ou plusieurs unités ou personnes morales formant un tout pour fins de présentation des états financiers.

accounting entity

accounting entity (cont'd)
cf. Government of Canada as a reporting entity

accounting entry; book entry; entry

A record, in a book of account or other accounting document, of the effect of an operation or transaction.

• *generate, authorize, support an ~*

accounting error

An error attributable to a miscalculation, a misinterpretation of information, an omission of known facts during the preparation of the financial statements or to the application of an unacceptable accounting practice.

accounting estimate

The amount included in financial statements to approximate the effect of past business transactions or events, or the present status of an asset or liability.

accounting for revenues; revenue accounting

accounting materiality

The materiality used by the entity's management in preparing financial statements.

écriture comptable (n.f.); **écriture** (n.f.); **inscription comptable** (n.f.); **enregistrement comptable** (n.m.)

Enregistrement d'une opération dans un journal ou dans des comptes.

• *effectuer, autoriser, justifier une ~*

erreur comptable (n.f.)

Erreur attribuable à un calcul erroné, à une mauvaise interprétation de certains renseignements, au défaut de prendre en considération des faits connus lors de l'établissement des états financiers ou à l'adoption d'une pratique comptable inacceptable.

estimation comptable (n.f.)

Montant inclus dans les états financiers à titre d'approximation de l'incidence d'opérations commerciales ou d'autres faits passés ou de l'état actuel d'éléments d'actif ou de passif.

comptabilité des recettes (n.f.)

importance relative comptable (n.f.)

Importance relative utilisée par la direction de l'entité pour préparer les états financiers.

accounting records

accounting office (of a government department)

service de la comptabilité (n.m.); comptabilité (n.f.) (d'un ministère)

accounting on a cash basis
SEE **cash basis of accounting**

accounting period; fiscal period; financial period; interim period

période intermédiaire (n.f.); période comptable (n.f.)

Période inférieure à la durée de l'exercice, par exemple un mois, un trimestre ou un semestre, au terme de laquelle l'entité dresse des états financiers (ou établit sa situation intermédiaire) sans clôturer les comptes.

NOTA «Période comptable» désigne également une période d'un an et correspond alors à «exercice».

accounting policies

conventions comptables (n.f.); règles et méthodes comptables (n.f.)

The specific accounting principles followed by an organization and the procedures for applying those principles.

Règles et méthodes particulières qu'une entité adopte en matière de comptabilité.

accounting principles

principes comptables (n.m.)

The basic rules which give guidance in the measurement, classification and interpretation of financial information, as well as in the presentation of this information in the financial statements.

Règles fondamentales portant sur la mesure, le classement et l'interprétation des informations financières ainsi que sur la présentation de ces informations dans les états financiers.

accounting records; records; books; books of account; books and records (avoid)

livres (n.m.); livres comptables (n.m.); documents comptables (n.m.); registres comptables (n.m.); livres et registres (à éviter) (n.m.)

Comptes, journaux, fichiers, pièces justificatives et toute autre documentation comptable.

accounting requirement

accounting requirement — exigence comptable (n.f.); exigence en matière de comptabilité (n.f.)

accounting system — système comptable (n.m.)

A system used by an entity, including procedures for recording, checking and reporting transactions.

Système utilisé dans une entité, comprenant les procédés pour l'enregistrement des opérations, leur vérification et la présentation des rapports connexes.

account of a revolving fund; revolving fund account — compte de fonds renouvelable (n.m.)

account overdue; overdue account — compte en souffrance (n.m.)

account payable — compte créditeur (n.m.); créditeur (n.m.); compte à payer (à éviter) (n.m.); compte payable (à éviter) (n.m.)

An amount owing to a third party, a supplier or to a creditor.

Somme due à un tiers, à un fournisseur ou à un créancier.

account receivable — compte débiteur (n.m.); débiteur (n.m.); compte à recevoir (à éviter) (n.m.); compte recevable (à éviter) (n.m.)

An amount owed by a debtor.

Somme réclamée à un débiteur.

account reconciliation
SEE **reconciliation**

accounts of Canada — comptes du Canada (n.m.)

The centralized record of the financial transactions of the Government of Canada, maintained by the Receiver General. The accounts of Canada summarize revenues, expenditures, asset and liability transactions.

Registre central, tenu par le receveur général, pour l'inscription des opérations financières de l'État canadien. Les comptes du Canada constituent une récapitulation des opérations de recettes et de dépenses ainsi que des opérations inscrites à l'actif et au passif.

NOTA Ce registre central est parfois appelé le «Grand livre du Canada».

accounts

accounts payable; payables

An account which records amounts owing at the year end pursuant to contractual arrangements, or for work performed, goods received, or services rendered, relating to appropriations on which Parliament has imposed annual ceilings, accrued amounts to be paid from appropriations and statutory authorities, and accrued financial obligations of consolidated Crown corporations.

accounts payable file

accounts payable office

accounts receivable; receivables

The billed (but uncollected) and unbilled or accrued financial claims arising from amounts owed to a Government body for use of its assets, or from the proceeds for provision of services as of the accounting date.

accounts receivable control account

créditeurs (n.m.)**; comptes créditeurs** (n.m.)**; comptes à payer** (à éviter) (n.m.)**; comptes payables** (à éviter) (n.m.)

Compte dans lequel on inscrit les montants dus à la fin de l'exercice conformément à des accords contractuels, ou pour des travaux accomplis, des marchandises reçues ou des services rendus, en ce qui concerne les crédits auxquels le Parlement a imposé des plafonds annuels, les montants constatés à être versés à même les crédits et les autorisations législatives, ainsi que les dettes constatées par régularisation des sociétés d'État consolidées.

fichier des comptes créditeurs (n.m.)

bureau des comptes créditeurs (n.m.)

débiteurs (n.m.)**; comptes débiteurs** (n.m.)**; comptes à recevoir** (à éviter) (n.m.)**; comptes recevables** (à éviter) (n.m.)

Créances qui ont été facturées (mais non perçues), celles qui n'ont pas été facturées, ou encore celles qui sont constatées par régularisation, et qui découlent de montants dus à un organisme gouvernemental pour l'utilisation de ses biens, ou qui émanent de rentrées pour des services rendus durant l'exercice.

compte de contrôle des comptes débiteurs (n.m.)**; compte de contrôle des débiteurs** (n.m.)

accounts

accounts receivable for non-tax revenues

débiteurs pour recettes non fiscales (n.m.)

accounts receivable for tax revenues

débiteurs pour recettes fiscales (n.m.)

accounts receivable record

registre des créances (n.m.)

accounts receivable system; ARS

système de comptabilisation des créances (n.m.)**; système des comptes débiteurs** (n.m.)

A system designed to assist management in accounting of all debts and other claims due and payable to the department.

Système ministériel de comptabilité dans lequel sont inscrites les sommes dues à un ministère et les autres créances exigibles.

account verification; verification of accounts

vérification des comptes (n.m.)

A process whereby transactions are to be reviewed for accuracy, such as ensuring that the payment is not a duplicate, that discounts have been deducted, that any charges not payable have been removed and that the amount has been calculated correctly.

Processus suivant lequel il faut vérifier l'exactitude des opérations, c'est-à-dire s'assurer que le montant n'a pas déjà été payé, que les remises pertinentes ont été déduites, que tous les frais non admissibles ont été supprimés et que le montant à payer est exact.

account verification system; system of account verification

système de vérification des comptes (n.m.)

accrual[1]

charge à payer (n.f.)

Élément de passif auquel correspond une charge qui n'a pas fait l'objet d'une sortie de fonds.

accrual[2]

produit à recevoir (n.m.)

Élément d'actif auquel correspond un produit qui n'a pas fait l'objet d'une rentrée de fonds.

accrual accounting
SEE **accrual basis of accounting**

━━━ **accrued**

accrual accounting method
SEE **accrual basis of accounting**

accrual basis of accounting;
accrual accounting method;
accrual accounting; accrual
method of accounting

The method of recording
transactions by which revenues
and expenses are reflected in the
determination of results for the
period in which they are
considered to have been earned
and incurred, respectively, whether
or not such transactions have been
settled finally by the receipt or
payment of cash or its equivalent.

comptabilité d'exercice (n.f.);
méthode de la comptabilité
d'exercice (n.f.)

Méthode de comptabilisation qui
consiste à tenir compte, dans la
détermination du résultat net d'une
entité, des produits et des charges
découlant des opérations d'un
exercice lorsque les produits sont
gagnés et les charges engagées,
sans considération du moment où
les opérations sont réglées par un
encaissement ou un décaissement
ou de toute autre façon.

accrual method of accounting
SEE **accrual basis of accounting**

accrual of liabilities

inscription d'éléments de passif
(n.f.)

accrued (adj.)

constaté (adj.) (par régularisation)

accrued amount; amount
accrued

montant constaté (n.m.)
(par régularisation)

accrued charge
SEE **accrued liability**

accrued expenditures; accrued
expenses

charges constatées (n.f.)
(par régularisation)

Charges imputables à l'exercice en
fonction du temps écoulé ou au fur
et à mesure de la réception d'un
service, et donnant naissance à une
dette qui ne deviendra légalement
exigible qu'ultérieurement. Cette
charge, qui doit figurer dans l'état
des résultats (ou compte de
résultat) de l'exercice, fait l'objet
d'une écriture de régularisation en
fin d'exercice même s'il n'y a eu

9

accrued

accrued expenditures; accrued expenses (cont'd)

qu'exécution partielle du service considéré et qu'il n'y a encore eu ni facturation ni sortie de fonds.

accrued financial claim

créance constatée (n.f.) (par régularisation)

accrued financial obligation

dette constatée (n.f.) (par régularisation)

accrued interest[1]; interest accrued

intérêt couru (n.m.)

Interest accumulated from the last payment date that is not yet due and payable.

Intérêt non exigible accumulé depuis la dernière date de paiement des intérêts.

accrued interest[2]; interest accrued

intérêt couru (n.m.)

The amount of interest accumulated as at March 31 on the bonded debt and certain liabilities, that is not due or payable until some future date.

Somme, accumulée au 31 mars, des intérêts échéant et payables après cette date sur la dette obligataire et sur certains éléments de passif.

accrued liability; accrued charge

charge à payer (n.f.)

Obligation (par exemple des intérêts ou des salaires à payer) qu'une personne contracte avec le passage du temps ou au fur et à mesure qu'elle reçoit un service. Bien que cette obligation ne soit pas encore légalement exécutoire, elle constitue un élément de passif et elle est comptabilisée en fin d'exercice même s'il n'y a encore eu ni facturation ni sortie de fonds.

accrued loss

perte comptabilisée (n.f.)

accrued revenues

recettes constatées (n.f.) (par régularisation)

accumulated

accumulated amortization; accumulated depreciation

amortissement cumulé (n.m.)

accumulated balance

solde cumulé (n.m.)

accumulated costs

coûts accumulés (n.m.)

accumulated deficit

déficit accumulé (n.m.)

Excédent du passif sur l'actif d'un organisme sans but lucratif ou d'une administration publique. Il correspond au montant net des déficits et des excédents annuels de l'organisme ou de l'administration publique depuis sa création, dans le cas où ce montant est négatif.

accumulated deficit account

compte du déficit accumulé (n.m.)

The account recording the net sum of annual surpluses and deficits, together with certain amounts charged directly to this account.

Compte servant à comptabiliser le total net des déficits et des excédents annuels, ainsi que certaines sommes imputées directement au débit du compte.

accumulated depreciation; accumulated amortization

amortissement cumulé (n.m.)

accumulated net charge

imputation nette accumulée (n.f.)

Accumulated Net Charge Against the Fund's Authority; ANCAFA

imputation nette accumulée sur l'autorisation du fonds (n.f.); **INASAF**

Compte de contrôle servant à comptabiliser le montant de l'autorisation permanente du fonds qui a été utilisé.

accumulated surplus

excédent accumulé (n.m.); **surplus accumulé** (n.m.)

Excédent de l'actif sur le passif d'un organisme sans but lucratif ou d'une administration publique. Il correspond au montant net des déficits et des excédents annuels

11

accumulated

accumulated surplus (cont'd)

de l'organisme ou de l'administration publique, depuis sa création, dans le cas où ce montant est positif.

acquisition card; corporate acquisition card

A type of credit card used by federal government employees to make purchases needed by a given service, branch or similar unit.

carte d'achat (n.f.)

Carte utilisée par les fonctionnaires leur permettant d'effectuer des achats autorisés pour le compte de l'État et de se procurer des biens et services de faible valeur.

acquisition card company

émetteur de la carte d'achat (n.m.); **société émettrice de la carte d'achat** (n.f.)

acquisition card holder; acquisition cardholder; card holder; cardholder

détenteur d'une carte d'achat (n.m.); **détenteur** (n.m.)

acquisition card number

numéro de carte d'achat (n.m.)

acquisition card receipt

reçu de carte d'achat (n.m.)

across-the-board cut

compression générale (n.f.); **réduction globale** (n.f.)

act (n.)

loi (n.f.)

NOTA Le mot «loi» prend une majuscule lorsqu'on cite le titre exact d'une loi et une minuscule initiale dans tous les autres cas. Toutefois, pour éviter de toujours répéter le titre au long, on peut utiliser l'ellipse et écrire, la Loi.

activity

A component of a program, generally an element in a department's program activity structure.

activité (n.f.)

Composante d'un programme qui est, en général, un élément de la structure des activités de programme d'un ministère.

actuarial

activity base
The measure of activity used as the denominator in calculating unit costs. Examples include units of output, hours of service, full-time equivalents or number of invoices processed.

base d'activité (n.f.)
Mesure de l'activité qui sert de dénominateur dans le calcul des coûts unitaires. Exemples : les unités de production, les heures de service, les équivalents temps plein, le nombre de factures traitées.

activity-based management; ABM

gestion par activité (n.f.)**; GPA**

Méthode de gestion dans laquelle on utilise le modèle de la comptabilité par activité pour la prise de décisions.

activity description

description de l'activité (n.f.)

Act respecting the control of government expenditures
SEE *Spending Control Act*

Act to authorize the establishment of certain revolving funds
SEE *Revolving Funds Act*

Act to authorize the issue of Government annuities for old age
SEE *Government Annuities Act*

Act to provide borrowing authority for the fiscal year beginning on April 1, 19xx; *Borrowing Authority Act, 19xx-xx*

Loi sur le pouvoir d'emprunt pour 19xx-19xx (n.f.); *Loi portant pouvoir d'emprunt pour l'exercice 19xx-19xx* (n.f.)

actual (adj.)

réel (adj.); **effectif** (adj.)

actual expenditures; actual expenses; actual spending

dépenses réelles (n.f.); **dépenses effectives** (n.f.)

actual spending; actual expenditures; actual expenses

dépenses réelles (n.f.); **dépenses effectives** (n.f.)

actuarial assumptions

hypothèses actuarielles (n.f.)

actuarial basis

méthode actuarielle (n.f.)

13

actuarial

actuarial deficiency (obsolete)	**insuffisance actuarielle** (vieilli) (n.f.)
cf. experience gain and experience loss	
actuarial deficit	**déficit actuariel** (n.m.)
actuarial liability	**provision actuarielle** (n.f.)
actuarial liability adjustment	**redressement de la provision actuarielle** (n.m.)
	NOTA Terme adopté par le Comité de terminologie des finances publiques.
actuarial liability for employee pensions; actuarial liability for pensions	**provision actuarielle au titre des régimes de retraite** (n.f.)
	NOTA Terme adopté par le Comité de terminologie des finances publiques.
actuarial valuation	**évaluation actuarielle** (n.f.)
adjust a budget	**ajuster un budget**
adjusted reference level	**niveau de référence ajusté** (n.m.)
	NOTA Rubrique dans les feuilles de calcul d'affectations budgétaires.
adjustment[1]	**ajustement** (n.m.)
	S'emploie lorsqu'une procédure est mise en oeuvre en vue de rétablir la concordance entre deux comptes ou deux séries de données.
adjustment[2]	**redressement** (n.m.)**; correction** (n.f.)**; rectification** (n.f.)
	S'emploie lorsqu'une procédure est mise en oeuvre en vue de rectifier une erreur commise lors

Administered

adjustment[2] (cont'd)

de l'enregistrement d'une opération. Le terme «redressement» s'emploie également lorsque les montants des états financiers ont été redressés suite à la consolidation de deux ou plusieurs entités.

adjustment[3]

régularisation (n.f.)

S'emploie lorsqu'un changement est apporté au solde d'un compte, généralement en fin d'exercice au moyen d'une écriture de régularisation, en vue de mieux déterminer les produits et les charges d'une part, et la valeur attribuée aux éléments correspondants de l'actif et du passif, d'autre part.

adjustment to prior year's payables; adjustment of prior year's payables at year end (obsolete)

redressement des créditeurs de l'exercice précédent (n.m.); **redressement des créditeurs à la fin de l'exercice précédent** (vieilli) (n.m.)

NOTE The Committee on Financial Administration Terminology has adopted the term "adjustment to prior year's payables" to replace "adjustment of prior year's payables at year end" in the *Public Accounts of Canada*.

NOTA Le Comité de terminologie des finances publiques a adopté «redressement des créditeurs de l'exercice précédent» pour remplacer «redressement des créditeurs à la fin de l'exercice précédent» dans les *Comptes publics du Canada*.

administered funds

e.g. trust funds, endowment funds, joint project funds

fonds administrés (n.m.)

p. ex., les fonds en fiducie, les fonds de dotation, les fonds de projets conjoints

Administered Trust Accounts

Accounts which include pensions placed under the administration of the Canadian Pension Commission,

Comptes de fiducie gérés (n.m.)

Comptes qui comprennent : les pensions administrées par la Commission canadienne des

Administered

Administered Trust Accounts (cont'd)

war veterans and civilian war allowances placed under the administration of the Department of Veterans Affairs, and benefits from other sources such as Old Age Security, Guaranteed Income Supplement or Canada Pension Plan, placed under administration with the consent of the client.

pensions; les allocations aux anciens combattants et allocations de guerre pour les civils administrées par le ministère des Affaires des anciens combattants; et les prestations provenant de la sécurité de la vieillesse, du supplément de revenu garanti ou du Régime de pensions du Canada, administrées avec l'approbation du client.

administering department

cf. other government departments' suspense account

ministère responsable (n.m.)

Ministère chargé d'exécuter un programme (parfois à la place d'un autre ministère).

administration cost; administration expense

frais d'administration (n.m.)

administration expense; administration cost

frais d'administration (n.m.)

ad valorem

A method of levying a tax or duty on goods by using their estimated value as the tax base.

NOTE Literally, the term means "according to value".

ad valorem; à la valeur; sur la valeur

Toute méthode de prélèvement d'une taxe ou d'un droit sur des marchandises, fondée sur leur valeur.

NOTA Locution latine signifiant «suivant la valeur de».

advance (n.)

A financial claim acquired by making a payment to an outside entity. Such claims are normally repayable without interest and are of a short-term nature. However,

avance (n.f.)

Créance résultant d'un paiement versé à un ou des tiers. En général, les avances sont remboursables sans intérêt et consenties à court terme, mais il arrive que le

advance

advance (n.) (cont'd)

in certain cases, advances can be repayable over several years, with interest, according to a predetermined agreed repayment schedule.

NOTE Advances should not be confused with advance payments on contracts or accountable advances. The term "advance" applies only to transactions authorized under non-budgetary appropriations.

• *issue, make, recover an ~*
• *custodian, holder of an ~*

advance outstanding; outstanding advance

An advance that has not yet been accounted for.

advance payment; AP; payment in advance

In general, any payment made before it is due, or before the completion of an obligation for which it is to be paid.

• *make an ~*

advance repayment; repayment of advances

advance settled

An advance that has been accounted for.

NOTE As opposed to advance outstanding.

remboursement s'effectue sur plusieurs années et avec intérêt selon un calendrier préétabli.

NOTA Ne pas confondre l'avance avec l'avance sur marché public ou avec l'avance à justifier. Le terme «avance» ne s'applique qu'aux opérations autorisées en vertu de crédits non budgétaires.

• *émettre, verser, recouvrer une ~*
• *dépositaire, détenteur d'une ~*

avance non réglée (n.f.)

Avance qui n'a pas encore été comptabilisée.

paiement anticipé (n.m.);
paiement par anticipation (n.m.);
versement anticipé (n.m.);
versement par anticipation (n.m.)

Somme versée avant que les marchandises ou les produits vendus n'aient été livrés ou les services rendus.

• *faire, effectuer un ~*

remboursement d'avances (n.m.)

avance réglée (n.f.)

Avance qui a été comptabilisée.

NOTA S'oppose à avance non réglée.

17

advances

advances report

A report covering both unreconciled accounts where advances have not been cleared by expense claims, and reconciled accounts where advances have been offset by claims during the current month.

advice of settlement

AFA
SEE **Alternative Funding Arrangement**

affordability

AG
SEE **Auditor General of Canada**

age accounts

aged accounts receivable report

aged accounts receivable trial balance

ageing; aging (n.)

The process of classifying amounts in an account, such as accounts receivable, according to the length

rapport d'avances (n.m.)

avis de règlement (n.m.)

capacité financière (n.f.); **moyens financiers** (n.m.); **abordabilité** (n.f.)

Mesure dans laquelle une personne ou une entité a les moyens de faire face à ses engagements financiers.

ventiler chronologiquement des comptes; ventiler par antériorité des soldes

rapport chronologique des débiteurs (n.m.)

Rapport dans lequel on ventile les comptes débiteurs selon leur ancienneté.

balance chronologique des débiteurs (n.f.)

classement chronologique (n.m.)

Processus de classement des éléments composant le solde d'un compte en fonction du temps qui

ageing; aging (n.) (cont'd)
of time they have been outstanding or for which they have been due.

e.g. of loans, receivables, accounts

agency

s'est écoulé depuis leur création.

p. ex., de prêts, de débiteurs, de comptes

organisme (n.m.)

NOTA «Agence» s'emploie lorsqu'il s'agit d'une situation de mandataire.

agency code

code d'organisme (n.m.)

agency coding

codage d'organisme (n.f.)

agent

mandataire (n.é.)

agent Crown corporation

société d'État mandataire (n.f.); **corporation de mandataire** (à éviter) (n.f.)

A Crown corporation that is expressly declared to be an agent of the Crown.

Société d'État ayant la qualité de mandataire de Sa Majesté par déclaration expresse.

agent enterprise Crown corporation

société d'État entreprise mandataire (n.f.)

A corporate organization which is not dependent on parliamentary appropriations and whose principal activity and source of revenue is the sale of goods and services to outside parties. It is an agent of Her Majesty in right of Canada.

Société d'État qui n'est pas dépendante de crédits parlementaires et dont l'activité première consiste en la vente de biens et la prestation de services à des tiers et qui est classée comme mandataire de l'État.

agent of Her Majesty

mandataire de Sa Majesté (n.é.)

agent of the Crown

mandataire de l'État (n.é.)

aggregate of expenditures

total des dépenses (n.m.); **ensemble des dépenses** (n.m.); **somme des dépenses** (n.f.)

aging (n.)
SEE **ageing**

Agricultural

Agricultural Commodities Stabilization Account

An account the purpose of which is to reduce income loss to producers from market risks by stabilizing prices.

agricultural subsidy

allocate costs

To spread a cost systematically over two or more time periods.

allocated costs

Costs which cannot be directly attributed to the production or provision of a product or service, such as certain fixed costs, and which must be allocated on some other basis such as a predetermined percentage or a standard cost factor applied to an appropriate measure of the activity base. Costs allocated in this way generally include administrative overheads, accommodation, capital and shared inventories.

allocated funds; appropriated funds; appropriated money

allocate funds (to, for); **appropriate funds** (to, for) (v.)

Compte de stabilisation des produits agricoles (n.m.)

Compte dont le but est de réduire les pertes de revenu des producteurs découlant des risques du marché au moyen de la stabilisation des prix.

subvention à l'agriculture (n.f.); **subvention agricole** (n.f.)

répartir les coûts; ventiler les coûts

Étaler un coût de manière systématique et logique sur plusieurs exercices.

coûts répartis (n.m.); **coûts ventilés** (n.m.)

Coûts qui ne peuvent être attribués directement à la production d'un bien ou à la prestation d'un service, comme certains coûts fixes, et qui doivent être répartis à un autre titre, par exemple suivant un pourcentage prédéterminé ou un facteur de coûts uniforme appliqué à une mesure appropriée de la base d'activité. En général, les coûts répartis de cette façon comprennent les frais généraux administratifs et les coûts des locaux, de même que les immobilisations et les stocks partagés.

fonds alloués (n.m.); **fonds affectés** (n.m.)

affecter des fonds (à); **allouer des fonds** (pour)

Consacrer des sommes à la réalisation d'un projet ou au fonctionnement d'un service.

=== **allotment**

allocate resources

allocation; apportionment; distribution; proration

allocation base

A base by which overhead costs may be allocated to direct and program support costs. The base may be an operating variable such as full-time equivalents or the number of transactions, or it may be a dollar value such as total expenditures.

allotment

A subdivision of an appropriation by Treasury Board for control purposes.

- ~ *from a vote*
- *establishment of an ~*
- *divide, establish, exceed, increase, overspend, reduce an ~*

allotment control; control of allotments

The means used by Treasury Board to control departments and

allouer des ressources; affecter des ressources

répartition (n.f.)**; ventilation** (n.f.)**; imputation** (n.f.)

Action de ventiler une somme (entre divers comptes ou entre diverses personnes), le plus souvent proportionnellement, au moyen de coefficients appelés clés de répartition; résultat de cette action.

base de répartition (n.f.)

Base qui sert à répartir les frais généraux entre les coûts directs et les coûts de soutien d'un programme. Cela peut être une variable d'exploitation, comme les équivalents temps plein ou le nombre d'opérations, ou une valeur monétaire, comme les dépenses totales.

affectation (n.f.)**; dotation** (n.f.)

Subdivision d'un crédit effectuée par le Conseil du Trésor à des fins de contrôle.

NOTA Le Comité de terminologie des finances publiques recommande de remplacer «affectation» par «dotation» pour être conforme à l'article 31 de la *Loi sur la gestion des finances publiques*.

- ~ *imputable sur un crédit*
- *création d'une ~*
- *diviser, établir/créer, dépasser, majorer, réduire une ~*

contrôle des affectations (n.m.)

Contrôle qu'exerce le Conseil du Trésor sur les ministères et les

allotment

allotment control; control of allotments (cont'd)

agencies as soon as they are given authority for expenditures.

cf. allotment

allotment transfer

cf. allotment

organismes lorsque ceux-ci reçoivent l'autorisation de dépenser.

virement d'affectation (n.m.); **transfert d'affectation** (n.m.)

allowance

Estimated potential losses on the realization of government financial claims or estimated financial obligations that would not otherwise be recorded in the financial statements.

provision (n.f.)

Sommes qui représentent les pertes potentielles prévues au chapitre des créances ou les dettes prévues de l'État qui ne pourraient autrement être inscrites dans les états financiers.

allowance for borrowings

Borrowings that are not expected to be repaid by agent enterprise Crown corporations. The Treasury Board Secretariat estimates the amounts by taking into consideration the financial position of the entities, in particular their ability to repay their borrowings from internally generated funds.

provision pour emprunts (n.f.)

Emprunts que les sociétés d'État entreprises mandataires ne devraient pas pouvoir rembourser. Pour en faire l'estimation, le Secrétariat du Conseil du Trésor tient compte de la situation financière de ces sociétés, en particulier de leur capacité de rembourser les emprunts à l'aide de fonds autogénérés.

allowance for conditional benefits

provision pour prestations conditionnelles (n.f.)

allowance for doubtful accounts

provision pour créances douteuses (n.f.)

allowance for employee benefits

An account which records allowances for amounts owing for earned and unpaid annual vacation leave and compensation time, for

provision pour avantages sociaux (n.f.)

Compte dans lequel on inscrit les provisions pour les sommes dues reliées aux congés annuels et au temps compensatoire gagnés et

allowance for employee benefits (cont'd)

employee benefits payable upon termination of employment and for unsigned pay adjustments.

non payés, pour les indemnités aux employés lors de la cessation d'emploi et pour les redressements de salaire non signés.

allowance for inflation; provision for inflation

provision pour inflation (n.f.)

allowance for lapse

provision pour péremption (n.f.)

allowance for loan guarantees

provision pour garanties d'emprunt (n.f.)

NOTA Terme adopté par le Comité de terminologie des finances publiques.

allowance for losses; provision for losses; loss provision

provision pour pertes (n.f.)

allowance for Payables at Year-End; allowance for PAYE

provision pour créditeurs à la fin de l'exercice (n.f.); **provision pour CAFE** (n.f.)

Liabilities that cannot be charged to an appropriation or entered into departmental accounts by a department before the year-end deadlines established by the Receiver General.

Éléments de passif que le ministère ne peut imputer sur un crédit ou inscrire dans ses comptes avant l'expiration des délais de fin d'exercice fixés par le receveur général.

allowance for pension adjustment

provision pour redressement au titre des régimes de retraite (n.f.)

allowance for the actuarial liability for employee pensions; allowance for the actuarial liability for pensions

provision pour évaluation actuarielle au titre des régimes de retraite (n.f.)

Montant de l'amortissement cumulé de toute insuffisance ou excédent des comptes de pension de retraite sur les obligations découlant des régimes de retraite.

allowance

allowance for the actuarial liability for employee pensions; allowance for the actuarial liability for pensions (cont'd)

NOTA Terme adopté par le Comité de terminologie des finances publiques.

allowance for valuation (of assets)

provision pour moins-value (n.f.) (de l'actif)

NOTA En ce qui concerne les prêts, placements et avances, la provision pour moins-value représente les pertes estimatives sur la réalisation des prêts, placements et avances inscrits dans les comptes du Canada à la fin de l'exercice.

Alternative Funding Arrangement; AFA

mode optionnel de financement (n.m.)**; MOF**

Mécanisme, autre que les mécanismes traditionnels de crédits parlementaires ou de fonds renouvelables, que les ministères peuvent utiliser pour financer leurs opérations.

amends previous year's *Public Accounts of Canada*; amends reporting in previous year's Public Accounts (obsolete)

modifie les *Comptes publics du Canada* de l'exercice précédent

amends reporting in previous year's Public Accounts (obsolete)**; amends previous year's *Public Accounts of Canada***

modifie les *Comptes publics du Canada* de l'exercice précédent

amortization; depreciation

amortissement (n.m.)

amortization of commissions

amortissement de commissions (n.m.)

amortization of discounts

amortissement d'escomptes (n.m.)

━━━━━━━━━━━━━━━━━━━━━━━━━━━━━━━━━━━━━ **amount**

amortization of premiums	amortissement de primes (n.m.)
amortization of premiums, discounts and commissions on unmatured debt	amortissement de primes, escomptes et commissions à l'émission de la dette non échue (n.m.)
amortization policy; depreciation policy	politique d'amortissement (n.f.)

amortization rate
SEE depreciation rate

amount (n.)	montant (n.m.)
amount accrued; accrued amount	montant constaté (n.m.) (par régularisation)
amount brought forward	montant reporté (n.m.)
	NOTA S'emploie lorsqu'il s'agit du report d'un montant de l'exercice précédent.
amount carried forward	montant reporté (n.m.)
	NOTA S'emploie lorsqu'il s'agit du report d'un montant à un exercice ultérieur.
amount charged to	somme imputée à (n.f.)
amount collected	montant perçu (n.m.)
amount consolidated	montant consolidé (n.m.)
amount contracted	montant du contrat (n.m.)
amount credited to	somme portée au crédit de (n.f.); somme créditée à (n.f.)
amount disbursed	montant versé (n.m.)
amount due; amount owing	montant exigible (n.m.); somme exigible (n.f.); montant dû (n.m.); somme due (n.f.)
amount expected to be recovered	montant du recouvrement prévu (n.m.)

amount

amount expended	montant dépensé (n.m.)
amount not expected to be recovered	montant du recouvrement non prévu (n.m.)
amount of principal	montant de capital (n.m.)
amount outstanding	montant non réglé (n.m.); montant impayé (n.m.); encours (n.m.)
amount overestimated; overestimated amount	montant surévalué (n.m.); montant surestimé (n.m.)
amount owing; amount due	montant exigible (n.m.); somme exigible (n.f.); montant dû (n.m.); somme due (n.f.)
amount prescribed	montant prévu (n.m.); montant prescrit (n.m.); montant établi (n.m.)
amount realized	montant perçu (n.m.)
amount recovered	montant recouvré (n.m.)
amounts receivable	sommes à recevoir (n.f.); montants à recevoir (n.m.)

Amounts due but not yet received.

Montants exigibles et non encaissés.

analysis of costs
SEE **cost analysis**

ANCAFA
SEE **Accumulated Net Charge Against the Fund's Authority**

annual appropriation; lapsing appropriation

crédit annuel (n.m.)

An authorization by Parliament in the form of an appropriation act, in respect of a specific fiscal year, for the expenditure of a fixed amount of public money for specific purposes.

Autorisation du Parlement, accordée pour un an, de dépenser une somme d'argent fixe à des fins précises. L'autorisation est donnée en vertu d'une loi de crédits et expire à la fin de l'exercice.

─── **anticipated**

annual ceiling	**plafond annuel** (n.m.)
annual deficit	**déficit annuel** (n.m.); **déficit de l'exercice** (n.m.)

Excédent des dépenses sur les recettes de l'exercice.

annual expenditures	**dépenses annuelles** (n.f.)
annual financial statements	**états financiers annuels** (n.m.)

Documents de synthèse comptables mis à la disposition du public, en principe chaque année, et qui font habituellement l'objet d'une vérification.

annual inflation rate; annual rate of inflation	**taux annuel d'inflation** (n.m.); **taux d'inflation annuel** (n.m.)
annual rate of inflation; annual inflation rate	**taux annuel d'inflation** (n.m.); **taux d'inflation annuel** (n.m.)

annual report
SEE **departmental annual report**

annual surplus   **excédent annuel** (n.m.); **excédent de l'exercice** (n.m.)

Excédent des recettes sur les dépenses de l'exercice.

Annuities agents' pension account   **Compte de pension pour les agents des rentes** (n.m.)

An account established to provide pension benefits to former eligible Government employees who were engaged in selling Government annuities to the public.

Compte établi afin de verser des prestations de pensions aux anciens fonctionnaires admissibles dont les activités consistaient à vendre au public des rentes sur l'État.

annuity	**rente** (n.f.)
annuity payment	**paiement de rente** (n.m.)
anticipated lapse	**péremption prévue** (n.f.)

AP

AP
SEE **advance payment**

apportionment
SEE **allocation**

appropriate (v.) — **affecter; imputer**

appropriated funds; appropriated money; allocated funds — **fonds alloués** (n.m.); **fonds affectés** (n.m.)

appropriated money; allocated funds; appropriated funds — **fonds alloués** (n.m.); **fonds affectés** (n.m.)

appropriate full supply (v.); **approve full supply** — **ouvrir la totalité des crédits; ouvrir la dotation totale**

To approve the total funds requested in the Main or Supplementary Estimates for the conduct of government business. These funds are released following confirmation by the Governor General.

Approuver la totalité des fonds demandés dans le Budget des dépenses principal ou le Budget supplémentaire pour l'exécution des affaires gouvernementales. Ces fonds sont débloqués par le Parlement après confirmation par le gouverneur général.

appropriate funds (to, for) (v.)
SEE **allocate funds** (to, for)

appropriate interim supply (v.); **approve interim supply; grant interim supply** — **ouvrir des crédits provisoires; approuver des crédits provisoires; octroyer des crédits provisoires; consentir des crédits provisoires**

To approve funds requested at the beginning of the fiscal year in order to ensure funding of government operations until the end of June when the main supply bill is passed.

Approuver les autorisations de dépenser nécessaires au fonctionnement des services gouvernementaux du 1er avril jusqu'au vote du budget avant le 30 juin.

appropriate paying officer — **agent payeur compétent** (n.m.)

The paying officer responsible for making payments in respect of a Crown debt.

Agent payeur qui règle une créance sur Sa Majesté.

appropriation; parliamentary appropriation

Any authority of Parliament to pay money out of the Consolidated Revenue Fund.

• *divide, exceed, overspend, provide, reduce an* ~
• *charges against* ~, *charges to* ~, *control, review of* ~

appropriation account

appropriation act

An act through which Parliament grants expenditure authority to departments and agencies.

NOTE *Appropriation Act No. x, 19XX-XX*

appropriation bill
SEE **supply bill**

appropriation-dependent (adj.)

appropriation structure

A categorization of votes based on established criteria.

crédit (n.m.); crédit parlementaire (n.m.)

Toute autorisation du Parlement de payer une somme d'argent à même le Trésor.

• *subdiviser, dépasser, ouvrir, réduire un* ~
• *sommes imputées à un (sur un)* ~, *imputations au* ~, *contrôle d'un* ~, *examen des* ~s

compte de crédit (n.m.); compte de crédit parlementaire (n.m.)

Compte dans lequel l'administration responsable inscrit le crédit parlementaire relatif à une fin particulière.

loi de crédits (n.f.)

Loi en vertu de laquelle le Parlement accorde aux ministères et organismes le pouvoir de dépenser.

NOTA **1.** *Loi de crédits nº x pour 1992-1993* (à ce jour)
2. *Loi de crédits nº x pour 1990-91 et 1991-92*
3. *Loi de crédits nº x de 1985-86 à 1989-90*
4. *Loi nº x de 1968 à 1984-85 portant affectation de crédits*
5. *Loi des subsides nº x de 1967* (et antérieurement)

qui dépend de crédits

structure des crédits (n.f.)

Catégorisation des crédits fondée sur des critères déterminés.

approve

approve an appropriation; grant an appropriation	voter un crédit; octroyer un crédit; consentir un crédit; accorder un crédit
approve full supply SEE **appropriate full supply** (v.)	
approve interim supply SEE **appropriate interim supply** (v.)	
Army benevolent fund	**Fonds de bienfaisance de l'Armée** (n.m.)
ARS SEE **accounts receivable system**	
as at March 31	**au 31 mars**
asset	**élément d'actif** (n.m.); **actif** (n.m.); **bien** (n.m.)

Bien ou valeur appartenant en propre à une personne physique ou morale.

asset account	**compte d'actif** (n.m.)
asset base	**actif** (n.m.); **patrimoine** (n.m.)

Ensemble des biens ou actifs sur lesquels reposent les activités d'exploitation d'une entité.

NOTA Le terme «patrimoine» peut désigner soit cet ensemble des actifs, soit les actifs diminués des passifs.

asset(s) management	**gestion de l'actif** (n.f.); **gestion des biens** (n.f.); **gestion des actifs** (n.f.)
asset object	**article d'actif** (n.m.); **article de ressources** (n.m.)

Derivative coding to identify capital formation that results from a department's use of its own

Codage dérivé pour désigner la formation de capital résultant de l'utilisation par le ministère de ses

asset object (cont'd)

resources (e.g. labour and materiel) on capital projects, including repairs whose cost is significant.

NOTE Asset objects are a category in the object-of-expenditure classification used by the federal government.

assets

The aggregate of the financial claims acquired by an entity on outside organizations and individuals, cash, goods, prepaid expenses, land, buildings, machinery, and other resources of an entity.

• *disclosure, display, disposal of ~*

assets of a fund

assign a debt

assign costs
SEE **charge costs** (v.)

assignee of a Crown debt

An individual or corporation to whom an assignment is made by a creditor who is owed, or will be owed, a debt by the Crown.

assignment of a Crown debt; Crown debt assignment

The transfer of all right, title and interest in a debt owing by the Crown made by the assignor to the assignee.

assignment

propres ressources (par exemple la main-d'oeuvre et les matériaux) pour des projets d'immobilisations, y compris les réparations dont le coût est assez élevé.

NOTA Les articles d'actif font partie de la classification par article de dépenses utilisée dans l'administration fédérale.

actif(s) (n.m.)

Ensemble composé des créances acquises sur des tiers, de l'encaisse, des stocks, des frais payés d'avance, des immobilisations et des autres ressources d'une entité.

• *divulgation, présentation, aliénation de l'~*

éléments d'actif d'un fonds (n.m.)

céder une dette

cessionnaire d'une dette de l'État (n.m.)

Individu ou société (incorporée ou non) à qui le créancier cède une dette de l'État échue ou à échoir.

cession d'une dette de l'État (n.f.)

Transfert de tout droit, titre et intérêt afférent à une dette due par l'État, effectué par le cédant au cessionnaire.

Assignment

Assignment of Crown Debt Regulations

Regulations which recognize the Receiver General as the sole authority for determining whether a particular assignment and related power of attorney will be recognized by the Crown.

Règlement sur la cession des dettes de la Couronne (n.m.)

Règlement qui reconnaît le receveur général comme la seule personne habilitée à déterminer si une cession ou une procuration particulière sera reconnue par l'État.

NOTA Le règlement est en cours de révision; son titre sera changé à «Règlement sur la cession des dettes de l'État».

assignor of a Crown debt

A creditor to whom a debt is owed or will be owed by the Crown, who wishes to assign that debt to another party.

cédant d'une dette de l'État (n.m.)

Créancier auquel une dette est due ou sera due par l'État et qui cède cette dette à un tiers.

Assistant Auditor General; AAG

vérificateur général adjoint (n.m.); **VGA**

at cost

• *disclose, record ~*

au prix coûtant; au coût

• *présenter, inscrire ~*

audit[1] (n.)

vérification (n.f.)

audit[2] (v.)

vérifier

Procéder à une vérification ou à un contrôle des documents comptables et autres éléments probants en vue de se prononcer sur la fidélité de l'information financière.

audit authority

pouvoir de vérification (n.m.); **pouvoir de vérifier** (n.m.)

audited cost

coût vérifié (n.m.)

Coût examiné afin de s'assurer de son exactitude.

audited entity

entité vérifiée (n.f.)

auditor's

audited financial statement

audited grant

auditor

A person that conducts an audit.

Auditor General of Canada; Auditor General; AG

An officer of Parliament responsible for auditing the Government financial statements and for ensuring that all government spending is efficient, consistent with the intent of Parliament, and properly accounted for.

auditor's report; audit report

A report prepared by an auditor following an audit; it consists of a description of the scope of work performed and an opinion on whether or not the financial statements or other financial information are presented fairly in accordance with generally accepted accounting principles (or another appropriate basis of accounting).

auditor's standard report; standard audit report; standard report; standard form report

A report on financial statements.

cf. auditor's report

état financier vérifié (n.m.)

subvention vérifiée (n.f.)

vérificateur (n.m.); **vérificatrice** (n.f.)

Personne qui effectue une vérification.

vérificateur général du Canada (n.m.); **vérificateur général** (n.m.); **VG**

Mandataire du Parlement responsable de la vérification des états financiers de l'État canadien. Il veille à ce que les dépenses soient gérées de façon efficiente, s'assure qu'elles sont conformes aux objectifs du Parlement et vérifie qu'il en est convenablement rendu compte.

rapport du vérificateur (n.m.)

Rapport que rédige le vérificateur au terme d'une vérification et qui renferme une description du travail qu'il a effectué et une opinion quant à la fidélité de la présentation des états financiers ou de toute autre information financière, selon les principes comptables généralement reconnus (ou d'autres conventions comptables énoncées).

NOTA Terme en usage au Bureau du vérificateur général du Canada.

rapport type du vérificateur (n.m.); **rapport type** (n.m.)

Rapport sur les états financiers.

audit report
SEE **auditor's report**

audit trail
The route by which data can be traced either forward or backward through the processing cycle.

• *maintain an ~*

authenticate a signature; recognize a signature

authentication process

authority[1]
A power or right delegated or given.

• *~ continues, delegate ~, exceed ~, exercise ~, to be given ~, grant ~, ~ granted by/to, to be granted ~ to, honour ~, obtain ~ from, provide ~, receive ~, release the ~ for, request ~, respect ~*

• *commitment ~, contracting ~, departmental ~, drawdown ~, expenditure ~, financial ~, ministerial ~, signing ~, spending ~, statutory ~*

piste de vérification (n.f.)
Piste permettant au vérificateur de retracer les données depuis leur entrée dans le système jusqu'à leur sortie, ou vice versa.

• *tenir une ~*

authentifier une signature

Vérifier que la signature apposée sur un document est bien la même que celle qui se trouve sur la carte de spécimen de signature.

processus d'authentification (n.m.)
NOTA L'examen et la comparaison de signatures au moyen de cartes de spécimen de signature sont des processus d'authentification.

pouvoir (n.m.); **autorisation** (n.f.)
Privilège ou droit délégué ou accordé.

• *l'autorisation demeure en vigueur, déléguer le pouvoir de, dépasser l'autorisation, exercer le pouvoir de (dépenser), avoir reçu le pouvoir de (payer), accorder/ assigner des pouvoirs/conférer une autorisation/autoriser, autorisation conférée par/accordée par/ accordée à, se voir accorder le pouvoir de (signer), honorer les autorisations, demander/obtenir l'autorisation (du Conseil du Trésor), recevoir le pouvoir de, demander l'autorisation, respecter*

authority

authority[1] (cont'd)

la délégation du pouvoir (de payer)

• ~ *d'engagement*, ~ *de passer des marchés, pouvoir du ministère,* ~ *de prélèvement,* ~ *de dépenser, pouvoir financier/autorisation financière,* ~ *ministériel(le), pouvoir de signature/de signer,* ~ *de dépenser, autorisation législative*

authority[2]**; parliamentary authority; parliamentary authorization**

autorisation (n.f.)**; autorisation parlementaire** (n.f.)**; autorisation du Parlement** (n.f.)

Authority contained in an Act of Parliament or subsequent regulations, or approval of expenditures proposed in the Estimates and authorized by an appropriation act.

Autorisation donnée par une loi du Parlement ou par un règlement subséquent ou encore, approbation des dépenses envisagées qui sont indiquées dans les budgets des dépenses, puis autorisées par une loi de crédits.

• *(FAA) section 34 ~; the total loan authority is $1 million*

• ~ *en vertu de l'article 34 (de la LGFP); le montant total de l'autorisation de prêts est de 1 million de dollars*

authority available (for use)

autorisation disponible (n.f.) (pour emploi)

authority classification
SEE **classification by authority**

authority granted; granted authority

autorisation accordée (n.f.)

authority level

niveau décisionnel (n.m.)

Niveau hiérarchique détenant un pouvoir de décision dans la structure d'une organisation.

authority overexpended; overexpended authority

autorisation dépassée (n.f.)

Excess of spending over authorities granted.

Excédent des dépenses sur les autorisations accordées.

authority

authority repealed

authority to confirm contract performance and price
The authority under section 34 of the *Financial Administration Act* to certify that what was ordered has been provided and meets the price quoted and all other contract specifications.

autorisation abrogée (n.f.)

pouvoir de confirmer l'exécution et le prix d'un marché (n.m.)
Pouvoir de certifier en vertu de l'article 34 de la *Loi sur la gestion des finances publiques* que ce qui a été commandé a été fourni, que ceci correspond au prix spécifié et répond à toutes les autres spécifications du marché.

NOTA Il s'agit de la dernière étape de l'exercice du pouvoir de dépenser ou de l'étape finale du processus d'autorisation des dépenses.

authority to initiate expenditures
SEE **expenditure initiation authority**

authority to sign
SEE **signing authority**

authority used; used authority

autorisation employée (n.f.)

authorization number
A unique eight-digit number, assigned by the Receiver General, to identify a cheque-issue location.

numéro d'autorisation (n.m.)
Numéro de huit chiffres, attribué par le receveur général, pour identifier un centre d'émission de chèques.

authorized agent
Under the *Financial Administration Act*, any person authorized by the minister to accept subscriptions for or make sales of securities.

agent agréé (n.m.)
Aux termes de la *Loi sur la gestion des finances publiques*, personne autorisée par le ministre à placer des valeurs auprès de souscripteurs ou d'acquéreurs.

authorized capital

capital autorisé (n.m.)

**authorized capital stock;
authorized share capital**

capital-actions autorisé (n.m.);
capital social autorisé (n.m.)

━━ **average**

authorized limit	limite autorisée (n.f.)
authorized share capital; authorized capital stock	capital-actions autorisé (n.m.); capital social autorisé (n.m.)
authorized spending level	niveau de dépenses autorisées (n.m.)
authorizer (of a financial transaction)	autorisateur (n.m.); agent d'autorisation (n.m.) (d'une opération financière)
automated procurement system	système automatisé d'approvisionnement (n.m.)
automated reconciliation	rapprochement informatisé (n.m.)
automatic carry-forward	report automatique (n.m.)

Situation où les fonds inutilisés à la fin de l'année sont reportés d'office à l'exercice suivant.

NOTA Ce report (basé sur un pourcentage fixé par le Conseil du Trésor) peut atteindre 5 % du budget de fonctionnement du ministère selon le Budget des dépenses principal, en fonction des péremptions déclarées dans les *Comptes publics du Canada*. Toutefois, ce report n'est pas cumulatif.

average daily balance; average daily operating balance (obsolete)	solde moyen quotidien (n.m.)
average effective interest rate	taux effectif moyen d'intérêt (n.m.)
average interest rate; average rate of interest	taux d'intérêt moyen (n.m.)
average yield	rendement moyen (n.m.); taux de rendement moyen (n.m.)

37

award

award
SEE **court award**

balance[1] (n.); **balance of account; account balance**

The excess of debits over credits or of credits over debits in an account.

• *restore, return, transfer the ~*

balance[2] (v.); **balance an account; bring an account into balance; post up an account**

solde de compte (n.m.); **solde** (n.m.)

Excédent des débits sur les crédits ou, selon le cas, des crédits sur les débits inscrits dans un compte.

• *restituer, rétablir, transférer le ~*

solder un compte; arrêter un compte; faire la balance d'un compte

Rendre égal ou équilibrer le total des crédits avec celui des débits d'un compte en ajoutant le solde de celui-ci au total le moins élevé.

NOTA L'expression solder un compte s'emploie aussi pour désigner l'action de clôturer un compte.

balance brought forward

solde reporté (n.m.)

NOTA S'emploie lorsqu'il s'agit du report d'un solde de l'exercice précédent.

balance carried forward

solde reporté (n.m.)

NOTA S'emploie lorsqu'il s'agit du report d'un solde à un exercice ultérieur.

balanced budget

budget équilibré (n.m.)

Budget dans lequel le total des recettes prévues est égal au total des dépenses prévues.

———————————————————————————— **basis**

balance of account
SEE **balance**[1] (n.)

balance sheet; statement of financial position	**bilan** (n.m.)
A formal document, in the form of a summary statement, showing assets, liabilities, and owners' equity at a particular moment of time.	Document de synthèse exposant à une date donnée la situation financière et le patrimoine d'une entité et dans lequel figurent des éléments de l'actif et du passif ainsi que la différence qui correspond aux capitaux propres.
balance sheet account	**compte de bilan** (n.m.)
balance sheet component	**élément du bilan** (n.m.)
balance the budget	**équilibrer le budget**
bank adjustment	**ajustement bancaire** (n.m.)
bank deposit	**dépôt bancaire** (n.m.)
bank rate	**taux d'escompte** (n.m.)
The interest rate charged by the Bank of Canada for its short-term advances to money market dealers, chartered banks, and savings banks governed by the *Quebec Savings Bank Act*.	Taux d'intérêt pratiqué par la Banque du Canada pour ses avances aux opérateurs sur le marché monétaire, aux banques à charte et aux banques d'épargne régies par la *Loi sur les banques d'épargne du Québec*.
bankruptcy	**faillite** (n.f.)
bank settlement voucher; BSV	**pièce de règlement bancaire** (n.f.)
A negotiable instrument issued by a financial institution.	Instrument négociable émis par une institution financière.
basis of accounting	**méthode de comptabilité** (n.m.)
basis of payment	**modalités de paiement** (n.f.)
The payment terms in a contract which specify the conditions under	Ensemble des conditions de paiement s'appliquant à la

39

basis

basis of payment (cont'd)
which payment will be made for receipt of goods or performance of services.

NOTE Also one of the headings used in Treasury Board submissions.

réception de marchandises ou à la prestation de services.

NOTA Aussi une des rubriques d'une présentation au Conseil du Trésor.

B/C ratio
SEE **benefit-cost ratio**

bearer marketable bond

A marketable bond that is transferable from one holder to another without any endorsement.

obligation négociable au porteur (n.f.)

Obligation négociable qui est transférable d'un détenteur à un autre sans endossement.

bear the cost

assumer le coût; assumer les frais; supporter le coût; supporter les frais

beginning of year

début de l'exercice (n.m.)

benefit[1] (n.)

Any form of payment which may be made to a person under the terms of a pension plan, a collective agreement, an insurance contract or any other similar contract.

prestation (n.f.)

Toute forme de paiement fait à une personne en vertu d'un régime de pension, d'une convention collective, d'un contrat d'assurance, etc.

benefit[2] (n.)

avantage (n.m.)

Prestation en espèces versée en application de dispositions législatives, réglementaires ou conventionnelles, visant à l'amélioration de la condition sociale des personnes.

benefit-cost analysis
SEE **cost-benefit analysis**

———————————————————————————————— **blanket**

benefit-cost ratio; benefit/cost ratio; B/C ratio; cost-benefit ratio

ratio avantages-coûts (n.m.); **ratio coûts-bénéfices** (n.m.)

Quotient de la valeur quantitative des avantages tirés d'une activité, d'un programme ou d'un projet, par les coûts afférents à cette activité, ce programme ou ce projet.

NOTA Dans l'expression «ratio coûts-bénéfices», le mot «bénéfice» n'a pas le sens comptable, mais plutôt le sens courant des dictionnaires généraux.

benefit plan for veterans

régime de prestations pour anciens combattants (n.m.)

bid[1] (n.)
SEE **tender**[1] (n.)

bid[2] (v.); **tender**[2] (v.)

soumissionner

bilateral debt

dette bilatérale (n.f.)

bill (n.)

projet de loi (n.m.)

billing float

flottant de facturation (n.m.)

The average amount of time between the provision of goods or services, or the occurrence of an event giving rise to revenue, and the issuance of the related invoice.

Temps moyen écoulé entre la prestation de biens ou de services, ou le déroulement d'une activité génératrice de revenu et la facturation.

billing period

période de facturation (n.f.)

billing rate

taux de facturation (n.m.)

billing-related document

document de facturation (n.m.)

blanket commitment

engagement provisionnel (n.m.); **engagement indéterminé** (à éviter) (n.m.); **engagement inconditionnel** (à éviter) (n.m.)

An obligation by means of which specified funds are pledged for a

Acte par lequel on affecte des fonds précis à un poste budgétaire

blanket

blanket commitment (cont'd)
category of expenditures, without itemizing them.

sans avoir à en justifier le contenu.

blanket commitment number

numéro d'engagement provisionnel (n.m.)

blanket order in council

décret général (n.m.)

block funding

financement global (n.m.)

Financement gouvernemental qui se compose d'un seul crédit parlementaire couvrant à la fois les dépenses de fonctionnement et les dépenses en capital d'un ministère ou d'une société d'État.

Blue Book
SEE **Main Estimates**

bond (n.)

obligation (n.f.)

bond discount; discount on bonds

escompte à l'émission d'obligations (n.m.)

bond for Canada Pension Plan

obligation pour le Régime de pensions du Canada (n.f.)

bond issue

émission d'obligations (n.f.)

bond premium

prime à l'émission d'obligations (n.f.)

book balance

solde comptable (n.m.)

book entry
SEE **accounting entry**

book of account

livre comptable (n.m.); **journal comptable** (n.m.); **livre de comptes** (n.m.)

cf. accounting records

Tout journal, fichier ou livre qui fait partie du système comptable et dans lequel on enregistre les opérations et les faits économiques se rapportant à une entité, le plus

book of account (cont'd)

souvent en unités monétaires. Les livres de comptes comprennent les journaux et les grands livres.

books
SEE **accounting records**

books and records (avoid)
SEE **accounting records**

books of account
SEE **accounting records**

borrowing (n.)

emprunt (n.m.)

borrowing authority

pouvoir d'emprunter (n.m.); **autorisation d'emprunter** (n.f.)

The legislative authority requested from Parliament to go to the private market to borrow funds for the fiscal year.

Autorisation législative, demandée au Parlement, de contracter des emprunts sur le marché pour l'exercice.

Borrowing Authority Act, 19xx-xx; *Act to provide borrowing authority for the fiscal year beginning on April 1, 19xx*

Loi sur le pouvoir d'emprunt pour 19xx-19xx (n.f.); *Loi portant pouvoir d'emprunt pour l'exercice 19xx-19xx* (n.f.)

borrowing from third party

emprunt auprès de tiers (n.m.)

borrowing requirements

besoins d'emprunt (n.m.)

borrowing transaction

opération d'emprunt (n.f.)

bottom(-)line approach

approche fondée sur les résultats (n.f.)

bottom(-)line awareness;
bottom(-)line consciousness

sensibilisation aux résultats (n.f.); **sensibilisation à l'importance des résultats** (n.f.)

breach of contract

inexécution de contrat (n.f.)

breakdown of audit trails

détérioration de pistes de vérification (n.f.)

bridge-finance

bridge-finance (v.)

préfinancer; procéder à un financement provisoire; procéder à un préfinancement

bridge financing; interim financing

Temporary short-term borrowing to cover immediate financing needs pending long-term needs.

préfinancement (n.m.); **financement provisoire** (n.m.)

Emprunt à court terme servant à satisfaire aux besoins financiers immédiats de l'entité jusqu'à ce que celle-ci obtienne du financement à plus long terme.

bridging loan; interim loan

prêt-relais (n.m.); **crédit de relais** (n.m.); **crédit(-)relais** (n.m.)

Avance à court terme consentie par un établissement de crédit à un client (par exemple un entrepreneur au moment où il exécute des travaux) dans l'attente de la réalisation d'une opération.

bring an account into balance
SEE **balance**^{2} (v.)

brought forward

reporté

BSV
SEE **bank settlement voucher**

budget^1 (n.)

Funds allocated to an administrative unit to carry out its activities.

- *administer, manage a ~*
- *implementation of a ~*

budget (n.m.)

Ensemble des sommes allouées à une unité administrative pour lui permettre d'exercer ses activités.

- *gérer un ~*
- *exécution, mise en oeuvre d'un ~*

budget^2 (n.); **federal budget**

The statement by the Minister of Finance setting out the government's projected revenues

budget (n.m.); **budget fédéral** (n.m.)

Document dans lequel le ministre des Finances établit les prévisions de recettes et de dépenses

budget[2] (n.); **federal budget** (cont'd)

and expenditures, sometimes called fiscal projections, with the resulting surplus or deficit. It contains an overview of the government's economic and fiscal projections, and also sets out fiscal policy for the period ahead. The federal budget is generally delivered in February.

NOTE   Often capitalized: Budget.

publiques, parfois appelées projections budgétaires, et l'excédent ou le déficit qui en découle. Il donne une vue d'ensemble des prévisions économiques et financières du gouvernement, et fixe l'orientation de la politique budgétaire pour la période à venir. Le budget fédéral est généralement déposé en février.

budget[3] (v.)

budgétiser; budgéter; inscrire au budget; porter au budget

Inscrire des sommes à un budget.

NOTA   L'inscription de sommes au budget s'appelle budgétisation.

budget[4] (v.); **establish a budget**

préparer un budget; établir un budget; dresser un budget; élaborer un budget

Déterminer les prévisions budgétaires.

budget action; budget measure

initiative budgétaire (n.f.); **mesure budgétaire** (n.f.)

budget appropriation
SEE **budgetary appropriation**

budget approval

approbation du budget (n.f.); **approbation budgétaire** (n.f.)

budget approval process

processus d'approbation du budget (n.m.); **processus d'approbation budgétaire** (n.m.)

budgetary (adj.)

Pertaining to votes, appropriations, and transactions that affect the surplus or deficit of the Government of Canada.

budgétaire (adj.)

Relatif aux crédits et aux opérations qui agissent sur l'excédent ou le déficit de l'État canadien.

budgetary account

budgetary account

compte budgétaire (n.m.)

budgetary appropriation; budget appropriation

crédit budgétaire (n.m.)

Any authority of Parliament to pay money out of the Consolidated Revenue Fund where such expenditure affects the surplus or deficit of the Government of Canada.

Toute autorisation du Parlement de payer une somme d'argent sur le Trésor lorsque la dépense en question agit sur l'excédent ou le déficit de l'État canadien.

• *under ~*

• *en vertu d'un ~*

budgetary authority; budget authority

autorisation budgétaire (n.f.)

budgetary charge

imputation budgétaire (n.f.)

budgetary control

contrôle budgétaire (n.m.)

The control of expenditures in relation to the spending level authority granted by Parliament and Treasury Board; also the control of costs in relation to operational and business plans and budgets developed by departments and agencies to support the spending level requested.

Contrôle des dépenses par rapport au pouvoir du niveau de dépenses accordé par le Parlement et le Conseil du Trésor; aussi contrôle des coûts relativement aux plans d'activités et de fonctionnement, ainsi qu'aux budgets établis par les ministères et les organismes pour financer le niveau de dépenses nécessaire.

Budgetary control is present at three main levels in the federal government: Parliament; Treasury Board; departments and agencies.

Le contrôle budgétaire se retrouve aux trois principaux paliers du gouvernement fédéral, soit le Parlement, le Conseil du Trésor et les ministères et organismes.

budgetary data

données budgétaires (n.f.)

budgetary deficit
SEE **deficit**

budgetary expenditure ceiling

plafond des dépenses budgétaires (n.m.)

The maximum limit of all charges to budgetary appropriations which

Limite maximum de toutes les sommes qui sont imputées aux

budgetary item

budgetary expenditure ceiling (cont'd)

affect the deficit or surplus of the Government.

budgetary expenditure forecast; forecast of budgetary expenditures

budgetary expenditures; budgetary spending

All charges to budgetary appropriations which affect the deficit or surplus of the Government.

NOTE Such charges include those for work performed, goods received, services rendered, expenditure internal to the Government, the cost of servicing the public debt; operating and capital expenditures; transfer payments and subsidies to other levels of government, organizations and individuals; and payments to Crown corporations.

budgetary imbalance; fiscal imbalance

budgetary insurance account

e.g. Fishing Vessel Insurance Plan, Land Assurance Fund

budgetary item; budget item

• *offset a ~*

crédits budgétaires et qui agissent sur le déficit ou l'excédent de l'État.

prévision de dépenses budgétaires (n.f.)

Dépenses prévues lors de l'établissement du budget.

dépenses budgétaires (n.f.)

Toutes les sommes qui sont imputées aux crédits budgétaires et qui agissent sur le déficit ou l'excédent de l'État.

NOTA Ces imputations comprennent les travaux accomplis, les marchandises reçues, les services exécutés, les dépenses internes de l'État, le coût du service de la dette publique, les dépenses de fonctionnement et les dépenses en capital, les transferts et les subventions destinés à d'autres paliers de gouvernement, à des organismes et à des particuliers, et les paiements aux sociétés d'État.

déséquilibre budgétaire (n.m.)

compte d'assurance budgétaire (n.m.)

p. ex., Régime d'assurance des bateaux de pêche, Fonds d'assurance de biens-fonds

poste budgétaire (n.m.)**; poste du budget** (n.m.)

• *compenser un ~*

budgetary Main

budgetary Main Estimates

budgétaire du Budget des dépenses principal, le (n.m.)

Dépenses budgétaires qui, prévoit-on, seront effectuées en vertu des autorisations de dépenser accordées antérieurement par le Parlement (autorisations législatives) et de celles proposées (c'est-à-dire votées) dans le Budget des dépenses principal.

NOTA Le budgétaire du Budget des dépenses principal diffère des dépenses budgétaires totales parce que le Plan de dépenses contient également des provisions à titre de «réserves» et une provision pour péremption des autorisations de dépenser, et qu'il tient compte des décisions de principe pour lesquelles des mesures législatives n'ont pas encore été prises.

budgetary period
SEE **budget period**

budgetary plan

plan budgétaire (n.m.)

budgetary process; budget process; budgeting process

processus budgétaire (n.m.)

The itemizing of planned expenditures along with the expected sources of funds from which expenditures are to be met.

• *~ axé sur la consultation*
• *diriger un ~*

• *consultative ~*
• *drive a ~*

budgetary revenues

recettes budgétaires (n.f.)

budgetary spending
SEE **budgetary expenditures**

budgetary surplus
SEE **surplus**

48

Budget Consultation

budgetary system; budget system; budgeting system

budgetary transaction

A transaction which enters into the calculation of the annual deficit or surplus of the Government, i.e. the receipts from tax and non-tax revenues together with the expenditures authorized by legislation.

budgetary treatment (in the *Public Accounts of Canada*)

budget authority; budgetary authority

Budget Challenge Review Committee

Budget Consultation Papers

Within the Expenditure Management System of the Government of Canada, a set of documents that provide fiscal and economic updates based on current policy, set out possible fiscal targets and describe the policy options to achieve these targets.

NOTE The Department of Finance issues the Budget Consultation Papers in the fall to support a consultative budget planning process. They form the basis for hearings that the Standing Committee on Finance holds to consider and report on the budget proposals of the government under the new House rules (introduced in February 1994).

système de budgétisation (n.m.); **système budgétaire** (n.m.)

opération budgétaire (n.f.)

Opération qui entre dans le calcul de l'excédent ou du déficit annuel de l'État, c'est-à-dire les rentrées de recettes fiscales et non fiscales ainsi que les dépenses autorisées par la loi.

traitement budgétaire (n.m.) (dans les *Comptes publics du Canada*)

autorisation budgétaire (n.f.)

Comité d'examen critique du budget (n.m.)

documents de consultation budgétaire (n.m.); **documents relatifs au processus de consultation budgétaire** (n.m.)

Dans le cadre du système de gestion des dépenses du gouvernement du Canada, documents qui donnent une mise à jour de la situation financière et économique fondée sur la politique actuelle, exposent d'éventuels objectifs financiers et décrivent les possibilités d'action à mettre en oeuvre pour atteindre les objectifs fixés.

NOTA Le ministère des Finances publie ces documents de consultation à l'automne afin d'appuyer le processus de planification budgétaire axé sur la consultation. Ces documents sont utiles pour les audiences tenues par le Comité permanent des

Budget Consultation

Budget Consultation Papers (cont'd)

finances, qui examine les propositions budgétaires du gouvernement et en rend compte, conformément au nouveau règlement de la Chambre (en vigueur depuis février 1994).

budget consultation process

A process undertaken in the fall whereby the Minister of Finance consults the Standing Committee on Finance, provincial finance ministers, the general public and other stakeholders for the purposes of preparing the budget.

processus de consultation budgétaire (n.m.)

Processus suivant lequel le ministre des Finances entame à l'automne des consultations avec le Comité permanent des finances, les ministres des finances provinciaux, le grand public et d'autres intervenants en vue de la préparation du budget.

budget consultation strategy

stratégie sous-jacente aux consultations budgétaires (n.f.)

NOTA L'examen des stratégies se fait par les comités du Cabinet, le Conseil du Trésor (CT), le Bureau du Conseil privé, le ministère des Finances et le Secrétariat du CT en septembre et octobre.

budget control

contrôle du budget (n.m.)

Processus qui permet de veiller au respect de l'autorisation de dépenser accordée par le Parlement par la loi de crédits.

budget cycle

cycle budgétaire (n.m.)

budget day

jour du dépôt du budget (n.m.)

budget day-minus-one

jour du budget moins un (n.m.)

budget deficit
SEE **deficit**

budget item

budget documents

A set of documents which convey to Parliament the government's plans to spend money for defined purposes. The Department of Finance finalizes the budget documents.

budgeted expenditures

budget framework; budget layout

budgeting[1]

The development of an estimate, expressed in financial terms, of the human resources, materiel and other resources required by an organizational entity to carry out its activities during a specified period, as well as the revenue anticipated by the entity during that period.

budgeting[2]

The inclusion of amounts in a budget.

budgeting process
SEE **budgetary process**

budgeting structure

budgeting system; budgetary system; budget system

budget item
SEE **budgetary item**

documents budgétaires (n.m.)

Série de documents qui renseignent le Parlement sur les projets de dépenses particuliers du gouvernement. Le ministère des Finances met au point les documents budgétaires.

dépenses budgétées (n.f.);
dépenses budgétisées (n.f.);
dépenses inscrites au budget (n.f.)

cadre budgétaire (n.m.)

établissement du budget (n.m.);
budgétisation (n.f.); **élaboration du budget** (n.f.)

Estimation, en termes financiers, du personnel, des biens et autres ressources nécessaires pour le déroulement des activités d'une entité au cours d'une période donnée ainsi que des recettes qu'elle compte recevoir au cours de cette même période.

budgétisation (n.f.); **inscription au budget** (n.f.)

Inclusion de sommes dans un budget.

structure de budgétisation (n.f.)

système de budgétisation (n.m.);
système budgétaire (n.m.)

budget layout

budget layout; budget framework

budget lockup; budget press lockup

budget management

budget measure; budget action

budget office
The office responsible for the allocation of government resources, i.e. the Treasury Board of Canada Secretariat.

budget office function

e.g. the costing, design and performance of programs and the management of resources within specified targets.

budget period; budgetary period
The period of time covered by a budget such as a year, a quarter, sometimes a month, occasionally two or more years.

budget planning
An administrative method of determining budget estimates, according to a comprehensive plan, for the purpose of managing and controlling operations.

budget planning process

A process the ultimate purpose of which is the establishment of the

cadre budgétaire (n.m.)

interdiction de sortie du budget de la salle de presse (n.f.)

gestion d'un budget (n.f.); **gestion budgétaire** (n.f.)

initiative budgétaire (n.f.); **mesure budgétaire** (n.f.)

service du budget (n.m.)
Service chargé de l'affectation des ressources gouvernementales, c'est-à-dire le Secrétariat du Conseil du Trésor du Canada.

fonction touchant le service du budget (n.f.)

p. ex., l'établissement du coût des programmes, l'élaboration des programmes, le rendement des programmes et la gestion des ressources en fonction d'objectifs établis.

période budgétaire (n.f.)
Période visée par un budget : un an, un trimestre, parfois un mois, occasionnellement, deux ans ou plus.

planification budgétaire (n.f.)
Technique administrative qui consiste à déterminer les prévisions budgétaires, selon un plan d'ensemble, à des fins de gestion et de contrôle.

processus de planification budgétaire (n.m.)

Processus dont le but ultime est la préparation du budget. C'est au

budget planning process (cont'd)

budget. During this process, new significant spending initiatives are identified generally reflecting major policy themes. The Cabinet leads the process drawing on the advice and recommendations of the key stakeholders who include Members of Parliament and the public.

cours de ce processus que sont établies d'importantes initiatives nouvelles en matière de dépenses, qui découlent généralement des grands thèmes d'orientation. Le Cabinet dirige ce processus et s'appuie sur les conseils et les recommandations des principaux intervenants, y compris les députés et le public.

budget preparation

préparation du budget (n.f.)

budget press lockup; budget lockup

interdiction de sortie du budget de la salle de presse (n.f.)

budget process
SEE **budgetary process**

budget reduction initiative

initiative de réduction budgétaire (n.f.)

budget secrecy

secret budgétaire (n.m.)

budget size; size of a budget

taille d'un budget (n.f.)

budget speech

discours du budget (n.m.)

budget surplus
SEE **surplus**

budget system; budgeting system; budgetary system

système de budgétisation (n.m.); **système budgétaire** (n.m.)

budget year
SEE **estimates year**

budget-year dollars
SEE **current dollars**

budget year estimate
SEE **current dollar estimate**

bullion and coinage

lingots et monnaies

A term used in the accounts of

Expression employée dans les

bullion

bullion and coinage (cont'd)
Canada to designate the gross proceeds obtained from the sale of domestic bullion and coinage.

burden of cost

burden of deficit; deficit burden

business grant; grant to business

business line; line of business; line of government business

business plan; departmental business plan

Within the Expenditure Management System of the Government of Canada, a document that gives an overview of factors affecting a given department and of related challenges, priorities and objectives; it also describes the strategies to carry out proposed changes, the performance indicators and the anticipated impact of reductions. Business plans cover the Estimates year and the next two planning years.

NOTE Business plans replace the Multi-Year Operational Plan (MYOP) process, the Shared Management Agenda (SMA) process, and the Increased Ministerial Authority and Accountability (IMAA) regime.

comptes du Canada pour désigner le produit brut de la vente de lingots et de pièces de monnaie canadiens.

fardeau du coût (n.m.)

fardeau du déficit (n.m.)

subvention aux entreprises (n.f.)

secteur d'activités (n.m.); **secteur d'activités du gouvernement** (n.m.)

plan d'activités (n.m.); **plan d'affaires** (à éviter) (n.m.)

Dans le cadre du système de gestion des dépenses du gouvernement du Canada, document qui donne un aperçu des facteurs influant sur un ministère donné ainsi que des défis, des priorités et des objectifs connexes; ce document présente les stratégies d'exécution des changements proposés, les indicateurs de rendement et les répercussions prévues des réductions. Le plan d'activités couvre l'année visée par le Budget des dépenses et les deux années de planification suivantes.

NOTA Les plans d'activités remplacent le plan opérationnel pluriannuel (POP), le programme de gestion concertée (PGC) et le régime d'accroissement des pouvoirs et des responsabilités ministériels (régime d'APRM).
    Il règne une certaine confusion quant à l'équivalent de «business plan». Le terme à la

business plan; departmental business plan (cont'd)

mode est sans contredit «plan d'affaires», emprunté au secteur privé. Toutefois, c'est l'équivalent «plans d'activités» qui a été retenu dans les publications du Conseil du Trésor pour usage dans la fonction publique fédérale. Dans le cadre de la prise en charge de services de l'État par des fonctionnaires (employee takeover), l'équivalent de «business plan» est «plan d'entreprise». Cependant, ce terme est déjà en usage dans les sociétés d'État pour traduire «corporate plan». Il ne devrait donc pas être utilisé à la place de plans d'activités.

Cabinet

A group that actually advises the Governor General or the Lieutenant-Governor and thus, in effect, exercises executive authority, formulates policy and takes political decisions. It is presided over by the Prime Minister of Canada or the premier of a province.

Cabinet policy committee
SEE **policy committee of Cabinet**

CAIS
SEE **Central Agencies Information System**

Cabinet (n.m.)

Organe qui avise le gouverneur général ou le lieutenant-gouverneur et qui exerce réellement le pouvoir exécutif, formule les politiques et prend les décisions qui en découlent. Il est dirigé par le premier ministre du Canada ou le premier ministre de la province, selon l'ordre de gouvernement.

CAJV; central accounting journal voucher

pièce de journal de la comptabilité centrale (n.f.); PJCC; pièce justificative de la comptabilité centrale (vieilli) (n.f.)

calendar year

année civile (n.f.)

callable loan

prêt remboursable à vue (n.m.)

callable share

action rachetable (n.f.) (au gré de l'émetteur)

Action émise antérieurement que l'émetteur peut racheter.

callable share capital (international banks and international organizations)

capital sujet à appel (n.m.); capital appelable (n.m.)

NOTA S'emploie dans le cas d'une souscription déjà autorisée et sujette à appel de la part d'une banque ou d'une organisation internationale advenant qu'elle ne puisse honorer ses obligations. Cette souscription est en fait une garantie donnée à une banque ou à une organisation internationale afin de lui permettre d'emprunter.

callable share subscription (international banks and international organizations)

souscription au capital sujet à appel (n.f.); souscription au capital appelable (n.f.)

Souscription déjà autorisée et sujette à appel de la part d'une banque ou d'une organisation internationale advenant qu'elle ne puisse honorer ses obligations. Cette souscription est en fait une garantie donnée à une banque ou à une organisation internationale afin de lui permettre d'emprunter.

call or redemption before maturity

rachat ou remboursement avant (l')échéance (n.m.)

CAN
SEE **central account numbers**

Canada Account

NOTE The Export Development Corporation administers the Canada Account on behalf of the Government.

Canada Assistance Plan; CAP

NOTE This Plan has been replaced by the Canada Health and Social Transfer (CHST) program.

Canada bill

A short-term certificate of indebtedness issued by the Government of Canada in the United States money markets under the Government's foreign currency borrowing program. Canada bills provide Canada with an additional source of short-term US funds. They are transferable and bought and sold on the open market. They are issued at a discount in lieu of interest payments and have a term to maturity of not more than 270 days.

Canada Bills Program

Canada Health and Social Transfer; CHST

A single federal transfer to the provinces which replaces the "Established Programs Financing" (EPF) and the "Canada Assistance Plan" (CAP). The transfer is

Compte du Canada (n.m.)

NOTA La Société pour l'expansion des exportations administre le Compte du Canada au nom du gouvernement.

Régime d'assistance publique du Canada (n.m.)**; RAPC**

NOTA Ce régime a été remplacé par le Transfert canadien en matière de santé et de programmes sociaux (TCSPS).

bon du Canada (n.m.)

Reconnaissance de dettes à court terme émise par l'État canadien sur les marchés monétaires des États-Unis en vertu du programme d'emprunt en devises étrangères du gouvernement. Les bons du Canada procurent au Canada une source additionnelle de fonds à court terme en provenance des États-Unis. Les bons sont émis à escomptes, tenant lieu d'intérêts; leur échéance ne dépasse pas 270 jours; ils sont transférables et peuvent être achetés et vendus sur le marché libre.

Programme d'émission de bons du Canada (n.m.)

Transfert canadien en matière de santé et de programmes sociaux (n.m.)**; TCSPS**

Transfert global du gouvernement fédéral aux provinces, qui remplace le «Financement des programmes établis» (FPÉ) et le «Régime d'assistance publique du

Canada Health and Social Transfer; CHST (cont'd)
provided through cash payments and tax points.

Canada» (RAPC). Le transfert prend la forme de paiements en espèces et de points d'impôt.

Canada Pension Plan; CPP

Régime de pensions du Canada (n.m.)**; RPC**

Canada Pension Plan Account

Compte du Régime de pensions du Canada (n.m.)

Canada Pension Plan Investment Fund

The contributions to the Canada Pension Plan in excess of immediate requirements, that have been invested in securities issued or guaranteed by any province or the Government of Canada.

Fonds de placement du Régime de pensions du Canada (n.m.)

Cotisations au titre du Régime de pensions du Canada en excédent des besoins immédiats, placées dans des titres émis ou garantis par une province ou par l'État canadien.

Canada Savings Bond; CSB

An interest-bearing certificate of indebtedness issued by the Government of Canada, and having the following characteristics: issued to Canadian residents; registered in the name of the holder; fixed date of maturity; non-marketable; redeemable on demand by the holder with accrued interest calculated to the end of the previous month; not subject to call before maturity; term to maturity is seven years or more.

obligation d'épargne du Canada (n.f.)**; OÉC**

Titre de créance productif d'intérêts, émis par l'État canadien et comportant les caractéristiques suivantes : émission à l'intention des Canadiens résidents; immatriculation au nom du détenteur; date d'échéance fixe; non-négociabilité; remboursement avec intérêts courus jusqu'à la fin du mois précédent sur demande du détenteur; non-assujettissement à l'appel à remboursement avant l'échéance; terme d'échéance : sept ans ou plus.

Canadian currency

monnaie canadienne (n.f.)

Canadian currency deposit

dépôt en monnaie canadienne (n.m.)

Canadian dollar

dollar canadien (n.m.)

Canadian Institute of Chartered Accountants; CICA

Institut Canadien des Comptables Agréés (n.m.)**; ICCA**

capital

Canadian Ownership Account

An account credited with all amounts received from the Canadian ownership special charge levied to increase the public ownership of the oil and gas industry in Canada.

Canadian ownership special charge

A levy on domestically used petroleum, natural gas and gas liquids instituted in order to finance increased Canadian public ownership in the oil and gas industry.

Canadian Pari-Mutuel Agency Revolving Fund; Race Track Supervision Revolving Fund (formerly called)

Candidates' election deposits

An account established to record candidates' election deposits, received in respect of a general election or by-election, less amounts refunded to candidates, or transferred to non-tax revenues, pursuant to the *Canada Elections Act*.

CAP
SEE **Canada Assistance Plan**

capital (n.)

Compte de canadianisation (n.m.)

Compte au crédit duquel sont portées les sommes perçues dans le cadre d'une taxe spéciale relative à l'accroissement du taux de propriété au sein de l'industrie gazière et pétrolière au Canada.

prélèvement spécial de canadianisation (n.m.)

Prélèvement frappant le pétrole, le gaz naturel et les liquides du gaz utilisés dans le pays, établi afin d'accroître la participation publique canadienne dans l'industrie du pétrole et du gaz.

Fonds renouvelable de l'Agence canadienne du pari mutuel (n.m.)**; Fonds renouvelable de la surveillance des hippodromes** (appellation antérieure) (n.m.)

Cautionnements des candidats aux élections (n.m.)

Compte établi afin d'enregistrer les cautionnements des candidats à une élection générale ou partielle, moins les sommes remboursées aux candidats, ou virées aux recettes non fiscales, conformément à la *Loi électorale du Canada*.

capital (n.m.)

Dans le contexte du budget de fonctionnement, biens corporels ou incorporels durables qui ont une durée de vie utile ou économique de plus d'un an.

59

capital allotment

cf. allotment

affectation pour dépenses en capital (n.f.)

capital appropriation[1]

affectation de capitaux (n.f.)

capital appropriation[2]

crédit en capital (n.m.); **crédit pour dépenses en capital** (n.m.)

Termes en usage dans les sociétés d'État.

capital asset(s) management

gestion des immobilisations (n.f.)

capital assets

immobilisations (n.f.); **actifs immobilisés** (n.m.); **biens immobilisés** (n.m.)

Assets, whether tangible or intangible, that are durable in nature and have a useful or economic life that extends beyond one year. Capital assets are material in value and include land, buildings, engineering structures and works (such as canals, harbours and roads), machinery, furnishings, equipment, vessels, vehicles, and software.

Biens corporels ou incorporels qui sont de nature durable et qui ont une vie utile ou économique qui dépasse un an. Ces biens ont une valeur matérielle et ils comprennent la terre, les bâtiments, les structures et les ouvrages techniques (tels que les canaux, ports et routes), la machinerie, le mobilier, l'équipement, les navires, les véhicules et les logiciels.

• *take over ~*

• *prendre en charge des ~*

capital budget

budget d'investissement (n.m.); **budget d'immobilisations** (n.m.)

The portion of a budget, or a separate budget, devoted to proposed additions to capital assets and their financing.

Partie d'un budget ou budget distinct portant sur les ajouts envisagés aux immobilisations et la manière de les financer.

NOTA Les achats de terrains, d'immeubles et d'équipements, de même que l'accroissement permanent du fonds de roulement imposé par l'agrandissement des installations sont des exemples d'investissements. Les Sociétés d'État établissent un budget d'investissement.

─── **capital investment**

capital budgeting

budgétisation des investissements (n.f.); **budgétisation des immobilisations** (n.f.)

capital cost

The cost of an asset with a life of more than one year. Capital costs usually relate to capital assets that are purchased for future use over several accounting periods.

coût en capital (n.m.)

Coût d'un bien dont la durée de vie utile est de plus d'un an. Les coûts en capital se rapportent habituellement aux immobilisations qui sont acquises aux fins d'utilisation ultérieure pendant plusieurs périodes comptables.

capital expenditures; capital spending

Charges authorized by a budgetary appropriation for construction or acquisition expenditures expected to yield long-term benefits. Capital expenditures normally include the construction or acquisition of items such as land, buildings, works, machinery and equipment.

• *disclosure of ~*

dépenses en capital (n.f.)

Charges autorisées en vertu d'un crédit budgétaire pour dépenses de construction ou d'acquisition censées produire des avantages à long terme. Les dépenses en capital comprennent normalement la construction ou l'acquisition de biens tels que terrains, bâtiments, ouvrages et matériel.

• *déclaration de ~*

capital expenditures vote; capital vote

A type of budgetary vote used when the capital expenditures in a program equal or exceed $5 million and that they must be declared separately in the Estimates and the Public Accounts.

crédit pour dépenses en capital (n.m.)

Type de crédit budgétaire utilisé si, pour un programme donné, les dépenses atteignent ou dépassent 5 millions de dollars et qu'elles doivent alors être déclarées séparément dans le Budget des dépenses et les Comptes publics.

capital investment; investment of capital

Investment of funds in capital or capital assets, or in non-marketable securities, as distinguished from funds invested in liquid or short-term assets.

investissement de capitaux (n.m.)

61

capitalization

capitalization

• ~ *of assets, financial claims, loans or advances*

capitalize

• ~ *costs, expenses*

capitalisation (n.f.)

• ~ *de l'actif, de créances, de prêts ou avances*

capitaliser; inscrire à l'actif

Inscrire dans un compte d'actif une dépense que l'on peut devoir amortir sur plusieurs exercices.

• ~ *des coûts, des frais*

capitalized leasing

location à bail capitalisée (n.f.)

capital lease arrangement; capital lease

contrat de location-acquisition (n.m.)**; location-acquisition** (n.f.)**; bail de location-acquisition** (n.m.)

A lease that, from the point of view of the lessee, transfers substantially all the benefits and risks incident to ownership of property to the lessee.

Du point de vue du preneur, bail en vertu duquel le bailleur a transféré au preneur pratiquement tous les avantages et les risques inhérents à la propriété du bien loué.

capital loss

perte en capital (n.f.)

capital plan

plan d'investissement (n.m.)**; plan d'immobilisations** (n.m.)

capital procurement; capital purchase

acquisition d'immobilisations (n.f.)**; achat d'immobilisations** (n.m.)

capital program

programme d'investissement (n.m.)**; programme d'immobilisations** (n.m.)

A set of capital projects.

Ensemble de projets d'immobilisations.

cf. capital project

capital project

A project specifically intended to acquire, build or improve a capital asset.

capital purchase; capital procurement

capital reinvestment strategy

capital spending
SEE **capital expenditures**

capital stock; share capital; stock; stock capital

All shares representing ownership of a company, including preferred as well as common stock.

capital subscription

capital transaction[1] (government)

capital transaction[2]; **equity transaction** (Crown Corporations)

capital vote
SEE **capital expenditures vote**

card holder; cardholder; acquisition card holder; acquisition cardholder

carried forward

carry forward funds

carry-forward of funds

projet d'investissement (n.m.); **projet d'immobilisations** (n.m.)

Projet portant précisément sur l'acquisition, la construction ou l'amélioration d'une immobilisation.

acquisition d'immobilisations (n.f.); **achat d'immobilisations** (n.m.)

stratégie de réinvestissement (n.f.)

capital-actions (n.m.); **capital social** (n.m.)

Ensemble des actions privilégiées et ordinaires, qui représentent la propriété d'une entreprise.

souscription au capital (n.f.)

opération de capital (n.f.) (gouvernement)

opération portant sur l'avoir (n.f.); **opération portant sur les capitaux propres** (n.f.) (sociétés d'État)

détenteur d'une carte d'achat (n.m.); **détenteur** (n.m.)

reporté

reporter des fonds

report de fonds (n.m.)

carry-forward

carry-forward provision
(carry-forward of lapsing operating budget funds)

disposition de report (n.f.)
(report des fonds inutilisés du budget de fonctionnement)

CAS
SEE **Central Accounting System**

cash (n.)

encaisse (n.f.)

The public moneys on deposit, to the credit of the Receiver General for Canada, with banks and other financial institutions.

Fonds publics déposés au crédit du receveur général du Canada dans des banques et autres établissements financiers.

cash accounting
SEE **cash basis of accounting**

cash and cash equivalents

espèces et quasi-espèces (n.f.)

cash balance

encaisse (n.f.)

cash-based accounting
SEE **cash basis of accounting**

cash basis
SEE **cash basis of accounting**

cash basis of accounting; cash basis; cash accounting; cash-based accounting; cash method; accounting on a cash basis

comptabilité de caisse (n.f.); **méthode de la comptabilité de caisse** (n.f.)

The method of recording transactions by which revenues and expenses are reflected in the determination of results for the period in which the related cash receipts or disbursements occur.

Méthode qui consiste à constater les produits au moment où ils font l'objet d'un encaissement et à imputer les charges aux résultats de l'exercice au cours duquel elles font l'objet d'un décaissement.

cash deposit

dépôt en espèces (n.m.)

cash disbursements ledger

grand livre des débours (n.m.); **grand livre des décaissements** (n.m.)

cash equivalents; near-cash assets; near cash

quasi-espèces (n.f.); **valeurs assimilables à des espèces** (n.f.)

Financial instruments that are

Instruments financiers facilement

— cash

cash equivalents; near-cash assets; near cash (cont'd)
subject to no more risk than is cash and that are readily convertible to cash on short notice.

monnayables, ne comportant pas davantage de risque que des espèces.

cash flow

mouvements de la trésorerie (n.m.); **flux de la trésorerie** (n.m.); **mouvements de l'encaisse** (n.m.); **flux de l'encaisse** (n.m.)

The net cash generated by a firm's operations for a given time period, that is, cash inflows from collections of revenue minus cash outflows for payments of expenses.

Rentrées et sorties de fonds afférentes à une opération donnée, un projet d'investissement, etc.

cash forfeited

espèces confisquées (n.f.)

cashier shortage
SEE **cash shortage**

cashier's office

bureau du caissier (n.m.); **bureau de la caissière** (n.f.); **caisse** (n.f.)

cash in bank

fonds en banque (n.m.)

cash in hands of collectors and in transit

fonds détenus par les percepteurs et en transit (n.m.)

An account that records public moneys received by public officers prior to April 1, but not deposited to the credit of the Receiver General for Canada in the Bank of Canada, before that date.

Compte des *Comptes publics du Canada* qui sert à comptabiliser les fonds publics reçus par des fonctionnaires publics avant le 1er avril, mais qui ne sont pas déposés au crédit du receveur général du Canada, à la Banque du Canada, avant cette date.

cash in transit

fonds en transit (n.m.)

The public moneys received by public officers prior to April 1, but not deposited to the credit of the Receiver General for Canada in

Fonds publics reçus par des fonctionnaires avant le 1er avril, mais non déposés à la Banque du Canada au crédit du receveur

cash in transit (cont'd)

the Bank of Canada until after that date; this also includes the public moneys received after March 31 but applicable to the year thus ended.

général du Canada avant cette date, ainsi que les fonds publics reçus après le 31 mars mais qui se rattachent à l'exercice écoulé.

cash management; management of cash

gestion de la trésorerie (n.f.); **gestion de l'encaisse** (n.f.)

Ensemble d'actions dont l'objet est d'assurer que l'entité disposera des fonds nécessaires à son exploitation courante et tirera un rendement optimal de ses liquidités.

cash method
SEE **cash basis of accounting**

cash overage; cash over

excédent de caisse (n.m.); **écart de caisse positif** (n.m.); **surplus de caisse** (à éviter) (n.m.)

Excédent du solde d'une caisse sur le solde d'ouverture augmenté ou diminué des montants figurant sur les pièces attestant des rentrées et des sorties de fonds d'une période donnée.

cash position of the Government

trésorerie de l'État (n.f.)

cash receipts

encaissements (n.m.); **rentrées de fonds** (n.f.)

cash receipts ledger

grand livre des encaissements (n.m.)

cash required for investing activities

besoins de trésorerie pour les activités d'investissement (n.m.)

cash required for operating activities

besoins de trésorerie pour les activités de fonctionnement (n.m.)

cash requirements

besoins de trésorerie (n.m.)

Cash needed by an entity for

Fonds dont l'entité a besoin pour

cash requirements (cont'd)
current operations, capital expenditures or for the repayment of loans or other long-term debts.

cash requirements forecast

cash shortage; cashier shortage

son fonctionnement, pour financer l'acquisition d'immobilisations, ou pour le remboursement d'emprunts ou autres dettes à long terme.

prévision des besoins de trésorerie (n.f.)

déficit de caisse (n.m.)**; écart de caisse négatif** (n.m.)

Somme qui manque pour équilibrer le solde d'une caisse avec le solde d'ouverture augmenté ou diminué des montants figurant sur les pièces attestant des rentrées et des sorties de fonds d'une période donnée.

cash sources

A category of central accounting sources which include payment issue and cash receipts.

sources d'encaisse (n.f.)

Catégorie de sources de la comptabilité centrale qui comprend l'émission de paiements et les rentrées de fonds.

cash surrender value

cash transfer

category

The highest level of aggregation in the classification by object.

There are ten categories in the Master List of Objects: four for expenditures, two for revenues and four for financial claims and obligations.

valeur de rachat (n.f.)

transfert de fonds (n.m.)

catégorie (n.f.)**; catégorie d'articles** (n.f.)

Niveau le plus élevé de classification par article.

Les listes types d'articles renferment dix catégories d'articles : quatre pour les dépenses, deux pour les recettes et quatre pour les créances et les dettes.

CBA
SEE **cost-benefit analysis**

central

central accounting journal voucher; CAJV

pièce de journal de la comptabilité centrale (n.f.); **PJCC; pièce justificative de la comptabilité centrale** (vieilli) (n.f.)

central accounting suspense account

compte d'attente de la comptabilité centrale (n.m.)

Central Accounting System; CAS

Système central de comptabilité (n.m.); **SCC; Système de comptabilité centrale** (à éviter) (n.m.)

Part of the Government Accounting System which collects, authenticates, validates, records, and reports all financial transactions of the Government of Canada. It is administered by the Receiver General for Canada and consists of the Central Data Bank, the Central Agencies Information System (CAIS), the Departmental Reporting System (DRS), their associated input subsystems and all output therefrom.

Système permettant la comptabilisation des opérations financières du gouvernement du Canada par le receveur général du Canada. Ce système est constitué de la Banque centrale de données, du Système d'information des organismes centraux (SIOC), du Système de rapports ministériels (SRM), des sous-systèmes d'entrée associés à ces systèmes et de toute la production qui en découle.

central account numbers; CAN

numéros des comptes centraux (n.m.); **NCC**

Under the authority classification, numbers which identify the appropriation or other authority, as well as the accountable department, for each transaction.

Dans la classification par autorisation, numéros qui désignent le crédit, ou autre autorisation, de même que le ministère responsable, pour chacune des opérations.

central accounts

cf. accounts of Canada

comptes centraux (n.m.)

Ensemble des comptes constituant les comptes du Canada.

Central Agencies Information System; CAIS

Système d'information des organismes centraux (n.m.); **SIOC**

A subsystem of the Central Accounting System that provides central agencies with

Sous-système du Système central de comptabilité fournissant aux organismes centraux des

Central Agencies Information System; CAIS (cont'd)
government-wide information on assets, liabilities, expenditures and revenues, including analysis by economic object of expenditures and revenues.

renseignements au sujet de l'actif, du passif, des dépenses et des recettes de l'ensemble de l'administration fédérale, de même que l'analyse, par article économique, des dépenses et des recettes.

central agency

An agency that exists to support the Cabinet's corporate objectives and the collective responsibilities of ministers.

NOTE The three "traditional" central agencies are the Privy Council Office, the Department of Finance and the Treasury Board Secretariat.

organisme central (n.m.)**; agence centrale** (à éviter) (n.f.)

Organisme gouvernemental dont le rôle consiste à aider le Cabinet à réaliser les objectifs généraux du gouvernement tout en protégeant la responsabilité collective des ministres qui en font partie.

NOTA Les trois organismes centraux traditionnels sont le Bureau du Conseil privé, le Secrétariat du Conseil du Trésor et le ministère des Finances.

central classification system

A system which sets the structure for a uniform classification on a government-wide basis to meet the statutory requirements of the accounts of Canada, and the corporate information requirements of central agencies, departments and other users.

système central de classification (n.m.)

Système qui établit la structure nécessaire à l'application, dans l'ensemble de l'administration fédérale, d'une classification uniforme permettant de respecter les exigences législatives ayant trait aux comptes du Canada et de répondre aux besoins en information des organismes centraux, des ministères et des autres utilisateurs.

central cooperative credit society

société coopérative de crédit centrale (n.f.)

centrally financed program

programme financé par l'administration centrale (n.m.)

centrally held funds

Funds which assist departments in managing unavoidable cost pressures arising within the fiscal year.

fonds gérés par les organismes centraux (n.m.)

Fonds qui permettent d'aider les ministères à faire face aux tensions financières inévitables qui se présentent en cours d'exercice.

Central Working Capital Advance Fund

caisse centrale des avances de fonds de roulement (n.f.)

certificate of indebtedness

titre (n.m.); **titre d'emprunt** (n.m.)

certification

The act of affixing an authorizing signature to a requisition under the *Financial Administration Act*.

certification (n.f.)

Acte d'apposer une signature autorisée sur une demande en vertu de la *Loi sur la gestion des finances publiques*.

change in accounting estimate

révision d'estimation comptable (n.f.); **modification d'estimation comptable** (n.f.)

change in accounting policy

modification de convention comptable (n.f.)

change in accounting principles

modification de principes comptables (n.f.)

change in equity

évolution de l'avoir (n.f.); **changement de l'avoir** (vieilli) (n.m.)

NOTA Terme adopté par le Comité de terminologie des finances publiques.

charge[1] (n.)
SEE **debit**[1] (n.)

charge[2] (n.)

• ~ *to an appropriation, to an income*

imputation (n.f.)

• ~ *à un crédit, aux résultats*

charge[3] (v.)
SEE **debit**[3] (v.)

chart

chargeable to a vote

charge against (v.)

• *charge a loss against an appropriation*
• *~ an account*

chargeback (n.); **charge-back** (n.)

The adjustment of the amount payable to or claimed by a financial institution as a result of the refusal by the Receiver General to redeem a direct deposit transaction.

charge costs (v.); **assign costs**

• *~ to an account*

charged to; debited to

charge expenditures to a budget

charges

Fees associated with financial services.

• *to introduce ~*

charges against the Consolidated Revenue Fund

charges to budgetary appropriations

chart of accounts

The means by which each specific transaction is classified and recorded, which in turn is used to aggregate data in both the central and departmental accounting

imputable sur un crédit (n.f.)

imputer sur; imputer à; porter en réduction de; déduire de

• *imputer une perte à un crédit*
• *déduire une somme d'un compte*

débit compensatoire (n.m.)

Rajustement du montant payable à une institution financière ou réclamé par celle-ci par suite du refus par le receveur général d'honorer un ordre de paiement électronique.

imputer des frais

• *~ à un compte*

imputé à; porté au débit de; débité à

imputer des dépenses à un budget

frais (n.m.)

Rétribution liée à une prestation de services financiers.

• *imposer, instaurer des ~*

imputations au Trésor (n.f.)

imputations aux crédits budgétaires (n.f.)

plan comptable (n.m.)

Moyen par lequel chacune des opérations est classifiée et consignée; les données ainsi recueillies sont ensuite rassemblées et inscrites dans le

chart

chart of accounts (cont'd)

systems to meet the information required by both departments and central agencies.

Chart of Accounts Manual

A manual which describes the policy, procedures and system for the standard classification and coding of financial transactions that are used in accounting and reporting by the Government of Canada.

cheque; CHQ

Bill of exchange, usually drawn on a bank, and payable on demand.

- *issue, deliver, return a ~*

cheque issuance; cheque issue; issue of cheques

cheque-issue location; cheque-issuing location

A department or branch or division thereof authorized to issue cheques on a DBA (departmental bank account), for the purpose of making expenditures in locations where the normal facilities for the issue of Receiver General cheques are not immediately available.

- *close, establish a ~*

cheque-issue register

système central de comptabilité et les systèmes ministériels qui fournissent l'information dont ont besoin les ministères et les organismes centraux.

Manuel du plan comptable (n.m.)

Manuel qui décrit la politique, le système et les méthodes qui régissent la classification et le codage normalisés des opérations financières aux fins de la tenue de comptes et de l'établissement de rapports dans l'administration fédérale.

chèque (n.m.)**; CHQ**

Titre payable à vue, par lequel le tireur donne mandat au tiré de payer une somme déterminée.

- *émettre, distribuer, retourner un ~*

émission de chèques (n.f.)

point d'émission de chèques (n.m.)**; centre d'émission de chèques** (n.m.)

Un ministère, ou une de ses directions ou divisions, autorisé à émettre des chèques sur un CBM (compte de banque ministériel), afin d'acquitter des dépenses dans des endroits où l'on n'a pas directement accès au service courant d'émission des chèques du receveur général.

- *fermer, ouvrir un ~*

registre d'émission de chèques (n.m.)

Cheque Issue Regulations

cheque-issue service

cheque-issuing location
SEE cheque-issue location

cheque-issuing office (Public Works and Government Services Canada)

cheque production and printing site

cheque redemption

cheque requisition; requisition for cheque

A requisition issued by the appropriate Minister and addressed to the Receiver General for a payment to be made by means of a cheque.

cheque stock

Child Tax Benefit Program

A program introduced in January 1993 to replace the child tax credits and the Family Allowance Program.

CHQ
SEE cheque

chronic deficit

CHST
SEE Canada Health and Social Transfer

Règlement sur l'émission des chèques (n.m.)

service d'émission de chèques (n.m.)

bureau d'émission de chèques (n.m.) (Travaux publics et Services gouvernementaux Canada)

centre de production et d'impression des chèques (n.m.)

remboursement de chèques (n.m.)

demande de chèque (n.f.); réquisition de chèque (à éviter) (n.f.)

Demande émise par le ministre compétent au receveur général pour qu'un paiement soit effectué par chèque.

stock de chèques (n.m.)

Programme de la prestation fiscale pour enfants (n.m.)

Programme entré en vigueur en janvier 1993 afin de remplacer les crédits d'impôt pour enfants et le Programme d'allocations familiales.

déficit chronique (n.m.)

CICA

CICA; Canadian Institute of Chartered Accountants

claim[1] (n.)

claim[2] (n.) (account receivable)

claim[3] (n.) (Native)

claim[4] (n.) (travel expenses)

claim against the Crown

claimant's payment bond

claims and pending and threatened litigation

A category of contingent liabilities of the Government of Canada which includes claims which are actually under litigation, or may be litigated, for which specific amounts are claimed or potential settlements can be quantified. It includes amounts in respect of specific Native claims, breach of contract, expropriation, losses or damage related to property, claims related to equal pay for work of equal value, and like items. A major part of these claims is made up of specific native claims and litigation related to statutory and treaty obligations.

classification by authority; authority classification

A type of classification that identifies the Parliamentary appropriation (vote) or other

Institut Canadien des Comptables Agréés (n.m.); ICCA

réclamation (n.f.)

créance (n.f.) (compte débiteur)

revendication (n.f.) (Autochtone)

demande de remboursement (n.f.) (frais de voyage)

réclamation contre l'État (n.f.)

cautionnement pour le paiement du demandeur (n.m.)

réclamations et causes en instance et imminentes (n.f.)

Catégorie de passif éventuel de l'État canadien qui comprend les réclamations en litige ou qui peuvent être en litige, pour lesquelles des montants précis sont réclamés ou des règlements éventuels peuvent être chiffrés. Cela comprend des montants concernant les réclamations spécifiques des Autochtones, l'inexécution de contrats, l'expropriation, des pertes ou dommages liés à la propriété, les réclamations relatives à l'équité salariale et des éléments connexes. Une partie importante de ces réclamations comprend des réclamations spécifiques autochtones et des litiges liés à des obligations en vertu de lois et de traités.

classification par autorisation (n.f.)

Type de classification qui sert à indiquer le crédit parlementaire ou le texte législatif en vertu duquel

classification

classification by authority; authority classification (cont'd)

authority under which the transaction has been authorized through legislation; it also enables management within departments and agencies to maintain records and to report to Parliament on the exercise of the related authorities, and determines the account to which the transaction is to be recorded in the central accounts and the Accounts of Canada, and also whether the transaction is budgetary or non-budgetary.

l'opération a été autorisée; permet aux gestionnaires des ministères et organismes de tenir des dossiers sur l'utilisation des autorisations et des crédits pertinents et d'en rendre compte au Parlement; permet de savoir à quel compte doit être portée l'opération dans les comptes centraux et les comptes du Canada et s'il s'agit d'une opération budgétaire ou non budgétaire. Cette classification permet également de déterminer les subdivisions des crédits (c'est-à-dire les affectations) lorsque le Conseil du Trésor l'exige pour fins de contrôle par le pouvoir exécutif.

classification by object; object classification

A type of classification which accounts for the type or nature of expenditures, the sources of revenues, and the causes of changes to financial claims and obligations.

To accommodate the need for differing degrees of detail, there are several levels of classification by object. In descending order of aggregation, they are categories; sub-categories; standard objects; reporting objects; sub-reporting objects; economic, source and class objects; and departmental (or line) objects.

classification par article (n.f.)

Type de classification qui sert à préciser la nature des dépenses ou la provenance des recettes et, dans le cas des créances et des dettes, les causes de leur augmentation ou de leur diminution.

Étant donné la diversité des besoins en information, plusieurs niveaux de classification par article sont utilisés. Ils suivent un ordre décroissant d'agrégation de la manière suivante: catégories; sous-catégories; articles courants; articles de rapport; articles de sous-rapport; articles économiques, d'origine et de classification; et articles ministériels (ou d'exécution).

classification by purpose; purpose classification

A program and activity classification which identifies the

classification par objet (n.f.)

Type de classification des opérations par programme et

classification

classification by purpose; purpose classification (cont'd)

program or service provided. It provides a breakdown of the expenditures of each program by activities and sub-activities which can then be aggregated to determine the purposes for which funds are spent to attain program objectives.

classification by responsibility; responsibility classification

A type of classification that identifies the organizational unit responsible and accountable for the transaction, from the highest managerial level, where a single official is responsible for a program, to progressively lower levels of delegated responsibility; it identifies the person responsible and accountable for the expenditure of funds provided by Parliament at the responsibility centre level.

classification error

NOTE Refers to financial statements items.

classification of accounts; account classification

A process the purpose of which is to provide the framework to identify, aggregate, and report financial transactions for planning, resource allocation, management control, accounting, statistical, and evaluation purposes.

activité, c'est-à-dire selon le programme ou le service offert. Les dépenses de chaque programme sont réparties par activité et sous-activité, pour être ensuite rassemblées de sorte qu'on puisse savoir exactement à quelles fins sont utilisés les fonds par rapport aux objectifs du programme.

classification par responsabilité (n.f.)

Type de classification qui sert à déterminer l'unité organisationnelle qui est responsable d'une opération et est tenue d'en rendre compte, en partant du palier de gestion le plus élevé, où un seul agent est responsable d'un programme, jusqu'aux niveaux inférieurs, où la responsabilité est déléguée; permet de savoir qui, au niveau du centre de responsabilité, doit rendre compte de la manière dont sont dépensées les sommes autorisées par le Parlement.

erreur de classement (n.f.)

NOTA S'applique aux postes des états financiers.

classification des comptes (n.f.)

Processus qui précise la manière dont sont déterminées, rassemblées et déclarées les opérations financières aux fins de la planification, de l'affectation des ressources, du contrôle de gestion, de la comptabilité et de

**classification of accounts;
account classification** (cont'd)

NOTE For financial transactions, the departmental classification of accounts must be fourfold: by authority; by purpose; by responsibility; by object.

classification of items (in the financial statements)

classification purposes, for

classification requirements

classification system for financial transactions; financial transactions classification system

A system used to provide information for multiple uses both within and outside departments.

The classification system provides the framework for identifying, aggregating, and reporting financial transactions for planning, resource allocation, management control, accounting, statistical, and evaluation purposes.

class object

An object identifying the causes of increases or decreases to financial claims or obligations.

l'évaluation, ainsi qu'à des fins statistiques.

NOTA Aux fins des opérations financières, la classification des comptes des ministères s'effectue de quatre façons, soit : par autorisation; par objet; par responsabilité; par article.

classement des éléments (n.m.) (dans les états financiers)

aux fins de la classification

exigences en matière de classification (n.f.)

système de classification des opérations financières (n.m.)

Système ayant pour objet de fournir des renseignements qui seront utilisés à de nombreuses fins tant à l'intérieur qu'à l'extérieur des ministères.

Le système précise la manière dont sont déterminées, rassemblées et déclarées les opérations financières aux fins de la planification, de l'affectation des ressources, du contrôle de gestion, de la comptabilité et de l'évaluation, ainsi qu'à des fins statistiques.

article de classification (n.m.)

Article servant à déterminer les causes de l'augmentation ou de la diminution des créances ou des dettes.

class of payments

NOTE The following are the classes of payments for which deputy heads may authorize the forwarding of Receiver General cheques to their departments: payments to employees; payments involving legal transactions; payments involving special banking transactions; payments to be transmitted by diplomatic courier; payments requiring classified security handling; payments to other governments and Crown corporations; payments requiring formal presentation; cash required for immediate service; recurring payments requiring administration; loan payments to individuals to be exchanged for promissory notes.

clear a cheque

client-imposed code

NOTE Such codes could include responsibility centre, activity or object codes that departments require for their own management and control purposes, other codes needed to produce special reports for central agencies, or specific financial control information codes.

client order
SEE **customer order**

closed commitment

A commitment which has its last expenditure posted against it.

close out a fund

A method of changing the custodian of a petty cash fund by

catégorie de paiements (n.f.)

NOTA Voici quelques exemples de catégories de paiements :
1) paiements aux employés, p. ex. traitements et salaires, frais de déplacement, etc.; 2) paiements impliquant un acte juridique; p. ex. acquisition de biens immobiliers; 3) paiements impliquant des opérations bancaires spéciales, p. ex. des fonds devant être transférés à l'étranger; 4) paiements aux autres gouvernements et sociétés d'État, p. ex. des paiements en échange de billets à ordre; 5) argent comptant pour usage immédiat, p. ex. billets d'autobus, avances de petite caisse, etc.

compenser un chèque

code imposé par le client (n.m.)

NOTA Il peut s'agir des codes de centres de responsabilité, des codes d'activité ou des codes d'article dont les ministères ont besoin à des fins de contrôle ou de gestion interne, d'autres codes qu'il leur faut pour produire des rapports spéciaux à l'intention des organismes centraux ou des codes de données de contrôle financier.

engagement clos (n.m.)

Engagement imputé de ses dernières dépenses.

fermer un fonds; liquider un fonds

Méthode de transfert d'un fonds de petite caisse d'un dépositaire à un

coding

close out a fund (cont'd)
requiring the current custodian to account for the vouchers on hand, refund the difference, and then start a new fund by requisitioning an advance for the new custodian.

autre en exigeant que le dépositaire actuel enregistre les pièces justificatives qu'il a en sa possession et rembourse la différence avant d'établir un nouveau fonds par une demande d'avance au nom du nouveau dépositaire.

closing balance; ending balance

solde de clôture (n.m.); **solde de fermeture** (n.m.)

Solde d'un compte à la fin d'une période.

closing of account; account closing

clôture de compte (n.f.)

code field
SEE **field**

code of accounts; account code

code de comptes (n.m.)

code vote; CV

code crédit (n.m.); **CC**

Code de financement comprenant des chiffres et regroupant les opérations de façon qu'elles puissent être imputées à l'affectation approuvée par le Conseil du Trésor. Le code crédit est un des quatre champs «code fields» du bloc de codage financier «financial coding block».

coding; coding of financial transactions; financial coding

codage (n.m.); **codage des opérations financières** (n.m.); **codage financier** (n.m.)

The process of identifying a transaction by one or more predetermined digits arranged in fields.

Processus de désignation d'une opération par un ou plusieurs chiffres prédéterminés et disposés en champs.

coding block; financial coding block

The assembly of all coding fields within the departmental coding structure.

coding field
SEE **field**

coding manual

coding of financial transactions
SEE **coding**

coding system; financial coding system

A system which provides a uniform structure for coding financial transactions in departments and agencies.

collator
SEE **collator number**

collator code

A field in the financial coding block recorded on all financial documents.

collator number; collator

A coding system number used by departments in financial transactions to identify the organizational unit or account being charged with a transaction.

bloc de codage (n.m.); **bloc de codage financier** (n.m.)

Réunion de tous les champs de codage dans la structure de codage ministériel.

manuel de codage (n.m.)

système de codage (n.m.); **système de codage financier** (n.m.)

Système utilisé pour classifier les opérations financières de façon uniforme dans les ministères et organismes centraux.

code d'interclassement (n.m.)

Code d'entrée permettant de répondre aux besoins de plusieurs types de classification et de réduire le nombre de chiffres nécessaires au codage d'une opération, dans le système de codage des opérations financières des ministères.

numéro d'interclassement (n.m.)

Numéro qui est utilisé dans le système de codage des opérations financières des ministères et qui sert à identifier le groupe organisationnel ou le compte auquel est imputée une opération.

collection

collect (v.)	recouvrer; percevoir; collecter (à éviter)
• ~ a debt, moneys, a tax	• *recouvrer une dette, recouvrer un impôt; percevoir un impôt, percevoir des sommes*

collect a duty

percevoir un droit; appliquer un droit (de douane)

collected money

fonds recouvrés (n.m.); **fonds perçus** (n.m.); **fonds encaissés** (n.m.)

collectibility; recoverability

possibilité de recouvrement (n.f.); **possibilité de recouvrer** (n.f.); **recouvrabilité** (n.f.)

NOTA «Recouvrabilité» s'emploie à Revenu Canada, Impôt.

collection action

mesure de recouvrement (n.f.)

collection agency

agence de recouvrement (n.m.)

A firm that specializes in collecting overdue accounts.

Agence qui se spécialise dans le recouvrement de comptes en souffrance.

collection agency service

service d'agences de recouvrement (n.m.)

collection charges; collection fees; collection costs

frais de recouvrement (n.m.)

Frais engagés par une entité pour recouvrer une créance.

collection costs
SEE **collection charges**

collection fees
SEE **collection charges**

collection float

flottant de recouvrement (n.m.)

The average length of time between the issuance of an invoice and the receipt of the related payment in a departmental mail room.

Temps moyen écoulé entre la facturation et la réception du paiement connexe dans la salle de courrier d'un ministère.

collection

collection notice — avis de recouvrement (n.m.)

collection of taxes; tax collection — recouvrement de l'impôt (n.m.); perception de l'impôt (n.f.)

collection period — période de recouvrement (n.f.)
Temps nécessaire pour qu'une entité recouvre ses créances, c'est-à-dire pour qu'elle rentre en possession des sommes qui lui sont dues.

collection rate — taux de recouvrement (n.m.)

come in course of payment — échoir; venir à échéance; arriver à échéance

comfort letter — lettre d'accord (n.f.)
A letter used by the Government or a Crown corporation to guarantee loans.
Lettre dans laquelle l'État ou une société d'État s'engage à garantir un prêt.

commercialization — commercialisation (n.f.)
The adoption of a business-like approach to the delivery of certain public services in order to improve service and reduce costs, while protecting the public interest.
Par extension de sens, adoption d'une optique commerciale dans la prestation de certains services publics afin d'améliorer le service fourni et d'en réduire le coût, tout en protégeant l'intérêt public.

commercially oriented management approach — méthode de gestion axée sur les pratiques commerciales (n.f.)

commissioning — mise en service (n.f.)

commitment — engagement (n.m.)
An obligation by means of which funds are pledged for some future activities.
Acte par lequel on affecte des fonds en vue de l'exécution ultérieure d'une activité.

• *authorize, control, enter, enter into, honour, meet, record, discharge a ~*

• *autoriser, contrôler, consigner, prendre/ contracter, remplir/ respecter/ acquitter/ honorer, tenir/assumer, inscrire, se libérer/ s'acquitter d'un ~*

commitment

commitment account

commitment accounting

The recording of obligations to make some future payments at the time they are foreseen, not at the time services are rendered and billings received.

The primary purpose of commitment accounting is to maintain an accurate record of free balances in appropriations and allotments, after allowing for all items expected to come in course of payment during the fiscal year.

commitment amendment

commitment authority

The authority to commit funds from a budget for future payments when an order is placed or a contract or contribution agreement is signed.

commitment control; control of commitments

The maintenance of commitment records to prevent overutilization of the commitment authority granted by Parliament in an appropriation act.

commitment control number

commitment file

compte des engagements (n.m.)

comptabilité d'engagement (n.f.); **comptabilité des engagements de dépenses** (n.f.)

Enregistrement des obligations de faire des paiements futurs au moment où ceux-ci sont prévus et non lorsque les services sont dispensés et les factures reçues.

La comptabilité des engagements vise d'abord à tenir un compte exact des soldes disponibles dans les crédits alloués et les affectations, compte tenu de toutes les sommes dont le paiement deviendra exigible au cours de l'exercice financier.

modification des engagements (n.f.)

autorisation d'engagement (n.f.); **pouvoir d'engagement** (n.m.)

Pouvoir d'engager des fonds disponibles dans un budget pour des paiements ultérieurs lorsqu'on passe une commande ou qu'on signe un marché ou un accord de contribution.

contrôle des engagements (n.m.)

Tenue par un ministère de registres des engagements afin d'éviter tout abus de l'autorisation d'engagement conférée par le Parlement dans une loi de crédits.

numéro de contrôle des engagements (n.m.)

fichier des engagements (n.m.)

commitment

commitment record; record of commitments	**registre des engagements** (n.m.)
commit resources	**engager des ressources**
committed (adj.) • ~ assets, funds	**engagé** • actifs, fonds ~s
common share	**action ordinaire** (n.f.)
common term	**échéance courante** (n.f.)
communication of authorities	**communication des pouvoirs** (n.f.)
comparative figures	**chiffres correspondants** (n.m.) (de l'exercice précédent, des exercices antérieurs)
comparative statement	**état comparatif** (n.m.); **tableau comparatif** (n.m.)
compensation payment	**paiement d'indemnités** (n.m.)
compensatory payment	**paiement compensatoire** (n.m.)
competitive authority level	**niveau d'autorisation pour marché concurrentiel** (n.m.)
competitive award dollar authority	**autorisation monétaire pour attribution concurrentielle** (n.f.)
completion of a verification	**achèvement d'une vérification** (n.m.)
compliance audit(ing); compliance with authority audit(ing)	**vérification de (la) conformité** (n.f.); **vérification de (la) conformité aux autorisations** (n.f.); **vérification de (la) conformité aux pouvoirs** (n.f.)
An examination of programs, activities and individual transactions to ensure that they conform to the established body of legislation, regulations and administrative directives.	Examen des programmes, des activités et des opérations qui permet de s'assurer de la conformité de ces derniers à l'ensemble des lois, règlements et directives administratives.

———————————————————— concentrator

compliance with authorities

conformité aux autorisations (n.f.); **respect des autorisations** (n.m.); **conformité aux pouvoirs** (n.f.); **respect des pouvoirs** (n.m.)

compliance with authority audit(ing)
SEE **compliance audit(ing)**

comprehensive Native land claim

A claim submitted by First Nations seeking to establish their aboriginal title to lands not covered by treaties.

revendication territoriale globale des Autochtones (n.f.)

Revendication présentée par les Premières nations visant à établir des droits autochtones qui ne sont pas déjà visés par des traités.

comptroller; controller

contrôleur (n.m.)

Comptrollership

The title of a Treasury Board manual which brings together in one place all policies on financial management and other information that are required by managers and financial officers to carry out financial management responsibilities.

Fonction de contrôleur

Titre d'un manuel du Conseil du Trésor qui rassemble toutes les politiques et l'information dont les gestionnaires et les agents financiers ont besoin pour s'acquitter de leurs responsabilités en matière de gestion financière.

computer-assisted accounting control

contrôle comptable informatique (n.m.); **contrôle comptable informatisé** (n.m.)

computer audit(ing)
SEE **EDP audit(ing)**

computer-related offence

e.g., illegal access, theft of software or data, or alteration or destruction of data

infraction relative aux ordinateurs (n.f.)

p. ex., accès illégal, vol de logiciels ou de données, altération ou destruction de données

concentrator account

A bank account maintained in each financial institution into which

compte central (n.m.)

Compte bancaire conservé par chaque institution financière dans

concentrator

concentrator account (cont'd)
receipts from across Canada are electronically deposited.

lequel sont déposées par virement électronique les recettes de tout le Canada.

concessional terms;
concessionary terms; soft terms;
preferential terms

conditions privilégiées (n.f.);
conditions favorables (n.f.);
conditions de faveur (n.f.);
conditions libérales (n.f.);
conditions préférentielles (n.f.);
conditions spéciales (n.f.);
conditions avantageuses (n.f.)

NOTA Pour un prêt accordé par une institution financière.

concessionary loan

prêt à des conditions de faveur (n.m.)

concessionary terms
SEE **concessional terms**

conditional remission

remise conditionnelle (n.f.)

consolidate as budgetary;
consolidate as budgetary transactions

inscrire aux opérations budgétaires

consolidated account

compte consolidé (n.m.)

consolidated accounting entity

entité comptable consolidée (n.f.)

consolidated agent Crown corporation

société d'État mandataire consolidée (n.f.)

e.g., the National Arts Centre Corporation

p. ex., la Société du Centre national des Arts

consolidated budgetary account

compte budgétaire consolidé (n.m.)

A category which includes all specified purpose accounts used to separately account for and control the funds received and disbursed in relation to the administration of certain accounts.

Catégorie de compte qui comprend tous les comptes à fins déterminées servant à comptabiliser et à contrôler séparément les fonds reçus et déboursés relativement à l'administration de certains comptes.

―――――――――――――――――――――――― **Consolidated**

consolidated Crown corporation

A wholly-owned Crown corporation and its wholly-owned subsidiaries which rely on Government funding as its principal source of revenues.

The principal consolidated Crown corporations are: Canadian Broadcasting Corporation, Marine Atlantic Inc., and VIA Rail Canada Inc. A total of 25 Crown corporations were consolidated in 1994.

consolidated financial statement

consolidated loan

consolidated net basis, on a
• *to report transactions on a ~*

consolidated parent Crown Corporation

consolidated purchasing

consolidated report

Consolidated Revenue Fund; CRF

The aggregate of all public moneys that are on deposit at the credit of the Receiver General for Canada.

• *charges against the ~; payment out of the ~*

société d'État consolidée (n.f.)

Société d'État et ses filiales en propriété exclusive dont la principale source de revenus provient des fonds versés par le gouvernement. Les actifs, passifs, dépenses et recettes sont consolidés selon la méthode proportionnelle avec les états financiers du gouvernement du Canada et les opérations internes sont éliminées.

Au total, 25 sociétés d'État ont été consolidées en 1994. Les sociétés d'État consolidées les plus importantes sont la Société Radio-Canada, Marine Atlantique SCC et VIA Rail Canada Inc.

état financier consolidé (n.m.)

prêt consolidé (n.m.)

sur une base consolidée nette
• *faire rapport des opérations ~*

société d'État mère consolidée (n.f.)

achats consolidés (n.m.)

rapport consolidé (n.m.)

Trésor (n.m.)**; Fonds du revenu consolidé** (à éviter) (n.m.)**; FRC** (à éviter)

Total des fonds publics en dépôt au crédit du receveur général du Canada.

• *imputations au ~; paiement sur le ~*

87

consolidated

consolidated specified purpose account

A special category of budgetary revenues and expenditures which reports transactions of certain accounts where enabling legislation requires that revenues be earmarked, and that related payments and expenditures be charged against such revenues. Examples are the Employment Insurance Account, the Canadian Ownership Account and the Western Grain Stabilization Account.

consolidated standard object

consolidated status by central account

consolidated status by standard object

consolidated subsidiaries

consolidated transaction

consolidation

consolidation adjustment

constant dollar estimate

An estimate expressed in terms of the dollars of a particular base fiscal year, that is, it includes no provision for inflation. Cash flows over a number of fiscal years may also be expressed in constant

compte à fins déterminées consolidé (n.m.)

Catégorie spéciale de recettes et de dépenses budgétaires qui présente les opérations de certains comptes dont les lois constituantes exigent que les recettes soient affectées à une fin particulière, et que les paiements et dépenses connexes soient imputées sur de telles recettes. Ils regroupent, entre autres, le compte d'assurance-emploi, le compte de canadianisation et le compte de stabilisation concernant le grain de l'Ouest.

article courant consolidé (n.m.)

état consolidé par compte central (n.m.)

état consolidé par article courant (n.m.)

filiales consolidées (n.f.)

opération consolidée (n.f.)

consolidation (n.f.)

redressement de consolidation (n.m.)

Procédure mise en oeuvre en vue de rectifier les montants des états financiers suite à la consolidation de deux ou plusieurs entités.

estimation en dollars constants (n.f.)

Estimation exprimée en dollars d'une année financière de base particulière, c'est-à-dire une estimation qui ne comprend pas de provision pour l'inflation. On peut également exprimer en dollars

contingencies

constant dollar estimate (cont'd)
dollars of the base year including no allowance for inflation in the calculation of costs.

constant dollars
Dollars of a particular base year, which are not adjusted (inflated or deflated) to show changes in the purchasing power of the dollar. The base year must always be stated.

cf. current dollars

construction or acquisition of machinery and equipment

consultant fees

Consumer Price Index; CPI

contingencies

contingencies vote; Treasury Board contingencies vote; Treasury Board vote 5; TB vote 5; Government contingencies; Government contingencies vote

A Treasury Board vote which provides for miscellaneous, minor and unforeseen expenditures and for certain increased salary costs arising out of collective bargaining agreements.

constants de l'année financière de base les mouvements de trésorerie effectués pendant plusieurs années, en n'intégrant au calcul des coûts aucune provision pour l'inflation.

dollars constants (n.m.)
Dollars d'une année de référence donnée, qui ne sont pas majorés ni minorés compte tenu des fluctuations du pouvoir d'achat du dollar. Il faut toujours indiquer l'année de référence.

NOTA L'expression peut être utilisée avec le nom d'autres monnaies. On parlera, par exemple, de francs constants.

construction ou acquisition de matériel et d'outillage (n.f.)

honoraires d'expert-conseil (n.m.)**; honoraires de consultant** (n.m.)

indice des prix à la consommation (n.m.)**; IPC**

éventualités (n.f.)

crédit pour éventualités (n.m.)**; crédit pour éventualités du Conseil du Trésor** (n.m.)**; crédit 5 du Conseil du Trésor** (n.m.)**; crédit 5 du CT** (n.m.)**; éventualités du gouvernement** (n.m.)**; crédit pour éventualités du gouvernement** (n.m.)

Crédit du Conseil du Trésor qui couvre les dépenses diverses, petites et imprévues, et certaines augmentations de traitement découlant des conventions collectives.

contingencies

contingencies vote; Treasury Board contingencies vote; Treasury Board vote 5; TB vote 5; Government contingencies; Government contingencies vote (cont'd)

NOTE "Government contingencies" is the title of Treasury Board vote 5.

NOTA «Éventualités du gouvernement» est le titre du crédit 5 du Conseil du Trésor.

contingency purposes, for

pour parer aux imprévus; pour faire face aux imprévus

contingency reserve; reserve for contingencies

A reserve that covers the risk of statutory expenditures exceeding projections, such as unanticipated increases in transfer payments due to changing economic conditions; it also allows the government to buffer its fiscal targets while providing Parliament with the best available projection of expenditures on statutory programs.

réserve pour éventualités (n.f.)

Réserve visant à couvrir le risque d'augmentation des dépenses législatives prévues, comme les augmentations imprévues des paiements de transfert attribuables à l'évolution des conditions économiques, et à servir de solution tampon au gouvernement, pour l'atteinte des objectifs fiscaux, tout en donnant au Parlement la meilleure projection possible des dépenses découlant des programmes législatifs.

contingent gain

A potential gain or possible recovery that may become an actuality when one or more future events occur or fail to occur.

gain éventuel (n.m.); **profit éventuel** (n.m.)

Gain potentiel ou recouvrement possible pouvant se matérialiser si une ou plusieurs éventualités se réalisent.

contingent liabilities

The potential debts which may become actual financial obligations if certain events occur or fail to occur.

The contingent liabilities of the Government of Canada consist of explicit guarantees by the

passif(s) éventuel(s) (n.m.)

Dettes potentielles qui peuvent se transformer en dettes réelles si certaines éventualités se réalisent.

Le passif éventuel de l'État canadien comprend les garanties formelles de l'État, les pertes qui pourraient découler de causes en

contingent liabilities (cont'd)
Government, potential losses arising from pending or threatened litigation relating to claims and assessments in respect of breach of contract, damages to persons and property, and like items.

instance ou imminentes relatives à des demandes d'indemnité et à des évaluations concernant la rupture de contrats, des lésions corporelles ou des dégâts matériels et autres cas de ce genre.

NOTA Lorsque le singulier s'impose, employer «élément de passif éventuel».

continuing appropriation
SEE **non-lapsing appropriation**

continuing authority
SEE **non-lapsing authority**

continuing authorization
SEE **non-lapsing authority**

continuing charge

imputation permanente (n.f.)

continuing commitment
A commitment that will require a series of payments or settlement actions over an indeterminate period of time. An example is the obligation to make monthly payments for telephone service.

engagement permanent (n.m.)
Engagement qui nécessite une série de versements ou de règlements au cours d'une période indéterminée. Citons, par exemple, l'obligation d'effectuer des paiements mensuels pour le service téléphonique.

continuing payment

paiement continu (n.m.)

contract (n.)

contrat (n.m.); **marché** (n.m.)

contract a loan

contracter un emprunt; faire un emprunt

contracting authority[1]

pouvoir de passation des marchés (n.m.); **pouvoir de conclure des marchés** (n.m.); **pouvoir de passer des marchés** (n.m.); **autorisation de passer des marchés** (n.f.)

The authority delegated by ministers and deputy heads to

Pouvoir délégué à certaines personnes par les ministres et les

contracting

contracting authority[1] (cont'd)

persons for entering into and approving contracts and arrangements expected to result in charges to an appropriation.

contracting authority[2]

contractor's holdback; holdback

contract out (v.)

contractual agreement; contractual arrangement

contractual commitment

A written obligation to outside organizations or individuals as a result of a contract.

Contractual commitments can be classified into seven categories: capital assets, purchases, operating leases, capital leases, transfer payment agreements (grants and contributions), benefit plans for veterans and international organizations.

administrateurs généraux concernant l'approbation et la conclusion de marchés et d'accords devant conduire à une imputation aux crédits.

autorité contractante (n.f.)

Personne ou groupe de personnes autorisées à administrer des marchés de façon à garantir la bonne exécution de ceux-ci conformément aux conditions arrêtées en matière de délai, de coût et de performance.

retenue de garantie (n.f.)

sous-traiter; donner à la sous-traitance; donner en sous-traitance

Concéder ou affermer des services publics au secteur privé.

entente contractuelle (n.f.); **accord contractuel** (n.m.)

engagement contractuel (n.m.)

Obligation par écrit envers des organismes ou des individus de l'extérieur résultant d'un marché.

Les engagements contractuels peuvent être classés en sept catégories : les immobilisations, les achats, les contrats de location-exploitation, les contrats de location-acquisition, les accords de paiements de transfert (subventions et contributions), les régimes de prestations pour les anciens combattants et les organisations internationales.

contribution

contributed capital; paid-in capital

capital d'apport (n.m.)

contributed surplus; paid-in surplus

surplus d'apport (n.m.)

contribution[1]

A conditional transfer payment for a specific purpose. It is subject to being accounted for and audited according to the terms of the contribution agreement.

contribution (n.f.)

Paiement de transfert soumis à des conditions et octroyé à des fins précises. Il est nécessaire d'en rendre compte et d'en faire une vérification conformément aux conditions de l'accord de contribution.

contribution[2]

apport (n.m.)

Transfert sans contrepartie d'argent ou d'autres actifs à un organisme sans but lucratif, ou règlement ou annulation sans contrepartie d'un élément de passif de cet organisme.

contribution[3] (employer/employee)

cotisation (n.f.)

Quote-part versée par un employé ou par un employeur à un régime de retraite, etc.

contribution advance

avance sur contribution (n.f.)

contribution arrangement; contribution agreement

accord de contribution (n.m.)

A written undertaking between a donor department or agency and a prospective recipient of a contribution, describing the obligations of each party, as well as the terms and conditions for payment.

Texte décrivant les modalités de paiement et celles de l'engagement entre le ministère donateur et le bénéficiaire éventuel d'une contribution.

contribution audit

vérification des contributions (n.f.)

control account; controlling account

An account containing primarily totals of one or more types of transactions the detail of which appears in a subsidiary ledger or its equivalent. Its balance equals the sum of the balances of the detail accounts.

controlled allotment

An allotment imposed by Treasury Board following parliamentary approval of a program; the funds cannot be used for other purposes. A controlled allotment lapses at the end of a fiscal year.

cf. allotment

controlled capital expenditures; controlled capital

Expenditures required to acquire lands, buildings and engineering structures and works, acquire other capital items where the total cost of a project exceeds the limits to be established for the department, undertake major alterations, modifications or renovations that are beyond the limits established for the department, and extend the useful life or change the performance or capability of the above-mentioned assets.

controller; comptroller

control level

controlling account
SEE **control account**

compte de contrôle (n.m.)

Compte dont le solde égale le total des soldes des comptes d'un grand livre auxiliaire et dans lequel on retrouve généralement un sommaire des opérations enregistrées en détail dans les comptes du grand livre auxiliaire.

affectation contrôlée (n.f.)

Affection imposée par le Conseil du Trésor après l'approbation d'un programme par le Parlement. Les fonds ne peuvent servir à d'autres fins. L'affectation n'est pas reportable.

dépenses en capital contrôlées (n.f.)

Dépenses requises pour 1) l'achat de terrains, d'immeubles, d'ouvrages et de structures techniques; 2) l'achat d'autres immobilisations lorsque le coût du projet dépasse le plafond établi pour le ministère; 3) la réalisation de travaux majeurs de rénovation ou de réfection ou d'importantes modifications dont le montant dépasse le plafond établi pour le ministère, et qui ont pour but de prolonger la durée de vie utile ou de modifier le rendement ou la capacité de ces biens.

contrôleur (n.m.)

niveau de contrôle (n.m.)

━━ Corporate

control of allotments
SEE **allotment control**

control of appropriations   **contrôle des crédits** (n.m.)

control of commitments
SEE **commitment control**

control of expenditures;   **contrôle des dépenses** (n.m.)
spending control; expenditure
control

control procedure (internal   **mécanisme de contrôle** (n.m.);
control)   **procédé de contrôle** (n.m.)
   (contrôle interne)

control system   **système de contrôle** (n.m.)
The policies and procedures   Lignes directrices et mécanismes
established and maintained by   de contrôle établis et maintenus
management to collect, record and   par la direction pour recueillir,
process data, as well as to report   enregistrer et traiter les données et
the resulting information or   présenter l'information ainsi
enhance the reliability of such data   produite et augmenter la fiabilité
and information.   de ces données et de cette
   information.

conversion of foreign currencies
SEE **translation of foreign**
currencies

core budget   **budget central** (n.m.); **budget de**
   base (n.m.)

core level of activity   **niveau central d'activités** (n.m.)

corporate acquisition card
SEE **acquisition card**

Corporate and Administrative   **frais généraux pour les services**
Services overhead costs   **intégrés et administratifs** (n.m.)
Costs incurred in support of the   Frais engagés pour appuyer les
operating programs and activities   programmes et les activités de
in a department. They include the   fonctionnement d'un ministère. Ils
costs of such functions as senior   comprennent notamment les coûts
management, corporate   liés aux fonctions suivantes:
communications, informatics,   gestion supérieure,

Corporate and Administrative Services overhead costs (cont'd)

personnel, finance, administration, legal services, program evaluation, and audit.

communications ministérielles, informatique, personnel, finances, administration, services juridiques, évaluation des programmes, vérification.

corporate plan

A plan established by a parent Crown corporation which encompasses all the businesses and activities, including investments, of the corporation and its wholly-owned subsidiaries, if any.

plan d'entreprise (n.m.)

Plan d'une société d'État mère qui traite de toutes les activités de la société et, le cas échéant, de ses filiales à cent pour cent, y compris leurs investissements.

NOTA Au pluriel : plans d'entreprise.

corporation

société (n.f.)

corporation income tax

impôt des sociétés (n.m.)

cost (v.)

établir le coût de; calculer le coût de; évaluer le coût de; établir le devis de

- to ~ results, to ~ outputs

- *établir, calculer, évaluer le coût d'un projet; établir le devis des travaux; établir le coût de résultats, d'extrants, de services*

cost allocation

The assignment of a cost or group of costs to one or more programs, activities or outputs.

répartition des coûts (n.f)

Affectation d'un coût ou d'un ensemble de coûts à un programme, à une activité ou à un extrant, ou à plusieurs.

cost analysis; analysis of costs; cost-based analysis

In management planning, a method used for determining the most economical way to accomplish an objective.

The primary purpose of cost analysis is to provide management

analyse de(s) coûts (n.f.)

En planification de gestion, méthode permettant de déterminer la façon la plus économique de réaliser un objectif.

cost analysis; analysis of costs; cost-based analysis (cont'd)

with data for use in decision making. It may also be undertaken to provide data that will help explain management actions or decisions to other parties.

cost avoidance

évitement des coûts (n.m.)

NOTA Le plus souvent traduit par «éviter des coûts».

cost base

The total of costs that are accumulated for allocation to a program, activity or output.

base de coûts (n.f.)

Total des coûts qui sont accumulés aux fins de leur attribution à un programme, à une activité ou à un extrant.

cost-based analysis
SEE **cost analysis**

cost behaviour

The response that a cost element has to the effect of a cost driver or multiple cost drivers. For example, a cost may remain stable until a certain level of an operating variable is exceeded, whereupon it will increase (step-costs). Alternatively, costs may be completely fixed or variable with respect to a given cost driver.

comportement des coûts (n.f.); **évolution des coûts** (n.f.)

Incidence qu'un élément de coût, simple ou multiple, a sur un coût. Par exemple, un coût peut demeurer stable jusqu'à ce qu'une variable atteigne un certain niveau, après quoi le coût augmentera (coûts variables par paliers). Par contre, les coûts peuvent demeurer tout à fait fixes ou varier par rapport à un élément de coût donné.

cost-benefit analysis; CBA; benefit-cost analysis

A qualitative and quantitative study of the benefits and costs of programs and activities in relation to their implementation and operation.

analyse coûts-avantages (n.f.); **ACA**

Étude d'un programme ou d'une activité par l'analyse qualitative et quantitative de tous les avantages et de tous les coûts relatifs à l'implantation et au fonctionnement de ce programme ou de cette activité.

cost-benefit ratio
SEE **benefit-cost ratio**

cost centre; cost center

A centre established in order to control the accumulation of operating costs incurred by a subdivision of a responsibility centre.

centre de coûts (n.m.); **centre de frais** (n.m.)

Centre établi en vue de contrôler l'accumulation des frais de fonctionnement d'une sub-division d'un centre de responsabilité.

cost driver

The factor that determines how a cost will vary. For example, number of transactions may drive data processing operation costs; full-time equivalents may drive personnel costs.

élément de coût (n.m.)

Facteur qui détermine dans quelle mesure un coût variera. Par exemple, le nombre d'opérations peut dicter les coûts de traitement de l'information; les équivalents temps plein peuvent dicter les frais de personnel.

cost-effective management

gestion économique (n.f.)

cost effectiveness

rentabilité (n.f.); **efficacité en fonction du coût** (n.f.); **efficacité par rapport au coût** (n.f.); **rapport coût-efficacité** (n.m.)

Mesure du degré par lequel une stratégie, une décision, un programme, un processus ou une opération peuvent produire un rendement, compte tenu des coûts engagés.

- *accroissement de la rentabilité*
- *rentabilité accrue*

cost forecast

prévision des coûts (n.f.)

cost management; management of costs

gestion des coûts (n.f.)

cost method

méthode de la comptabilisation à la valeur d'acquisition (n.f.); **comptabilisation à la valeur d'acquisition** (n.f.)

The method of accounting

Méthode par laquelle

cost pool

cost method (cont'd)

whereby the investment in enterprise Crown corporations is initially recorded at cost and the earnings are recognized in government financial statements only to the extent received or receivable in the form of dividends.

l'investissement dans les sociétés d'État entreprises est comptabilisé à la valeur d'acquisition et les bénéfices ne sont inscrits dans les états financiers du gouvernement qu'en fonction des dividendes reçus ou susceptibles de l'être.

cost-neutral program

programme qui rentre dans ses frais (n.m.)**; programme dont les coûts sont entièrement récupérés** (n.m.)

Programme dont les recettes couvrent les débours, sans bénéfice ni perte.

cost of capital

The cost to the government of financing the assets used in carrying out its activities.

coût du capital (n.m.)

Coût qu'assume l'État pour financer les biens affectés à ses activités.

cost offset

compensation des coûts (n.f.)

cost of issuing new borrowings

coût d'émission de nouveaux emprunts (n.m.)

cost overrun; overrun

An expected or actual increase in the cost of a project following effective project approval.

dépassement de(s) coût(s) (n.m.)

Augmentation anticipée ou réelle du coût de réalisation d'un projet suite à l'approbation effective du projet.

cost-plus contract

contrat à prix coûtant majoré (n.m.)

cost pool

A grouping of costs that have been accumulated. The breakdown into pools may be based on cost category such as corporate and administrative, by organizational entity, by activity or by object of expenditure.

regroupement des coûts (n.m.)

Réunion des coûts accumulés. Les coûts sont regroupés, par exemple, selon leur nature (comme les frais généraux des services intégrés et administratifs), l'organisation, l'activité ou l'article de dépense.

cost-profit

cost-profit analysis	**analyse coûts-profits** (n.f.)
cost recognized currently	**coût comptabilisé dans l'exercice en cours** (n.m.)
cost-recovered non-tax revenues	**recettes non fiscales découlant d'un recouvrement des coûts** (n.f.)
cost recovery; recovery of costs	**recouvrement des coûts** (n.m.); **récupération des coûts** (n.f.)

Setting user fees to cover some or all of the costs incurred in providing a product or service, rather than funding the product or service solely out of general tax revenues.

Imposition de frais aux utilisateurs d'un bien ou d'un service dans le but de recouvrer une partie ou la totalité des coûts engagés pour offrir ce bien ou ce service, plutôt que d'en financer la prestation uniquement à même les recettes fiscales générales.

cost-recovery authority	**pouvoir de recouvrement des coûts** (n.m.); **pouvoir de récupération des coûts** (n.m.)
cost-recovery basis, on a	**selon le principe de la récupération des coûts; en régime de recouvrement des coûts; contre remboursement des frais**
cost-recovery initiative	**initiative en matière de recouvrement des coûts** (n.f.); **initiative en matière de récupération des coûts** (n.f.)
cost-recovery measure	**mesure de recouvrement des coûts** (n.f.); **mesure de récupération des coûts** (n.f.)
cost-recovery projection	**prévision de recouvrement des coûts** (n.f.); **prévision de récupération des coûts** (n.f.)
costs	**coûts** (n.m.)

Expenses that can be associated with providing a product or

Dépenses qui peuvent être associées à la prestation d'un

costs (cont'd)
service. They may be capital or operating in nature, and once identified with a product or service can be carried in accounting records for several fiscal periods.

service ou à la production d'un bien. Il peut s'agir de coûts en capital ou de coûts de fonctionnement et, une fois qu'ils sont rattachés à un produit ou à un service, ils peuvent être portés aux registres comptables pendant plusieurs exercices financiers.

cost-shared program
SEE **shared-cost program**

cost sharing

partage des coûts (n.m.); **partage des frais** (n.m.)

**cost-sharing arrangement;
cost-sharing agreement**

entente de partage des coûts (n.f.); **accord de partage des coûts** (n.m.); **accord à frais partagés** (n.m.); **entente à frais partagés** (n.f.)

An arrangement whereby the parties involved agree to share specified costs but not to participate directly in or assign staff to a common undertaking.

Entente en vertu de laquelle les parties conviennent d'assumer une partie des coûts d'une entreprise commune mais sans y participer directement et sans y affecter du personnel.

• *enter into a ~*

• *conclure une ~*

costs of administering (the Act)

frais d'administration (n.m.); **frais d'application** (n.m.) (de la loi)

cost structure

structure de coûts (n.f.)

counterfeit item

article contrefait (n.m.)

Any item which has been replicated to resemble a departmental bank account (DBA) cheque and which an individual is attempting to pass off as a valid DBA cheque.

Tout article qui a été reproduit de façon à ressembler à un chèque de compte bancaire ministériel (CBM) et qu'une personne tente de faire passer pour un chèque de CBM valide.

court award; award

The amount of a judgment or verdict.

montant adjugé par la cour (n.m.); montant adjugé (n.m.)

Somme accordée par la cour suite au prononcé d'un jugement ou d'un verdict.

cover a deficit

couvrir un déficit

CPI; Consumer Price Index

indice des prix à la consommation (n.m.); IPC

CPP; Canada Pension Plan

Régime de pensions du Canada (n.m.); RPC

Cr. (n.)
SEE **credit²** (n.)

credit¹ (n.)

crédit (n.m.)

Écriture par laquelle le comptable enregistre soit une dette, un produit d'exploitation ou une augmentation des capitaux propres, soit la diminution d'une valeur active ou d'une charge.

credit² (n.); Cr. (n.)

crédit (n.m.); Ct (n.m.)

Colonne numérique de droite d'un compte.

credit³ (v.)

créditer (qqn ou un compte d'une somme); porter (une somme) au crédit (de qqn ou d'un compte)

credit assessment

évaluation du crédit (n.f.)

credit balance

solde créditeur (n.m.)

The balance of an account in which the total amount of credits exceeds the total amount of debits.

Solde d'un compte dans lequel le total des crédits l'emporte sur le total des débits.

credited to

porté au crédit de; crédité à

credited to the appropriation; credited to the vote

cf. revenues netted against expenditures

cross-subsidization

credited to the vote; credited to the appropriation

cf. revenues netted against expenditures

credit granting; granting of credit; extension of credit; provision of credit	octroi de crédit (n.m.); concession de crédit (n.f.); mise à disposition de crédit (n.f.)
crediting	inscription au crédit de (n.f.)
credit journal voucher	pièce de journal créditrice (n.f.)
credit note	note de crédit (n.f.)
creditor	créancier (n.m.); créditeur (à éviter) (n.m.)
creditor department	ministère créancier (n.m.); ministère créditeur (à éviter) (n.m.)

A department that is owed an interdepartmental settlement by another department or agency that operates within or maintains funds in the Consolidated Revenue Fund.

Ministère à qui un autre ministère ou organisme relevant du Trésor ou y tenant un compte doit un règlement interministériel.

credit transaction	opération à crédit (n.f.)

CRF
SEE **Consolidated Revenue Fund**

critical control	contrôle essentiel (n.m.)
cross-servicing agreement	entente de collaboration réciproque (n.f.)
cross-subsidization; cross subsidizing	**interfinancement** (n.m.)

Where the profit from one activity or enterprise is used to offset a loss on another activity.

Utilisation du profit provenant d'une activité ou d'une entreprise pour compenser une perte relative à une autre activité.

• ~ *of services*

• ~ *des services*

crosswalk; crosswalk table; accounting crosswalk

The expression of the relationship between one set of classifications and another, such as between appropriation accounts and authorizing legislation or between the budget functional structure and spending jurisdictions.

tableau de concordance (n.m.)

Système permettant de traduire une classification d'activités ou de dépenses établie en termes de programmes, par exemple, en une autre fondée sur les crédits budgétaires notamment. Désigne généralement une présentation ventilée, sous forme de tableau, établissant le lien entre le budget-programme et le budget traditionnel.

Crown

Under section 72 of the *Financial Administration Act*, Crown means Her Majesty in right of Canada or any agent of Her Majesty in right of Canada and includes a Crown corporation and a departmental corporation.

Sa Majesté

En vertu de l'article 72 de la *Loi sur la gestion des finances publiques*, «Sa Majesté» désigne Sa Majesté du chef du Canada et ses mandataires, les sociétés d'État et les établissements publics.

Crown assets

All property owned and controlled by the Crown.

biens de l'État (n.m.); biens de la Couronne (à éviter) (n.m.)

Ensemble des biens que l'État possède et contrôle.

Crown corporation

A corporation accountable to Parliament, through a minister, for the conduct of its affairs.

société d'État (n.f.)

Société qui doit rendre compte de son activité au Parlement en dernière instance, par l'entremise d'un ministre d'État.

Crown corporations expenditures

One of the major types of government spending which includes budgetary allocations to a wide variety of corporations.

dépenses des sociétés d'État (n.f.)

Une des catégories principales des dépenses de l'État qui comprend les affectations budgétaires à diverses sociétés d'État.

Crown corporations' surplus moneys

Accounts established to record moneys received from Crown

fonds excédentaires des sociétés d'État (n.m.)

Comptes établis afin de comptabiliser les sommes reçues

Crown corporations' surplus moneys (cont'd)

corporations as directed by the Minister of Finance with the concurrence of the appropriate Minister.

des sociétés d'État selon les instructions données par le ministre des Finances avec le consentement du ministre de tutelle.

Crown debt

Any existing or future debt due or becoming due by the Crown.

dette de l'État (n.f.)**; créance sur Sa Majesté** (n.f.)

Créance existante ou future, échue ou à échoir, sur Sa Majesté.

NOTA Dette s'emploie lorsqu'il s'agit d'un élément de passif; créance s'emploie lorsqu'il s'agit d'un élément d'actif.

Crown debt assignment
SEE **assignment of a Crown debt**

CSB
SEE **Canada Savings Bond**

cumulative cost savings; cumulative savings

économies cumulatives (n.f.)

cumulative deficit

déficit cumulatif (n.m.)

cumulative savings; cumulative cost savings

économies cumulatives (n.f.)

currency

devise (n.f.)

currency swap transaction

opération de swap de devises (n.f.)**; opération d'échange de devises** (n.f.)

current asset

élément d'actif à court terme (n.m.)**; actif à court terme** (n.m.)

current assets

actif(s) à court terme (n.m.)
Ensemble des éléments de l'actif à court terme.

current deposit

dépôt courant (n.m.)

current

current dollar estimate; budget year estimate

An estimate based on costs arising in each financial year of the project schedule. It is escalated to account for inflation and other economic factors affecting the period covered by the estimate.

current dollars; budget-year dollars; inflated dollars; today's dollars

Dollars which express the cost of items in terms of the year in which the expenditure will occur.

NOTE Budget-year dollars are "inflated" or "current dollars" as opposed to "deflated" or "constant dollars" stated in relation to a base year.

cf. constant dollars

current expenditures

current fiscal year
SEE **current year**

current liabilities

current year; C/Y; current fiscal year

estimation en dollars courants (n.f.); **estimation de l'année budgétaire** (n.f.)

Estimation qui repose sur les coûts afférents à chacun des exercices financiers du calendrier du projet. Elle est majorée en fonction de l'inflation et d'autres facteurs économiques ayant une incidence sur la période visée.

dollars courants (n.m.); **dollars de l'année budgétaire** (n.m.)

Unité de coût des postes budgétaires exprimée en fonction de l'année au cours de laquelle la dépense aura lieu.

NOTA Les dollars de l'année budgétaire sont des «dollars courants», c'est-à-dire qu'ils tiennent compte de l'inflation, par opposition à des «dollars constants» qui n'en tiennent pas compte, en fonction de la valeur du dollar d'une année particulière servant de point de référence.

dépenses courantes (n.f.); **dépenses de l'exercice** (n.f.)

passif (s) à court terme (n.m.)
Ensemble des éléments de passif à court terme.

exercice courant (n.m.); **exercice en cours** (n.m.); **année en cours** (n.f.); **année courante** (n.f.); **A/C**

NOTA On utilise le terme «exercice» pour désigner une période d'un an et le terme

current year; C/Y; current fiscal year (cont'd)

«période» pour toute autre période. Le terme «année» ne doit pas être utilisé dans les états financiers.

current-year appropriation

crédit de l'exercice courant (n.m.)

current-year non-tax revenues

recettes non fiscales de l'exercice courant (n.f.)

curtail spending; restrain spending; cut expenditures; cut spending

réduire les dépenses; diminuer les dépenses; comprimer les dépenses; couper dans les dépenses; couper les dépenses (à éviter)

custodian

détenteur (n.m.)**; dépositaire** (n.é.)

Under the Accountable Advances Regulations, the person to whom an accountable advance has been issued or who is responsible for such an advance.

Aux termes du Règlement sur les avances comptables, toute personne à qui est émise une avance à justifier ou qui a la responsabilité d'une telle avance.

customer order; client order

commande d'un client (n.f.)

An order from a customer for a particular product or a number of products.

Commande pour un produit donné, ou un ensemble de produits, passée par un client.

customs duties

droits de douane (n.m.)

A tax imposed on goods imported.

Taxe prélevée sur les marchandises importées.

NOTE Strictly speaking, a duty is the actual tax collected, while a tariff is the schedule, basis, or rate of taxation.

customs tariff; tariff

tarif douanier (n.m.)**; tarif des douanes** (n.m.)**; tarif** (n.m.)

A document specifying the rates of duty to be applied on various imported products.

Document où figurent les droits applicables aux produits à l'importation.

customs

customs tariff; tariff (cont'd)

NOTE The amount collected is the customs duty, and the basis on which it is collected is the tariff.

cut expenditures; cut spending; curtail spending; restrain spending

réduire les dépenses; diminuer les dépenses; comprimer les dépenses; couper dans les dépenses; couper les dépenses (à éviter)

cutoff

A notional break in the continuity of recording transactions for the purpose of separating income and expense items between accounting periods.

coupure de l'exercice (n.f.); **arrêté des comptes** (n.m.)

Arrêt théorique de l'enregistrement des opérations en vue de respecter le principe de l'indépendance des exercices.

cutoff date

The date selected for stopping the flow of cash, goods, or transactions entries generally, for closing or audit purposes.

date de l'arrêté des comptes (n.f.); **date de démarcation** (n.f.)

Date où s'effectue un arrêt théorique de l'enregistrement des opérations en vue de respecter le principe de l'indépendance des exercices.

cut spending; curtail spending; restrain spending; cut expenditures

réduire les dépenses; diminuer les dépenses; comprimer les dépenses; couper dans les dépenses; couper les dépenses (à éviter)

CV
SEE **code vote**

C/Y
SEE **current year**

DAR
SEE **departmental annual report**

DAS
SEE **departmental accounting system**

data integrity
The quality or condition of being accurate, complete, valid, and not altered or destroyed in an unauthorized manner.

intégrité des données (n.f.)
Qualité qui est assurée lorsque les données sont exactes, complètes et valides et lorsqu'elles n'ont pas été modifiées ou détruites sans autorisation.

date of maturity
SEE **maturity date**

30-day payment policy
SEE **thirty-day payment policy**

days of grace

The extra time allowed for payment of a debt after its stated due date.

jours de grâce (n.m.); **délai de grâce** (n.m.)

Délai accordé à un débiteur pour régler une dette après son échéance.

NOTA Au Canada, ce délai est de trois jours pour les effets de commerce autres que ceux qui sont payables sur demande ou sur présentation.

DBA
SEE **departmental bank account**

DBA cheque
SEE **departmental bank account cheque**

DBA

DBA voucher; departmental bank account voucher

pièce justificative de compte bancaire ministériel (n.f.); **pièce justificative de CBM** (n.f.)

death benefit

prestation de décès (n.f.); **prestation consécutive au décès** (n.f.)

A sum of money or series of payments paid, often to a survivor but also possibly to an estate, in the event that a member of the pension plan dies.

Somme unique ou rente payable au décès du participant à ses ayants droit.

NOTA Prestation consécutive au décès : expression employée dans la *Loi de l'impôt sur le revenu*, article 248(1).

death benefit account

compte de prestations de décès (n.m.)

cf. Public Service death benefit account

debit[1] (n.); **charge**[1] (n.)

débit (n.m.)

Écriture par laquelle le comptable enregistre soit une valeur active ou une charge, soit la diminution d'une dette, des capitaux propres ou d'un produit d'exploitation.

debit[2] (n.); **debit side; Dr.**

débit (n.m.); **Dt**

The left-column of an account where an entry is recorded.

Colonne numérique de gauche d'un compte.

debit[3] (v.); **charge**[3] (v.)

débiter (qqn ou un compte d'une somme); **porter** (une somme) **au débit** (de qqn ou d'un compte); **imputer sur; imputer à**

• *charge to an appropriation, to expenses, to the deficit*

• *imputer à un crédit, aux dépenses, au déficit*

debit balance

solde débiteur (n.m.)

The balance of an account in which the total amount of debits exceeds the total amount of credits.

Solde d'un compte dans lequel le total des débits l'emporte sur le total des crédits.

debt

debited to; charged to	**imputé à; porté au débit de; débité à**
debit side SEE **debit**[2]	
debt[1]	**dette** (n.f.) NOTA S'emploie lorsqu'il s'agit d'un élément de passif.
debt[2]	**créance** (n.f.) NOTA S'emploie lorsqu'il s'agit d'un élément d'actif.
debt administration	**administration de la dette** (n.f.)
debt charges SEE **public debt charges**	
debt due to Her Majesty	**créance de Sa Majesté** (n.f.); **dette due à Sa Majesté** (n.f.)
debt instrument[1]	**instrument d'emprunt** (n.m.) Tout contrat ou toute autre forme de promesse écrite, par exemple un effet de commerce, une obligation ou une acceptation bancaire, par lequel le débiteur s'engage à rembourser un emprunt.
debt instrument[2]	**titre de créance** (n.m.) NOTA Titre de créance s'emploie lorsqu'il s'agit d'un élément d'actif. Instrument d'emprunt s'emploie lorsqu'il s'agit d'un élément de passif.
debt level	**niveau de la dette** (n.m.); **niveau d'endettement** (n.m.)
debt management; management of debt The process of administering the national debt, i.e. providing for the	**gestion de la dette** (n.f.)

debt

debt management; management of debt (cont'd)

payment of interest, and arranging the refinancing of maturing bonds.

debtor

One who owes a debt and has a legal duty to pay it; contrasts with creditor.

débiteur (n.m.)

Personne qui a contracté une dette à l'égard d'une autre. S'oppose à créancier.

debtor department

A department that owes an interdepartmental settlement to another department or agency that operates or maintains funds in the Consolidated Revenue Fund.

ministère débiteur (n.m.)

Ministère qui doit un règlement interministériel à un autre ministère ou organisme relevant du Trésor ou y tenant un compte.

debtor organization

organisme débiteur (n.m.)

debt outstanding; outstanding debt

encours de la dette (n.m.); **encours** (n.m.)

debt reduction assistance

aide à la réduction de la dette (n.f.)

debt restructuring program

programme de réaménagement de la dette (n.m.); **programme de restructuration de la dette** (n.m.)

debt service; debt servicing

The payment of the interest on the public debt and of such installments of the principal as are legally due.

cf. public debt charges

service de la dette (n.m.)

Ensemble des sommes que l'État est tenu de verser au cours d'un exercice au titre des capitaux empruntés et comprenant à la fois les intérêts et les remboursements de capital.

debt servicing
SEE **debt service**

Debt Servicing and Reduction Account

An account the purpose of which is to apply certain Government revenues against charges

compte de service et de réduction de la dette (n.m.)

Compte ayant pour objet d'appliquer certaines recettes de l'État aux frais de la dette

Debt Servicing and Reduction Account (cont'd)

associated with the public debt. These revenues include goods and services tax (GST), certain gains on disposals of investments in Crown corporations, and gifts to the Crown.

publique. Ces recettes comprennent la taxe sur les produits et services (TPS), certains gains provenant de la cession de placements dans les sociétés d'État et des dons à l'État.

Debt Servicing and Reduction Account Act

Loi sur le compte de service et de réduction de la dette (n.f.)

debt servicing grant

subvention pour remboursement d'un prêt (n.f.)

debts, obligations and claims written off or forgiven

créances ayant fait l'objet d'une radiation ou d'une renonciation (n.f.)

NOTA En tête de tableau, on pourra écrire : créances — radiations ou renonciations.

debt-to-GDP; debt-to-GDP ratio

rapport dette-PIB (n.m.)

A particularly useful measure of our capacity to carry and repay the amount of debt.

Rapport particulièrement utile pour évaluer notre capacité d'endettement et de remboursement.

GDP: gross domestic product

PIB : produit intérieur brut

Debt Write-off Regulations

Règlement sur la radiation des créances (n.m.)

decommit (funds)

désengager (des fonds)

decommitment

désengagement (n.m.)

The process of reducing or eliminating a financial undertaking for some future payments.

Procédé qui consiste à réduire ou à éliminer un engagement financier relatif au versement de paiements futurs.

decryption

déchiffrement (n.m.)

The reversal of encryption which yields the original plain or clear text.

Inverse du chiffrement, qui rétablit le texte original en clair.

decryption (cont'd)

NOTE Term used in the context of financial transactions electronic authorization and authentication mechanisms.

NOTA Terme utilisé dans le contexte des mécanismes d'autorisation et d'authentification électroniques des opérations financières.

defence expenditures; defence spending

frais de défense (n.m.)

Defence Production Revolving Fund; DPRF

Fonds renouvelable de la production de défense (n.m.); **FRPD**

defence spending; defence expenditures

frais de défense (n.m.)

deferrals
SEE **deferred revenues**

deferred charge; deferred cost; deferred expense

frais reportés (n.m.); **charge reportée** (n.f.)

An expenditure, other than a capital expenditure, the benefit of which will extend over a period of years from the time of the incurrence and meanwhile is carried forward to be charged to expense in future periods.

Dépense autre qu'une dépense en capital qui, plutôt qu'être passée en charges dans l'exercice au cours duquel elle est effectuée, est portée à l'actif en raison des avantages qu'elle est censée procurer à l'entité durant un certain nombre d'exercices futurs et figure dans le bilan jusqu'à répartition complète entre les exercices considérés.

NOTA Dans un sens large, le terme «frais reportés» peut englober les frais d'établissement et certaines immobilisations incorporelles comme les frais de développement capitalisés.

deferred cost
SEE **deferred charge**

deferred expense
SEE **deferred charge**

deferred revenues; deferrals

recettes différées (n.f.); **recettes reportées** (n.f.)

Sommes reçues ou inscrites comme étant reçues, mais qui ne sont pas encore gagnées (par exemple, les avances de loyer). Ces sommes sont inscrites au passif jusqu'à ce qu'elles soient gagnées.

deferred subsidy

subvention reportée (n.f.)

deficit; budgetary deficit; budget deficit

déficit (n.m.); **déficit budgétaire** (n.m.)

The shortfall between government revenues and budgetary spending in any given year.

Écart entre les recettes de l'État et ses dépenses budgétaires pour un exercice.

• *reduce the ~*

• *réduire, ramener le ~ à*

deficit burden; burden of deficit

fardeau du déficit (n.m.)

deficit/debt-to-GDP ratio

rapport déficit/dette-PIB (n.m.)

Measurements of the deficit and debt respectively as percentages of Canada's Gross Domestic Product. These figures tell us how big our deficit or debt is in relation to the economy.

Mesure du déficit et de la dette, respectivement, en pourcentage du produit intérieur brut du Canada. Ces chiffres donnent une idée de l'ampleur du déficit ou de la dette par rapport à l'économie.

deficit-GDP ratio
SEE **deficit-to-GDP ratio**

deficit outlook

perspectives d'évolution du déficit (n.f.)

deficit projection

prévision de déficit (n.f.)

deficit reduction

réduction du déficit (n.f.)

deficit reduction action

mesure de réduction du déficit (n.f.)

deficit ━━━━━━━━━━━━━━━━━━━━━━━━━━━━━━━━

deficit reduction initiative

deficit reduction target

deficit target

deficit-to-GDP ratio; deficit-GDP ratio

A ratio which shows us how much the government is adding to the debt relative to the size of the economy.

delegated authority

delegated purchasing authority

delegation chart

delegation document; document of delegation

delegation matrix

NOTE In the plural, matrices or matrixes.

delegation of authority; delegation of powers

initiative de réduction du déficit (n.f.)

objectif de réduction du déficit (n.m.)

objectif en matière de déficit (n.m.)

ratio du déficit au PIB (n.m.); **ratio déficit/PIB** (n.m.); **ratio déficit-PIB** (n.m.); **rapport déficit-PIB** (n.m.)

Rapport qui permet de déterminer la mesure dans laquelle l'État fait augmenter la dette relativement à la taille de l'économie.

pouvoir délégué (n.m.)

pouvoir délégué en matière d'achat (n.m.)

tableau de délégation (n.m.) (des pouvoirs)

document de délégation (n.m.)

Document dans lequel on indique les postes auxquels le ministre ou l'administrateur général délègue des pouvoirs de signer des documents financiers ou tout autre type de documents importants reliés à la gestion du personnel par exemple.

matrice de délégation (n.f.)

délégation de pouvoir(s) (n.f.)

Fait pour une autorité de transmettre une partie ou la totalité

— **departmental**

delegation of authority;
delegation of powers (cont'd)

de ses pouvoirs administratifs à une autre instance.

delegation of powers
SEE **delegation of authority**

delete

• ~ *a deficit from a fund*

radier

• ~ *un déficit d'un fonds*

delete a debt; write off a debt

radier une dette; radier une créance

deletion of assets; write-off of assets

radiation d'actif (n.f.); **radiation d'éléments d'actif** (n.f.)

deliver government programs

exécuter des programmes gouvernementaux; réaliser des programmes gouvernementaux

deliver services

dispenser des services; fournir des services; assurer des services

denominated (adj.)

e.g. in Canadian dollars

libellé (adj.)

p. ex., en dollars canadiens

denominated in foreign currency

libellé en devises; libellé en monnaie étrangère

Se dit d'un élément ou d'un poste des états financiers dont la valeur est établie en monnaie d'un autre pays et que l'on doit généralement convertir en monnaie nationale (monnaie de présentation) pour la publication des états financiers.

department

ministère (n.m.)

departmental account

compte ministériel (n.m.); **compte de ministère** (n.m.)

departmental accounting system; DAS

système ministériel de comptabilité (n.m.); **SMC**

A system whose primary objectives are to demonstrate

Système dont les principaux objectifs consistent à démontrer

departmental accounting

departmental accounting system; DAS (cont'd)

compliance by the government with the financial authorities granted by Parliament, comply with the government's accounting policies, inform the public, provide financial information for management and control, provide information for economic analysis and policy formulation, and provide a basis for audit.

que l'administration fédérale respecte les autorisations financières accordées par le Parlement, à se conformer aux conventions comptables du gouvernement, à informer le public, à fournir l'information financière utilisée à des fins de gestion et de contrôle, à communiquer les données nécessaires à l'analyse économique et à l'élaboration des politiques et à établir les assises de la vérification.

departmental acquisition card co-ordinator

An officer responsible for authorizing and controlling the issue of departmental acquisition cards.

coordonnateur ministériel des cartes d'achat (n.m.)

Agent qui autorise l'émission des cartes d'achat et qui assure leur contrôle.

departmental annual report; DAR; annual report

A document reporting on departmental operations for the most recently completed fiscal year. The minister is required, normally by the department's enabling statute, to table the report before Parliament at a designated time.

rapport annuel de ministère (n.m.)**; RAM; rapport annuel** (n.m.)

Rapport portant sur les activités réalisées au cours du dernier exercice complet. Le ministre est tenu, habituellement en vertu de la loi constitutive du ministère, de présenter ce rapport au Parlement à un moment prévu.

departmental appropriation
SEE **department's appropriation**

departmental approval authorities

A compilation of authority limits provided specifically by Treasury Board to individual ministers.

pouvoirs ministériels d'approbation (n.m.)

Compilation des limites d'approbation accordées spécifiquement par le Conseil du Trésor aux ministres respectifs.

departmental coding

departmental bank account; DBA

A bank account in a financial institution in Canada, in the name of a department, which is established by the Receiver General and on which that department's DBA cheques are drawn.

- *establish, set up a ~*

departmental bank account cheque; DBA cheque

A Canadian dollars cheque drawn on a departmental bank account by an authorized officer.

- *payee of a ~*

departmental bank account voucher; DBA voucher

departmental budget

departmental business plan
SEE **business plan**

departmental cash account

departmental chart of accounts

departmental classification of accounts

departmental code

departmental coding

compte bancaire ministériel (n.m.); CBM

Compte bancaire ouvert par le receveur général au nom d'un ministère dans une institution financière du Canada et sur lequel ce ministère peut tirer des chèques de CBM.

- *ouvrir un ~*

chèque de compte bancaire ministériel (n.m.); chèque de CBM (n.m.)

Chèque en dollars canadiens tiré sur un compte bancaire ministériel par un agent autorisé.

- *bénéficiaire d'un ~*

pièce justificative de compte bancaire ministériel (n.f.); pièce justificative de CBM (n.f.)

budget ministériel (n.m.); budget de ministère (n.m.)

compte de caisse ministériel (n.m.)

plan comptable de ministère (n.m.); plan comptable ministériel (n.m.)

classification des comptes de ministère (n.f.); classification des comptes ministériels (n.f.)

code ministériel (n.m.)

codage ministériel (n.m.)

departmental corporation

departmental corporation

établissement public (n.m.)

NOTA Entité mentionnée à l'annexe II de la *Loi sur la gestion des finances publiques.*

departmental estimates

budget des dépenses de ministère (n.m.)**; budget des dépenses ministériel** (n.m.)

Estimates which provide, in relation to stated objectives, performance expectations for the Estimates year and performance information on the results of previous years.

Budget qui expose, au regard des objectifs énoncés, les prévisions de rendement pour l'année visée par le budget des dépenses et qui contient des données de rendement sur les réalisations des années précédentes.

departmental expenditures; ministerial expenditures; departmental spending

dépenses ministérielles (n.f.)

departmental input code

code d'entrée ministériel (n.m.)

departmental input coding

codage d'entrée ministériel (n.m.)

departmental input coding block

bloc de codage d'entrée ministériel (n.m.)

A block which contains the coding entered on each transaction by the department to meet the mandatory uniform or standard codes imposed by the Treasury Board Secretariat and/or the Receiver General to meet central agency or statutory information requirements.

Bloc qui contient les codes entrés pour chacune des opérations du ministère, respectant ainsi les codes normalisés d'usage obligatoire imposés par le Secrétariat du Conseil du Trésor ou par le receveur général pour répondre aux besoins en information des organismes centraux ou satisfaire aux exigences de la loi en matière d'information.

departmental line object
SEE **line object**

departmental object
SEE **line object**

Departmental Reporting

departmental operating appropriation; operating appropriation	crédit de fonctionnement (n.m.); crédit de fonctionnement d'un ministère (n.m.)
departmental operating budget	budget de fonctionnement ministériel (n.m.); budget de fonctionnement d'un ministère (n.m.)
departmental plan	plan ministériel (n.m.)

Plan élaboré par les secteurs fonctionnels d'un ministère ou organisme où sont décrits les activités et les besoins en ressources des secteurs fonctionnels visés.

departmental reference number; DRN	numéro de référence des ministères (n.m.); NRM; numéro de référence ministériel (n.m.)
departmental report	rapport ministériel (n.m.)
Departmental Reporting System; DRS	**Système de rapports ministériels** (n.m.); **SRM**

Système de rapports du Système central de comptabilité permettant de produire des rapports et les états financiers pour les ministères et organismes fédéraux, conformément à leurs spécifications.

NOTA Le Système de rapports ministériels qui est assuré par Travaux publics et Services gouvernementaux Canada constitue un sous-produit de son système d'émission des chèques et se fonde sur les données contenues dans la banque de données du gouvernement du Canada. Aussi, tout ministère qui utilise ces services n'a pas à présenter de rapports supplémentaires pour les comptes centraux du Canada parce

Departmental Reporting

Departmental Reporting System; DRS (cont'd)

que les mêmes données comptables servent à produire tant les rapports financiers des ministères que les rapports préparés à partir des comptes centraux.

departmental spending; departmental expenditures; ministerial expenditures

dépenses ministérielles (n.f.)

departmental travel account

compte de voyage ministériel (n.m.)

department number

A code which identifies an accounting entity for purposes of reporting to and within the CAS (Central Accounting System). The department number is used for many purposes, some of which are to control input, processing and output data, to provide central agencies with consolidated reports by department and to permit various types of reconciliations at the central accounting level.

numéro de ministère (n.m.)

Code qui sert à désigner une entité comptable à des fins de rapport, dans le cadre du SCC (Système central de comptabilité). Ce numéro est utilisé à plusieurs fins, notamment contrôler l'entrée, le traitement et la sortie des données; transmettre aux organismes centraux des rapports groupés par ministère; et permettre diverses catégories de rapprochement au niveau de la comptabilité centrale.

Department of Finance

The federal department primarily responsible for providing the government with analysis and advice on the broad economic and financial affairs of Canada. Its responsibilities include preparing the federal budget, preparing tax and tariff legislation, managing borrowing on financial markets, and representing Canada within international financial institutions.

ministère des Finances (n.m.)

Ministère fédéral chargé d'analyser les grands dossiers économiques et financiers du Canada et de conseiller le gouvernement à ce sujet. Il doit notamment préparer le budget fédéral, rédiger la législation fiscale et tarifaire, gérer les emprunts fédéraux sur les marchés financiers et représenter le Canada au sein des institutions financières internationales.

— deposit

department's appropriation; departmental appropriation

crédit du ministère (n.m.); **crédit ministériel** (n.m.)

Crédit sur lequel sont imputés les paiements effectués par le ministère.

deposit account

An account established to record the deposit of money belonging to third parties or the receipt of securities when guarantees are required from outside parties to ensure the depositor's compliance with a contract or an agreement.

compte de dépôt (n.m.)

Compte établi pour comptabiliser les dépôts d'un tiers ou les cautionnements exigés des tiers pour s'assurer que le déposant respectera le marché ou l'entente comme prévu.

deposit account held in foreign currency

compte de dépôt en devises (n.m.)

deposit and trust accounts

A category of liabilities of the Government of Canada representing its financial obligations in its role as administrator of certain moneys that it has received or collected for specified purposes and that it will pay out accordingly.

comptes de dépôt et en fiducie (n.m.)

Catégorie d'éléments de passif de l'État canadien qui représente ses dettes en tant qu'administrateur de certaines sommes reçues ou perçues par lui à des fins déterminées, et qu'il devra débourser en conséquence.

NOTA «Compte de fiducie» a été remplacé par «compte en fiducie».

deposit facility

An arrangement whereby a bank branch is designated for use by a specific departmental office to obtain a bank settlement voucher in exchange for each deposit of public money. There is no bank account and hence deposits will not accumulate in an account.

service de dépôt (n.m.)

Service offert par une succursale bancaire ou un établissement parabancaire à un ministère qui n'y possède pas de compte, selon des arrangements conclus par l'institution et le receveur général; le service en est un d'échange des effets du ministère contre un règlement bancaire.

deposit float

The average amount of time between the remittance being

flottant de dépôt (n.m.)

Temps moyen écoulé entre la réception d'un versement dans la

deposit

deposit float (cont'd)
received in a departmental mail room and the receipt being credited by a financial institution to the Receiver General's bank account.

salle de courrier d'un ministère et le report de ce versement au crédit du compte du receveur général par une institution financière.

deposit funds in an account

verser des fonds dans un compte; déposer des fonds dans un compte

deposit to the credit of (v.)

déposer au crédit de

depreciation; amortization

amortissement (n.m.)

depreciation of the dollar

dépréciation du dollar (n.f.)

depreciation policy; amortization policy

politique d'amortissement (n.f.)

depreciation rate; rate of depreciation; amortization rate; rate of amortization

taux d'amortissement (n.m.)

• *schedule of ~*

• *barème de ~*

deputy minister

sous-ministre (n.é.)

Deputy Receiver General; Deputy Receiver General for Canada
The public officer responsible for counselling departments and agencies on the operation of the government-wide accounting and reporting system, and for recording uniform classifications of transactions reported by departments and agencies.

sous-receveur général (n.m.); sous-receveur général du Canada (n.m.)

Fonctionnaire chargé de conseiller les ministères et organismes sur le fonctionnement du système de comptabilité et de présentation à l'échelle du gouvernement et de consigner des classifications uniformes d'opérations déclarées par les ministères et organismes.

derivative service
A service derived from, or closely associated with, activities performed as part of the Receiver General function and compensation services.

service dérivé (n.m.)
Service découlant des activités entreprises dans le cadre de la fonction du receveur général, ou qui y sont associées de près, ainsi que les services de rémunération.

details

derivative service (cont'd)

Derivative services are services where, in general, the client has some discretion as to the extent of utilization, and often could consider alternate sources of the service, including use of the private sector.

On range parmi les services dérivés, les services dont l'utilisation est, d'une manière générale, laissée à la discrétion du client et pour lesquels celui-ci a, bien souvent, la possibilité de s'adresser à d'autres fournisseurs et même de faire appel au secteur privé.

designated pay cheque custodian

A continuing full-time employee who receives, handles and maintains control over salary cheques and payroll registers for the appropriate organizational unit or regional office.

dépositaire désigné des chèques de paye (n.é.)

Employé permanent à plein temps qui reçoit, traite et assure le contrôle des chèques de paye et registres de paye pour l'unité organisationnelle ou le bureau régional approprié.

designated pay cheque distributor

A continuing full-time employee authorized to distribute salary cheques or pay stubs to individual employees within a responsibility centre.

distributeur désigné des chèques de paye (n.m.)**; distributrice désignée des chèques de paye** (n.f.)**; préposé(e) désigné(e) à la distribution des chèques de paye**

Employé permanent à plein temps autorisé à distribuer des chèques de paye ou des talons de chèques de paye à des employés d'un centre de responsabilité.

Destruction of Paid Instruments Regulations

Règlement sur la destruction des effets payés (n.m.)

details of amounts credited to the vote (obsolete)
SEE **details of respendable amounts**

details of respendable amounts; details of amounts credited to the vote (obsolete)

détail des montants disponibles (n.m.)**; détail des montants disponibles pour être dépensés** (n.m.)

NOTE The Committee on Financial Administration

details

**details of respendable amounts;
details of amounts credited to
the vote** (obsolete) (cont'd)

Terminology has adopted the term "details of respendable amounts" to replace "details of amounts credited to the vote".

developed asset

immobilisation développée (n.f.);
immobilisation mise en valeur (n.f.)

digital signature algorithm

algorithme de signature numérique (n.m.)

direct costs

coûts directs (n.m.)

Costs that would only be incurred as a result of the production or provision of a product or service and which are attributable specifically to their provision; such costs can be allocated directly to the product or service, and should be relatively straightforward to identify and measure. Normally these direct costs include direct labour (including employee benefits), direct operating costs (such as travel, professional services, etc.), direct material costs, and capital acquisitions (to the extent that these capital acquisitions will form part of an output).

Coûts qui ne peuvent être engagés qu'à la suite de la production d'un bien ou de la prestation d'un service, qui sont spécifiquement attribuables à la prestation de ce service ou à la production de ce bien, qui peuvent être directement affectés à ce bien ou service et qui devraient être relativement faciles à déterminer et à mesurer. Les coûts directs comprennent normalement les coûts de main-d'oeuvre directe (y compris les avantages sociaux), les coûts de fonctionnement direct (comme les frais de déplacement, les services professionnels, etc.), les coûts des matières directes et les acquisitions d'immobilisations (dans la mesure où ces immobilisations entreront dans la production).

direct deposit

virement automatique (n.m.);
virement automatisé (n.m.);
dépôt direct (anglicisme) (n.m.)

disbursement

Direct Deposit Regulations

In the title of these regulations, "direct deposit" will be replaced by "electronic payments".

direct deposit transaction (obsolete); **electronic payment instruction**

An instruction to a financial institution to credit a particular account with a specific payment.

Règlement sur les mouvements de dépôt direct (n.m.)

NOTA Le règlement est en cours de révision. Dans le titre, «mouvements de dépôt direct» sera changé pour «ordre de paiement électronique».

ordre de paiement électronique (n.m.); **mouvement de dépôt direct** (à éviter) (vieilli) (n.m.)

Ordre adressé à une institution financière, lui enjoignant de porter un paiement particulier au crédit d'un compte donné.

NOTA Le Règlement sur les mouvements de dépôt direct est en cours de révision. L'expression «mouvement de dépôt direct» a été remplacée par «ordre de paiement électronique».

directed lapse

péremption imposée (n.f.) (par le Conseil du Trésor)

direct financing lease

contrat de location-financement (n.m.)

direct grant; direct subsidy

subvention directe (n.f.)

direct subsidy; direct grant

subvention directe (n.f.)

direct transfer

transfert direct (n.m.)

disbursement

décaissement (n.m.); **sortie de fonds** (n.f.); **débours** (n.m.)

disbursement from a fund; disbursement made from a fund

débours fait sur un fonds (n.m.); **débours sur un fonds** (n.m.); **décaissement sur un fonds** (n.m.)

disbursement made from a fund; disbursement from a fund

débours fait sur un fonds (n.m.); **débours sur un fonds** (n.m.); **décaissement sur un fonds** (n.m.)

disbursement

disbursement of government funds; disbursement of public funds; disbursement of public money	décaissement de fonds publics (n.m.)
disbursement of public funds; disbursement of public money; disbursement of government funds	décaissement de fonds publics (n.m.)
discharge a commitment	se libérer d'un engagement; s'acquitter d'un engagement; assumer un engagement
discharge a debt; pay off a debt; settle a debt	acquitter une dette; payer une dette; rembourser une dette; régler une dette
discharge of a debt	acquittement d'une dette (n.m.); paiement d'une dette (n.m.); règlement d'une dette (n.m.); remboursement d'une dette (n.m.)
disclose	présenter; communiquer; mentionner; indiquer

NOTA Ces termes s'emploient lorsque l'expression se trouve dans les notes aux états financiers ou dans un autre contexte et qu'il n'est pas clair que le montant a été comptabilisé.

disclosed basis of accounting	règles comptables communiquées (n.f.)

Accounting principles used by management to prepare financial statements.

Principes comptables utilisés par la direction pour préparer les états financiers.

disclose the dollar amount	communiquer le montant en dollars

disclosure[1]

Information that the entity has disclosed or is required to disclose in its financial statements.

disclosure[2]

information (n.f.); information à fournir (n.f.); renseignements à fournir (n.m.)

Information que l'entité a fournie ou doit fournir dans ses états financiers.

présentation de renseignements (n.f.); mention (n.f.); indication (n.f.); déclaration (n.f.); publication (n.f.)

Action de fournir l'information requise aux personnes qui en ont besoin pour prendre des décisions.

disclosure standards; reporting standards; standards of disclosure

The rules that management must observe in order to ensure that the financial statements contain all information required by users.

normes de présentation de l'information (n.f.); normes de présentation (n.f.)

Normes que la direction doit suivre afin que les états financiers contiennent toute l'information utile au lecteur.

discontinuance of a report

abandon d'un rapport (n.m.)

discount (n.)

escompte (n.m.)

discount on bonds; bond discount

escompte à l'émission d'obligations (n.m.)

discretionary expenditures; discretionary spending

dépenses discrétionnaires (n.f.)

discretionary spending; discretionary expenditures

dépenses discrétionnaires (n.f.)

disinvest; divest

se départir; désinvestir

disposal

cession (n.f.); aliénation (n.f.)

Transmission, à titre onéreux ou gratuit, d'une chose dont on est propriétaire ou d'un droit dont on est titulaire.

disposal of subsidiaries

cession de filiales (n.f.); aliénation de filiales (n.f.)

disposal

disposal of surplus Crown assets — **vente de biens excédentaires de l'État** (n.f.)

disposition of authorities — **utilisation des autorisations** (n.f.)

Titre de rubrique du «Sommaire du portefeuille ministériel» présenté dans le volume 2 des *Comptes publics du Canada*.

NOTA Le Sommaire du portefeuille ministériel indique la provenance des autorisations et l'utilisation des autorisations, c'est-à-dire, les autorisations employées au cours de l'exercice, annulées ou dépassées, disponibles pour emploi dans les exercices subséquents et employées au cours de l'exercice précédent.

distribution
SEE **allocation**

district office number — **numéro de bureau de district** (n.m.)

A two-digit code which identifies the PWGSC (Public Works and Government Services Canada) district office or other control point which has submitted input to the CAS (Central Accounting System). It is used mainly for controlling data input and for tracing transactions back to their origin.

Code de deux chiffres qui sert à identifier le bureau de district de TPSGC (Travaux publics et Services gouvernementaux Canada) ou tout autre point de contrôle ayant soumis des données au SCC (Système central de comptabilité). Ce numéro vise principalement à contrôler l'entrée des données et à retracer les mouvements jusqu'à leur auteur.

divest; disinvest — **se départir; désinvestir**

divide an allotment — **diviser une affectation; répartir une affectation**

cf. **allotment**

dividend — **dividende** (n.m.)

dividend declared — **dividende déclaré** (n.m.)

━━ **double**

division of responsibilities; sharing of responsibilities	partage des responsabilités (n.m.); **répartition des responsabilités** (n.f.)
document of delegation SEE delegation document	
dollar amount	**montant** (n.m.); **montant en dollars** (n.m.) NOTA «montant» : si le contexte traite de dollars. «montant en dollars» : s'il faut préciser.
dollar appropriation; one-dollar appropriation	**crédit d'un dollar** (n.m.)
dollar limit	**plafond** (n.m.); **limite financière** (n.f.)
dollar limits of purchases; limitations on purchases	**plafond imposé aux achats** (n.m.); **restrictions applicables aux achats** (n.f.)
dollar range	**fourchette en dollars** (n.f.)
dollar resources; financial resources	**ressources financières** (n.f.); **moyens financiers** (n.m.)
dollar value	**valeur** (n.f.); **montant** (n.m.); **valeur monétaire** (n.f.); **somme en jeu** (n.f.); **valeur en dollars** (n.f.); **valeur pécuniaire** (n.f.)
domestic coinage	**pièces de monnaie canadienne** (n.f.) Rubrique des *Comptes publics du Canada* où figurent les recettes provenant de la vente de pièces de monnaie canadienne.
donation; gift • *solicitation of a ~*	**don** (n.m.) • *demander, solliciter un ~*
double count	**comptabiliser en double**
double counting	**double comptabilisation** (n.f.)

131

doubtful account
SEE **doubtful debt**

doubtful debt; doubtful account

An account or note receivable, the ultimate collectibility of which is uncertain.

DPRF; Defence Production Revolving Fund

Dr.
SEE **debit**^{2}

draft order in council

draw a cheque

• ~ *on an account*

drawdown authority

The financial authority to make expenditures from the Consolidated Revenue Fund up to some limit.

• *statutory ~*

DRN; departmental reference number

DRS
SEE **Departmental Reporting System**

due date
SEE **maturity date**

créance douteuse (n.f.); **compte client douteux** (n.m.)

Créance dont le recouvrement ultime est incertain et qu'il convient de provisionner.

Fonds renouvelable de la production de défense (n.m.); **FRPD**

projet de décret (n.m.)

tirer un chèque

• ~ *sur un compte*

autorisation de prélèvement (n.f.); **pouvoir de prélèvement** (n.m.)

Pouvoir financier d'effectuer des dépenses sur le Trésor, en respectant les limites établies à cette fin.

• *autorisation législative de prélèvement*

numéro de référence des ministères (n.m.); **NRM; numéro de référence ministériel** (n.m.)

—————————————————————————————— **early**

due regard for economy and efficiency

The obligation to be prudent with respect to economy and efficiency in the management of assets and public funds.

duplicate financing; stacking

Financing of similar activities by more than one federal government department, other level of government sources, or other sources external to the government.

souci de l'économie et de l'efficience (n.m.)**; importance voulue accordée à l'économie et à l'efficience** (n.f.)**; eu égard à l'économie et à l'efficience**

Obligation de faire preuve d'économie et d'efficience dans la gestion des biens et des fonds publics.

financement en double (n.m.)**; cumul** (n.m.)

Financement d'activités semblables par plus d'un ministère fédéral, d'une source gouvernementale ou d'autres sources externes au gouvernement.

EAC
SEE **estimate at completion**

earliest date

Early Departure Incentive program; EDI program

A program available to indeterminate employees declared surplus in a department designated as "most affected".

early payment discount

A reduction of debt granted by a creditor in consideration of payment within a prescribed time.

date la plus rapprochée (n.f.)

Programme de la prime de départ anticipé (n.m.)**; Programme de la PDA** (n.m.)

Programme offert aux employés nommés pour une période indéterminée qui sont déclarés excédentaires dans les ministères les plus touchés.

rabais pour paiement hâtif (n.m.)

Réduction accordée par un créancier dans le cas des paiements effectués dans les délais prescrits.

133

Early

Early Retirement Incentive program; ERI program

A program available from April 1, 1995 to March 31, 1998 to eligible indeterminate employees declared surplus in a government department.

earmark

To allocate for a particular purpose. Used especially of the allocation of funds or of a balance of an account.

earmarked

• ~ *revenues*

earmarked funds
SEE **funds earmarked**

earmark funds

economic analysis statement

A statement of budgetary expenditures and non-tax revenues analyzed by object of expenditure on a government-wide or a departmental basis.

Economic and Fiscal Statement

A statement delivered in the House of Commons by the Minister of Finance.

Programme d'encouragement à la retraite anticipée (n.m.); PERA

Programme offert du 1er avril 1995 au 31 mars 1998 aux employés admissibles nommés pour une période indéterminée qui ont été déclarés excédentaires dans un ministère.

affecter à une fin particulière; affecter une somme à une fin particulière

Mettre de côté une somme que l'on destine à une fin déterminée d'avance.

affecté à une fin particulière

Se dit d'une somme que l'on destine à une fin déterminée d'avance.

• *recettes* ~

affecter des fonds; réserver des fonds; assigner des fonds

rapport d'analyse économique (n.m.)

État des dépenses budgétaires et des recettes non fiscales analysées par article de dépense à l'échelle de l'administration fédérale ou d'un ministère.

Exposé économique et financier (n.m.)

Exposé présenté à la Chambre des communes par le ministre des Finances.

economic

Economic and Fiscal Update

The title of a document tabled annually in the House of Commons by the Minister of Finance.

economic assumptions

The assumptions about future economic performance underlying the government's projections of its revenues, expenditures and deficit, such as assumptions about growth, interests rate and inflation. The economic assumptions help to determine the budget action needed to achieve deficit targets.

economic model

A means of applying expected inflationary and other economic factors to costs arising in each year of the project duration.

economic object

An object which applies to budgetary expenditures only.

economic object code

A sub-division of the standard object and reporting object codes.

economic outlook; economic prospects

economic prospects; economic outlook

economic statement

Mise à jour économique et financière (n.m.)

Titre d'un document présenté annuellement à la Chambre des communes par le ministre des Finances.

hypothèses économiques (n.f.)

Hypothèses relatives au comportement futur de l'économie sur lesquelles reposent les projections de recettes, de dépenses et de déficit de l'État — par exemple, les hypothèses de croissance, de taux d'intérêt et d'inflation. Les hypothèses économiques aident à déterminer les mesures budgétaires nécessaires pour atteindre les cibles visées en matière de déficit.

modèle économique (n.m.)

Moyen d'appliquer les facteurs inflationnistes et autres facteurs économiques prévus aux coûts afférents à chaque année du projet.

article économique (n.m.)

Article qui ne s'applique qu'aux dépenses budgétaires.

code d'article économique (n.m.)

Subdivision des codes d'articles courants et d'articles de rapport.

perspectives économiques (n.f.)

perspectives économiques (n.f.)

exposé économique (n.m.); **énoncé économique** (n.m.)

economic

economic update   **mise à jour relative à la situation économique** (n.f.)

ECU; European Currency Unit   **unité monétaire européenne** (n.f.); **ECU**

EDI program
SEE **Early Departure Incentive program**

EDP audit(ing); computer audit(ing)   **vérification informatique** (n.f.)

EDP: electronic data processing

EDP financial control   **contrôle financier informatique** (n.m.); **contrôle financier informatisé** (n.m.)

EDP: electronic data processing

education cost; education leave cost (obsolete)   **frais d'étude** (n.m.); **frais de congés d'étude** (vieilli) (n.m.)

NOTE The Committee on Financial Administration Terminology has adopted the term "education cost" to replace "education leave cost" in the *Public Accounts of Canada*.

NOTA Le Comité de terminologie des finances publiques a adopté le terme «frais d'étude» pour remplacer «frais de congés d'étude» dans les *Comptes publics du Canada*.

education support   **aide à l'éducation** (n.f.)

effective project approval; EPA   **approbation effective de projet** (n.f.); **AEP**

Treasury Board's approval of the objectives (project baseline), including the cost objective, of the project implementation phase. It

Approbation, par le Conseil du Trésor, des objectifs correspondant à la phase de mise en oeuvre d'un projet d'investissement. Elle

electronic

effective project approval; EPA (cont'd)
also provides the necessary authority to proceed with implementation.

comprend aussi l'autorisation des dépenses connexes.

EFT
SEE **electronic funds transfer**

electronic authentication

A process by which electronic authorization is verified to ensure, before further processing, that the authorizer can be positively identified, that the integrity of the authorized data was preserved and that the data are original.

authentification électronique (n.f.)

Processus par lequel on vérifie l'autorisation électronique avant de procéder au traitement, afin de déterminer si le signataire autorisé peut être identifié, si l'intégrité des données autorisées est préservée et s'il s'agit des données d'origine.

electronic authorization

A process by which an electronic signature is linked to financial transactions to signify that a person with delegated authority has effectively authorized the further processing of that data.

autorisation électronique (n.f.)

Processus par lequel les données financières sont assorties d'une signature électronique pour indiquer que le traitement des données a été autorisé par une personne qui en a le pouvoir.

electronic delegation matrix

A matrix that delineates the authority of each user.

NOTE Electronic delegation matrices replace the delegation charts.

matrice de délégation électronique (n.f.)

Matrice qui définit le niveau d'autorité de chaque utilisateur.

NOTA Au pluriel : matrices de délégation électronique. Celles-ci remplacent les tableaux de délégation.

electronic financial transaction

opération financière électronique (n.f.)

electronic

electronic funds transfer; EFT

The transfer of funds by electronic means rather than by cheque.

Electronic Payment Authorization Card; EPA card

electronic payment instruction SEE **direct deposit transaction** (obsolete)

electronic signature

employee benefit plan costs

The costs to the Government, as employer, of Public Service superannuation, supplementary retirement benefits, the Canada/Quebec pension plans, death benefits and employment insurance.

employee benefits

employee contribution

employee pension plan; EPP

employee takeover

An agreement entered into by the Government of Canada with an

télévirement (n.m.); **transfert électronique de fonds** (n.m.); **TEF; virement électronique de fonds** (n.m.); **VEF**

Échange de valeurs sous forme de messages électroniques plutôt que par chèque.

carte d'autorisation de paiement électronique (n.f.); **carte APE** (n.f.)

signature électronique (n.f.)

coûts des régimes de prestations aux employés (n.m.)

Coûts correspondant à la contribution versée par le gouvernement à titre d'employeur aux régimes de pension de la fonction publique et des prestations de retraite supplémentaires, au Régime des pensions du Canada, au régime des rentes du Québec, à la prestation de décès ainsi qu'aux prestations d'assurance-emploi.

avantages sociaux (n.m.)

cotisation salariale (n.f.)

régime de pension des employés (n.m.); **RPE; régime de retraite des employés** (n.m.)

prise en charge de services de l'État par des fonctionnaires (n.f.); **prise en charge par des fonctionnaires** (n.f.)

Entente conclue entre le gouvernement du Canada et une

employment

employee takeover (cont'd)

employee takeover company, comprised of the former employee or group of former employees who have left the Public Service and provide for the government, from the private sector, the same or a similar service that he, she or they performed while working in the Public Service.

employee takeover company

A company, legally incorporated by the employee or employee group, who leave the Public Service and provide for the government, from the private sector, the same or a similar service that he, she or they performed while working in the Public Service.

Employee Takeover Policy

employer contribution

Employment Insurance Account; Unemployment Insurance Account (obsolete)

employment insurance benefits; unemployment insurance benefits (obsolete)

employment insurance premium; unemployment insurance premium (obsolete)

entreprise créée aux fins de la prise en charge; l'entreprise est composée d'un ex-fonctionnaire ou d'un groupe d'ex-fonctionnaires qui a démissionné de la fonction publique pour offrir, à titre privé, le service qu'il fournissait, ou un service semblable, lorsqu'il travaillait à la fonction publique.

entreprise créée aux fins de la prise en charge (n.f.)

Entreprise légalement constituée en société par le fonctionnaire ou le groupe de fonctionnaires qui démissionne de la fonction publique pour offrir, à titre privé, le service qu'il fournissait, ou un service semblable, lorsqu'il travaillait à la fonction publique.

Politique de prise en charge des services de l'État par des fonctionnaires (n.f.)

cotisation patronale (n.f.)

Compte d'assurance-emploi (n.m.)**; Compte d'assurance-chômage** (vieilli) (n.m.)

prestations d'assurance-emploi (n.f.)**; prestations d'assurance-chômage** (vieilli) (n.f.)

cotisation d'assurance-emploi (n.f.)**; cotisation d'assurance-chômage** (vieilli) (n.f.)

employment

employment insurance warrant; unemployment insurance warrant (obsolete)

An account of the *Public Accounts of Canada* which records outstanding employment insurance benefit warrants.

employment-related pension income

One of the main components of Canada's retirement income system.

NOTE The other components are: Old Age Security (OAS) and Guaranteed Income Supplement (GIS); and tax-assisted retirement savings: Registered Pension Plans and Registered Retirement Savings Plans.

EMS
SEE **Expenditure Management System (of the Government of Canada)**

enabling authority; establishing authority

enabling legislation

A legislation which confers the powers to act. Many Government proposals, such as international trade agreements, require such measures before they can be acted upon.

encashment

The action of converting into cash.

mandat d'assurance-emploi (n.m.); **mandat d'assurance-chômage** (vieilli) (n.m.)

Compte des *Comptes publics du Canada* dans lequel sont consignés les mandats en circulation relatifs aux prestations d'assurance-emploi.

revenu de retraite lié à l'emploi (n.m.)

Un des grands volets du régime canadien du revenu de retraite.

NOTA Les autres volets sont les suivants : la sécurité de la vieillesse (SV) et le supplément de revenu garanti (SRG); l'aide fiscale à l'épargne-retraite : régimes de pension agréés et régimes enregistrés d'épargne-retraite.

autorité habilitante (n.f.)

loi habilitante (n.f.)

Loi qui rend apte à exercer certains pouvoirs. Les propositions du gouvernement, comme les accords commerciaux avec d'autres pays, requièrent souvent l'adoption de mesures habilitantes avant d'entrer en vigueur.

encaissement (n.m.)

Action de convertir en espèces.

— endowment

encrypt

To convert data, such as computer program or other information which needs to be transmitted, to a coded format so that the data cannot be illegally or improperly copied or read.

NOTE Term used in the context of financial transactions electronic authorization and authentication mechanisms.

encryption

The process by which plain text data are transformed to conceal their meaning. Encryption is a reversible process effected by using a cryptographic algorithm and key.

NOTE Term used in the context of financial transactions electronic authorization and authentication mechanisms.

encumbrance
SEE **financial encumbrance**

ending balance
SEE **closing balance**

end of fiscal year
SEE **year end**

end of year
SEE **year end**

endowment fund

The property of a charitable, religious, educational, or other nonprofit institution, often in the form of cash or investments,

chiffrer

Transformer (à l'aide d'un mécanisme, d'un processus, d'un algorithme et d'une clé de chiffrage) une information en clair pour la rendre inintelligible à des personnes non autorisées.

NOTA Terme utilisé dans le contexte des mécanismes d'autorisation et d'authentification électroniques des opérations financières.

chiffrement (n.m.)

Opération par laquelle on transforme des données en clair de manière à les rendre inintelligibles. Il s'agit d'un processus réversible nécessitant le recours à un algorithme cryptographique et à une clé.

NOTA Terme utilisé dans le contexte des mécanismes d'autorisation et d'authentification électroniques des opérations financières.

fonds de dotation (n.m.)

Fonds constitué de sommes d'argent ou de valeurs mobilières obtenues par voie de legs ou de dotation et dont le capital est

141

endowment

endowment fund (cont'd)
acquired by a gift or bequest that specifies the purposes for which the income earned by the property may be used and the ultimate disposition of the principal.

généralement maintenu intact ou est affecté, tout comme les produits financiers qui en découlent, aux fins déterminées par le testateur ou donateur.

energy subsidy

subvention à la consommation d'énergie (n.f.)

energy tax
A tax which includes primarily the excise tax on gasoline, aviation gasoline and diesel fuel.

taxe sur l'énergie (n.f.)
Taxe qui englobe principalement la taxe d'accise sur l'essence, l'essence d'aviation et le combustible diesel.

ensure a fair return

procurer un rendement convenable

ensure value for the taxpayer's dollar

en donner le plus possible au contribuable pour son argent; en donner pour son argent au contribuable

enter into a contract

passer un marché; passer un contrat

enter into an agreement

conclure une entente; passer un accord; conclure un accord

enter into a partnership with

établir un partenariat avec

enterprise Crown corporation
A corporation which is not dependent on parliamentary appropriations and whose principal activity and source of revenues are the sale of goods and/or services to outside parties. An enterprise Crown corporation is ultimately accountable to Parliament, through a minister of the Crown, for the conduct of its affairs.

société d'État entreprise (n.f.)
Société qui n'est pas dépendante de crédits parlementaires et dont l'activité première et principale source de revenus consistent en la vente de biens et la prestation de services à des tiers. Une société d'État entreprise doit rendre compte au Parlement, par l'intermédiaire d'un ministre d'État, de la conduite de ses affaires.

enter transactions

consigner des opérations

Environmental

entitlement code (pay system)

code (de) versement (n.m.) (système de paye)

entitlement of a recipient

droit d'un bénéficiaire (n.m.)

entitlements basis, on an

selon la formule de calcul des droits

NOTE In the context of fiscal transfers.

NOTA Dans le contexte des paiements de transfert fiscal.

entity

entité (n.f.)

A body corporate, trust, partnership or fund, an unincorporated association or organization, Her Majesty in right of Canada or of a province, or an agency of Her Majesty in either of such rights, as well as a foreign country or any of its political subdivisions and any of its agencies.

Personne morale, fiducie, société de personnes, fonds, toute organisation ou association non dotée de la personnalité morale, Sa Majesté du chef du Canada ou d'une province et ses organismes et le gouvernement d'un pays étranger ou de l'une de ses subdivisions politiques et ses organismes.

entry
SEE **accounting entry**

environmental asset

actif environnemental (n.m.)

An asset used to prevent or mitigate environmental damage, or to conserve resources.

Actif utilisé pour prévenir ou atténuer des dommages environnementaux, ou pour conserver des ressources.

environmental auditing

vérification environnementale (n.f.)

environmental liabilities

passif environnemental (n.m.)

Environmental Studies Research Fund

Fonds pour l'étude de l'environnement (n.m.)

An environmental and social studies fund the objective of which is to determine the terms and conditions under which exploration development and production activities on frontier land, authorized under the *Canada*

Fonds établi afin de financer les études d'environnement et sociales, afin de déterminer les modalités du fonctionnement de l'exploitation et de la production de l'exploration des terres limitrophes, autorisés en vertu de

Environmental ━━━━━━━━━━━━━━━━━━━━━━━━

Environmental Studies Research Fund (cont'd)

Petroleum Resources Act or any other act of Parliament, should be conducted.

la *Loi fédérale sur les hydrocarbures* ou de toute autre loi du Parlement.

EPA
SEE **effective project approval**

EPA card; Electronic Payment Authorization Card

carte d'autorisation de paiement électronique (n.f.); carte APE (n.f.)

EPF
SEE **established programs financing**

EPF contribution

paiement au titre du FPÉ (n.m.); contribution au titre du FPÉ (n.f.); contribution au FPÉ (n.f.)

EPF: established programs financing

FPÉ : financement des programmes établis

EPP; employee pension plan

régime de pension des employés (n.m.)**; RPE; régime de retraite des employés** (n.m.)

equalization

péréquation (n.f.)

A principle or practice which allows all provinces, regardless of their economic base, to provide people with reasonably comparable services at reasonably comparable levels of taxation.

Principe ou pratique qui permet à toutes les provinces, peu importe leur assise économique, de fournir à leur population des services relativement comparables moyennant un niveau d'imposition relativement comparable.

equalization account

compte de péréquation (n.m.)

equalization entitlement

droit à péréquation (n.m.)

equalization grant

subvention de péréquation (n.f.)

equity

equalization of revenues and expenditures; equalization of revenues and expense	**équilibre des recettes et dépenses** (n.m.); **équilibre entre les recettes et les dépenses** (n.m.); **péréquation des recettes et dépenses** (à éviter) (n.f.); **égalisation des recettes et des dépenses** (à éviter) (n.f.)
equalization payment; tax equalization payment; fiscal equalization payment	**paiement de péréquation** (n.m.); **paiement de péréquation fiscale** (n.m.)
A payment by the federal government to provincial governments, designed to guarantee that all provincial governments have the fiscal capacity to ensure comparable levels of public service at comparable levels of taxation.	Paiement versé par le gouvernement fédéral pour permettre aux provinces à plus faible revenu de disposer des fonds suffisants pour assurer à leurs résidents des services d'un niveau comparable pour des niveaux d'imposition sensiblement comparables.
equalization-receiving province	**province bénéficiant de la péréquation** (n.f.)
equalization transfer	**transfert de péréquation** (n.m.)
equal monthly instalments	**versements mensuels égaux** (n.m.)
equal pay award	**indemnité de parité salariale** (n.f.)
equipment	**matériel** (n.m.)
equity	**avoir** (n.m.); **capitaux propres** (n.m.)
equity method	**méthode de la comptabilisation à la valeur de consolidation** (n.f.)
equity of Canada	**avoir du Canada** (n.m.)
equity transaction; capital transaction[2] (Crown Corporations)	**opération portant sur l'avoir** (n.f.); **opération portant sur les capitaux propres** (n.f.) (sociétés d'État)

145

ERI

ERI program
SEE **Early Retirement Incentive program**

escalating rate

establish a department

established programs financing; EPF

A transfer of funds by the federal government to the provinces in support of established programs (hospital insurance, medical care and postsecondary education).

NOTE This program was replaced by the Canada Health and Social Transfer (CHST) program.

establishing authority; enabling authority

Estates fund

An account established to record the proceeds from the estates of those veterans who died while receiving hospital treatment or institutional care, and for those veterans whose funds had been administered by the Government, in accordance with sections 5, 6 and 7 of the Veterans' Estates Regulations.

estimate at completion; EAC

A cost figure used to assess and monitor a project's cost throughout its implementation.

taux croissant (n.m.)

constituer un ministère

financement des programmes établis (n.m.); **FPÉ**

Transferts effectués par le gouvernement fédéral afin de mettre des fonds à la disposition des provinces au titre des programmes établis (l'assurance-hospitalisation, l'assurance-maladie et l'enseignement postsecondaire).

NOTA Ce programme a été remplacé par le Transfert canadien en matière de santé et de programmes sociaux (TCSPS).

autorité habilitante (n.f.)

Fonds de successions (n.m.)

Compte établi pour enregistrer les produits des successions des anciens combattants qui sont décédés alors qu'ils recevaient un traitement d'un hôpital ou des soins en institution, et pour les anciens combattants pour qui les fonds ont été administrés par le gouvernement conformément aux articles 5, 6 et 7 des Règlements sur les successions des anciens combattants.

estimation des coûts à l'achèvement (n.f.); **ECA**

Montant dont on se sert pour évaluer et surveiller le coût d'un projet à toutes les étapes de sa mise en oeuvre.

Estimates

estimated amount — **montant estimatif** (n.m.)

estimated cost — **coût estimatif** (n.m.)

estimated debt — **dette approximative** (n.f.)

An amount owing based on an estimate rather than on a payment-claiming document.

Dette dont le montant est déterminé par une appréciation, mais n'est pas corroboré par des pièces justificatives.

estimated deficit — **déficit estimatif** (n.m.)

estimated expense — **dépense estimative** (n.f.)

Somme figurant au budget et se rapportant à l'exercice en cours, que la somme en question ait fait l'objet d'une sortie de fonds ou non.

estimated minimum lease payment — **paiement estimatif minimal exigible en vertu d'un contrat de location** (n.m.); **paiement estimatif minimal exigible en vertu d'un bail** (n.m.)

estimated revenues — **recettes estimatives** (n.f.)

Somme figurant au budget et se rapportant à l'exercice en cours, que la somme en question ait fait l'objet d'une rentrée de fonds ou non.

estimated surplus — **excédent estimatif** (n.m.)

Estimates; Estimates documents — **Budget des dépenses** (n.m.); **documents budgétaires** (n.m.)

The collection of documents submitted to Parliament by government, containing information on budgetary and non-budgetary expenditures for the coming fiscal year.

NOTE The Estimates are presented in three parts: Part I,

Ensemble de documents soumis au Parlement par le gouvernement relativement aux dépenses budgétaires et non budgétaires pour l'exercice à venir.

NOTA Le Budget des dépenses est présenté en trois parties : la Partie I, le *Plan de dépenses du*

Estimates

Estimates; Estimates documents
(cont'd)

The Government Expenditure Plan and Highlights by Ministry, Part II, The Main Estimates and Part III, The Expenditure Plan (prepared for each entity). The three volumes of the Estimates are sometimes referred to as "Estimates documents". This is not another title.

• *finalize the ~*

Estimates exercise

Estimates program

A group of related departmental activities designed to achieve specific objectives authorized by Parliament.

Estimates submission

A document that departments provide to Treasury Board in the fall of each year. Business plans and Estimates submissions are formal submissions from ministers to Treasury Board. As such, they are not available for public release.

Estimates year

gouvernement et Points saillants par portefeuille, la Partie II, le *Budget des dépenses principal* et la Partie III, le *Plan des dépenses* (préparé pour chaque entité).
L'expression «documents budgétaires» n'est pas un autre titre pour «Budget des dépenses». C'est uniquement une façon de désigner les 3 volumes qui composent le Budget des dépenses.

• *mettre au point le ~*

exercice de préparation du Budget des dépenses (n.m.)

programme budgétaire (n.m.); **programme relatif au Budget des dépenses** (n.m.)

Groupe d'activités connexes que le ministère exerce dans le but d'atteindre des objectifs précis autorisés par le Parlement.

présentation relative au Budget des dépenses (n.f.)

Document que les ministères présentent au Conseil du Trésor chaque année à l'automne. Les plans d'activités et les présentations relatives au Budget des dépenses sont des présentations officielles de la part des ministres au Conseil du Trésor, et comme telles, ne sont pas mises à la disposition du public.

année visée par le Budget des dépenses (n.f.)

———————————————————————————————— excise

estimates year; budget year	**année budgétaire** (n.f.); **exercice budgétaire** (n.m.)
	Année durant laquelle on exécute un budget.

ET
SEE **excise tax**

European Currency Unit; ECU **unité monétaire européenne** (n.f.); **ECU**

examiner; special examiner **examinateur** (n.m.)

A person designated by or appointed pursuant to the *Financial Administration Act* to carry out a special examination.

Personne nommée en vertu de la *Loi sur la gestion des finances publiques* et chargée d'un examen spécial.

Exchange Fund Account **Compte du fonds des changes** (n.m.)

A special account established in the name of the Minister of Finance to aid in the control and protection of the external value of the Canadian dollar.

Compte spécial ouvert au nom du ministre des Finances en vue d'aider à contrôler et à préserver la valeur externe du dollar canadien sur les marchés internationaux.

Exchange Fund earnings (obsolete); **Statement of Revenues due to the Consolidated Revenue Fund**

État des revenus dus au Trésor (n.m.); **gains du fonds des changes** (vieilli) (n.m.)

exchange rate; rate of exchange; foreign exchange rate

taux de change (n.m.); **change** (n.m.); **cours du change** (n.m.); **cours** (n.m.)

The ratio at which the money of one country is exchanged for the money of another country.

Rapport entre l'unité monétaire d'un pays et le nombre d'unités monétaires d'un autre pays contre lesquelles cette unité peut être échangée.

exchange valuation adjustment **redressement de change** (n.m.)

excise
SEE **excise tax**

149

excise

excise duty

excise tax; ET; excise

A selective tax on certain goods produced within or imported into a country. The *Excise Tax Act* levies the tax on domestic and imported spirits, beer, wine, tobacco products, jewellery, slot machines, playing cards, matches, airline tickets, snuff and gasoline.

executory costs

In accounting for leases, the costs related to the operation of leased property, e.g., insurance, maintenance cost and property taxes.

ex gratia capital payment

ex gratia payment

Payment for which no liability is recognized, whether or not any value or service has been received, and which is made as an act of benevolence in the public interest, e.g., compensation for personal losses while on duty or in travel status; compensation for damages; and compensation for legal fees.

expenditure account

expenditure accounting

droit d'accise (n.m.)

taxe d'accise (n.f.)**; TA; accise** (n.f.)

Taxe sélective appliquée à certains biens produits ou importés dans un pays (tabac, alcool, etc.).

frais accessoires (n.m.)**; charges accessoires** (n.f.)

Frais reliés à l'utilisation d'un bien loué (assurances, entretien, impôts fonciers, etc.).

paiement en capital ex gratia (n.m.)**; paiement en capital à titre gracieux** (n.m.)

paiement à titre gracieux (n.m.)**; paiement ex gratia** (n.m.)

Versement à l'égard duquel on ne reconnaît aucune obligation, qu'un avantage ou un service ait été reçu ou non, et qui n'est, en réalité, qu'un don fait dans l'intérêt public, par exemple compensation pour la perte de biens personnels d'un employé dans l'exercice de ses fonctions, pour des dommages subis et pour les honoraires d'un avocat.

compte de dépenses (n.m.)

comptabilisation des dépenses (n.f.)**; comptabilité des dépenses** (n.f.)

― expenditure

expenditure authority
SEE **spending authority**

expenditure authorization
SEE **spending authority**

expenditure budget

budget des dépenses (n.m.)
Budget relatif à l'utilisation de fonds par une entité, habituellement en contrepartie de l'acquisition d'un bien ou d'un service.

expenditure coding system

système de codage des dépenses (n.m.)

expenditure control; control of expenditures; spending control

contrôle des dépenses (n.m.)

Expenditure Control Plan

Plan de contrôle des dépenses (n.m.)

expenditure cycle

cycle de dépenses (n.m.)

expenditure framework
A detailed document which is included in the fiscal plan and shows the breakdown of the expenditure totals (both budgetary and non-budgetary).

cadre des dépenses (n.m.)
Document détaillé qui est inclus dans le plan financier et qui indique la répartition des dépenses totales (budgétaires et non budgétaires).

expenditure initiation
The first step in the spending authority process.

engagement des dépenses (n.m.)
Première étape de l'exercice du pouvoir de dépenser ou encore du processus d'autorisation des dépenses.

expenditure initiation authority; authority to initiate expenditures
The authority to begin a transaction that will result in a payment or other charge to a budget. It includes ordering supplies or services, approving a

pouvoir d'engager des dépenses (n.m.)
Autorisation d'initier une opération qui entraînera un paiement ou une autre imputation à un poste budgétaire. Il peut s'agir d'une commande de

151

expenditure initiation

expenditure initiation authority; authority to initiate expenditures (cont'd)

contribution, and starting a staffing action.

fournitures ou de services, de l'approbation d'une contribution ou de l'amorce d'une mesure de dotation.

expenditure initiation document

document d'engagement des dépenses (n.m.)

expenditure internal to the Government (obsolete)
SEE **internal expenditures**

expenditure item; item of expenditure

poste de dépense (n.m.)

expenditure level; spending level; level of spending

niveau de dépenses (n.m.)

expenditure made under

dépense effectuée au titre de (n.f.)

expenditure management agenda

programme de gestion des dépenses (n.m.)

expenditure management cycle

cycle de gestion des dépenses (n.m.)

The timetable of events through which expenditure plans for a given fiscal year are developed to form the basis for the Main Estimates.

Calendrier des événements qui mènent à l'élaboration des plans de dépenses pour un exercice donné, plans à partir desquels le Budget des dépenses principal est éventuellement établi.

Expenditure Management System (of the Government of Canada); EMS; Policy and Expenditure Management System (formerly called)**; PEMS** (formerly called)

système de gestion des dépenses (du gouvernement du Canada) (n.m.)**; SGD; système de gestion des secteurs de dépenses** (appellation antérieure) (n.m.)**; SGSD** (appellation antérieure)

A system designed to support the annual preparation of the Budget consultation papers in the fall and subsequent consultations and

Système visant à faciliter la préparation annuelle des documents relatifs au processus de consultation budgétaire, qui se

expenditure planning

Expenditure Management System (of the Government of Canada); EMS; Policy and Expenditure Management System (formerly called)**; PEMS** (formerly called) (cont'd)

hearings on budget proposals, the Budget and Estimates tabled in February, as well as departmental Outlooks on Program Priorities and Expenditures presented to parliamentary standing committees in May.

tient à l'automne, des consultations ainsi que des audiences qui ont lieu ultérieurement sur les propositions budgétaires, du budget et du Budget des dépenses déposés en février, et des «Perspectives sur les priorités et les dépenses reliées aux programmes» présentées aux comités parlementaires permanents en mai.

expenditure outlook

perspectives de dépenses (n.f.)

Expenditure Plan

Plan de dépenses (n.m.)

Part III of the Estimates which is tabled by government departments and agencies (excluding Crown corporations). These 76 documents are tabled in Parliament concurrently with Parts I and II by the President of the Treasury Board on behalf of the ministers who preside over the departments and agencies identified in Part II. They elaborate on, and supplement the information contained in Part II. They contain information on objectives, initiatives and planned and actual results including linkages to related resource requirements as well as objects of expenditure, human resource requirements, major capital projects, grants and contributions, and net program costs.

Partie III du Budget des dépenses que présentent les ministères et organismes (sauf les sociétés d'État) du gouvernement. Le président du Conseil du Trésor dépose les plans au Parlement en même temps que les Parties I et II, au nom des ministres responsables des ministères et organismes indiqués à la Partie II. La Partie III est composée de 76 documents qui viennent étoffer la Partie II. Ils donnent des renseignements sur les objectifs, les initiatives, les résultats prévus et les résultats obtenus, et rattachent ces éléments aux besoins en ressources, aux articles de dépenses, aux besoins en ressources humaines, aux grands projets d'immobilisations, aux subventions et contributions et aux coûts nets des programmes.

expenditure process

expenditure process | processus de dépenses (n.m.)

expenditure reallocation; reallocation of expenditures; spending reallocation | répartition des dépenses (n.f.)

expenditure reduction; spending reduction | réduction des dépenses (n.f.); compression des dépenses (n.f.)

expenditure reduction measure; spending reduction measure | mesure de compression des dépenses (n.f.); mesure de réduction des dépenses (n.f.)

expenditures | **dépenses** (n.f.)

All charges which enter into the calculation of the annual deficit or surplus of the Government. They include charges for work performed, goods received, services rendered, transfer payments made during the year, and internal expenditures.

Toutes les imputations qui entrent dans le calcul du déficit ou de l'excédent annuel de l'État. Ces imputations comprennent les travaux accomplis, les marchandises reçues, les services exécutés, les paiements de transfert faits au cours de l'exercice, ainsi que les dépenses internes.

• *to cut* ~

• *comprimer, réduire, diminuer les* ~

expenditure savings | économies au chapitre des dépenses (n.f.)

Expenditures by source | **Dépenses par source** (n.f.)

NOTE Title of an account in the *Public Accounts of Canada*.

Titre d'un compte des *Comptes publics du Canada* dans lequel sont inscrites les opérations externes et les opérations internes de l'État.

expenditures by standard object | dépenses par article courant (n.f.)

expenditures charged | dépenses imputées (n.f.); dépenses inscrites (n.f.)

——————————————————————————————————— experience

expenditures forecast; planned expenditures; forecast expenditures

dépenses prévues (n.f.); prévision de dépenses (n.f.)

expenditure statement

relevé des dépenses (n.m.)

expenditure strategy

stratégie de dépenses (n.f.)

Expenditures under statutory authorities

NOTE Title of an account in the *Public Accounts of Canada*.

Dépenses en vertu d'autorisations législatives (n.f.)

NOTA Titre d'un compte des *Comptes publics du Canada*.

expenditures with outside parties by type (obsolete); **external expenditures by type**

dépenses externes par catégorie (n.f.); dépenses concernant les tiers par catégorie (vieilli) (n.f.)

expenditure target

- *meet ~s*

objectif de dépenses (n.m.)

- *atteindre les ~*

expenditure transaction

opération de dépenses (n.f.)

expenditure trend

tendance en matière de dépenses (n.f.)

expenditure with outside parties (obsolete)
SEE **external expenditures**

expenses

dépenses (n.f.); charges (n.f.)

experience gain

The positive difference between actual results and those expected during the period between two actuarial valuations of a pension plan, which is determined by using the same actuarial assumptions, actuarial cost method and terms of the plan as those employed in the earlier of the two valuations.

gain actuariel (n.m.)

Écart positif entre les résultats obtenus et les prévisions pour la période comprise entre deux évaluations actuarielles d'un régime de retraite, déterminé en utilisant le même ensemble d'hypothèses actuarielles et la même méthode d'évaluation actuarielle.

experience loss

The negative difference between actual results and those expected

perte actuarielle (n.f.)

Écart négatif entre les résultats obtenus et les prévisions pour la

experience

experience loss (cont'd)
during the period between two actuarial valuations of a pension plan, which is determined by using the same actuarial assumptions, actuarial cost method and terms of the plan as those employed in the earlier of the two valuations.

explicit borrowing

explicit guarantee

explicit loan guarantee

extended health care service

extension of credit; provision of credit; credit granting; granting of credit

external expenditures; expenditure with outside parties (obsolete)

NOTE The Committee on Financial Administration Terminology has adopted the term "external expenditures" to replace "expenditure with outside parties".

external expenditures by type; expenditures with outside parties by type (obsolete)

external revenues; revenue from outside parties (obsolete)

NOTE The Committee on Financial Administration

période comprise entre deux évaluations actuarielles d'un régime de retraite, déterminé en utilisant le même ensemble d'hypothèses actuarielles et la même méthode d'évaluation actuarielle.

emprunt formel (n.m.)

garantie formelle (n.f.)

garantie formelle d'emprunt (n.f.)

service complémentaire de santé (n.m.)

octroi de crédit (n.m.); **concession de crédit** (n.f.); **mise à disposition de crédit** (n.f.)

dépenses externes (n.f.); **dépenses concernant les tiers** (vieilli) (n.f.)

Dépenses engagées suite à une opération conclue avec un tiers ne faisant pas partie du périmètre comptable de l'État canadien.

NOTA Le Comité de terminologie des finances publiques a adopté «dépenses externes» pour remplacer «dépenses concernant les tiers».

dépenses externes par catégorie (n.f.); **dépenses concernant les tiers par catégorie** (vieilli) (n.f.)

recettes externes (n.f.); **recettes provenant de tiers** (vieilli) (n.f.)

Recettes découlant d'une opération conclue avec un tiers ne faisant

external revenues; revenue from outside parties (obsolete) (cont'd)

Terminology has adopted the term "external revenues" to replace "revenue from outside parties".

pas partie du périmètre comptable de l'État canadien.

NOTA Le Comité de terminologie des finances publiques a adopté «recettes externes» pour remplacer «recettes provenant de tiers».

external transaction

opération externe (n.f.)

Opération effectuée entre l'entité et un tiers. Par exemple, la vente de marchandises, de produits ou de services, l'achat de marchandises, de matières, de fournitures ou de services, le recouvrement d'une créance et le règlement d'un emprunt.

external user charge; external user fee

frais d'utilisation externe (n.m.)

external user fee revenue plan

plan des recettes tirées des frais d'utilisation externe (n.m.)

cf. user fee revenue plan

extraordinary expenditure

dépense extraordinaire (n.f.)

extraordinary expenses

charges extraordinaires (n.f.); **frais extraordinaires** (n.m.)

extraordinary item

poste extraordinaire (n.m.); **élément extraordinaire** (n.m.)

NOTE Often used in the plural.

extraordinary payment

paiement extraordinaire (n.m.); **paiement à caractère extraordinaire** (n.m.)

e.g. equal pay awards

p. ex., les indemnités destinées à assurer la parité salariale

FAA
SEE *Financial Administration Act*

fairness of financial statements

fidélité des états financiers (n.f.)

fair value

juste valeur (n.f.)

The amount of the consideration that would be agreed upon in an arm's length transaction between knowledgeable, willing parties who are under no compulsion to act.

Prix pour lequel un actif pourrait être échangé, ou un passif réglé, entre des parties compétentes agissant en toute liberté dans des conditions de pleine concurrence.

FE
SEE **financial encumbrance**

federal borrowings

emprunts du gouvernement fédéral (n.m.); **emprunts fédéraux** (n.m.)

federal budget
SEE **budget**^{2}

federal debt
SEE **national debt**

federal/provincial cost-sharing agreements

ententes fédérales/provinciales relatives aux frais partagés (n.f.)

An account of the Public Accounts of Canada established to record the deposit of moneys received from the provinces for cost-shared programs according to signed official agreements.

Compte des Comptes publics du Canada établi afin d'inscrire les sommes d'argent reçues des provinces aux fins de programmes à frais partagés en vertu d'ententes officielles signées.

Federal-Provincial Fiscal Arrangements and Federal Post-Secondary Education and Health Contributions Act

Loi sur les arrangements fiscaux entre le gouvernement fédéral et les provinces et sur les contributions fédérales en matière d'enseignement postsecondaire et de santé (n.f.)

field

federal-provincial shared-cost program	**programme fédéral-provincial à frais partagés** (n.m.)
	NOTA Au pluriel : programmes fédéraux-provinciaux à frais partagés.
federal transfer; federal transfer payment	**transfert fédéral** (n.m.); **paiement de transfert fédéral** (n.m.)
Feed Freight Assistance transportation subsidy	**subvention d'aide au transport des céréales fourragères** (n.f.)
fee(s)[1]	**droit(s)** (n.m.)
	Somme généralement forfaitaire, fixée à l'avance et versée, le plus souvent annuellement, à une association professionnelle, à un organisme ou à un club pour avoir le droit d'en faire partie.
fee(s)[2]	**frais** (n.m.)
	Prix demandé pour la prestation d'un service.
fee(s)[3]	**honoraires** (n.m.)
	Sommes versées à des personnes exerçant une profession libérale (expert-comptable, architecte, avocat, notaire, etc.), à des agents d'affaires, d'information ou de publicité ainsi qu'à des administrateurs de sociétés.
fiduciary duty; trust obligation	**obligation fiduciaire** (n.f.)
• *discharge a ~*	• *remplir une ~, s'acquitter d'une ~*
fiduciary relationship	**relation de fiduciaire** (n.f.); **rapport fiduciaire** (n.m.)
field; coding field; code field	**champ de codage** (n.m.)
One digit or a group of digits allotted to a specific purpose,	Chiffre ou groupe de chiffres réservés à une fin particulière

field

field; coding field; code field (cont'd)
e.g. vote, line object, activity.
(par exemple, crédit, article d'exécution ou activité).

final financial statement
état financier définitif (n.m.)

Final Supplementary Estimates; final supplementaries
dernier Budget des dépenses supplémentaire (n.m.)

Budget des dépenses supplémentaire déposé vers la fin de l'exercice, c'est-à-dire au début de mars, si des crédits supplémentaires sont nécessaires.

financed by
financé par

finance officer
SEE **financial officer**

financial administration; financial management
administration financière (n.f.); **gestion financière** (n.f.)

Partie de la gestion qui se consacre à l'administration et au contrôle des ressources financières d'une organisation de telle manière qu'elle puisse atteindre ses objectifs.

***Financial Administration Act*; FAA**
Loi sur la gestion des finances publiques (n.f.); **LGFP**

An act to provide for the financial administration of the Government of Canada, the establishment and maintenance of the accounts of Canada and the control of Crown corporations.
Loi relative à la gestion des finances publiques, à la création et à la tenue des comptes du Canada et au contrôle des sociétés d'État.

NOTA Titre avant 1984, *Loi sur l'administration financière.*

financial aid
SEE **financial support**

financial analysis
analyse financière (n.f.)

Financial

Financial and Economic Policies Program (Department of Finance)

financial arrangement

Any arrangement between the government and outside parties that results in an actual or potential outlay of resources. Examples of financial arrangements are transfer payments (grants, contributions, Alternative Funding Arrangements, Flexible Transfer Payments), loans, loan guarantees and loan insurance.

financial assets; financial holdings

Assets on hand at the end of the accounting period, which could provide resources to discharge existing liabilities or finance future operations. They include cash and assets that are convertible into cash and are not intended for consumption in the normal course of activities.

financial assistance
SEE **financial support**

Financial assistance to Canadians abroad

An account established to record monies received from families or

Programme des politiques financières et économiques (n.m.) (ministère des Finances)

disposition financière (n.f.)

Entente qui est conclue entre le gouvernement et des tiers et qui donne lieu à des sorties de fonds réelles ou potentielles. Voici des exemples de dispositions financières : les paiements de transfert (subventions, contributions, modes optionnels de financement, paiements de transfert souples) ainsi que les prêts, garanties d'emprunt et assurances-crédits.

actif(s) financier(s) (n.m.); **avoirs financiers** (n.m.)

Actifs disponibles à la fin de l'exercice qui peuvent être consacrés au remboursement des dettes existantes ou au financement d'activités futures. Ils comprennent notamment le numéraire et les éléments d'actif convertibles en argent qui ne sont pas destinés à la consommation dans le cours normal des activités.

L'actif financier de l'État canadien figure dans l'État de l'actif et du passif et se compose des prêts, placements et avances, des comptes d'opérations de change, des débiteurs, des fonds en transit et de l'encaisse.

Aide financière aux Canadiens à l'étranger (n.f.)

Compte établi afin d'inscrire les sommes d'argent reçues de

Financial assistance

Financial assistance to Canadians abroad (cont'd)

friends as prepayment for financial assistance to distressed Canadians abroad.

familles ou d'amis à titre d'avance pour aider les Canadiens dans le besoin à l'étranger.

financial assistance under budgetary appropriations

aide financière provenant de crédits budgétaires (n.f.)

financial authority

pouvoir financier (n.m.); **autorisation financière** (n.f.)

NOTE Includes spending authority and payment authority.

NOTA Comprend le pouvoir de dépenser et le pouvoir de payer.

financial claim

créance (n.f.)

Cash or any instrument subject to conversion to cash or to another financial claim. The financial claims of the Government of Canada arise out of transactions with outside parties.

Monnaie ou tout effet susceptible d'être converti en monnaie ou en une autre créance. Les créances de l'État canadien naissent d'opérations externes.

financial coding
SEE **coding**

financial coding block
SEE **coding block**

financial coding structure

structure de codage financier (n.f.)

financial coding system
SEE **coding system**

financial condition
SEE **financial position**

financial control

contrôle financier (n.m.)

Vérification de la régularité d'une opération budgétaire ou financière.

financial decision

décision financière (n.f.)

Financial Information

financial encumbrance; FE; encumbrance

The formal assignment of funds for a specific purpose. Contracts, agreements or undertakings of any nature involving a charge to appropriations cannot be made until funds have been earmarked or "encumbered" within the particular allotment.

NOTE In the financial encumbrance process, funds are not committed as such, since the amounts encumbered may fluctuate with the evolution of plans and/or the financial situation.

financial holdings
SEE **financial assets**

financial indicator

financial information

Information pertaining to revenues and expenditures and to their management, and to financial transactions in general.

financial information requirements

Financial Information Strategy; FIS

A government-wide strategy to provide central agency and departmental decision makers with better financial information for improving the decision-making process, planning, program delivery and reporting. This strategy should be in place by the year 2001.

consignation de fonds (n.f.); **charge financière** (à éviter) (n.f.)

Affectation officielle de fonds à des fins précises. Aucun contrat, aucune convention ni entreprise quelconque comportant des frais imputables sur les affectations ne peut être autorisé tant que les fonds n'ont pas été expressément réservés dans les limites de l'affectation en cause.

indicateur financier (n.m.)

information financière (n.f.); **données financières** (n.f.)

Renseignements ayant trait aux recettes et aux dépenses et à leur gestion, et aux opérations financières en général.

besoins en information financière (n.m.)

Stratégie d'information financière (n.f.); **SIF**

Stratégie mise en oeuvre dans l'ensemble de l'administration fédérale afin de fournir de meilleurs renseignements financiers aux décideurs des organismes centraux ainsi que des ministères et ce, pour améliorer le processus décisionnel, la planification, l'exécution des programmes et la production des rapports. La mise en oeuvre de

Financial Information

**Financial Information Strategy;
FIS** (cont'd)

cette stratégie devrait être complétée en 2001.

financial institution

institution financière (n.f.);
établissement financier (n.m.)

financially assisted program

programme financé (n.m)

financial management
SEE **financial administration**

financial needs
SEE **financial requirements**

financial obligation

dette (n.f.)

Any indebtedness intended to be either liquidated by a cash settlement or converted into another financial obligation.

Toute dette destinée à être soit liquidée par un règlement en monnaie, soit convertie en une autre forme de dette.

financial officer; finance officer

agent financier (n.m.)

An officer whose prime responsibility is the provision of internal management services in the field of financial management, control, and analysis.

Agent dont la principale responsabilité est d'assurer la prestation de services de gestion interne dans le domaine de l'analyse, de la gestion et du contrôle financiers.

financial outlook; fiscal outlook

perspectives budgétaires (n.f.);
perspectives financières (n.f.)

financial performance; fiscal performance

rendement financier (n.m.);
résultats financiers (n.m.)

Produit effectif d'un travail ou d'une activité sur le plan financier.

financial period
SEE **accounting period**

financial planning process; fiscal planning process

processus de planification financière (n.m.)

Financial Statements

financial policy

financial position; financial condition; financial situation

The state of affairs of an individual or organization, as reflected by the nature and composition of its assets, liabilities and any ownership equity at any specified time.

financial requirements; financial needs

The amount by which cash going out from the Government exceeds cash coming in. It is therefore the amount of new borrowing required from outside lenders to meet the government's financing needs in any given year.

financial resources; dollar resources

financial signing authority

A composite term which includes commitment authority, spending authority and payment authority.

financial situation
SEE **financial position**

financial statement components

financial statements

• *year-end* ~

Financial Statements of the Government of Canada

A set of financial statements composed of the following:

politique financière (n.f.)

situation financière (n.f.)

Situation d'une entité déterminée par l'étude de son actif, de son passif et de ses capitaux propres à une date donnée.

besoins financiers (n.m.); **besoins de financement** (n.m.)

Excédent des sorties sur les entrées de fonds de l'État. Il s'agit donc du montant que l'État doit contracter auprès de prêteurs de l'extérieur pour faire face à ses besoins de financement au cours d'un exercice.

ressources financières (n.f.); **moyens financiers** (n.m.)

pouvoir de signer les documents financiers (n.m.)

Expression générale qui comprend l'autorisation d'engagement, le pouvoir de dépenser et le pouvoir de payer.

éléments des états financiers (n.m.)

états financiers (n.m.); **états** (n.m.)

• ~ *de fin d'exercice*

États financiers du gouvernement du Canada (n.m.)

Ensemble d'états financiers composé de : l'état de l'actif et du

165

Financial Statements

Financial Statements of the Government of Canada (cont'd)

statement of assets and liabilities, statement of revenues and expenditures, statement of accumulated deficit, statement of changes in financial position and statement of transactions.

passif, l'état des recettes et dépenses, l'état du déficit accumulé, l'état de l'évolution de la situation financière et l'état des opérations.

financial strength

santé financière (n.f.)

financial summary

résumé financier (n.m.)

financial support; financial assistance; financial aid

aide financière (n.f.); soutien financier (n.m.); appui financier (n.m.); support financier (à éviter) (n.m.)

• *degree of ~*

Aide se présentant généralement sous la forme de dons en argent consentis par une personne à un organisme, le plus souvent sans but lucratif.

• *importance de l'~*

financial system

système financier (n.m.)

A system through which financial information is used to account for the operations of an organization, to control its assets and liabilities, and to exercise management control and accountability. These systems encompass both financial administrative systems and program-related financial systems.

Système utilisant des renseignements financiers pour rendre compte des opérations d'une organisation, pour contrôler son actif et son passif et pour permettre d'exercer un contrôle de gestion et d'assumer la responsabilité voulue. Ces systèmes comprennent à la fois des systèmes d'administration financière et des systèmes à l'appui de programmes.

financial transaction

opération financière (n.f.)

Any event, condition or action, the recognition of which gives rise to an entry in an accounting system.

Événement, condition ou action qui, une fois reconnus, donne lieu à une inscription dans le système comptable.

financial transaction (cont'd)

• *aggregate, identify, report ~*

financial transaction data

financial transactions classification system
SEE **classification system for financial transactions**

financial visibility; visibility

financial year; fiscal year

An accounting period which generally consists of 12 consecutive months. The fiscal year of Canada's federal and provincial governments runs from April 1 to March 31.

• *old ~, wrong ~*

financing activity

firm price

FIS
SEE **Financial Information Strategy**

• *rassembler, déterminer, déclarer des ~s*

données sur les opérations financières (n.f.)

transparence financière (n.f.); **transparence** (n.f.); **visibilité** (à éviter) (n.f.); **clarté financière** (à éviter) (n.f.)

exercice (n.m.); **année financière** (n.f.); **année fiscale** (à éviter) (n.f.)

Période comptable généralement constituée de 12 mois consécutifs. L'exercice du gouvernement fédéral et des provinces va du 1er avril au 31 mars.

• *exercice précédent, mauvais exercice*

activité de financement (n.f.)

Ensemble des opérations visant à accroître ou à réduire la dette ou les capitaux propres de l'entité, notamment les emprunts, les apports de capital, les remboursements d'emprunts et de capital, et les versements de dividendes ou autres formes de distribution des bénéfices.

prix ferme (n.m.)

fiscal

fiscal action — mesure financière (n.f.)

fiscal aggregate — agrégat budgétaire (n.m.)

fiscal arrangements — accords fiscaux (n.m.)

A program the purpose of which is to provide unconditional fiscal transfer payments to lower-income provinces, including subsidies under the Constitution Acts and reciprocal taxation payments.

Programme qui prévoit des versements sans condition aux provinces à faible revenu, y compris les subventions prévues dans les lois constitutionnelles ainsi que les paiements au titre de la réciprocité fiscale.

NOTA Le Comité de terminologie des finances publiques recommande l'utilisation du terme «accords fiscaux».
   Le terme «arrangements fiscaux» doit être employé seulement dans le contexte de la *Loi sur les arrangements fiscaux entre le gouvernement fédéral et les provinces et sur les contributions fédérales en matière d'enseignement postsecondaire et de santé.*

fiscal assumptions — hypothèses financières (n.f.)

fiscal balance — équilibre budgétaire (n.m.)

fiscal constraint; fiscal restraint — restriction budgétaire (n.f.); restriction financière (n.f.); contrainte financière (n.f.)

fiscal discipline — discipline financière (n.f.)

fiscal environment — contexte fiscal (n.m.); situation fiscale (n.f.)

fiscal equalization payment SEE **equalization payment**

fiscal framework — cadre financier (n.m.); régime fiscal (à éviter) (n.m.)

• *~ adjustment* — • *ajustement du ~*

─────────────────────────────────────── **fiscal policy**

fiscal imbalance; budgetary imbalance	**déséquilibre budgétaire** (n.m.)
fiscal indicator	**indicateur budgétaire** (n.m.)
fiscal objective; fiscal target	**objectif budgétaire** (n.m.); **objectif financier** (n.m.)
fiscal outlook; financial outlook	**perspectives budgétaires** (n.f.); **perspectives financières** (n.f.)

fiscal performance
SEE **financial performance**

fiscal period
SEE **accounting period**

fiscal plan

The outcome of the fiscal planning process that sets out planned spending in total and by major component: the Expenditure Plan; forecast revenues; and the planned fiscal stance — the operating balance, the budgetary deficit and financial requirements.

plan financier (n.m.)

Plan qui expose les dépenses prévues considérées globalement et selon les grandes composantes suivantes : le Plan de dépenses; la prévision des recettes; et la définition des orientations financières : le solde de fonctionnement, le déficit budgétaire et les besoins financiers.

fiscal planning

planification des recettes fiscales (n.f.)

Établissement d'un plan visant à prévoir et à contrôler les niveaux de recettes provenant de l'impôt sur plusieurs années en fonction des priorités globales du gouvernement.

fiscal planning process; financial planning process

processus de planification financière (n.m.)

fiscal policy

Variations in the level or composition of government revenues and spending, and surpluses or deficits such as those

politique budgétaire (n.f.)

Variations du niveau ou de la composition des recettes et des dépenses publiques, de même que des excédents ou des déficits,

169

fiscal policy

fiscal policy (cont'd)
incorporated into the fiscal plan presented in the annual budgets of both federal and provincial governments. Changes in fiscal policy can have impacts on the growth of the economy.

comme ceux figurant dans le plan financier présenté dans le budget annuel du gouvernement fédéral ou des provinces. La politique budgétaire peut influer sur la croissance de l'économie.

fiscal position

situation budgétaire (n.f.)

fiscal pressure

pression budgétaire (n.f.);
pression financière (n.f.)

fiscal responsibility

responsabilité financière (n.f.)

fiscal restraint; fiscal constraint

restriction budgétaire (n.f.);
restriction financière (n.f.);
contrainte financière (n.f.)

Fiscal Stabilization Program

Programme de stabilisation fiscale (n.m.)

A program which compensates provinces for declines in revenues due to economic circumstances.

Programme qui dédommage les provinces d'une baisse de leurs recettes en raison d'une évolution défavorable de l'économie.

fiscal stance

orientation budgétaire (n.f.);
orientation financière (n.f.)

fiscal target; fiscal objective

objectif budgétaire (n.m.);
objectif financier (n.m.)

fiscal transfer payment

paiement de transfert fiscal (n.m.)

Fiscal Transfer Payments Program

Programme des paiements de transfert fiscal (n.m.)

A program established to provide funds for payments to provincial governments under various statutory authorities. This program encompasses fiscal equalization payments under the *Federal-Provincial Fiscal Arrangements and Federal Post-Secondary Education and*

Programme qui prévoit le versement de fonds aux gouvernements provinciaux en vertu d'autorisations législatives. Ce programme comprend des paiements de péréquation fiscale au titre de la *Loi sur les arrangements fiscaux entre le gouvernement fédéral et les*

─── **fixed**

Fiscal Transfer Payments Program (cont'd)

Health Contributions Act, payments under the *Public Utilities Income Tax Transfer Act*, and payments under other statutory authorities.

provinces et sur les contributions fédérales en matière d'enseignement postsecondaire et de santé, des paiements au titre de la *Loi sur le transfert de l'impôt sur le revenu des entreprises d'utilité publique* et des paiements en application d'autres autorisations législatives.

fiscal update

mise à jour relative à la situation financière (n.f.)

fiscal year
SEE **financial year**

fiscal year end
SEE **year end**

fiscal year ended; year ended

exercice clos le (n.m.); **exercice terminé le** (n.m.)

fiscal year ending

exercice se terminant le (n.m.)

fiscal year then ended; year then ended

exercice clos à cette date (n.m.); **exercice terminé à cette date** (n.m.)

Fishing Vessel Insurance Plan; FVIP

Régime d'assurance des bateaux de pêche (n.m.); **RABP**

A plan established to insure fishermen against abnormal capital losses.

Régime ayant pour objet d'assurer les pêcheurs contre des pertes en capital anormales.

fixed assets

immobilisations (n.f.); **actifs immobilisés** (n.m.)

Assets owned by a department, including land, buildings, equipment, furniture and fixtures, and motor vehicles. Fixed assets include both real property and movable assets, but exclude inventories that are consumed in the delivery of services or the

Biens que possède un ministère, y compris les terrains, les immeubles, le matériel, le mobilier et les agencements ainsi que les véhicules automobiles. Les immobilisations comprennent à la fois des biens immobiliers et des biens meubles, mais excluent les

fixed

fixed assets (cont'd)
manufacture of products.

NOTE In 1990, the term "fixed assets" was replaced by "capital assets" in chapter 3060 of the Canadian Institute of Chartered Accountants Manual. However, the term "fixed assets" is still used in Government of Canada texts.

stocks qui servent à la prestation de services ou à la fabrication de produits.

Flexible Transfer Payment; FTP

paiement de transfert souple (n.m.)**; PTS**

A conditional transfer payment for a specified purpose for which unexpended balances may be retained by the recipient, provided that the program terms and conditions have been fulfilled.

Paiement de transfert conditionnel effectué à une fin déterminée et dont les montants non dépensés peuvent être conservés par le bénéficiaire, en autant que les conditions du programme aient été respectées.

floatation cost
SEE **flotation cost**

float period

période de flottement (n.f.)

flotation cost; issuance cost; issuing cost; floatation cost

frais d'émission (n.m.)**; coût d'émission** (n.m.)

Frais (comptabilité, droit, souscription, impression, etc.) engagés lors d'une émission de titres.

footing of account balances

totalisation des soldes de comptes (n.f.)**; addition des soldes de comptes** (n.f.)

forecast expenditure level

niveau de dépenses prévu (n.m.)

forecast expenditures; expenditures forecast; planned expenditures

dépenses prévues (n.f.)**; prévision de dépenses** (n.f.)

forecast of budgetary expenditures
SEE **budgetary expenditure forecast**

_____ foreign

forecasts

Future-oriented financial information based on management's most probable assumptions.

forego a debt
SEE **forgive a debt**

Foreign Claims Fund

An account established to record part of the money received from the Custodian of Enemy Property, proceeds of the sale of property and the earnings of property, as well as all amounts received from governments of other countries pursuant to agreements entered into after April 1, 1966, relating to the settlement of Canadian claims; it also records payment of claims submitted, including payment of the expenses incurred in investigating and reporting on such claims.

foreign currency; foreign exchange

The currency of other countries.

prévisions (n.f.)

Informations financières prospectives fondées sur les hypothèses les plus probables de la direction.

Fonds de réclamations à l'étranger (n.m.)

Compte établi afin d'inscrire :
a) toute partie des fonds reçus du Séquestre des biens ennemis, le produit de la vente de biens et les bénéfices provenant des biens, et,
b) toutes les sommes reçues des gouvernements d'autres pays à la suite d'ententes intervenues après le 1er avril 1966 relativement au règlement de réclamations présentées par le Canada; on y enregistre également le paiement des réclamations soumises, y compris le paiement des dépenses encourues lors de la vérification et déclaration des réclamations.

devise (n.f.)**; monnaie étrangère** (n.f.)

Monnaie d'un pays étranger qui sert à mesurer les opérations conclues à l'étranger et représente l'unité de mesure utilisée dans les comptes d'établissements étrangers.

NOTA Utilisé au pluriel, le terme «devises» désigne l'ensemble des moyens de paiement (billets de banque, chèques de voyage, traites, etc.) libellés dans une monnaie étrangère.

foreign

foreign currency transaction

opération en devises (n.f.); **opération en monnaie étrangère** (n.f.)

Opération (achat ou vente de marchandises, prestation de services, emprunt ou prêt de capitaux, passation de contrats de change à terme, acquisition de biens à l'étranger, etc.) dont le montant ou le prix est libellé en monnaie étrangère.

foreign currency translation
SEE **translation of foreign currencies**

foreign debt

A debt owed by Canadians to foreign lenders.

dette extérieure (n.f.)

Dette des Canadiens envers les prêteurs de l'étranger.

• *high, rising ~*

• *~ élevée, en croissance*

foreign debt interest payment

intérêts versés sur la dette extérieure (n.m.)

foreign debt servicing cost

frais de service de la dette extérieure (n.m.)

foreign exchange
SEE **foreign currency**

foreign exchange accounts

The accounts recording the financial claims and financial obligations identified with the foreign exchange operations of the Government of Canada.

comptes d'opérations de change (n.m.)

Comptes dans lesquels on enregistre les créances et les dettes nées des opérations de l'État canadien concernant les monnaies étrangères.

foreign exchange asset

élément d'actif en devise (n.m.)

foreign exchange rate
SEE **exchange rate**

foreign exchange transaction	**opération de change** (n.f.)
The mechanism for settlement of transactions between entities using different currencies.	Opération qui consiste à remettre un certain montant de monnaie d'un pays donné pour recevoir la contrepartie en monnaie d'un autre pays.
foreign government; national government	**gouvernement étranger** (n.m.)
foreign inflation; inflation abroad	**inflation à l'étranger** (n.f.)
foreign service loan	**prêt aux employés du service extérieur** (n.m.)
forfeited property; seized property	**bien confisqué** (n.m.); **bien saisi** (n.m.)
forgivable loan	**prêt-subvention** (n.m.); **subvention remboursable sous condition** (n.f.); **prêt à remboursement conditionnel** (n.m.)
A loan granted by the government or an organization, which the lender is committed to forgive if certain conditions are met by the borrower.	Prêt consenti par l'État ou une collectivité et assorti d'une clause dispensant l'emprunteur d'effectuer les remboursements prévus tant qu'il se conforme à certaines conditions.
forgive a debt; forego a debt; forgo a debt; remit a debt	**faire grâce d'une dette; renoncer à une dette; remettre une dette; renoncer à une créance; faire remise d'une dette; faire remise d'une créance**
To allow non-repayment of sums owed.	• *faire grâce à quelqu'un d'une dette; faire remise à quelqu'un d'une dette*
• *forgive somebody a debt*	
forgive a loan	**dispenser du remboursement d'un prêt; dispenser de rembourser un prêt**
forgive an amount	**renoncer à une somme**

forgiveness

forgiveness authority	pouvoir de renonciation (n.m.)
forgiveness clause	clause de renonciation (n.f.)
forgiveness of a debt	renonciation à une créance (n.f.); libération de l'emprunteur (n.f.)
forgiveness of a loan	dispense du remboursement d'un prêt (n.f.); exonération du remboursement d'un prêt (n.f.)

forgo a debt
SEE **forgive a debt**

formula financing; formula funding	méthode de financement préétablie (n.f.)
formula financing agreement	entente de financement préétablie (n.f.)
formula funding; formula financing	méthode de financement préétablie (n.f.)
for the year ended March 31	pour l'exercice clos le 31 mars; pour l'exercice terminé le 31 mars

four-fold classification
SEE **four-way classification**

four-way classification; four-fold classification; fourfold classification

quadruple classification (n.f.); classification quadruple (n.f.)

A classification of transactions by authority, purpose, responsibility and object.

Classification des opérations par autorisation, par objet, par responsabilité et par article.

fraud (n.)

fraude (n.f.)

An intentional misstatement or misappropriation of funds.

Inexactitude intentionnelle ou détournement de fonds.

fraudulent departmental bank account cheque; fraudulent DBA cheque

faux chèque de compte bancaire ministériel (n.m.); faux chèque de CBM (n.m.)

A DBA cheque which has a forged or irregular endorsement, or which

Chèque de CBM qui a été endossé au moyen d'une signature falsifiée

━━ **full**

fraudulent departmental bank account cheque; fraudulent DBA cheque (cont'd)
has been altered in any way.

ou irrégulière ou qui a été altéré d'une façon ou d'une autre.

free balance

solde disponible (n.m.)

freeze prices

bloquer les prix; geler les prix

frozen allotment; reserved allotment

affectation bloquée (n.f.); **affectation réservée** (n.f.)

An allotment against which no expenditures may be made as a result of a Treasury Board or Cabinet decision.

Affectation sur laquelle aucune dépense ne peut être imputée par suite d'une décision du Conseil du Trésor ou du Cabinet.

• *release of a ~*

• *déblocage d'une affectation réservée*

cf. allotment

FTE
SEE **full-time equivalent**

FTP
SEE **Flexible Transfer Payment**

full accrual accounting; full accrual basis

comptabilité d'exercice pour toutes les opérations (n.f.)

The capitalization of physical assets and the accounting of tax revenues on an accrual basis rather than on a cash basis.

full accrual basis
SEE **full accrual accounting**

full cost

coût total (n.m.)

The sum of all costs, direct and indirect, incurred by the government in the supply of a good, service, property, or right or privilege, including: services provided without charge by other

Total de tous les coûts, directs et indirects, engagés par le gouvernement pour la fourniture d'un bien, d'un service, d'une propriété, d'un droit ou d'un privilège, y compris les services

177

full cost (cont'd)

departments (e.g., accommodation, employer contributions to insurance plans); costs financed by separate authorities (e.g., some employee benefits); the financing costs of inventories; and annualized capital costs, including financing.

offerts sans frais par d'autres ministères (p. ex., le logement des services, les contributions de l'employeur aux régimes d'assurance), les coûts financés par des entités distinctes (p. ex., certains avantages sociaux), les coûts de financement des stocks et les coûts en capital annualisés, dont le financement.

full cost recovery

recouvrement intégral des coûts (n.m.); **récupération intégrale des coûts** (n.f.)

full supply

totalité des crédits (n.f.); **dotation totale** (n.f.)

The total funds requested in the Main or Supplementary Estimates for the conduct of government business and released by Parliament following the Governor General's confirmation. Parliament normally approves full supply around June 30.

Totalité des fonds demandés dans le Budget des dépenses principal ou le Budget des dépenses supplémentaire pour l'exécution des affaires gouvernementales et débloqués par le Parlement après confirmation par le gouverneur général. Le Parlement approuve habituellement la totalité des crédits, aux alentours du 30 juin.

full-time equivalent; FTE

équivalent temps plein (n.m.); **ÉTP**

In an operating budget, a calculation that factors out the length of time an employee works each week. The full-time equivalent (or the portion of a full-time schedule worked by the part-time employee) is the ratio of the assigned hours of work to the scheduled hours of work.

Dans le contexte du budget de fonctionnement, unité de mesure qui permet de tenir compte de la durée effective de travail d'un employé chaque semaine. L'équivalent temps plein (soit la portion d'un horaire à temps plein qu'un employé à temps partiel a travaillé) correspond au ratio des heures de travail assignées/heures de travail normales.

NOTE Treasury Board no longer allocates or controls person-years. The government now indicates the size of the public service by using the full-time equivalent which

NOTA Les années-personnes ne sont plus réparties ou contrôlées par le Conseil du Trésor. Le

full-time equivalent; FTE (cont'd)
considers casual employment, term employment, job sharing and so on.

gouvernement fait désormais état de la taille de la fonction publique au moyen de la notion d'équivalent temps plein, qui tient compte de l'emploi occasionnel, de l'emploi pour une période déterminée, du partage d'emploi, etc.

function code

code de fonction (n.m.)

fund[1] (n.)

fonds (n.m.)

A self-balancing accounting entity set up to show capital or trust monies received for a specific purpose; revenues, income, expenditures for the purpose designated; and assets and liabilities of the entity.
e.g. Army benevolent fund

Ensemble de comptes distincts ouverts dans le but de tenir compte d'une manière autonome des ressources qu'un organisme reçoit à des fins particulières, des produits financiers en découlant, des dépenses effectuées aux fins désignées, ainsi que des éléments d'actif et de passif correspondants.
p. ex. Fonds de bienfaisance de l'Armée

fund[2] (v.)

financer

funding

financement (n.m.)

funding appropriation

crédit de financement (n.m.)

funding arrangement

entente de financement (n.f.)

funding environment

cadre de financement (n.m.)

funding level; level of funding

niveau de financement (n.m.)

funding option

mode de financement (n.m.)

The alternative sources of funds used to finance different program delivery options. Funding options finance all financial arrangements. Examples are traditional

Une des méthodes servant à financer l'exécution des programmes. Voici des exemples : les crédits traditionnels, les autorisations spéciales de dépenser

179

funding

funding option (cont'd)
appropriations, special revenue spending authorities (e.g., revolving funds and net voting) and specified purpose accounts.

les recettes (fonds renouvelable et crédits nets) et les comptes à fins déterminées.

funding pressure

contrainte de financement (n.f.)

funds

fonds (n.m.)

funds earmarked; earmarked funds

fonds affectés (n.m.); **fonds réservés** (n.m.); **fonds assignés** (n.m.)

Funds set aside or allocated for a special purpose.

Fonds mis de côté ou affectés à une fin spéciale.

funds paid out; paid-out funds

sommes utilisées (n.f.); **fonds utilisés** (n.m.)

fund spending

financer des dépenses

funds transfer
SEE **transfer**[1] (n.)

future callable capital; future callable share capital
(international banks and international organizations)

capital futur sujet à appel (n.m.); **capital futur appelable** (n.m.)

Souscription qui n'est pas encore autorisée et qui sera sujette à appel dans le futur de la part d'une banque ou d'une organisation internationale advenant qu'elle ne puisse honorer ses obligations. Cette souscription est en fait une garantie qui sera donnée à une banque ou à une organisation internationale afin de lui permettre d'emprunter.

NOTA Termes adoptés par le Comité de terminologie des finances publiques.

future event

événement futur (n.m.)

future paid-in capital
SEE **future paid-in share capital**

**future paid-in share capital;
future paid-in capital**

Commitments made by Canada for future purchases of non-budgetary share capital in international organizations.

future period

future subscription to callable share

Callable share capital related to subscriptions that Canada has made a commitment to purchase in the future.

NOTE Within the contingent liabilities, callable share capital represents the portion of Canada's capital subscriptions that has not yet been paid in. Callable capital is subject to call by offshore banks in the event that they were unable to meet their obligations.

future subscription to paid-in share (international banks and international organizations)

capital futur appelé (n.m.)

NOTA S'emploie dans le cas d'une souscription qui n'est pas encore autorisée et qui sera appelée dans le futur d'après les modalités d'un accord conclu avec une banque ou une organisation internationale.
Terme adopté par le Comité de terminologie des finances publiques.

exercice futur (n.m.)

souscription future au capital sujet à appel (n.f.)**; souscription future au capital appelable** (n.f.)

Souscription qui n'est pas encore autorisée et qui sera sujette à appel dans le futur de la part d'une banque ou d'une organisation internationale advenant qu'elle ne puisse honorer ses obligations. Cette souscription est en fait une garantie qui sera donnée à une banque ou à une organisation internationale afin de lui permettre d'emprunter.

NOTA Termes adoptés par le Comité de terminologie des finances publiques.

souscription future au capital appelé (n.f.)

Souscription qui n'est pas encore autorisée et qui sera appelée dans le futur d'après les modalités d'un accord conclu avec une banque ou une organisation internationale.

**FVIP
SEE Fishing Vessel Insurance Plan**

GAAP; Generally Accepted Accounting Principles

gain on exchange

gain or loss on exchange
A budgetary account established to record the gains and losses resulting from the translation into Canadian currency of assets and liabilities denominated in foreign currencies.

GEI; government expenditure index

general accounts payable

general billing
The system by which other federal departments and agencies are billed for services provided by Public Works and Government Services Canada.

general examination and reporting authority

general ledger file

general ledger of Canada

general liability

principes comptables généralement reconnus (n.m.); **PCGR**

gain de change (n.m.)

gain ou perte de change
Compte budgétaire dans lequel on enregistre les pertes et les gains produits par la conversion, en monnaie canadienne, d'éléments d'actif et de passif libellés en devises.

indice des dépenses publiques (n.m.); **IDP**

comptes créditeurs généraux (n.m.)

facturation générale (n.f.)
Système suivant lequel d'autres ministères et organismes fédéraux sont facturés pour les services que leur fournit Travaux publics et Services gouvernementaux Canada.

pouvoir général d'examiner et de faire rapport (n.m.); **autorisation générale d'examiner et de faire rapport** (n.f.)

fichier du grand livre général (n.m.)

grand livre général du Canada (n.m.)

élément de passif général (n.m.)

Generally Accepted Accounting Principles; GAAP

general non-tax revenues

general revenues

general suspense account

An account used only to record receipts for which the final disposition is not known. The balance of this account must always be in a credit position.

generate revenues

Getting Government Right: A Progress Report

A document that provides an update on a number of initiatives pursued by the Government of Canada, including Program Review, Efficiency of the Federation, Alternative Delivery and other sector-specific policy reviews.

gift
SEE **donation**

GILT
SEE **grant(-)in(-)lieu of taxes**

GIS
SEE **guaranteed income supplement**

goods and services tax; GST

Tax applied on most goods and services consumed in Canada, with

principes comptables généralement reconnus (n.m.); **PCGR**

recettes non fiscales générales (n.f.)

recettes générales (n.f.)

compte d'attente général (n.m.)

Compte utilisé uniquement aux fins de comptabilisation des recettes pour lesquelles la répartition finale est inconnue. Le solde de ce compte doit toujours être créditeur.

produire des recettes; générer des recettes

Repenser le rôle de l'État : Rapport d'étape

Document qui fait le point sur les progrès accomplis relativement à un certain nombre de mesures lancées par le gouvernement du Canada, dont l'Examen des programmes, l'efficacité de la Fédération, les modes de prestation, et divers examens de politique sectoriels.

taxe sur les produits et services (n.f.); **TPS**

Taxe qui s'applique sur la plupart des produits et services offerts au

goods

goods and services tax; GST
(cont'd)

the exception of basic groceries, most health and dental care services, most educational services, and residential rents. The GST became effective January 1, 1991.

Canada, à l'exception des aliments de base, de la majorité des services de santé et de soins dentaires, de la majorité des services d'éducation et des loyers résidentiels. La TPS est entrée en vigueur le 1er janvier 1991.

goods received

biens reçus (n.m.)

Government[1]

État (n.m.)

Ensemble des pouvoirs publics. Par exemple : les finances de l'État, les affaires de l'État, fonction sociale de l'État, l'État providence, le pouvoir de l'État, propriété de l'État.

NOTA Le terme «état» prend la majuscule initiale lorsqu'il est employé pour désigner le gouvernement d'un pays, son administration ou le pays lui-même.

government[2]

Executive branch of a national or provincial government.

gouvernement (n.m.)

Organes de l'État qui assurent la direction générale d'un pays ou d'une province.

NOTA Dans la très grande majorité des cas, le terme «gouvernement» prend la <u>minuscule</u> initiale (le gouvernement fédéral). Il prend la <u>majuscule</u> initiale lorsqu'il est employé d'une manière absolue (c'est-à-dire sans complément déterminatif ou sans qualificatif) pour désigner un organisme d'État en tant qu'entité à caractère unique. Exemple : le Gouvernement prépare un projet de réforme scolaire.

Government

government accounting; governmental accounting; public sector accounting

The system of accounting concerned with the recording, classification and analysis of the Government's transactions, as well as with the preparation of its financial statements (or accounts) in accordance with established accounting principles.

governmental accountability; public sector accountability

The duty of those departments and agencies entrusted with public resources, and the authority for applying them, to render a full accounting of their activities to the public.

governmental accounting
SEE **government accounting**

governmental expenditures
SEE **government expenditures**

governmental revenues
SEE **government revenues**

Government Annuities Account

The liabilities of the Government of Canada in its role as administrator of annuities under the provisions of the *Government Annuities Act* and the *Government Annuities Improvement Act*.

comptabilité publique (n.f.); **comptabilité du secteur public** (n.f.); **comptabilité de l'État** (n.f.); **comptabilité gouvernementale** (à éviter) (n.f.)

Comptabilité dont l'objet est l'inscription, le classement, l'analyse des opérations et l'établissement des états financiers ou comptes de l'État en conformité avec les principes comptables établis.

obligation de rendre compte du secteur public (n.f.)

Obligation pour les divers ministères et organismes du secteur public, dotés de ressources publiques et ayant le pouvoir de les utiliser, de rendre pleinement compte de leurs activités au public.

Compte des rentes sur l'État (n.m.)

Obligations contractées par l'État canadien en sa qualité d'administrateur de rentes conformément à la *Loi relative aux rentes sur l'État* et à la *Loi sur l'augmentation du rendement des rentes sur l'État*.

Government Annuities

Government Annuities Act; Act to authorize the issue of Government annuities for old age

An act which was primarily designed for salary and wage earners to enable them to save systematically for a retirement income in later life.

Loi relative aux rentes sur l'État (n.f.); **Loi autorisant l'émission des rentes sur l'État pour le vieil âge** (n.f.)

Loi visant essentiellement à aider les salariés à économiser systématiquement en vue de leur assurer un revenu de retraite plus tard.

Government Annuities Improvement Act

Loi sur l'augmentation du rendement des rentes sur l'État (n.f.)

Loi adoptée en 1975 et mettant fin à la vente des rentes.

Government Annuities Regulations

Règlement relatif aux rentes sur l'État (n.m.)

Government annuity

rente sur l'État (n.f.)

government audit(ing); public sector audit(ing)

vérification publique (n.f.); **vérification dans le secteur public** (n.f.)

Government bond

obligation d'État (n.f.)

Titre d'emprunt émis par les pouvoirs publics.

Government borrowings

emprunts d'État (n.m.); **emprunts publics** (n.m.)

Government business enterprise

entreprise commerciale de l'État (n.f.)

Government contingencies
SEE **contingencies vote**

Government contingencies vote
SEE **contingencies vote**

government debt
SEE **national debt**

government entity

entité du secteur public (n.f.)

government finance

government expenditure index; GEI

indice des dépenses publiques (n.m.)**; IDP**

Government Expenditure Plan and Highlights by Ministry

Plan de dépenses du gouvernement et Points saillants par portefeuille (n.m.)

Part I of the Estimates which provides an overview of federal spending. It describes the relationship of the Estimates to the Expenditure Plan (as set out in the Budget), summarizes key elements of the Main Estimates and highlights the major year-over-year changes by department, agency and Crown Corporation.

Partie I du Budget des dépenses qui présente une vue d'ensemble des dépenses du gouvernement fédéral. Cette partie décrit les rapports entre le Budget des dépenses et le Plan de dépenses (énoncé dans le budget), résume les principaux éléments du Budget des dépenses principal et souligne les principales variations d'une année à l'autre par ministère, organisme et société d'État.

NOTE Former title: The Government Expenditure Plan.

NOTA Ancien titre : Plan de dépenses du gouvernement.

government expenditures; governmental expenditures; public expenditures; government spending

dépenses publiques (n.f.)**; dépenses de l'État** (n.f.) (gouvernement fédéral)

Opérations financières des organismes publics qui aboutissent à des sorties de fonds définitives.

NOTA Les dépenses publiques ne sont pas limitées aux dépenses de l'État, elles englobent aussi les dépenses des collectivités locales, des organismes semi-publics d'action économique, les dépenses de la sécurité sociale et même les dépenses d'administrations étrangères et internationales.

government finance

finances publiques (n.f.)

Ensemble des activités ayant trait aux problèmes posés par la gestion des fonds publics et des budgets de l'État ou d'une collectivité publique.

government funding

government funding

financement public (n.m.)
Financement assuré par un gouvernement.

government funds
SEE public funds

Government of Canada as a reporting entity

As a reporting entity, the Government of Canada includes the financial activities of all its departments, agencies, corporations and funds which are owned or controlled by the Government and which are accountable to Parliament. This includes Crown corporations and their wholly-owned subsidiaries.

NOTE This term replaces "Government of Canada as an accounting entity".

périmètre comptable de l'État canadien (n.m.); périmètre comptable du gouvernement du Canada (n.m.)

Le périmètre comptable comprend les activités financières de tous les ministères, organismes, sociétés et fonds qui appartiennent à l'État ou qui sont contrôlés par celui-ci et qui ont à rendre compte au Parlement. Il englobe les sociétés d'État et leurs filiales en propriété exclusive.

NOTA Ce terme remplace «l'État canadien, entité comptable».

government revenues; governmental revenues; public revenues

Revenues collected by all levels of government.

recettes publiques (n.f.); recettes de l'État (n.f.) (gouvernement fédéral)

Opérations financières des organismes publics d'où résultent des encaissements définitifs.

NOTA Les recettes publiques ne sont pas limitées aux recettes de l'État, mais englobent également les recettes des autres collectivités publiques. Les recettes de l'État sont celles que le gouvernement fédéral reçoit.

Government security

titre d'État (n.m.)
Titre émis par l'État à l'occasion d'un emprunt.

government-wide

Government's liability — dette de l'État (n.f.)

government spending
SEE government expenditures

government-wide — à l'échelle de l'administration fédérale; à l'échelle du gouvernement

government-wide activity code; GWAC — code d'activité à l'échelle de l'administration fédérale (n.m.); GWAC

In the purpose classification by program-activity, a code from which the program and activity codes are derived.

Dans la classification par objet (par programme et activité), code duquel sont tirés les codes de programme et d'activité.

government-wide classification — classification à l'échelle de l'administration fédérale (n.f.)

government-wide classification system — système de classification à l'échelle de l'administration fédérale (n.m.); système de classification gouvernemental (n.m.)

A system maintained in the Central Accounting System by the Receiver General to provide information in the summarized form required for the Accounts of Canada, to meet central agency and other requirements for uniform classifications of data, and to provide related reconciliation and other detailed information at the departmental level.

Système qui s'applique à l'ensemble de l'administration fédérale et qui est intégré au Système central de comptabilité par le receveur général; il doit fournir des renseignements récapitulatifs en vue de leur présentation dans les comptes du Canada. Il doit aussi satisfaire aux exigences des organismes centraux et à d'autres exigences concernant la classification uniforme des données et fournir des renseignements permettant d'effectuer des rapprochements et d'autres types de renseignements détaillés au niveau de chaque ministère.

government-wide

government-wide financial information

government-wide financial system

• *implementation of ~*

government-wide reporting

Governor General's special warrant; special warrant

A warrant, prepared by order of the Governor in Council during dissolution or adjournment of the Parliament, which, when signed by the Governor General, authorizes the payment of funds to meet an urgent need.

Governor General's warrant

A warrant, signed by the Governor General, authorizing expenditures to be charged against an appropriation.

renseignements financiers à l'échelle de l'administration fédérale (n.m.)

système financier à l'échelle de l'administration fédérale (n.m.)

• *mise en oeuvre d'un ~*

établissement de rapports à l'échelle de l'administration fédérale (n.m.)

mandat spécial du gouverneur général (n.m.)**; mandat spécial** (n.m.)

Mandat établi à la demande du gouverneur en conseil au cours d'une dissolution ou d'un ajournement du Parlement et qui, une fois signé par le Gouverneur général, autorise le retrait de fonds du Trésor afin de répondre à un besoin urgent.

NOTA Ces mandats ne sont habituellement valables que pour un mois et, pour fins de contrôle, ils sont fondés sur les crédits du Budget des dépenses qui a été déposé ou dont le Conseil du Trésor a approuvé le dépôt (Budget principal ou Budgets supplémentaires). Les dépenses législatives, comme les prestations d'assurance-emploi, ne sont pas visées par les mandats spéciaux puisqu'une loi les a déjà autorisées.

mandat du gouverneur général (n.m.)

Mandat, subordonné à la signature du gouverneur général, autorisant l'imputation de dépenses sur les crédits.

grant

Governor General's warrant (cont'd)

cf. Governor General's special warrant

Governor in Council

gouverneur en conseil (n.m.)

grace period

délai de grâce (n.m.); **période de grâce** (n.f.)

In credit transactions, a period during which a borrower (or a buyer) need not repay principal or pay interest.

Dans les opérations à crédit, période pendant laquelle l'emprunteur (ou l'acheteur) n'est pas tenu de rembourser le capital ou de payer des intérêts.

grand total

total général (n.m.); **total** (n.m.); **total global** (n.m.); **grand total** (à éviter) (n.m.)

The sum of all sub-totals.

Total que donne l'addition de différents totaux partiels.

grant (n.)

subvention (n.f.); **octroi** (à éviter) (n.m.)

An unconditional transfer payment where the recipient's eligibility and entitlement to it may be verified.

Paiement de transfert qui n'est soumis à aucune condition et pour lequel l'admissibilité du bénéficiaire et son droit de l'obtenir peuvent être vérifiés.

• *give, pay a ~*

• *verser une ~*

grant a loan

accorder un prêt; consentir un prêt

grant an appropriation; approve an appropriation

voter un crédit; octroyer un crédit; consentir un crédit; accorder un crédit

grant authority

autoriser; accorder une autorisation; conférer une autorisation

e.g. to grant authority for the annual appropriations

p. ex., autoriser les crédits annuels

191

grant

grant credit; issue a credit	accorder un crédit; consentir un crédit; octroyer un crédit
granted authority; authority granted	autorisation accordée (n.f.)
granting council	conseil dispensateur (n.m.); conseil octroyant des subventions (n.m.); conseil subventionnaire (n.m.)
granting of a loan	octroi d'un prêt (n.m.); attribution d'un prêt (n.f.); concession d'un prêt (n.f.)
granting of credit; extension of credit; provision of credit; credit granting	octroi de crédit (n.m.); concession de crédit (n.f.); mise à disposition de crédit (n.f.)
grant(-)in(-)lieu of taxes; GILT	subvention tenant lieu d'impôt foncier (n.f.); subvention tenant lieu de taxes (n.f.); subvention en remplacement de l'impôt (n.f.)
A grant given to municipal taxing authorities in lieu of taxes on federal government property.	Montant forfaitaire versé par un gouvernement à une municipalité ou à un conseil scolaire en guise d'impôt foncier sur ses propriétés.
grant interim supply SEE **appropriate interim supply** (v.)	
grant item	poste de subvention (n.m.)
grants and contributions	subventions et contributions (n.m.)
	NOTA Dans le contexte des budgets de fonctionnement, une des affectations courantes que le Conseil du Trésor a créées aux fins de contrôle budgétaire.
grants and contributions vote	crédit pour subventions et contributions (n.m.)

gross

grant supply
To give approval to a sum of money provided to meet the expenses of government.

grant to business; business grant

GRIP
SEE Gross Revenue Insurance Program

gross capital formation

gross debt
The total amount the government owes. Il consists both of market debt in the form of outstanding securities, such as Treasury bills and Canada Savings Bonds, and of internal debt owed mainly to the superannuation fund for government employees.

gross expenditures

gross loss

gross reporting

Gross Revenue Insurance Program; GRIP
A revenue insurance program that builds on conventional crop insurance by offering combined price support and crop protection for comprehensive income protection.

gross revenues
The total of revenues to

ouvrir des crédits
Approuver les fonds nécessaires pour faire face aux dépenses du gouvernement.

subvention aux entreprises (n.f.)

formation brute de capital (n.f.)

dette brute (n.f.)
Montant total dû par l'État. La dette brute se compose à la fois de la dette contractée sur les marchés, représentée par l'encours de titres tels que les bons du Trésor et les obligations d'épargne du Canada, et de la dette interne, contractée principalement envers les comptes de pension des fonctionnaires fédéraux.

dépenses brutes (n.f.); **montant brut des dépenses** (n.m.)

perte brute (n.f.)

établissement de rapports renfermant des données brutes (n.m.)

Régime d'assurance-revenu brut (n.m.); **RARB**

recettes brutes (n.f.)
Total des recettes provenant de

193

gross revenues (cont'd)
government from both internal and external sources.

gross savings

gross standard object; GSO
cf. standard object

growth of revenues; revenue growth

GSO; gross standard object
cf. standard object

GST
SEE **goods and services tax**

GST Deposit Advice (form)

GST Refundable Advance Account; GST RAA; Refundable Advance Account; RAA

A non-budgetary account established by the Receiver General for each department to record all GST paid by a department on taxable supplies of goods and services to external parties.

GST revenue account

GST revenues

guarantee deposit
cf. Guarantee deposits-Customs and Excise

sources internes et externes à l'État.

économies brutes (n.f.)

article courant brut (n.m.); **ACB**

hausse des recettes (n.f.); **augmentation des recettes** (n.f.)

article courant brut (n.m.); **ACB**

Avis de dépôt de la TPS (n.m.) (formulaire)

Compte des avances remboursables de la TPS (n.m.); **CAR de la TPS; Compte des avances remboursables** (n.m.); **CAR**

Compte non budgétaire établi par le receveur général pour chaque ministère afin d'inscrire la taxe sur les fournitures taxables de produits et services payée par un ministère à un tiers.

compte des recettes de la TPS (n.m.)

recettes provenant de la TPS (n.f.)

dépôt de garantie (n.m.)

Fonds ou titres émis à des tiers à titre de cautionnement ou pour garantir l'exécution d'un contrat ou d'une obligation, et dont leur

guarantee deposit (cont'd)

Guarantee deposits-Customs and Excise

An account established to record cash and securities required to guarantee payment of customs duties and excise taxes on imported goods, and of sales and excise taxes payable by licensees pursuant to the *Customs Act* and the *Excise Tax Act*.

guaranteed income supplement; GIS

An income-tested supplemental benefit program for Old Age Security recipients.

guarantee program

cf. loan guarantee

GWAC
SEE **government-wide activity code**

propriétaire ne peut disposer jusqu'à la réalisation d'une condition déterminée.

Dépôts de garantie-Douanes et Accise (n.m.)

Compte établi afin d'inscrire les sommes en espèces et en garanties exigées pour acquitter les droits de douane et les taxes d'accise prévues sur les biens importés, et les taxes de vente et d'accise à payer par les détenteurs de licence en vertu de la *Loi sur les douanes* et de la *Loi sur la taxe d'accise*.

supplément de revenu garanti (n.m.); **SRG**

Programme de prestations supplémentaires assujetti à une évaluation du revenu et applicable aux prestataires de la sécurité de la vieillesse.

NOTA Les prestations de sécurité de la vieillesse sont versées à tous les Canadiens de plus de 65 ans, tandis que le supplément est versé aux bénéficiaires de prestations de sécurité de la vieillesse dont le revenu est jugé insuffisant.

programme de garantie (n.m.)

hard estimate	estimation rigoureuse (n.f.)
harmonized sales tax; HST	taxe de vente harmonisée (n.f.); TVH
health and welfare services	services de santé et de bien-être (n.m.)
health care budget	budget de la santé (n.m.)
health transfer	transfert relatif à la santé (n.m.)
held in trust	détenu en fiducie
Her Majesty in right of Canada	Sa Majesté du chef du Canada (n.f.)
cf. Crown	
highly error-prone	risque d'erreur très grand (n.m.); risque d'erreur très élevé (n.m.)

high-risk transaction

A transaction with the following characteristics: highly sensitive in nature, for example where an error in payment is non-recoverable, or payments which are largely judgmental or subject to interpretation. This category could also include payments of very large dollar amounts or payments that are considered highly error-prone.

opération à risque élevé (n.f.)

Opération de nature très délicate, par exemple : opération où une erreur pourrait entraîner un paiement non recouvrable; opération où les paiements sont en grande partie discrétionnaires, sujets à interprétation, ou encore représentent de très grosses sommes d'argent et où les risques d'erreur sont très grands.

historical cost

The original cost incurred to acquire a particular asset.

coût d'origine (n.m.); coût historique (n.m.)

Coût engagé à l'origine pour l'acquisition d'un bien en particulier.

holdback; contractor's holdback

holder

Under the Accountable Advances Regulations, the person to whom an accountable advance has been issued or the person responsible for such an advance.

hold funds in an account

home department
cf. other government departments' suspense account

honour (v.)
• ~ *a cheque, a commitment*

household spending

House of Commons

HST; harmonized sales tax

retenue de garantie (n.f.)

détenteur (n.m.); **dépositaire** (n.é.)

Aux termes du Règlement sur les avances comptables, personne à qui est émise une avance à justifier ou qui a la responsabilité d'une telle avance.

détenir des fonds dans un compte

ministère d'attache (n.m.)
Ministère ayant le mandat d'exécuter un programme.

honorer
• ~ *un chèque, un engagement*

dépenses des ménages (n.f.)

Chambre des communes (n.f.)
Chambre basse élue qui, avec le Sénat, forme le Parlement canadien. Seule la Chambre est autorisée par la Constitution à présenter des projets de loi pour la levée ou la dépense de fonds publics.

taxe de vente harmonisée (n.f.); **TVH**

IAE
SEE **International Assistance Envelope**

197

IDP

IDP
SEE **Investment Development Program**

IMAA (obsolete)
SEE **Increased Ministerial Authority and Accountability** (obsolete)

IMF
SEE **International Monetary Fund**

immaterial balance	solde négligeable (n.m.)
impact on deficit	incidence sur le déficit (n.f.)
implementation cost	coût de mise en oeuvre (n.m.)
e.g. of the GST	NOTA Selon le contexte, on pourra utiliser coût d'application, coût d'exécution.
implicit interest; imputed interest	intérêt implicite (n.m.); intérêt théorique (n.m.)
implicit interest rate	taux d'intérêt implicite (n.m.)
	NOTA Au pluriel : taux d'intérêt implicites.
imprest account	compte d'avance fixe (n.m.)
An account which records a bank balance or a sum of cash maintained under the imprest system.	Compte dans lequel on enregistre un solde de compte bancaire ou une somme d'argent géré selon le système de l'avance fixe.
imprest account cheque	chèque sur compte d'avance fixe (n.m.)
	NOTA Terme adopté par le Comité de terminologie des finances publiques.

income

imprest fund

A fund maintained by entrusting a specific sum to an individual and then reimbursing the fund from time to time for the exact amount of the disbursement from it on the basis of supporting vouchers. At any given time, the cash on hand plus paid vouchers not yet reimbursed should equal the authorized amount of the fund.

improper handling
e.g. of public money, public funds

improper retention
Fraud and unauthorized retention, by any person, of public money due to the Consolidated Revenue Fund.

impropriety

imputed interest; implicit interest

in accordance with

inaccuracy
e.g. of financial information

inactive central accounts

inadequate disclosure

inception date

income tax

fonds de caisse à montant fixe (n.m.)

Fonds que l'on maintient en confiant une somme à une personne puis en remettant au fonds, de temps à autre, le montant exact des débours faits à même ce fonds en prenant soin de joindre les pièces justificatives. L'encaisse et les pièces payées non encore remboursées doivent toujours égaler le montant autorisé du fonds.

utilisation irrégulière (n.f.)
p. ex., de fonds publics

rétention irrégulière (n.f.)
Cas de fraude et de rétention non autorisée, par toute personne, des fonds publics dus au Trésor.

acte irrégulier (n.m.); **pratique répréhensible** (n.f.)

intérêt implicite (n.m.); **intérêt théorique** (n.m.)

conformément à

inexactitude (n.f.)
p. ex., de l'information financière

comptes centraux inactifs (n.m.)

présentation incorrecte de l'information (n.f.); **information inadéquate fournie** (n.f.)

date d'entrée en vigueur (n.f.)

impôt sur le revenu (n.m.)

income

income tax refund; tax refund; refund of tax

remboursement d'impôt sur le revenu (n.m.); remboursement d'impôt (n.m.)

incorporating legislation

loi constitutive (n.f.)

incorporation

constitution (n.f.) (en société)

increase (n.)

augmentation (n.f.)

Increased Ministerial Authority and Accountability (obsolete); **IMAA** (obsolete)

Accroissement des pouvoirs et des responsabilités ministériels (vieilli) (n.m.); **APRM** (vieilli)

NOTE Business plans replace the Multi-Year Operational Plan (MYOP) process, the Shared Management Agenda (SMA) process and the Increased Ministerial Authority and Accountability (IMAA) regime.

NOTA Les plans d'activités remplacent maintenant le régime d'accroissement des pouvoirs et des responsabilités ministériels (APRM), le plan opérationnel pluriannuel (POP) et le projet de gestion concertée (PGC).

increase or decrease

variation (n.f.)

increase the cost

majorer le coût

incremental cost

coût différentiel (n.m.)

A cost that changes as a result of a change in production or a decision.

Coût qui varie en fonction d'une variation dans la production ou d'une décision.

incremental expenditures

dépenses supplémentaires (n.f.)

incremental savings

économies supplémentaires (n.f.)

incur a deficit; run a deficit; show a deficit

enregistrer un déficit; afficher un déficit; accuser un déficit; être déficitaire

incur expenses

engager des dépenses; supporter des dépenses

incurrence of a liability

création d'une dette (n.f.)

Indian estate accounts

Comptes de succession des Indiens (n.m.)

Accounts established to record the

Comptes établis afin d'inscrire les

─────────────────────────────────────── inflated

Indian estate accounts (cont'd)
estates of deceased Indians, of minor Indian children who have guardians, or of mentally incompetent Indians pursuant to sections 42 to 51 of the *Indian Act*.

indicative estimate
An order-of-magnitude estimate that is not sufficiently reliable to warrant Treasury Board approval as a cost objective. It provides a rough cost projection used for budget planning purposes in the early stages of concept development of a project. It is usually based on an operational statement of requirement (SOR), a market assessment of products and technological availability that would meet the requirement and other considerations such as implementation, life cycle costs and operational savings.

indicator of inflation

individual income tax; personal income tax

individual travel card; ITC

A card issued to employees who have to travel on business. The card must be issued in the name of the employee, who must charge only authorized travel and related business expenses on it.

inflated dollars
SEE **current dollars**

biens des Indiens décédés, des enfants indiens ayant des tuteurs, ou des Indiens atteints d'incapacité mentale en vertu des articles 42 à 51 de la *Loi sur les Indiens*.

estimation indicative (n.f.)
Estimation qui sert à évaluer l'ordre de grandeur des coûts, mais qui n'est pas suffisamment fiable pour que le Conseil du Trésor l'approuve comme objectif relié aux coûts. Elle présente des prévisions approximatives de coûts qui servent à des fins de planification budgétaire aux premières étapes de l'élaboration d'un projet. Elle se fonde généralement sur l'énoncé opérationnel d'un besoin, une évaluation du marché des produits, l'existence de la technologie qui répondrait aux besoins et autres considérations comme la mise en oeuvre, les coûts du cycle de vie et les économies opérationnelles.

indicateur de l'inflation (n.m.)

impôt sur le revenu des particuliers (n.m.)

carte individuelle de voyage (n.f.); **CIV**

Carte émise à des employés qui ont à se déplacer pour affaires. Cette carte est émise au nom de l'employé qui ne peut y porter que des dépenses autorisées de voyage ou d'affaires connexes.

inflation

inflation abroad; foreign inflation	**inflation à l'étranger** (n.f.)
inflation adjustment	**rajustement en fonction de l'inflation** (n.m.)
information technology project	**projet de technologie de l'information** (n.m.)

An aggregate package of activities leading to the implementation of an information technology application in the scientific, technological and engineering disciplines, as well as to the management technologies used in information handling, communications, and processing.

Ensemble des activités menant à la mise en oeuvre d'une application de technologie de l'information dans les domaines scientifiques, technologiques et techniques ainsi qu'à l'utilisation de techniques de gestion pour la manipulation, la communication et le traitement de l'information.

infrastructural investment	**investissement dans l'infrastructure** (n.m.)
initial (v.)	**parapher**
initiate an expenditure	**engager une dépense**
input coding block	**bloc de codage d'entrée** (n.m.)

cf. departmental input coding block

input factor   **facteur d'intrant** (n.m.)

instruction for payment   **ordre de paiement** (n.m.)

Under section 35 of the *Financial Administration Act*, an instrument or other instruction for the payment of money, not including a requisition under section 33.

Selon l'article 35 de la *Loi sur la gestion des finances publiques*, effets et autres instructions ayant pour objet le paiement de sommes d'argent, à l'exclusion des demandes de paiement prévues à l'article 33.

instrument for settlement
SEE **settlement instrument**

insurance account   **compte d'assurance** (n.m.)

In the *Public Accounts of Canada*, insurance accounts include:

Dans les *Comptes publics du Canada*, les comptes d'assurance

———————————————————————————————— **integrated**

insurance account (cont'd)

Fishing Vessel Insurance Plan, Nuclear Liability Reinsurance Account, Investors' Indemnity Account, Land Assurance Fund, Health Insurance Supplementary Account, Ship-Source Oil Pollution Fund.

regroupent les comptes suivants : Régime d'assurance des bateaux de pêche, Compte de réassurance de la responsabilité nucléaire, Compte d'indemnisation des épargnants, Fonds d'assurance de bien-fonds, Compte supplémentaire de l'assurance-maladie, Caisse d'indemnisation des dommages dus à la pollution par les hydrocarbures causée par les navires.

insurance and medical care

assurance et soins médicaux (n.f.)

NOTA Terme adopté par le Comité de terminologie des finances publiques.

insurance fund

A fund of cash or investments set aside for self-insurance.

fonds d'assurance (n.m.)

Fonds constitué d'espèces ou de placements, établi par une entité qui s'assure elle-même.

insurance premium

prime d'assurance (n.f.)

insurance program

programme d'assurance (n.m.)

insured health service

service de santé assuré (n.m.)

integrated coding system

A system established to facilitate the management and analysis of financial data and to make it possible to move from one of the four types of classification (that is classification by authority, purpose, responsibility and object) to another. The coding system used to classify transactions is designed to meet the needs of departments and central agencies. It provides a uniform structure for

système de codage intégré (n.m.)

Système établi par le Conseil du Trésor afin de faciliter la gestion et l'analyse des données financières et de rattacher les quatre types de classification, soit par autorisation, par objet, par responsabilité et par article. Le système de codage utilisé pour classifier les opérations a été conçu de manière à répondre aux besoins des ministères et organismes centraux. Il assure le

203

integrated

integrated coding system (cont'd)
coding financial transactions, while allowing flexibility for adaptation to different departmental circumstances.

codage uniforme des opérations financières, tout en étant suffisamment souple pour être adapté aux particularités de chaque ministère.

integrity
The extent to which access to information by unauthorized persons can be controlled.

- *ensure, maintain ~*

- *~ of a signature, of information*

intégrité (n.f.)
- *assurer, préserver l'~*

- *~ d'une signature, de l'information*

interdepartmental account

compte interministériel (n.m.)

interdepartmental agreement
An arrangement concluded between the sponsoring department and a participating department (including the contracting authority) for certain specific responsibilities essential for a particular project. It is not required for services routinely provided by existing arrangements or legislation.

accord interministériel (n.m.)
Entente conclue entre le ministère parrain et un ministère participant (y compris l'autorité contractante), au sujet de certaines responsabilités essentielles à la mise en oeuvre d'un projet en particulier. Une telle entente n'est pas nécessaire lorsqu'il s'agit de services normalement fournis en vertu de lois ou de dispositions existantes.

interdepartmental billing; interdepartmental charging

facturation interministérielle (n.f.)

interdepartmental charges

imputations interministérielles (n.f.)

interdepartmental charging; interdepartmental billing

facturation interministérielle (n.f.)

interdepartmental invoice

facture interministérielle (n.f.)

interdepartmental payment

paiement interministériel (n.m.)

interdepartmental recovery of expenditures

recouvrement interministériel des dépenses (n.m.)

interest

interdepartmental settlement; IS

A type of transaction used to settle debts between departments. It is recorded centrally by the Receiver General upon receipt of the appropriate requisitions for payment.

interdepartmental settlement advice; ISA

A cheque-type non-negotiable instrument used to settle debts between departments.

interdepartmental settlement process

A process by which amounts owing between government organizations are billed and settled by means of interdepartmental settlement advice in the fiscal year in which debts were incurred.

interdepartmental transfer

Transfer normally effected by interdepartmental settlement advice.

inter-entity account

inter-entity transaction

interest[1]

The service charge for the use of money or capital, paid at agreed intervals by the user, commonly expressed as an annual percentage of outstanding principal.

- ~ *ceases to accrue*

règlement interministériel (n.m.)**; RI**

Opération utilisée pour le règlement de dettes entre ministères. Cette opération est inscrite par le receveur général dès la réception des demandes de paiement pertinentes.

avis de règlement interministériel (n.m.)**; ARI**

Effet non négociable analogue à un chèque, utilisé pour le règlement de dettes entre ministères.

processus de règlement interministériel (n.m.)

Processus suivant lequel les dettes entre organismes fédéraux sont facturées et réglées au moyen d'un avis de règlement interministériel dans l'exercice pendant lequel elles ont été contractées.

virement interministériel (n.m.)

Virement habituellement effectué au moyen d'un avis de règlement interministériel.

compte entre entités (n.m.)**; compte interentités** (n.m.)

opération entre entités (n.f.)**; opération interentités** (n.f.)

intérêt (n.m.)

Rémunération servie en contrepartie de l'utilisation d'un capital appartenant à autrui.

- *l'~ cesse de courir, de s'accumuler*

interest

interest[2]

The participation or share a stockholder has in a company.

participation (n.f.); **part** (n.f.)

Possession, par une société ou un particulier, d'une partie du capital d'une autre société.

interest accrued
SEE **accrued interest**[1,2]

interest and matured debt

A category of liabilities which includes interest due, interest accrued, provision for compound and bonus interest on Canada Savings Bonds, and matured debt.

intérêts et dette échue

Catégorie d'éléments d'actif constituée des comptes suivants : intérêts échus; intérêts courus; provision pour intérêt composé et primes sur obligations d'épargne du Canada; et dette échue.

interest-bearing account

compte portant intérêt (n.m.); **compte productif d'intérêt** (n.m.)

interest-bearing certificate of indebtedness

titre d'emprunt portant intérêt (n.m.)

interest-bearing debt

dette portant intérêt (n.f.)

interest due

The interest on the bonded debt, which is payable by coupon but which has not been paid because the coupons have not been presented for payment.

intérêts échus (n.m.); **intérêts exigibles** (n.m.)

Intérêts de la dette obligataire, payables par coupons, mais pas encore versés parce que les coupons n'ont pas été présentés à l'encaissement.

interest earned

intérêts (n.m.); **intérêts gagnés** (n.m.)

interest rate; rate of interest

taux d'intérêt (n.m.)

interest rate forecast

prévision relative au taux d'intérêt (n.f.)

interest rate outlook

taux d'intérêt prévus (n.m.)

interest recovery; recovery of interests

recouvrement des intérêts (n.m.)

—————————————————————————————— **interim**

interest-sensitive spending

interest thereon

interim financial report

interim financial statement

e.g. quarterly, semi-annual

dépenses liées aux taux d'intérêt (n.f.)

intérêt y afférent (n.m.)

rapport financier intermédiaire (n.m.)

état financier intermédiaire (n.m.)

État financier établi à une date quelconque durant l'exercice ou pour une période se terminant à une date différente de celle de la fin de l'exercice.

p. ex., trimestriel, semestriel

NOTA Les expressions «états financiers intérimaires» et «états financiers périodiques» ont été utilisées au Canada.

interim financing
SEE **bridge financing**

interim loan
SEE **bridging loan**

interim period
SEE **accounting period**

interim supply

The means by which government day-to-day operations are financed through Supply Bills until departmental Estimates are passed and appropriations voted.

interim supply bill

A bill tabled in Parliament late in March in order to provide interim

crédits provisoires (n.m.)

Crédits ou autorisation de payer une somme d'argent pour des dépenses nécessaires jusqu'à concurrence d'une partie déterminée d'un crédit inscrit dans le Budget des dépenses, en attendant l'approbation finale du budget par le Parlement.

projet de loi de crédits provisoires (n.m.)

Projet de loi adopté peu avant le début de l'exercice afin de libérer

interim supply bill (cont'd)

financing of government operations until Parliament approves full supply around June 30.

suffisamment de fonds pour la première partie de l'exercice, soit du 1er avril à la fin juin, en attendant que soit approuvée la totalité des sommes proposées dans le Budget des dépenses principal.

internal accounting control

contrôle comptable interne (n.m.)

internal audit

An activity that functions as a service to the entity within the control environment by measuring and evaluating the effectiveness of other activities. This activity is part of internal control.

vérification interne (n.f.)

Fonction exercée à titre de service au sein de l'entité, qui s'inscrit dans l'environnement de contrôle et qui a pour objet la mesure et l'évaluation de l'efficacité des autres fonctions. Cette fonction fait partie du contrôle interne.

internal audit community

All officers whose prime responsibility is the systematic review and appraisal of departmental operations for the purpose of advising management as to the efficiency, economy and effectiveness of internal management policies, practices and controls.

collectivité de la vérification interne (n.f.)

Agents dont la principale responsabilité consiste en l'évaluation et en l'étude systématiques des opérations des ministères afin d'informer la direction de la rentabilité et de l'efficacité des politiques, des pratiques et des contrôles de la gestion interne.

internal audit group

service de vérification interne (n.m.); **unité de vérification interne** (n.f.)

internal auditor

vérificateur interne (n.m.); **vérificatrice interne** (n.f.)

A person employed by an entity and responsible for the conduct of internal auditing.

Personne à l'emploi de l'entité, qui est chargée de la vérification interne.

internal audit plan

plan de vérification interne (n.m.)

International

internal audit report

rapport de vérification interne (n.m.)

internal control system; internal control

contrôle interne (n.m.); système de contrôle interne (n.m.)

Policies and procedures established and maintained by management to assist in achieving its objective of ensuring, as far as practical, the orderly and efficient conduct of the entity's business.

Ensemble des lignes directrices et mécanismes de contrôle établis et maintenus par la direction en vue de faciliter la réalisation de son objectif d'assurer, dans la mesure du possible, la conduite ordonnée et efficace des affaires de l'entité.

internal control unit

service de contrôle interne (n.m.)

internal cost distribution

répartition interne des coûts (n.f.)

internal expenditures; expenditure internal to the Government (obsolete)

dépenses internes (n.f.)

NOTE The Committee on Financial Administration Terminology has adopted the term "internal expenditures" to replace "expenditure internal to the Government".

Dépenses engagées suite à une opération conclue avec une organisation faisant partie du périmètre comptable de l'État canadien.

internal reserve

réserve interne (n.f.)

internal revenues; revenue internal to the Government (obsolete)

recettes internes (n.f.)

NOTE The Committee on Financial Administration Terminology has adopted the term "internal revenues" to replace "revenue internal to the Government".

Recettes découlant d'une opération conclue avec une organisation faisant partie du périmètre comptable de l'État canadien.

internal transaction

opération interne (n.f.)

International Assistance Envelope; IAE

enveloppe de l'aide internationale (n.f.); EAI

An envelope introduced in the

Enveloppe qui comprend l'Aide

International

International Assistance Envelope; IAE (cont'd)
February 1991 budget for the funding of both Official Development Assistance (ODA) and other international assistance initiatives, particularly in Eastern Europe and the former USSR.

publique au développement et l'aide aux pays de l'Europe de l'Est et aux anciennes républiques soviétiques ainsi que d'autres initiatives internationales.

international assistance payment

paiement au titre de l'aide internationale (n.m.)

international development assistance

aide au développement international (n.f.)

International Monetary Fund; IMF

An international organization, formed at the Bretton Woods Conference in 1944, to maintain monetary stability in the world community. The IMF works closely with the International Bank for Reconstruction and Development (the World Bank), but directs its attention toward payment of external debts owed by countries with balance of payments deficits, rather than project financing. The IMF makes loans in the form of drawings (special drawing rights, SDRs) by member countries.

Fonds monétaire international (n.m.)**; FMI**

Organisme fondé dans le but de promouvoir la coopération monétaire internationale, de faciliter l'expansion harmonieuse du commerce international et de promouvoir la stabilité des changes.

international organizations

An account of the *Public Accounts of Canada* which records Canada's subscriptions to the share capital of international banks and organizations. It also includes loans and advances to other international organizations.

organisations internationales (n.f.)

Compte des *Comptes publics du Canada* qui regroupe les souscriptions du Canada au capital-actions de banques et d'organisations internationales. Il comprend également des prêts et avances à d'autres organisations internationales.

——————————————————————————————————————— investing

international reserves held in the Exchange Fund Account

An account that records the moneys advanced from the Government to the Exchange Fund Account, in Canadian and other currencies, for the purchase of gold, foreign currencies and securities, and special drawing rights (SDRs).

réserves de liquidités internationales détenues dans le Compte du fonds des changes (n.f.)

Compte où figurent les avances effectuées par le gouvernement au Compte du fonds des changes, en monnaie canadienne et en monnaies étrangères, pour l'achat d'or, de devises et de titres, et de droits de tirage spéciaux (DTS).

NOTA Terme adopté par le Comité de terminologie des finances publiques.

Interpretation Act

Loi d'interprétation (n.f.)

inter(-)vote transfer

virement entre crédits (n.m.)

intra-entity transaction

opération intraentité (n.f.)

intragovernmental transactions number; intra number

A four-digit numeric code which identifies an intragovernmental transaction.

numéro intra (n.m.)

Code de quatre chiffres qui identifie un mouvement intragouvernemental.

intra number
SEE **intragovernmental transactions number**

in trust
• *funds* ~

en fiducie
• *fonds* ~

invalid vote suspense account

A departmental account which reflects transactions processed with invalid coding.

compte d'attente de crédits invalides (n.m.)

Compte ministériel qui comprend des opérations traitées avec un codage invalide.

inventory

stock(s) (n.m.)

investing activity

activité d'investissement (n.f.); **opération d'investissement** (n.f.)

211

investment

investment[1]

Ownership interest acquired in an outside party by providing equity capital.

NOTE Investment by the Government of Canada, in the expression "loans, investments and advances".

investment[2]

investment[3]

investment[4]

Investment Development Program; IDP

A program of the Department of Foreign Affairs and International Trade, designed to encourage international and domestic investment in Canada. It also helps Canadian companies locate the investment dollars they need.

investment in capital stock

investment income

The income received from holdings in securities.

investment of capital
SEE **capital investment**

investment tax credit; ITC

A subsidy from the government to corporations to encourage them to expand their operations generally or to undertake a specific kind of

placement (n.m.)

Participation de l'État dans le capital d'un tiers par l'apport de fonds propres.

NOTA Terme adopté par le Comité de terminologie des finances publiques dans l'expression «prêts, placements et avances».

investissement (n.m.)

participation (n.f.)

mise de fonds (n.f.)

Programme de développement de l'investissement(n.m.)**; PDI**

Programme du ministère des Affaires étrangères et du Commerce international visant à encourager l'investissement étranger et intérieur au Canada. Ce programme aide également les entreprises canadiennes à trouver les fonds nécessaires.

participation au capital-actions (n.f.)

revenus de placement(s) (n.m.)

Intérêts et dividendes tirés des sommes investies en valeurs mobilières.

crédit d'impôt à l'investissement (n.m.)**; CII**

Dégrèvement d'impôt accordé aux entreprises qui effectuent certaines formes d'investissements en immobilisations au cours d'une

investment tax credit; ITC
(cont'd)

investment. It takes the form of a credit, equal to a percentage of investment spending, that can be deducted by a corporation from the income tax it owes.

période déterminée, ou certaines dépenses pour des recherches scientifiques et du développement expérimental.

Investors' Indemnity Account

Compte d'indemnisation placement (n.m.); **compte d'indemnisation des épargnants** (vieilli) (n.m.); **compte d'indemnisation d'acheteurs de titres de placement** (vieilli) (n.m.)

An account the purpose of which is to repay any losses sustained by subscribers of government securities, who have paid all or part of the purchase price but have not received the securities or repayment of the amount so paid, and any losses sustained in the redemption of securities.

Compte établi pour le remboursement des pertes subies par les souscripteurs à des titres publics, qui ont acquitté en tout ou en partie le prix des titres mais qui ne les ont pas reçus ou qui n'ont pas été remboursés, ainsi que les pertes subies par quiconque lors du rachat de titres.

invoice register (of a financial management system)

registre des factures (n.m.) (d'un système de gestion financière)

IS
SEE **interdepartmental settlement**

ISA
SEE **interdepartmental settlement advice**

IS receipts account
IS: interdepartmental settlement

compte des recettes de RI (n.m.)
RI : règlement interministériel

issuance cost
SEE **flotation cost**

issue a credit; grant credit

accorder un crédit; consentir un crédit; octroyer un crédit

issue

issue arrangement
e.g. of traveller's cheques, shares, banknotes, stamps, etc.

accord d'émission (n.m.)
p. ex., de chèques de voyage, billets de banque, timbres, etc.

issue of cheques; cheque issuance; cheque issue

émission de chèques (n.f.)

issue of securities

émission de titres (n.f.); **émission de valeurs mobilières** (n.f.)

issuing cost
SEE **flotation cost**

ITC
SEE **investment tax credit**

ITC
SEE **individual travel card**

item
cf. statutory item, budgetary item

poste (n.m.)
Grande division du Budget des dépenses.

NOTA Dans d'autres contextes, on peut utiliser «élément».

item of expenditure; expenditure item

poste de dépense (n.m.)

joint and mixed enterprises

Entities with share capital owned jointly by the Government and other governments or organizations to further common objectives.

entreprises mixtes et en coparticipation (n.f.)

Entités dont le capital-actions appartient conjointement au gouvernement et à d'autres gouvernements ou organismes, afin d'encourager la réalisation d'objectifs communs.

key

joint project agreement

An arrangement whereby the parties involved agree to participate jointly in the carrying out of a project. This would involve the sharing of resources, the purchase of goods or services, the hiring of personnel, and so on.

joint project funds

joint venture

An association of two or more parties which unite forces to carry out a specific project. All parties are liable for all obligations incurred in carrying out a joint venture.

journal voucher (n.)

judgmental payment

entente relative à un projet conjoint (n.)

Entente suivant laquelle les parties concernées acceptent de participer conjointement à la réalisation d'un projet. Pour ce faire, il faut notamment partager les ressources, acheter des biens ou des services et embaucher du personnel.

fonds de projets conjoints (n.m.)

coentreprise (n.f.)

Groupement par lequel deux ou plusieurs personnes physiques ou morales mettent en commun leurs ressources pour réaliser un projet particulier. Dans une coentreprise, toutes les parties sont responsables des obligations contractées.

pièce de journal (n.f.)**; pièce justificative** (n.f.)**; pièce justificative de journal** (n.f.)

Document de source interne ou externe justifiant une écriture de journal.

paiement discrétionnaire (n.m.)

keep accounts; maintain accounts; keep the accounts of

key management

A process designed to ensure that the keys and keying material used in the authorization and authentication processes are managed.

tenir les comptes de; tenir des comptes

gestion des clés (n.f.)

Processus par lequel les clés et le matériel de chiffrement utilisés pour autoriser et authentifier les opérations financières sont gérés.

key

key management (cont'd)

NOTE A key is a sequence of symbols that controls the operation of encipherment and decipherment.

NOTA Une clé est une série de symboles qui contrôle l'opération de chiffrement ou de déchiffrement.

labour expenditures

dépenses de main-d'oeuvre (n.f.)

labour-sponsored venture capital fund

fonds de capital de risque de travailleurs (n.m.)

Land Assurance Fund

Fonds d'assurance de biens-fonds (n.m.)

An account established pursuant to sections 160 to 164 of the *Land Titles Act*, to indemnify title holders who suffer loss through misdescriptions in titles, and from other causes specified in the *Land Titles Act*.

Compte établi en vertu des articles 160 à 164 de la *Loi sur les titres de biens-fonds*, pour indemniser les propriétaires qui ont éprouvé des pertes par suite de désignations inexactes, ou d'autres causes désignées dans la *Loi sur les titres de biens-fonds*.

land, buildings and works

terrains, bâtiments et ouvrages (n.m.)

NOTE In the title of standard object 08 in the Chart of Accounts Manual for the Government of Canada: Construction and/or Acquisition of Land, Buildings and Works.

NOTA Partie du titre de l'article courant 08 du Plan comptable du gouvernement canadien : Construction et/ou acquisition de terrains, bâtiments et ouvrages.

land claim

revendication territoriale (n.f.); **revendication foncière** (à éviter) (n.f.)

cf. comprehensive Native land claim

216

lapse[1] (n.)

The total financial resources which are or will be unavailable for future use at the end of a fiscal year.

péremption (n.f.); **ressources inutilisées** (n.m.); **ressources non utilisées** (n.f.)

Total des ressources financières inutilisées à la fin d'un exercice et qui sont non reportables.

NOTA Il est possible de rendre cette notion en français de différentes façons : a) Lorsqu'on doit préciser les modalités juridiques, on peut utiliser «péremption», par exemple, «Actual expenditure reflects all lapses» — les dépenses réelles tiennent compte de tous les cas de péremption; «allowance for lapse» : provision pour péremption. b) Lorsqu'on insiste sur le fait que les ressources budgétées ne seront pas utilisées, on peut employer «ressources non utilisées/inutilisées».

lapse[2] (n.); **lapsing**

The termination of the right to use resources through neglect to use them within the fiscal year to which they apply.

péremption (n.f.); **non-utilisation de fonds** (n.f.)

NOTA La notion anglaise se rend de différentes façons selon le contexte. a) Lorsqu'on insiste sur le fait que les montants budgétés n'ont pas été complètement dépensés, on peut employer «non-utilisation de fonds», par ex. : The lapsing of funds can be justified by changes in resource requirements — La non-utilisation de fonds peut se justifier lorsqu'elle résulte d'une modification des besoins en ressources. b) Lorsqu'il est nécessaire de refléter les modalités juridiques, on emploie «péremption», par ex. : Our budget system provides for the lapsing of unused annual appropriations — Notre système budgétaire prévoit

lapse

lapse[2] (n.); **lapsing** (cont'd)

    la péremption des crédits annuels non utilisés.

lapse[3] (v.)

To automatically become unavailable for future spending: said of an appropriation, the unexpended balance of an appropriation; of authority or of funds at the end of the fiscal year or years to which they apply.

- *the unspent balance lapses at the year end*

devenir périmé; se périmer; être périmé; ne pas pouvoir être reporté; ne pas être utilisé

NOTA L'expression anglaise se rend en français de différentes façons selon le contexte : a) Lorsqu'il est nécessaire de refléter les modalités juridiques ou lorsqu'on fait référence à un acte juridique, il est préférable d'employer les expressions «devenir périmé; se périmer; être périmé» par exemple, «Any unused appropriation lapses» — tout crédit non utilisé est périmé; «Budget authority lapses» [...] — l'autorisation budgétaire devient périmée. b) Lorsqu'on doit mettre l'accent sur le fait que des fonds ne peuvent être transférés d'année en année, on utilise la notion de «reporter», par exemple, «The balance of the appropriation lapses» — le solde du crédit ne peut être reporté. c) Lorsqu'il s'agit d'argent, on emploie également «ne pas être utilisé», par exemple, 10% of «authorized levels for loans will lapse» — 10 % des montants autorisés pour les prêts ne seront pas utilisés.

- *le solde inutilisé devient périmé à la fin de l'exercice*

lapsed authority

Unused spending authority which cannot be carried forward to a subsequent year.

autorisation non utilisée (n.f.)

Autorisation de dépense non employée qui ne peut être reportée à un exercice subséquent.

lapsed funds

The unspent funds from appropriations which are forfeited at the end of the fiscal year.

NOTE Under the operating budget regime, departments and agencies are authorized to carry forward to the following year eligible lapsing funds of up to 5% of their Main Estimates Operating Budgets. This should help discourage the unnecessary expenditure of unused funds at year's end.

fonds périmés (n.m.); fonds inutilisés (n.m.); fonds non utilisés (n.m.)

Solde d'un crédit qui demeure non dépensé à la fin de l'exercice.

NOTA Dans le contexte des budgets de fonctionnement, les ministères et organismes sont autorisés à reporter sur l'exercice suivant les fonds inutilisés admissibles, jusqu'à concurrence de 5 % des budgets de fonctionnement figurant au Budget des dépenses principal. Le but est d'éviter de dépenser inutilement les fonds non utilisés en fin d'exercice.

lapsing
SEE lapse^2 (n.)

lapsing appropriation
SEE annual appropriation

lapsing funds

Funds approved by Parliament but not used, and for which the authority is about to expire.

NOTE Under the operating budget regime, departments and agencies are authorized to carry forward to the following year eligible lapsing funds of up to 5% of their Main Estimates Operating Budgets. This should help discourage the unnecessary expenditure of unused funds at year's end.

fonds non utilisés (n.m.); fonds inutilisés (n.m.); fonds non reportables (n.m.); fonds en excédent (n.m.)

Fonds approuvés par le Parlement, mais inutilisés et pour lesquels l'autorisation est sur le point d'expirer.

NOTA Dans le contexte des budgets de fonctionnement, les ministères et organismes sont autorisés à reporter sur l'exercice suivant les fonds inutilisés admissibles, jusqu'à concurrence de 5 % des budgets de fonctionnement figurant au Budget des dépenses principal. Le but est d'éviter de dépenser inutilement les fonds non utilisés en fin d'exercice.

lapsing

lapsing of authorities	péremption des autorisations (n.f.)
lapsing operating budget funds	budget de fonctionnement inutilisé (n.m.)
large payment	paiement élevé (n.m.)
late payment; overdue payment	paiement en retard (n.m.); paiement en souffrance (n.m.)

Tout paiement fait après l'échéance.

late-payment penalty — pénalité pour paiement en retard (n.f.)

LCC
SEE **life(-)cycle cost**

lease (n.) — bail (n.m.); contrat de location (n.m.)

leased property — bien loué (n.m.)

lease project — projet de location (n.m.)

A project that involves predominantly a lease as a means of obtaining the use of a capital asset over an extended period of time (normally at least five years). The ownership of the capital asset (frequently real property) is retained by the private sector.

Projet qui consiste essentiellement à conclure un bail pour obtenir le droit d'utiliser une immobilisation sur une longue période (habituellement au moins cinq ans). L'entreprise privée demeure propriétaire de l'immobilisation (souvent un bien immobilier).

lease term — durée du bail (n.f.); durée du contrat de location (n.f.)

legally charged — imputé légalement

legal services — services juridiques (n.m.)

legislative change — modification législative (n.f.)

legislative framework — cadre législatif (n.m.)

————————————————————————————— **liability**

lender

lending institution

A Crown corporation which provides financial assistance.

level of classification by object; level of object classification; object classification level

The classification level of operations which accounts for the type or nature of expenditures and the sources of revenues. In descending order of aggregation, the levels of classification by object are: categories; sub-categories; standard objects; reporting objects; sub-reporting objects; economic, source and class objects; and departmental or line objects.

level of funding; funding level

level of object classification
SEE **level of classification by object**

level of spending; expenditure level; spending level

liabilities

The financial obligations of the government to outside organizations and individuals as a result of events and transactions that occurred on or before the accounting date.

• *dispose of ~*

liability

• *identify, quantify, record,*

prêteur (n.m.); **bailleur de fonds** (n.m.)

institution de crédit (n.f.)

Société d'État qui fournit de l'aide financière.

niveau de classification par article (n.m.)

Niveau de classification des opérations servant à préciser la nature des dépenses ou la provenance des recettes. Les niveaux de classification par article suivent un ordre descendant d'agrégation de la manière suivante : catégories; sous-catégories; articles courants, articles de rapport; articles de sous-rapport; articles économiques, d'origine et de classification et articles ministériels (ou d'exécution).

niveau de financement (n.m.)

niveau de dépenses (n.m.)

passif(s) (n.m.)

Dettes que l'État a contractées envers des tiers par suite d'opérations et de faits qui se sont produits au plus tard à la date de clôture des comptes.

• *aliéner le ~*

élément de passif (n.m.); **passif** (n.m.)

Obligation à laquelle donnent lieu

221

liability

liability (cont'd)

report a ~   des opérations que l'entité a effectuées antérieurement, ou encore des faits qui se sont déjà produits, à la date de l'arrêté des comptes, et qui lui imposera plus tard de verser des sommes d'argent, de livrer des marchandises ou produits ou de rendre des services qui, dans les deux derniers cas, ont fait l'objet de sommes reçues d'avance.

• *relever, quantifier, comptabiliser, déclarer un ~*

liability account   **compte de passif** (n.m.)

Compte ayant un solde créditeur dans lequel sont enregistrées au crédit les dettes d'une entité et au débit les sommes versées pour les régler.

liability to a third party   **dette envers un tiers** (n.f.)

licensee   **licencié** (n.m.)**; détenteur de licence** (n.m.)

licensor   **concédant** (n.m.) (de licence)

life(-)cycle cost; LCC   **coût du cycle de vie** (n.m.)**; coût du cycle de vie du matériel** (n.m.)**; CCVM**

Coût total d'un article au cours de sa durée utile, depuis sa conception jusqu'à sa mise au rebut.

life-cycle costing   **méthode du coût complet sur le cycle de vie** (n.f.)**; coût complet sur le cycle de vie** (n.m.)

A method which captures or predicts all the capital and operating costs of an asset over its lifetime.

Méthode de coût de revient complet dans laquelle on prend en compte tous les coûts associés aux activités auxquelles a donné lieu un produit tout le long de son

line

life-cycle costing (cont'd)

cycle de vie, y compris la conception, le développement, la production et la commercialisation, dans le but d'évaluer la rentabilité du produit à la fin de son cycle de vie plutôt que périodiquement.

limitations on purchases; dollar limits of purchases

plafond imposé aux achats (n.m.); **restrictions applicables aux achats** (n.f.)

limit check

contrôle de limite (n.m.)

An examination performed to ensure that all transactions or an individual type of transaction fall within authorized limits.

Contrôle visant à s'assurer que toutes les opérations ou chaque genre d'opérations respectent les limites autorisées.

limit of a budget

limite d'un budget (n.m.)

line-by-line basis (of accounting)

méthode proportionnelle (n.f.)

NOTA S'emploie dans le contexte d'une consolidation.

line object; departmental object; departmental line object

article d'exécution (n.m.); **article d'exécution ministériel** (n.m.); **article ministériel** (n.m.)

A detailed classification of expenditures used for departmental purposes.

Classification détaillée des dépenses utilisée à des fins ministérielles.

line of business; line of government business; business line

secteur d'activités (n.m.); **secteur d'activités du gouvernement** (n.m.)

line of coding

ligne de codage (n.f.)

Ligne où figure des codes identifiant le type d'opérations financières exécutées par les ministères.

line of credit

ligne de crédit (n.f.); **marge de crédit** (n.f.)

223

line of government business; business line; line of business

secteur d'activités (n.m.)**; secteur d'activités du gouvernement** (n.m.)

list of descriptions

A list in the Chart of Accounts which includes descriptions for source and class objects and for some economic and standard objects. The purpose of this list is to help departments and agencies improve accuracy and consistency in the coding of their financial transactions.

liste descriptive (n.f.)

Liste du Plan comptable qui comprend une description des articles d'origine et de classification ainsi que de certains articles économiques et courants. Cette liste a pour but d'aider les ministères et les organismes à coder leurs opérations financières de façon plus exacte et uniforme.

List of Pay Entitlement Codes

A list issued to departments to improve consistency and accuracy in the alignment of pay entitlement codes to economic objects mainly in standard object 01. A pay entitlement code classifies the type of remuneration paid to employees pursuant to a collective bargaining agreement, the terms and conditions of employment, or to other arrangements.

Liste des codes de versement de la paye (n.f.)

Liste diffusée aux ministères afin de les aider à établir la correspondance entre ces codes et les articles économiques, surtout ceux de l'article courant 01. Le code de versement de la paye sert à classifier le type de rémunération versée aux employés en vertu de leur convention collective ou de leurs conditions d'emploi, par exemple.

living allowance

indemnité de séjour (n.f.)

loan[1] (n.)

A financial claim acquired by making payments to outside entities. Loans are repayable with interest according to a predetermined agreed repayment schedule, and are usually of a long-term nature.

prêt (n.m.)

Créance résultant de paiements effectués à des tiers; les prêts sont habituellement consentis à long terme et remboursés avec intérêt selon un calendrier préétabli.

loan[2] (n.)

A sum of money given by one person to another with the expectation that the lender will be repaid, usually with interest.

emprunt (n.m.)

Somme d'argent empruntée par une personne ou un organisme qui s'engage à la rembourser.

loan² (n.) (cont'd)

NOTA Du point de vue de la personne qui avance les fonds, il s'agit d'un prêt. Du point de vue de la personne qui les reçoit, il s'agit d'un emprunt.

loan agreement

An arrangement specifying the terms and conditions that a borrower must accept in order to receive a loan.

accord de prêt (n.m.)**; contrat de prêt** (n.m.)**; entente de prêt** (n.f.)

Accord qui précise les conditions liées à l'octroi et au remboursement d'un prêt.

loan guarantee

An agreement by which the federal government or one of its agencies pledges to pay part or all of the loan principal and interest to a lender or holder of a security, in the event of default by a third party borrower.

garantie d'emprunt (n.f.)**; garantie de prêt** (à éviter) (n.f.)

Engagement pris par un organisme public de payer les intérêts ou de rembourser le capital emprunté par un autre organisme public ou privé, au cas où cet organisme ne les paie pas ou ne le rembourse pas lui-même; c'est juridiquement un cautionnement personnel.

NOTA Ne pas employer «garantie de prêt» puisque la garantie s'applique, non pas à l'octroi du prêt, mais au remboursement de l'emprunt ou des intérêts.

loan insurance

An arrangement similar to the loan guarantee, except for the conditions under which the securities are liquidated. In the case of loan insurance, the lender must liquidate the assets and only where the net proceeds do not cover the loss may it claim the balance from government.

assurance-crédit (n.f.)

Accord semblable à la garantie d'emprunt sauf en ce qui a trait à la façon dont les garanties sont liquidées. Dans le cas de l'assurance-crédit, le prêteur doit réaliser les biens et seulement dans le cas où le produit net ne couvrirait pas la dette peut-il réclamer un montant au gouvernement.

loan

loan insurance program

e.g. Canada Mortgage and Housing Corporation programs

programme d'assurance-crédit (n.m.)

p. ex., le programme administré par la Société canadienne d'hypothèques et de logement

loans, investments and advances

A category of assets represented by debt instruments and ownership interests held by the Government of Canada.

prêts, placements et avances (n.m.); **prêts, dotations en capital et avances** (vieilli) (n.m.)

Catégorie d'éléments d'actif représentée par des titres de créances et des participations en capital détenus par l'État canadien.

NOTA L'expression «prêts, placements et avances» a été adoptée par le Comité de terminologie des finances publiques.

loans outstanding; loans receivable; outstanding loans

prêts en cours (n.m.); **encours de prêts** (n.m.)

loans receivable; outstanding loans; loans outstanding

prêts en cours (n.m.); **encours de prêts** (n.m.)

loan to developing countries

prêt aux pays en développement (n.m.)

local cooperative credit society

société coopérative de crédit locale (n.f.)

local purchase order authority; LPOA

autorisation d'achats locaux (n.f.); **AAL**

logging system

système d'enregistrement (n.m.)

NOTA S'applique à l'enregistrement de données qui tient compte de l'ordre dans lequel elles sont apparues.

long-lived asset(s)
SEE **long-term asset(s)**

long-range forecasts; long-range forecasting; long-term forecasting	prévisions à long terme (n.f.)
	Prévisions concernant des événements susceptibles de se produire dans un avenir éloigné.
long-term (adj.)	à long terme (adj.)
long-term asset(s); long-lived asset(s); non-current asset(s)	actif(s) à long terme (n.m.); actif(s) immobilisé(s) (n.m.); immobilisations (n.f.)
	Ensemble des biens qui ne font pas partie du fonds de roulement.
long-term capital plan; LTCP	plan d'investissement à long terme (n.m.); PILT
A Treasury Board approved plan which outlines, for a departmental capital program or portion thereof, long-term capital strategies and objectives, and an analytical framework for the selection and assessment of capital projects, a proposed means for determining appropriate budget levels over the period of the plan, a preliminary listing of selected projects and their preferred scheduling, and any other agreed upon provisions related to the program (e.g. level of delegation for the approval of capital projects or classes of capital projects).	Plan approuvé par le Conseil du Trésor qui établit, pour l'ensemble ou une partie d'un programme d'immobilisations, les stratégies et les objectifs d'investissement à long terme, un cadre analytique pour la sélection et l'évaluation des projets d'immobilisations, des méthodes pour déterminer les niveaux budgétaires appropriés pour la durée du plan, une liste préliminaire des projets sélectionnés et leur calendrier, et toute autre disposition approuvée relative au programme (par exemple, le niveau de délégation pour l'approbation des projets d'immobilisations ou des catégories de projets d'immobilisations).
long-term forecasting SEE long-range forecasts	
loss accrual	comptabilisation d'une perte (n.f.)
loss of money	perte de fonds (n.f.)

loss

loss of public money   **perte de fonds publics** (n.f.)

loss of public property   **perte de biens publics** (n.f.)

loss of revenues   **perte de recettes** (n.f.)

A loss due to fraud or willful misrepresentation on the part of the public (revenues evaded).

Perte subie suite à une fausse représentation volontaire de la part du public (recettes éludées).

loss on exchange   **perte de change** (n.f.)

loss provision; allowance for losses; provision for losses   **provision pour pertes** (n.f.)

lower-income province   **province à faible revenu** (n.f.); **province à revenu inférieur** (n.f.)

lowest bid; lowest tender   **soumission la plus basse** (n.f.)

lowest tender; lowest bid   **soumission la plus basse** (n.f.)

low-risk transaction   **opération à faible risque** (n.f.)

A transaction that is not sensitive in nature, has little or no potential financial loss associated with it, or a low error rate with a low dollar-value impact of error (typically low to medium dollar value and recoverable).

Opération financière qui n'est pas de nature délicate : opération où le risque de perte financière est minime, voire nulle; celle où la possibilité d'erreur est faible et où les erreurs ont des conséquences financières minimes (il s'agit habituellement d'opérations où le montant du paiement est relativement peu élevé et est recouvrable).

low-value goods and services   **biens et services de faible valeur** (n.m.)

low-value purchase   **achat de faible valeur** (n.m.)

low-value transaction   **opération de faible valeur** (n.f.)

LPOA; local purchase order authority   **autorisation d'achats locaux** (n.f.); **AAL**

LTCP
SEE **long-term capital plan**

machine-readable (adj.)

Capable of being read or interpreted by an automatic sensing device.

• ~ *form, instruction, record*

machinery and equipment

main class of transactions

Main Estimates; Blue Book

Part II of the Estimates which directly supports the appropriation act. It provides a detailed listing of the resources required by individual departments and agencies for the upcoming fiscal year in order to deliver the programs for which they are responsible. This document identifies the spending authorities (votes) and the amounts to be included in subsequent

lisible par machine; assimilable par une machine

Ce qui peut être lu ou interprété par un capteur automatique.

• *formule, instruction, document* ~

matériel et outillage (n.m.); **machines et matériel** (à éviter) (n.f.)

NOTA Le Comité de terminologie des finances publiques a adopté l'expression «matériel et outillage» pour remplacer «machines et matériel» dans le titre de l'article courant 09 du Plan comptable du gouvernement canadien qui devient : «Construction et/ou acquisition de matériel et d'outillage».

principale catégorie d'opérations (n.f.)

Budget des dépenses principal (n.m.); **Livre bleu** (n.m.)

Partie II du Budget des dépenses qui vient appuyer directement la loi de crédits. On y trouve une liste détaillée des ressources dont chaque ministère et organisme aura besoin pendant l'exercice à venir pour administrer les programmes relevant de sa compétence. On y trouve aussi les autorisations de dépenses (crédits) ainsi que les montants devant être inclus dans les projets de lois de

Main

Main Estimates; Blue Book (cont'd)

Appropriation Bills that will enable the government to proceed with its spending plans.

crédits subséquents que le gouvernement demandera au Parlement d'approuver pour pouvoir effectuer les dépenses prévues.

NOTA L'adjectif «principal» s'accorde avec budget puisque c'est le budget qui est «principal» et non les dépenses.

maintain accounting records

tenir des documents comptables

maintain accounts; keep the accounts of; keep accounts

tenir les comptes de; tenir des comptes

maintain an audit trail

tenir une piste de vérification

maintain integrity

préserver l'intégrité

e.g. of electronic financial transactions

p. ex., des opérations financières électroniques

maintenance budget

budget d'entretien (n.m.)

major Crown project; MCP

grand projet de l'État (n.m.); **GPÉ**

A project where the estimated cost will exceed $100 million and the Treasury Board would assess the project as high-risk.

Projet dont le coût estimatif dépasse 100 millions de dollars et qui, selon le Conseil du Trésor, comporte des risques élevés.

make an appropriation; provide an appropriation

ouvrir un crédit

make-or-buy policy

politique du faire ou faire faire (n.f.)

A policy introduced in 1973 with the objective of increasing the proportion of government research and development requirements contracted out to industry rather than performed in house.

marketable

make payments out of the Consolidated Revenue Fund

effectuer des paiements sur le Trésor

management audit(ing); operational audit(ing)

vérification de gestion (n.f.); **vérification opérationnelle** (n.f.)

The examination and appraisal of operations for the purpose of informing management whether or not various operations are performed in a manner which complies with established policies. It includes an appraisal of efficiency and operating procedures.

Examen et évaluation des opérations en vue d'indiquer à la direction si les diverses opérations se déroulent conformément aux politiques établies. Cet examen porte également sur l'efficience et les procédés d'exploitation.

management of cash
SEE **cash management**

management of costs; cost management

gestion des coûts (n.f.)

management of debt
SEE **debt management**

managerial spending plan

plan de dépenses de gestion (n.m.)

Plan permettant aux gestionnaires de contrôler l'utilisation des ressources par rapport aux activités prévues.

manager with purchasing authority

gestionnaire investi du pouvoir d'achat (n.é.)

manual submission (to the Treasury Board)

présentation préparée manuellement (n.f.) (présentation au Conseil du Trésor)

marketable bond

obligation négociable (n.f.)

An interest-bearing certificate of indebtedness issued by the Government of Canada, and having the following characteristics: bought and sold on the open market; payable in Canadian or foreign currency;

Titre de créance productif d'intérêts, émis par l'État canadien et comportant les caractéristiques suivantes : achetable et vendable sur le marché libre; payable en monnaie canadienne ou étrangère; remboursable avant l'échéance à la

marketable bond (cont'd)

subject to call or redemption before maturity; having a fixed date of maturity; interest payable either in coupon or registered form; face value guaranteed at maturity.

demande de l'émetteur ou du détenteur; portant une date d'échéance fixe; les intérêts sont payables sous forme de coupons immatriculés ou non; garanti quant à sa valeur nominale à l'échéance.

market value

Current value of the asset as determined by an appraisal or a management estimate.

valeur marchande (n.f.); **valeur du marché** (n.f.)

Valeur actuelle d'un bien telle que déterminée au moyen d'une évaluation ou d'une estimation de la part de la direction.

master file

fichier maître (n.m.); **fichier principal** (n.m.)

p. ex., fichiers de stocks, fichiers de comptes clients, etc.

master list of class objects for financial claims and obligations

liste type des articles de classification applicables aux créances et aux dettes (n.f.)

master list of objects

liste type d'articles (n.f.)

Liste composée des niveaux de classification par article dans un ordre hiérarchique. Les ministères doivent suivre cette liste pour le codage des opérations.

master list of objects for revenue

liste type des articles de recettes (n.f.)

master list of objects of expenditure

liste type des articles de dépenses (n.f.)

master list of programs and activities

liste type des programmes et activités (n.f.)

master list of source objects for revenue

liste type des articles d'origine applicables aux recettes (n.f.)

master standing offer

offre permanente principale (n.f.)

match (v.)

To compare two documents (e.g. a computer statement and an invoice) in order to confirm that their contents correspond.

matching contribution

materiality

materiality level; materiality limit

materiality limit; materiality level

materiality requirement

material liability

material respects, in all

An expression in the auditor's report that emphasizes the concept of materiality.

mature (v.)

matured debt

The financial obligations represented by the certificates of indebtedness issued by the Government of Canada that have become due but that have not yet been presented for redemption.

rapprocher

Comparer deux documents, par exemple, un relevé informatique et une facture, pour vérifier la concordance de l'information qu'ils renferment.

contribution de contrepartie (n.f.)

importance relative (n.f.)

Caractère d'un élément qui est important, significatif, notable.

seuil d'importance relative (n.m.)

seuil d'importance relative (n.m.)

exigence en matière d'importance relative (n.f.)

passif important (n.m.)

à tous égards importants

Expression employée dans le rapport du vérificateur, qui met l'accent sur la notion d'importance relative.

NOTA Se place entre virgules.

échoir; arriver à échéance; venir à échéance

dette échue (n.f.)

Dette que représentent les titres de créance émis par l'État canadien et arrivés à échéance, mais non encore présentés aux fins de remboursement.

maturity

maturity date; date of maturity; due date; maturity

The date on which a loan or a bond or debenture comes due and is to be paid off.

MC
SEE **Memorandum to Cabinet**

MCP
SEE **major Crown project**

medium-risk transaction

cf. high-risk transaction, low-risk transaction

memorandum account; memo account

An account maintained internally by government bodies to control financial claims and, as such, are not recorded in the accounts of Canada.

Memorandum to Cabinet; MC

NOTE Erroneously called a "Cabinet document" which is the opposite : a document from the Cabinet.

échéance (n.f.); **date d'échéance** (n.f.); **date d'exigibilité** (n.f.)

Date à laquelle un emprunt, une obligation ou une débenture est exigible et doit être remboursé.

opération à risque moyen (n.f.)

compte-mémoire (n.m.); **compte pour mémoire** (n.m.)

Compte que tiennent les organismes de l'État pour contrôler les créances; ces comptes ne figurent pas dans les comptes du Canada.

mémoire au Cabinet (n.m.); **MC**

Mémoire en provenance d'un ministère et adressé au Cabinet en vue de proposer de nouvelles mesures à adopter ou d'exposer des modalités de modification ou d'annulation de mesures actuellement en vigueur.

Le mémoire au Cabinet permet au ministre de décrire le contexte particulier d'une politique, d'exposer les problèmes inhérents à la situation en cours et de recommander des solutions.

NOTA Le terme «mémoire» ne prend pas de majuscule, contrairement à l'anglais.

— ministry

millions of dollars, in; $000 000	**en millions de dollars** (n.m.); **000 000 $**

NOTA Expression que l'on trouve souvent dans des tableaux comprenant des chiffres auxquels on supprime les zéros pour économiser de l'espace et pour arrondir les chiffres.

minimum lease payments

paiements minimaux exigibles en vertu d'un contrat de location (n.m.); **paiements minimaux exigibles en vertu d'un bail** (n.m.)

Paiement effectué par le locataire (ou preneur) et comprenant les loyers minimaux prévus, le montant de la garantie de la valeur résiduelle du bien loué au terme de la durée du bail et les pénalités exigibles par le bailleur.

ministerial authority

pouvoir ministériel (n.m.); **autorisation ministérielle** (n.f.)

ministerial expenditures; departmental spending; departmental expenditures

dépenses ministérielles (n.f.)

ministerial initiative

initiative ministérielle (n.f.)

Initiative that falls within a minister's policy and legislative authorities.

Initiative qui s'inscrit dans les limites de la politique et des autorisations législatives des ministres.

ministerial revenues

recettes ministérielles (n.f.)

ministerial structure

structure ministérielle (n.f.)

ministry

portefeuille ministériel (n.m.)

e.g. the "Total Ministry" under Finance is composed of the following entities: Department, Auditor General, Canadian International Trade Tribunal,

p. ex., le portefeuille ministériel des Finances comprend les entités suivantes : Ministère, Vérificateur général, Tribunal canadien du commerce extérieur, Bureau

ministry

ministry (cont'd)
Federal Office of Regional Development — Quebec, Office of the Superintendent of Financial Institutions and Procurement Review Board.

Ministry Summary

minor capital expenditures; minor capital

In an operating budget, all capital expenditures not considered to be controlled capital expenditures. Minor capital is the residual after the amount of controlled capital has been established. In accordance with the operating budget principles, these resources would be interchangeable with personnel and goods and services expenditures.

minor submission (to the Treasury Board)

misappropriation of funds

miscellaneous departmental paylist deductions (obsolete) SEE **miscellaneous paylist deductions**

fédéral de développement régional (Québec), Bureau du surintendant des institutions financières, Commission de révision des marchés publics.

Sommaire du portefeuille ministériel (n.m.)

Tableau qui indique la provenance et l'utilisation des autorisations, c'est-à-dire, les autorisations employées au cours de l'exercice, celles non utilisées ou dépassées, disponibles pour emploi dans les exercices subséquents et employées au cours de l'exercice précédent.

dépenses en capital secondaires (n.f.)

Dans le contexte du budget de fonctionnement, toutes les dépenses en capital qui ne sont pas considérées comme des dépenses en capital contrôlées. Le facteur dépenses en capital secondaires correspond au montant qui reste après que le montant des dépenses en capital a été décidé. D'après les principes qui sous-tendent le budget de fonctionnement, ces ressources sont censées être interchangeables avec les dépenses touchant le personnel et celles concernant les biens et services.

présentation d'importance secondaire (n.f.) (au Conseil du Trésor)

détournement de fonds (n.m.)

———————————————————————————————————— modified

miscellaneous expenditures

miscellaneous loans, investments and advances

miscellaneous non-tax revenues

miscellaneous paylist deductions; miscellaneous departmental paylist deductions (obsolete)

An account of the *Public Accounts of Canada* in which are credited deductions from the salaries and wages of certain employees pending transmittal to related outside organizations.

miscellaneous projects deposits

An account of the *Public Accounts of Canada* established to record contributions received from organizations and individuals, for the furtherance of research work or other projects.

mix of employment

modified accrual basis
SEE **modified cash basis of accounting**

modified cash basis
SEE **modified cash basis of accounting**

dépenses diverses (n.f.)

prêts, placements et avances divers (n.m.)

recettes non fiscales diverses (n.f.)

retenues salariales diverses (n.f.); **retenues sur traitements de divers ministères** (vieilli) (n.f.)

Compte des *Comptes publics du Canada* dans lequel sont créditées les retenues sur les traitements de certains employés en attendant qu'elles soient remises aux organismes non gouvernementaux intéressés.

dépôts pour projets divers (n.m.)

Compte des *Comptes publics du Canada* établi afin d'inscrire les contributions provenant d'organisations et de particuliers, qui sont destinées à la poursuite de travaux de recherches ou d'autres projets.

composition de l'emploi (n.f.)

modified

modified cash basis of accounting; modified cash basis; modified accrual basis of accounting; modified accrual basis

méthode de la comptabilité de caisse modifiée (n.f.); comptabilité de caisse modifiée (n.f.); méthode de la comptabilité de trésorerie modifiée (n.f.); comptabilité de trésorerie modifiée (n.f.); méthode de la comptabilité d'exercice modifiée (n.f.); comptabilité d'exercice modifiée (n.f.)

Méthode hybride de comptabilisation se situant entre la comptabilité d'exercice et la comptabilité de caisse ou de trésorerie au sens strict, dans laquelle il peut y avoir des différences importantes dans le traitement particulier adopté pour comptabiliser divers éléments. Par exemple, les produits sont constatés au moment où ils font l'objet d'un encaissement, alors que les charges sont généralement constatées selon les règles de la comptabilité d'exercice, c'est-à-dire lorsqu'elles sont engagées.

NOTA L'État canadien utilise la méthode de la comptabilité de caisse modifiée. Cependant, l'on vise à passer, d'ici 2001, à une comptabilité d'exercice telle qu'utilisée dans le secteur privé.

monetary asset

actif monétaire (n.m.); élément d'actif monétaire (n.m.)

money market

marché monétaire (n.m.)

moneys received after March 31 but applicable to the current year

sommes reçues après le 31 mars mais applicables à l'exercice (n.f.)

	national
monitor compliance	vérifier le respect; vérifier la conformité
	p. ex., respect de la loi, des délais, de la réglementation, etc. Conformité aux normes, aux règlements, etc.
multiple item invoice	facture combinée (n.f.)
multiyear appropriation	crédit pluriannuel (n.m.)
multi-year operational plan; MYOP	plan opérationnel pluriannuel (n.m.); POP
NOTE Within the expenditure management system, business plans replace the multi-year operational plan.	NOTA Dans le système de gestion des dépenses, le plan d'activités remplace le plan opérationnel pluriannuel.

N/A
SEE **not applicable**

NAFTA; North American Free Trade Agreement

Accord de libre-échange nord-américain (n.m.); **ALÉNA**

national accounts

comptes nationaux (n.m.); **comptes de la nation** (n.m.)

Accounts that present a wide-ranging overview of economic performance, including output, income growth and inflation. They also show measures of government expenditures, revenues and budget balances.

Comptes qui présentent un vaste ensemble de données sur la performance de l'économie, notamment la production, la croissance des revenus et l'inflation. Ils mesurent également les dépenses, les recettes et le solde budgétaire de l'État.

NOTE The national accounts measure the deficit differently from the *Public Accounts of Canada*, mainly because the national accounts are not limited

NOTA Le déficit calculé selon les comptes nationaux diffère de celui que présentent les *Comptes publics du Canada*. Cela est dû

national

national accounts (cont'd)

to budgetary revenues and expenditures. They include, for example, revenues and expenditures relating to government employee pension accounts.

principalement au fait que la comptabilité nationale tient compte non seulement des recettes et des dépenses budgétaires, mais aussi, par exemple, des recettes et dépenses liées aux comptes de pension des fonctionnaires fédéraux.

national accounts presentation

présentation des comptes nationaux (n.f.)

national debt; federal debt; government debt

The outstanding debt of the federal government and its agencies. It consists of outstanding government bonds, including Canada Savings Bonds, Treasury bills, the debts of Crown corporations, and Canadian drawings from foreign central banks and from the International Monetary Fund.

cf. public debt

dette publique (n.f.)**; dette fédérale** (n.f.)

Ensemble des obligations résultant des engagements financiers contractés par l'État.

NOTA Il y a deux sens à «dette publique». Le terme peut signifier d'une part la dette de l'ensemble des paliers de gouvernement (public debt) et d'autre part, la dette contractée par le fédéral (government debt).

national government; foreign government

gouvernement étranger (n.m.)

Native land claim

cf. comprehensive Native land claim

revendication territoriale des Autochtones (n.f.)

natural asset

e.g. air, water and soil

bien naturel (n.m.)

p. ex., l'air, l'eau et la terre

near cash
SEE **cash equivalents**

near-cash assets
SEE **cash equivalents**

negotiable instrument
Any cheque, draft, traveller's cheque, bill of exchange, postal note, money order, postal remittance and any other similar instrument.

effet de commerce (n.m.)
Titre négociable, notamment chèque, chèque de voyage, traite, lettre de change ou titre de versement postal.

net[1] (adj.)
Refers to the amount remaining after all applicable deductions have been made. Examples are net profit, i.e., profit after deduction of all related costs; net price, i.e., the price subject to no further discounts; net sales, i.e., sales less returned goods.

net (adj.)
Se dit d'un montant dont on a retranché certains éléments. On parlera, par exemple, du bénéfice net (le bénéfice obtenu après défalcation de toutes les charges), du prix net (le prix après déduction de toutes les remises) et du poids net (le poids d'une marchandise, tout emballage déduit).

net[2] (v.)

déduire; défalquer; soustraire

net against budgetary expenditures

déduire des dépenses budgétaires

net amount
• ~ *expended*

montant net (n.m.)
• ~ *dépensé*

net change

variation nette (n.f.)

net decrease

diminution nette (n.f.)

net dollar amount

somme nette en dollars (n.f.); **montant net en dollars** (n.m.)

net expenditures

dépenses nettes (n.f.)

net financial requirements

besoins financiers nets (n.m.)

net gain on exchange

gain net de change (n.m.)

net increase

augmentation nette (n.f.); **majoration nette** (n.f.)

net increase or decrease

variation nette (n.f.)

net loss

perte nette (n.f.)

net

net loss on exchange — perte nette de change (n.f.)

net of — après déduction de; déduction faite de; au net de; moins les

net of borrowings — déduction faite des emprunts (n.f.)

net operating budget — budget de fonctionnement net (n.m.)

net recorded assets — actif comptabilisé net (n.m.)

The net assets determined in accordance with the Government's accounting policies less allowance for valuation.

Actif net déterminé conformément aux conventions comptables de l'État, moins la provision pour évaluation.

net requirements — besoins nets (n.m.)

net revenues — recettes nettes (n.f.)

Total revenues, including internally generated receipts, less refunds paid.

Recettes totales, y compris les recettes internes de l'État, moins les remboursements effectués.

net source — ressource nette (n.f.); provenance nette (vieilli) (n.f.)

NOTA Le Comité de terminologie des finances publiques a adopté «ressource nette» pour remplacer «provenance nette».

net standard object; NSO — article courant net (n.m.); ACN

netted against expenditures

cf. revenues netted against expenditures

net vote (v.) — utiliser un crédit net

cf. net voting

net-voted activity — activité de crédit net (n.f.)

net-voted operation — opération financée par un crédit net (n.f.)

net-voted service

net voting; vote netting

A means of funding selected programs or activities wherein Parliament authorizes a department to apply revenues towards costs incurred and votes the net financial requirements (estimated total expenditures minus estimated revenues).

NOTE A revolving fund is a continuing or non-lapsing authorization, while net voting is an authorization that lapses at the end of the fiscal year. The aim of a revolving fund is self-sufficiency, while net voting provides for certain revenues to offset related expenditures.

- *accounting for ~; ~ mechanism; in a ~ situation*

- *create, operate ~*

net-voting authority; vote-netting authority

An authority to expend certain revenues to offset related expenditures. Authority to operate net voting must be obtained from Parliament on an annual basis. Revenues not associated with costs incurred must be recorded as non-tax revenues.

new fiscal year; new year

service financé par un crédit net (n.m.)

crédits nets (n.m.); méthode du crédit net (n.f.)

Procédé suivant lequel les recettes, au lieu d'être versées au Trésor, sont soustraites des dépenses brutes du ministère ou de l'organisme de façon à réduire les crédits nécessaires.

NOTA Le fonds renouvelable est un crédit permanent alors que le crédit net est un crédit qui prend fin avec l'année financière. Le fonds renouvelable a un objectif d'autosuffisance alors que le crédit net permet de porter certaines recettes en réduction des dépenses qui y sont reliées.

- *comptabilisation des crédits nets; mécanisme de crédits nets; dans le cas d'un crédit net*

- *créer, utiliser un crédit net*

autorisation de crédit net (n.f.)

Autorisation annuelle de porter certaines recettes en réduction des dépenses qui y sont reliées. Les recettes qui ne sont pas reliées aux coûts doivent être comptabilisées comme des recettes non fiscales.

nouvel exercice (n.m.); nouvelle année financière (n.f.)

new

new initiative
A new or different endeavour undertaken to change the nature, direction or operation of the program in response to external factors influencing it.

new year; new fiscal year

new-year allotment

cf. allotment

new-year appropriation

NGO
SEE **non-governmental organization**

nil
cf. not applicable

no-growth policy

non-accounting data

non-agent (of the Crown)

non-agent Crown corporation

nouvelle initiative (n.f.)
Action nouvelle ou différente entreprise dans le cadre d'un programme pour en modifier la nature, l'orientation ou le fonctionnement en réponse aux facteurs externes qui influent sur lui.

nouvel exercice (n.m.); **nouvelle année financière** (n.f.)

affectation du nouvel exercice (n.f.)

crédit du nouvel exercice (n.m.)

néant (n.m.); **zéro** (n.m.)
Terme utilisé en comptabilité pour indiquer que la valeur d'un poste ou d'un élément donné est nulle ou que le solde d'un compte est de zéro. De façon plus générale, on l'emploie souvent dans un questionnaire ou un formulaire à remplir pour signifier qu'il n'y a rien à signaler, auquel cas on écrira «néant».

politique de croissance zéro (n.f.)

données extra-comptables (n.f.)

non mandataire (de l'État)

société d'État non mandataire (n.f.)

non-budgetary

non-agent enterprise Crown corporation

e.g. the Canadian National Railway System

société d'État entreprise non mandataire (n.f.)

p. ex., le Réseau des Chemins de fer nationaux du Canada

non-budgetary (adj.)

Pertaining to votes, appropriations, and transactions that do not affect the surplus or deficit of the Government of Canada.

NOTE The term "non-budgetary" refers to items classified under the following headings on the Statement of Assets and Liabilities: loans, investments and advances; specified purpose accounts; other assets; and other liabilities.

non budgétaire (adj.); **extrabudgétaire** (adj.)

Relatif aux crédits et aux opérations qui n'agissent pas sur l'excédent ou le déficit de l'État canadien.

NOTA Le terme «non budgétaire» s'applique aux comptes compris dans les postes ci-dessous de l'État de l'actif et du passif : prêts, placements et avances; comptes à fins déterminées; autres éléments d'actif; et autres éléments de passif.

non-budgetary account

compte non budgétaire (n.m.)

Catégorie qui comprend les comptes de dépôt, comptes de fiducie, comptes de pension, comptes d'assurance et de prestations de décès et les autres comptes à fins déterminées.

non-budgetary appropriation

An appropriation which provides spending authority for transactions resulting in the acquisition or disposal of loans, investments and advances.

crédit non budgétaire (n.m.)

Crédit qui prévoit des autorisations de dépenser pour toutes les opérations qui entraînent l'acquisition ou la cession de prêts, de placements et d'avances.

non-budgetary authority

autorisation non budgétaire (n.f.)

non-budgetary deposit account

An account which includes money belonging to Crown corporations, bonds deposited as guarantees required by legislation, general

compte de dépôt non budgétaire (n.m.)

Compte dans lequel sont déposés les sommes appartenant aux sociétés d'État, les obligations déposées à titre de cautionnement

non-budgetary

non-budgetary deposit account (cont'd)

security deposits from transportation companies, and contractors' securities required to ensure satisfactory performance of work. Examples are the Crown Corporations' Surplus Moneys, St. Lawrence Seaway account, the Candidates' Election Deposits account, and so on.

exigées par la loi, les dépôts de garantie générale reçus des compagnies de transport, les dépôts de garantie d'entrepreneurs requis pour assurer l'exécution satisfaisante du travail. À titre d'exemple, mentionnons le compte des excédents des sociétés d'État, le compte de l'Administration de la voie maritime du Saint-Laurent, le compte des dépôts des candidats aux élections, etc.

non-budgetary expenditures

Expenditures (loans, investments and advances) that do not affect the surplus or deficit of the Government of Canada.

dépenses non budgétaires (n.f.)

Dépenses (prêts, placements et avances) qui n'influent ni sur l'excédent ni sur le déficit de l'État canadien.

non-budgetary loan

prêt non budgétaire (n.m.)

non-budgetary specified purpose account

compte à fins déterminées non budgétaire (n.m.)

non-budgetary transaction

A transaction which consists of loans, investments and advances, primarily to Crown corporations and to provincial and foreign governments, government employees' pensions accounts, other specified accounts, interest and debt accounts, and other non-budgetary transactions. Total non-budgetary transactions have traditionally provided the government with a net source of funds, lessening its dependence on financial markets.

opération non budgétaire (n.f.)

Opération constituée par les prêts, placements et avances, versés principalement aux sociétés d'État ainsi qu'aux gouvernements provinciaux et étrangers, les comptes de pension des employés de l'État, d'autres comptes à fins déterminées, les comptes d'intérêt et de dette et les opérations non budgétaires diverses. Le total des opérations non budgétaires se solde généralement par une source nette de fonds pour l'État, réduisant ainsi les recours de celui-ci aux marchés financiers.

non-budgetary vote

A type of vote used for such items as loans or advances to, and

crédit non budgétaire (n.m.)

Crédit comportant des postes non budgétaires tels que les prêts, les

non-budgetary vote (cont'd)
investments in, Crown corporations; loans and advances for specific purposes to other governments and international organizations or persons or corporations in the private sector.

avances et les placements relatifs aux sociétés d'État; les prêts ou les avances consentis à des fins précises à d'autres gouvernements et à des organismes internationaux ou à des personnes ou des sociétés du secteur privé.

non-capital expenditures

dépenses autres qu'en capital (n.f.)

non-cash credit

crédit hors caisse (n.m.)

non-cash journal voucher

pièce de journal hors caisse (n.f.)

non-cash revenues

recettes hors caisse (n.f.)

non-cash sources
A category of central accounting sources which include journal vouchers, interdepartmental settlement issues and receipts and year end pay accruals.

sources hors caisse (n.f.)
Catégorie de sources de la comptabilité centrale qui comprend les pièces justificatives, les émissions et les recettes de règlements interministériels, ainsi que les accumulations de paye en fin d'exercice.

non-cash transaction

opération hors caisse (n.f.)

non-contractual submission to the Treasury Board; non-contractual Treasury Board submission

présentation au Conseil du Trésor non contractuelle (n.f.)

non-current asset(s)
SEE **long-term asset(s)**

non-depreciable asset

bien non amortissable (n.m.)

non-enterprise Crown corporation

société d'État non-entreprise (n.f.)

non-equalization-receiving province

NOTE Ontario, Alberta, and British Columbia.

non-financial asset

non-government agencies

An account in the *Public Accounts of Canada* established to record funds received for expenditures made on behalf of non-government agencies, for which specific accounts have not been established.

non-governmental organization; NGO

Any organization which does not owe its creation to official intergovernmental agreements or treaties.

non-interest bearing note

non-inventory asset

non-lapsing (adj.)

Which continues beyond a fiscal year, or which is valid until authorization is withdrawn by Parliament.

non-lapsing appropriation; continuing appropriation

Permanent authorization by Parliament to pay money from the Consolidated Revenue Fund. Such

province qui ne bénéficie pas de la péréquation (n.f.); **province ne bénéficiant pas de la péréquation** (n.f.)

NOTA Ontario, Alberta et Colombie-Britannique.

élément d'actif non financier (n.m.); **actif non financier** (n.m.)

organismes non gouvernementaux (n.m.)

Compte des *Comptes publics du Canada* établi dans le but d'inscrire les fonds reçus afin de couvrir les dépenses faites pour le compte d'organismes non gouvernementaux, pour lesquels aucun compte particulier n'a été créé.

organisation non gouvernementale (n.f.); **ONG**

Toute organisation qui ne doit pas sa création à des accords ou traités officiels intergouvernementaux.

billet ne portant pas intérêt (n.m.)

élément d'actif autre que le stock (n.m.)

permanent (adj.)

Dont la validité dépasse l'exercice ou qui reste en vigueur jusqu'au retrait de l'autorisation pertinente par le Parlement.

crédit permanent (n.m.)

Autorisation du Parlement, accordée de façon permanente et fondée sur un texte législatif, de

non-personnel

non-lapsing appropriation; continuing appropriation (cont'd)

authorization is based on an act and is valid as long as the legislation has not been changed or repealed. It is in fact a statutory authority.

payer une somme sur le Trésor. L'autorisation vaut tant que la mesure législative n'est pas modifiée ou abrogée. Il s'agit en fait d'un crédit législatif.

non-lapsing authority; continuing authority; continuing authorization; non-lapsing authorization

autorisation permanente (n.f.)

An authority for expenditure based on legislation that may or may not provide an annual ceiling, the authority for which extends into future years until the legislation is repealed or changed. The revolving fund is a continuing or non-lapsing authorization.

Autorisation (fondée sur un texte législatif) de dépenser des sommes, parfois jusqu'à concurrence d'un plafond annuel, tant et aussi longtemps que la loi n'est pas modifiée ou abrogée. Le fonds renouvelable fait l'objet d'une autorisation permanente.

non-lapsing vote

crédit permanent (n.m.)

non-marketable bond

obligation non négociable (n.f.)

non-marketable note

effet non négociable (n.m.)

non-monetary transaction

opération non monétaire (n.f.)

An exchange between two or more parties of non-monetary assets, obligations and services or rights and privileges. Little or no monetary consideration is actually exchanged.

Échange entre deux parties ou plus, d'actifs, de passifs et de services non monétaires ou de droits et privilèges n'impliquant pas de contrepartie ou qu'une contrepartie minime.

non-operating assets

éléments d'actif hors exploitation (n.m.)

Éléments d'actif qui ne sont pas mis directement à contribution dans l'exploitation de l'entreprise.

non-personnel operating expenditures

dépenses de fonctionnement non liées au personnel (n.f.)

e.g. fuel, maintenance and supplies

p. ex., dépenses relatives au

non-personnel

non-personnel operating expenditures (cont'd)

carburant, à l'entretien et aux approvisionnements

non-public funds
SEE **non-public moneys**

non-public moneys; non-public funds; NPF

Moneys that are specifically defined as non-public money in a statute, such as the *National Defence Act*. It also includes money that is collected by a public officer or other authorized person on behalf of third parties that remains the property of those third parties.

fonds non publics (n.m.); **FNP**

Fonds qui sont définis expressément comme n'étant pas publics dans une loi telle que la *Loi sur la défense nationale*, et les sommes qu'un fonctionnaire public ou une autre personne autorisée peut percevoir au nom de tiers et qui demeurent la propriété de ces tiers.

non-recoverable payment

paiement non recouvrable (n.m.)

non-resident[1] (adj.)

non résidant (adj.)

non-resident[2] (n.); **non-resident person**

non-résident (n.m.); **personne non résidante** (n.f.)

non-resident income tax
SEE **non-resident tax**

non-resident person; non-resident[2] (n.)

non-résident (n.m.); **personne non résidante** (n.f.)

non-resident tax; NRT; non-resident income tax

impôt des non-résidents (n.m.); **impôt sur le revenu des non-résidents** (n.m.)

Under the provisions of the *Income Tax Act*, a tax levied on income earned in Canada by non-residents. This tax is derived from tax withheld from dividends, interest, rents, royalties, alimony, and income from estates and trusts paid to non-residents.

Impôt prélevé sur le revenu gagné au Canada par les non-résidents en vertu de la *Loi de l'impôt sur le revenu*. Il prend la forme de retenues d'impôt sur les dividendes, intérêts, loyers, redevances et pensions alimentaires, et sur les revenus de non-résidents au titre de successions et de fiducies.

non-statutory

non-salary allotment

cf. allotment

non-salary item

non-salary operating dollars; non-salary operating expenditures

non-salary operating expenditures; non-salary operating dollars

non-statutory annual review

A review published annually at a department's discretion. Such a review cannot be substituted for a statutory report. Its focus is usually the information needs of special or general client groups. It may also contain information of a local or public relations nature.

non-statutory appropriation

non-statutory contribution

non-statutory grant

non-statutory publication

e.g. annual reviews, departmental newsletters, press releases, etc.

affectation pour dépenses non salariales (n.f.)

poste de dépenses non salariales (n.m.)

dépenses de fonctionnement non salariales (n.f.)

dépenses de fonctionnement non salariales (n.f.)

revue annuelle non exigée par la loi (n.f.); **revue annuelle non législative** (n.f.); **revue annuelle non réglementaire** (à éviter) (n.f.)

Revue publiée annuellement, à la discrétion du ministère, qui ne peut remplacer les rapports exigés par la loi. Elle porte généralement sur les besoins d'information de groupes généraux ou spéciaux de clients. Elle peut aussi contenir des renseignements sur des relations de nature restreinte ou publique.

crédit non législatif (n.m.)

contribution non prévue par la loi (n.f.); **contribution non législative** (n.f.)

subvention non prévue par la loi (n.f.); **subvention non législative** (n.f.)

document non exigé par la loi (n.m.); **document non législatif** (n.m.)

p. ex., revues annuelles, notes de service, communiqués des ministères, etc.

non-tax

non-tax revenue account

compte de recettes non fiscales (n.m.)

non-tax revenue receivable

recettes non fiscales à recevoir (n.f.)

Financial claims arising from revenues accrued for fees charged, goods delivered or services rendered by a government body on or before March 31, expenditure overpayments, other recoverable payments, and interest capitalized, deferred, due and accrued.

Créances applicables aux recettes provenant de l'imposition de droits et de frais, et de la fourniture de biens et de services par un organisme au plus tard le 31 mars, aux paiements en trop, aux paiements recouvrables et aux intérêts capitalisés, différés, exigibles et courus.

non-tax revenues

recettes non fiscales (n.f.)

Government revenues from all sources other than taxation.

Recettes publiques obtenues par un procédé autre que l'impôt.

North American Free Trade Agreement; NAFTA

Accord de libre-échange nord-américain (n.m.); **ALÉNA**

not applicable; N/A
cf. nil

sans objet; s/o; s.o.
Expression, utilisée le plus souvent sous la forme abrégée dans un questionnaire ou un formulaire à remplir, indiquant que la question ne s'applique pas.

not assignable (adj.)

non cessible (adj.)

note (n.); **promissory note**

billet (n.m.)

note payable

effet à payer (n.m.)

notes to the financial statements

notes aux états financiers (n.f.)

Explanatory or supplementary information that elaborates on data summarized in the main body of the statements or provides additional information that is important to understanding the situation being reflected in the

Explications ou renseignements annexés aux états financiers afin de compléter les données chiffrées. Ces informations supplémentaires font partie intégrante des états financiers.

nugatory

notes to the financial statements (cont'd)

statements. The notes are an integral part of the financial statements.

NOTA Terme adopté par le Comité de terminologie des finances publiques. Les expressions «notes afférentes aux états financiers» et «notes complémentaires» sont d'usage courant dans plusieurs cabinets d'experts-comptables pour traduire «notes to the financial statements». L'expression «notes complémentaires» est utilisée par certaines sociétés d'État en ce sens.

notice of assignment
(of a Crown debt)

avis de cession (n.m.)
(d'une dette de l'État)

notional allotment

cf. allotment

affectation théorique (n.f.)

NPF
SEE **non-public moneys**

NRT
SEE **non-resident tax**

NSO; net standard object

article courant net (n.m.); **ACN**

nugatory payment

paiement sans contrepartie (n.m.)

A payment for which no value or service has been received by the Crown but for which a liability is recognized.

Versement effectué sans qu'aucun avantage ou service n'ait été reçu par l'État, mais pour lequel ce dernier admet avoir une obligation.

e.g. reimbursement for rented equipment that was stolen while in the possession of a government department or agency; payment of interest on expropriation of land for the Government of Canada; and payment of a claim as a result of early termination of a lease.

p. ex., le remboursement de matériel loué ayant été volé alors qu'il était entre les mains d'un ministère ou d'un organisme fédéral, le paiement d'intérêt pour une terre expropriée par l'État canadien et le paiement d'une indemnité lors de la résiliation d'un bail.

OAG
SEE **Office of the Auditor General of Canada**

object (n.)
A classification of transactions according to their nature.

article (n.m.)
Classification des opérations selon leur nature.

object classification
SEE **classification by object**

object classification level
SEE **level of classification by object**

object code

code d'article (n.m.)

object coding

codage des articles (n.m.)

object of expenditure
A classification of expenditure according to its nature, e.g. salaries, wages, material and supplies, construction.

article de dépense (n.m.)
Classification des dépenses selon leur nature, par exemple traitements, salaires, fournitures et approvisionnements, construction.

obtain authority from; request authority

demander l'autorisation au; obtenir l'autorisation de

ODA Program
SEE **Official Development Assistance Program**

offence

infraction (n.f.)

office expenses

frais de bureau (n.m.)

Office of the Auditor General of Canada; OAG
Organization responsible for

Bureau du vérificateur général du Canada (n.m.); **BVG**
Organisation dont le rôle principal

━━ offsetting

Office of the Auditor General of Canada; OAG (cont'd)

verifying the accuracy of the *Public Accounts of Canada* and for evaluating the operations of departments and agencies.

consiste à vérifier l'exactitude des *Comptes publics du Canada* et à évaluer les opérations des ministères et organismes.

NOTA Dans l'appellation Bureau du vérificateur général du Canada, vérificateur s'écrit avec un «v» minuscule.

Office of the Superintendent of Financial Institutions; OSFI

Bureau du surintendant des institutions financières (n.m.); **BSIF**

The federal agency that regulates financial institutions and employer-employee pension plans under federal jurisdiction to contribute to public confidence in the Canadian financial system and the protection of the rights and interests of depositors, policyholders and creditors.

Organisme fédéral qui réglemente les institutions financières et les régimes de retraite de compétence fédérale afin de soutenir la confiance que le public a dans le système financier canadien et d'assurer la protection des droits et des intérêts des déposants, des assurés et des créanciers.

Official Development Assistance Program; ODA Program

Programme d'aide publique au développement (n.m.); **Programme APD**

NOTA L'Agence canadienne de développement international (ACDI) est chargée d'exécuter environ 80 % de ce programme.

official receipt

reçu officiel (n.m.)

offset (adj.)

compensé (adj.)

offset a deficit

effacer un déficit; éponger un déficit

offsetting credit

crédit compensatoire (n.m.)

offsetting expenditures

dépenses compensatoires (n.f.)

offsetting revenues

recettes compensatoires (n.f.)

off-the-shelf procurement — acquisition de produits disponibles dans le commerce (n.f.)

OGD; other government departments — **autres ministères** (n.m.); **autres ministères du gouvernement** (à éviter) (n.m.); **AMG** (à éviter)

OGD payables — **sommes à payer aux AMG** (n.f.)

OGD: other government departments.

AMG : autres ministères du gouvernement. L'expression «autres ministères» est recommandée.

OGD receivables — **sommes à recevoir des AMG** (n.f.)

OGD: other government departments.

AMG : autres ministères du gouvernement. L'expression «autres ministères» est recommandée.

OGD suspense account
SEE **other government departments suspense account**

Old Age Security benefit — **prestation de la Sécurité de la vieillesse** (n.f.)

old-year appropriation — **crédit de l'exercice précédent** (n.m.)

O&M; operations and maintenance — **fonctionnement et entretien** (n.m.); **F&E**

omnibus submission (to the Treasury Board) — **présentation d'ensemble** (n.f.) (au Conseil du Trésor)

on behalf of Her Majesty — **pour le compte de Sa Majesté**

one-dollar appropriation; dollar appropriation — **crédit d'un dollar** (n.m.)

one-time grant — **subvention unique** (n.f.)

one-time payment; single payment — **paiement unique** (n.m.)

─────────────────────────────────────── **operating**

opening balance	solde d'ouverture (n.m.)
open invoice	facture impayée (n.f.)
open item subsidiary ledger; open item sub-ledger	grand livre auxiliaire des factures impayées (n.m.)
operating activity	activité de fonctionnement (n.f.); activité d'exploitation (n.f.) (sociétés d'État)
operating appropriation; departmental operating appropriation	crédit de fonctionnement (n.m.); crédit de fonctionnement d'un ministère (n.m.)
operating balance	solde de fonctionnement (n.m.); solde d'exploitation (n.m.) (sociétés d'État)

The balance or difference between revenues and program spending, which is all budgetary spending except interest on the public debt.

Différence entre les recettes et les dépenses de programme, c'est-à-dire l'ensemble des dépenses budgétaires diminué des intérêts de la dette publique.

operating budget

budget de fonctionnement (n.m.); **budget d'exploitation** (n.m.) (sociétés d'État)

A budget which combines into one aggregate budget expenditures for salaries and wages, operating costs and minor capital expenditures. Within this budget, departments are free to choose the most cost-effective mix of resources to achieve planned results.

NOTE Single operating budget and SOB are no longer used to designate the "operating budget".

Budget unique qui intègre les dépenses salariales, les dépenses de fonctionnement et les dépenses en capital secondaires. Le concept du budget de fonctionnement vise à donner aux gestionnaires la marge de manoeuvre nécessaire pour atteindre les résultats escomptés en leur laissant davantage le choix de la combinaison la plus efficiente des ressources dont ils disposent.

operating budget regime

régime du budget de fonctionnement (n.m.)

257

operating costs

Expenses incurred in the course of ordinary activities of a non-profit oriented organization or division of an organization.

coûts de fonctionnement (n.m.); **coûts d'exploitation** (n.m.) (sociétés d'État)

Coûts que doit assumer un organisme sans but lucratif dans le cadre de ses activités courantes.

operating deficit

déficit de fonctionnement (n.m.); **déficit d'exploitation** (n.m.) (sociétés d'État)

operating expenditures

A category of expenditures identifying mainly the administrative activities of the government. Operating expenditures normally exclude capital expenditures and transfer payments.

dépenses de fonctionnement (n.f.); **dépenses d'exploitation** (n.f.) (sociétés d'État)

Catégorie de dépenses représentant surtout les activités administratives de l'État. Les dépenses de fonctionnement ne comprennent normalement ni les dépenses en capital, ni les paiements de transfert.

operating expenditures vote; operating vote

A type of vote which is used when there is also a requirement for either a capital expenditures vote or a grants and contributions vote or both, that is, when expenditures in either of these areas equals or exceeds $5 million.

crédit pour dépenses de fonctionnement (n.m.); **crédit de fonctionnement** (n.m.)

Crédit utilisé lorsqu'il est nécessaire de disposer également d'un crédit pour dépenses en capital ou d'un crédit pour subventions et contributions, ou les deux, c'est-à-dire lorsque les dépenses proposées sous l'une ou l'autre de ces rubriques atteignent ou dépassent 5 millions de dollars.

operating grant

Annual funds given to an organization for its day-to-day operations.

subvention d'exploitation (n.f.)

Fonds annuels versés à une organisation pour ses activités courantes.

operating lease

A lease in which the lessor retains substantially all the benefits and

contrat de location-exploitation (n.m.)

Contrat de location qui, en laissant au bailleur pratiquement tous les

operating vote

operating lease (cont'd)
risks incident to ownership of property.

avantages et les risques inhérents à la propriété du bien loué, permet au preneur, dans le cadre de son exploitation, de jouir d'un bien sans assumer les risques se rattachant au droit de propriété, mais sans toutefois acquérir les avantages inhérents à ce droit.

operating loss

perte d'exploitation (n.f.) (sociétés d'État)

operating reserve

réserve de fonctionnement (n.f.)

NOTE The operating reserve, which was used under the former system to meet cost overruns for approved programs, has been reduced significantly and will now serve primarily as a line of credit. The Treasury Board will manage the operating reserve and will give the highest priority to bridge-finance projects that will significantly increase productivity. In this regard, the Treasury Board will function as a banker and departments as borrowers who will have to repay these types of advances with interest.

NOTA Sous l'ancien système, la réserve de fonctionnement servait à couvrir les dépassements de coûts des programmes prévus. Son rôle a été considérablement réduit; désormais, elle sera utilisée essentiellement comme ligne de crédit. Le Conseil du Trésor accordera la priorité aux projets à financement provisoire permettant d'augmenter nettement la productivité. A cet égard, le Conseil du Trésor jouera un rôle de banquier et les ministères seront des emprunteurs qui devront rembourser les avances plus les intérêts.

• ~ *allocation, allocation from the* ~

• *affectation puisée dans la* ~, *affectation puisée à même la* ~, *affectation imputable sur la* ~

operating resources

ressources de fonctionnement (n.f.)

operating surplus

excédent de fonctionnement (n.m.); **excédent d'exploitation** (n.m.) (sociétés d'État)

operating vote
SEE **operating expenditures vote**

operational

operational audit(ing)
SEE **management audit(ing)**

operational lapse
An amount lapsed in the ordinary course of operations.

péremption opérationnelle
Sommes périmées dans le cours normal des activités.

Operational Plan Framework; OPF

cadre du plan opérationnel (n.m.); **CPO**

operational review

examen opérationnel (n.m.)

operations and maintenance; O&M

fonctionnement et entretien (n.m.); **F&E**

OPF; Operational Plan Framework

cadre du plan opérationnel (n.m.); **CPO**

opinion of the Auditor General

opinion du vérificateur général (n.f.)

optional services
Services carried out wholly in response to user requests and representing, as a group, a common service to departments.

services facultatifs (n.m.)
Services offerts à la demande des utilisateurs, qui dans l'ensemble représentent un service commun dispensé aux ministères.

p. ex., les services consultatifs et les services de vérification dispensés par Conseils et Vérification Canada.

order in council

décret (n.m.)

original loss

perte initiale (n.f.)

original transaction

opération initiale (n.f.); **opération d'origine** (n.f.)

OSFI
SEE **Office of the Superintendent of Financial Institutions**

other asset

autre élément d'actif (n.m.); **autre actif** (n.m.)

other assets

other budgetary specified purpose accounts

A category of accounts which includes contributions, donations, bequests or endowment funds received for a specified purpose; qualifying contributions under cost-sharing and partnership arrangements; and court awards other than a fine or penalty.

other government departments; OGD

other government departments suspense account; OGD suspense account

An account the purpose of which is to administer funds that fall under the mandate of another government department. An OGD suspense account is maintained by the administering department as well as by the home department. The home department uses the account to account for advances it provided to the administering department. The latter will undertake expenditures, and will then account for the advance to the home department. The home department will report the charges to its appropriation vote.

other liabilities

The financial obligations of the Government of Canada to organizations and individuals outside the government accounting entity, excluding unmatured debt and specified purpose accounts.

autre(s) actif(s) (n.m.)

autres comptes à fins déterminées budgétaires (n.m.)

Catégorie de comptes qui comprend les contributions, cadeaux, dons, legs ou fonds de dotation, reçus pour une fin déterminée; les contributions admissibles en vertu d'une entente à frais partagés ou d'une entente de partenariat; les montants adjugés par la cour, autres qu'une amende ou une pénalité.

autres ministères (n.m.); **autres ministères du gouvernement** (à éviter) (n.m.); **AMG** (à éviter)

compte d'attente des autres ministères (n.m.)

Compte dont le but est d'administrer des fonds qui relèvent du mandat d'un autre ministère. Ce compte d'attente est tenu par le ministère responsable et par le ministère d'attache. Le ministère d'attache comptabilise temporairement dans le compte des autres ministères, les avances faites au ministère responsable. Ce dernier engagera des dépenses et justifiera par la suite au ministère d'attache les avances. Le ministère d'attache imputera à son crédit les sommes dues.

autre(s) passif(s) (n.m.)

Dettes de l'État canadien envers les tiers, à l'exclusion de la dette non échue et des comptes à fins déterminées. En général, ces dettes représentent des biens et des services fournis à l'État, les

other

other liabilities (cont'd)

Generally, these other liabilities are for goods and services received by the government for accrued interest on the public debt, and for payment instruments which have yet to be charged to the Consolidated Revenue Fund.

intérêts courus de la dette publique et les demandes de paiements qui n'ont pas encore été imputés au Trésor.

other liability

autre élément de passif (n.m.); **autre passif** (n.m.)

other operating expenditures; other operating

All resources within a program or operating vote other than salary, capital expenditures, transfer payments or any other payments that the department or Treasury Board may deem appropriate to exclude from the operating budget.

autres dépenses de fonctionnement (n.f.)

Toutes les ressources relevant d'un crédit pour dépenses de programme ou dépenses de fonctionnement autres que les dépenses salariales, les dépenses en capital, les paiements de transfert ou tout autre paiement que le ministère ou le Conseil du Trésor juge bon d'exclure des budgets de fonctionnement.

other program spending

Payments to Crown corporations and all operating and capital expenditures, including Defence.

autres dépenses de programme (n.f.)

Incluent les paiements versés aux sociétés d'État et toutes les dépenses de fonctionnement et les dépenses en capital, y compris celles au titre de la défense.

other specified purpose accounts

A broad category of accounts in the *Public Accounts of Canada*, which includes money received from a province to pay entitlements under a provincial program; money belonging to inmates of a federal hospital,

autres comptes à fins déterminées (n.m.)

Vaste catégorie de comptes inscrits dans les *Comptes publics du Canada* qui comprend les sommes reçues d'une province pour effectuer des paiements en vertu d'un programme provincial, les sommes appartenant aux

other specified purpose accounts (cont'd)

veteran's home or correctional facility; non-public money as defined in a statute; oil and gas royalties and revenues belonging to Natives; and moneys held by the Crown under the *Winding-up Act* and *Bankruptcy and Insolvency Act* for distribution to creditors.

other-than-budgetary transaction

Other Transfer Payment; OTP

A transfer payment based on legislation or an arrangement that normally includes a formula or schedule as one element used to determine the expenditure amount.

Outlooks on Program Priorities and Expenditures

A document which outlines the key strategies that departments will pursue to adapt to the fiscal and policy environment and to deliver on key service-line targets within the resources allocated in the Budget. Departments send this document to the standing committees of the House in May to allow them to review expenditure trends and priorities

bénéficiaires d'un hôpital ou d'un hospice pour anciens combattants ou aux détenus d'un établissement correctionnel du gouvernement fédéral, des fonds non publics au sens de la loi, les redevances et recettes pétrolières et gazières appartenant aux Autochtones, et les sommes que l'État retient en vertu de la *Loi sur les liquidations* et de la *Loi sur la faillite et l'insolvabilité* afin de les remettre à des créanciers.

opération autre que budgétaire (n.f.)

autre paiement de transfert (n.m.); **APT**

Paiement de transfert prévu par la loi ou un mécanisme comportant habituellement une formule ou un barème servant à déterminer le montant des dépenses.

Perspectives sur les priorités et les dépenses reliées aux programmes (n.f.)

Document qui expose les stratégies clés adoptées par les ministères pour s'adapter à la situation financière et politique et pour atteindre les principaux objectifs en ce qui concerne les services et ce, à l'intérieur des ressources allouées par le budget. Les ministères envoient ce document aux comités permanents de la Chambre en mai afin que ceux-ci

Outlooks

Outlooks on Program Priorities and Expenditures (cont'd)
for the planning period (i.e. the expenditure budget year and the two following fiscal years).

puissent examiner les tendances et priorités en matière de dépenses pour la période de planification (c'est-à-dire l'exercice visé par le Budget des dépenses et les deux exercices suivants).

out-of-line invoice

facture erronée (n.f.)

out-of-pocket costs

frais (n.m.); frais remboursables (n.m.)

• *increased ~*

• *~ accrus*

output product

produit d'extrant (n.m.)

A product or a service rendered by a department, such as an audit, a payment, the provision of commercial and technical goods, or a report generated for a customer organization.

Produit ou service fourni par un ministère, par exemple : vérification, paiement, biens de nature commerciale ou technique, rapport produit pour un organisme client, etc.

outside party

tiers (n.m.)

An individual or organization not included in the Government of Canada as a reporting entity.

Personne physique ou morale non comprise dans le périmètre comptable de l'État canadien.

outstanding accountable advance

avance à justifier (n.f.)

outstanding advance
SEE **advance outstanding**

outstanding cheque

chèque en circulation (n.m.)

outstanding cheques account

compte des chèques en circulation (n.m.)

outstanding cheques and warrants

chèques et mandats en circulation (n.m.)

The cheques and warrants issued but not yet presented for payment.

Chèques et mandats émis, mais non présentés pour encaissement.

overexpenditure

outstanding commitment; undischarged commitment

Commitment which, at a specified date, has not been paid.

engagement en cours (n.m.)

Engagement qui, à une date donnée, n'a pas fait l'objet d'un paiement.

outstanding debt; debt outstanding

encours de la dette (n.m.); encours (n.m.)

outstanding loans; loans outstanding; loans receivable

prêts en cours (n.m.); encours de prêts (n.m.)

outstanding payments

impayés (n.m.); paiements non réglés (n.m.)

outstanding warrant

mandat en circulation (n.m.)

overdue; past due

arriéré; échu; en souffrance; en retard; passé dû (à éviter)

Se dit notamment d'une somme (créance, dette, intérêts, dividende) qui n'a pas été réglée ou versée à la date prévue.

overdue account; account overdue

compte en souffrance (n.m.)

overdue payment
SEE late payment

overestimated amount; amount overestimated

montant surévalué (n.m.); montant surestimé (n.m.)

overestimated debt

dette surestimée (n.f.)

overestimate of a debt

surestimation d'une dette (n.f.)

overexpended authority
SEE authority overexpended

overexpenditure; over-expenditure

dépassement (n.m.)

e.g. of an authority, allotment

p. ex., d'une autorisation, d'une affectation

overexpenditure

overexpenditure of spending authority

dépassement du pouvoir de dépenser (n.m.)

overlapping billing and payment periods

chevauchement des périodes de facturation et de paiement (n.m.)

overpayment

paiement en trop (n.m.)

overrun
SEE cost overrun

overspending

excédent de dépenses (n.m.)

overutilization; over-utilization
e.g. of an appropriation, allotment

dépassement (n.m.)
p. ex., d'un crédit, d'une affectation

paid-in capital; contributed capital

capital d'apport (n.m.)

paid-in share capital

capital appelé (n.m.)

paid-in share subscription
(international banks and organizations)

souscription au capital appelé (n.f.)

Souscription déjà autorisée qui a été appelée et qui est encaissée selon les modalités d'un accord conclu avec une banque ou une organisation internationale.

paid-in surplus; contributed surplus

surplus d'apport (n.m.)

paid-out funds; funds paid out

sommes utilisées (n.f.); fonds utilisés (n.m.)

─────────────────────────────────────── **participating**

paper signature

NOTE   As opposed to electronic signature.

parent Crown corporation

parliamentary appropriation
SEE **appropriation**

parliamentary authority
SEE **authority**^{2}

parliamentary authorization
SEE **authority**^{2}

parliamentary control

Control based on the concept that no taxes or duties may be imposed and no public money may be spent without the prior approval of Parliament, and that the expenditure of all public moneys shall be made only for the purposes and within the limits authorized by Parliament.

parliamentary supply process

parliamentary vote
SEE **vote** (n.)

partial cost recovery

participating department

A department whose mandate, programs or other responsibilities require it to undertake specific project responsibilities, or are affected by the project, and has so notified the sponsoring department.

signature sur papier (n.f.)

NOTA   S'oppose à signature électronique.

société d'État mère (n.f.)

contrôle parlementaire (n.m.)

Contrôle qui repose sur le principe selon lequel on ne peut, sans l'autorisation préalable du Parlement, exiger aucun impôt ni droit et qu'on ne peut dépenser des fonds publics; toute dépense de fonds publics doit être faite uniquement aux fins et dans les limites autorisées par le Parlement.

attribution des crédits par le Parlement (n.f.)

recouvrement partiel des coûts (n.m.)

ministère participant (n.m.)

Ministère dont le mandat, les programmes ou les autres responsabilités exigent qu'il assurela mise en oeuvre de certains aspects du projet, ou sont touchés par le projet, et qui en a avisé le ministère parrain.

267

particulars

particulars

par value

PAS
SEE **program activity structure**

pass-through loan
A loan made to a Crown corporation lending institution for relending to a specific outside party; the corporation is responsible for administering payment and collection of the loan.

past due
SEE **overdue**

payable in Canadian currency

payable in foreign currencies

payable on demand

payables
SEE **accounts payable**

Payables at Year-End; PAYE

The recording against the current fiscal year of liabilities incurred but which have not been paid by the end of the thirteenth accounting period.

Payables at Year-End — Other Government Departments entry
SEE **PAYE-OGD entry**

détails (n.m.)

valeur nominale (n.f.)

prêt intermédiaire (n.m.)
Prêt consenti à une société d'État faisant office d'institution de crédit pour qu'elle le consente de nouveau à un organisme extérieur particulier; l'institution est alors responsable du versement du prêt et de son recouvrement.

à payer en monnaie canadienne; payable en monnaie canadienne

à payer en devises; payable en devises

payable à vue

créditeurs à la fin de l'exercice (n.m.); **CAFE**
Dettes contractées envers des tiers et non réglées au 31 mars pour des travaux exécutés, des biens reçus et des services rendus avant la fin de l'exercice. Ces sommes sont imputables aux crédits de ce même exercice.

PAYE-OGD

payback period; payout period; payback

The estimated period of time required for the estimated future net cash receipts from an investment in a project or capital asset to return the original cost of the investment.

période de récupération (n.f.); **délai de récupération** (n.m.)

Laps de temps nécessaire pour que le cumul des rentrées nettes de fonds attendues d'un projet d'investissement permette d'en récupérer le coût.

pay cheque co-ordinator; pay cheque coordinator

A continuing full-time employee who receives, from the pay office, the salary cheques and payroll register and, in turn, distributes them to the designated pay cheque custodians.

coordonnateur des chèques de paye (n.m.)

Employé à plein temps permanent qui reçoit du bureau de paye les chèques de paye et le registre de paye et qui les distribue ensuite aux dépositaires désignés des chèques de paye.

PAYE
SEE **Payables at Year-End**

PAYE debt
PAYE: Payables at Year-End

dette CAFE (n.f.)
CAFE : créditeurs à la fin de l'exercice

payee

bénéficiaire (n.m.)

PAYE liabilities
PAYE: Payables at Year-End

éléments de passif CAFE (n.m.)
CAFE : créditeurs à la fin de l'exercice

PAYE liability account
PAYE: Payables at Year-End

compte de passif CAFE (n.m.)
CAFE : créditeurs à la fin de l'exercice

PAYE-OGD entry; Payables at Year-End — Other Government Departments entry

inscription CAFE-AMG (n.f.); **inscription créditeurs à la fin de l'exercice — autres ministères du gouvernement** (n.f.)

NOTA L'expression «autres ministères» est recommandée.

PAYE process

PAYE process
PAYE: Payables at Year-End

paying office

paying officer; payment officer
The financial officer exercising payment authority. He must ensure that appropriate payment terms have been included in contracts, that the proper contract approvals have been obtained, and that the payment clearly falls within the scope and purpose of the appropriation.

pay input

paylist shortfall

• *to offset, to provide for ~*

payment

• *satisfy by ~*

payment against a debt

payment authority

The authority delegated by the minister, under Section 33 of the *Financial Administration Act*, to

processus des CAFE (n.m.)
CAFE : créditeurs à la fin de l'exercice

bureau de paye (n.m.)

agent payeur (n.m.)

données d'entrée de paye (n.f.); **données d'entrée relatives à la paye** (n.f.)

déficit au chapitre de la rémunération (n.m.)

• *combler le ~*

paiement (n.m.); **versement** (n.m.); **règlement** (n.m.)
Versement d'une somme d'argent en échange d'un bien ou d'un service.

• *régler au moyen d'un paiement, d'un versement*

paiement à valoir sur une dette (n.m.)

pouvoir de payer (n.m.); **autorisation de paiement** (n.f.)
Pouvoir délégué par le ministre, en vertu de l'article 33 de la *Loi sur la gestion des finances*

payment

payment authority (cont'd)
financial officers in a department to requisition payments and their charge to appropriations after reviewing the conformity of payments with the Act prior to their requisition and the exercising of all appropriate financial controls.

• delegate, exercise, have, be given, respect ~

publiques, aux agents financiers d'un ministère, de faire des demandes de paiements imputables aux crédits après avoir examiné leur conformité avec la Loi et avoir exercé tous les contrôles financiers pertinents.

• *déléguer, exercer, avoir, avoir reçu le pouvoir de payer, respecter la délégation du pouvoir de payer*

payment basis, on a

selon une formule de calcul des paiements

payment entitlement

droit au paiement (n.m.)

payment in advance
SEE **advance payment**

payment instrument
A cheque or other negotiable instrument drawn by or on behalf of the Receiver General or on a departmental bank account; a special warrant drawn on the Receiver General and instruments in the form of media.

effet de paiement (n.m.)
Chèque ou autre effet négociable tiré par le receveur général ou en son nom ou tiré sur le compte de banque d'un ministère; mandat spécial tiré sur le receveur général; effets qui sont mis sur support.

payment list

relevé de paiement (n.m.)

payment officer
SEE **paying officer**

payment on due date policy; PODD policy

politique de paiement à la date d'échéance (n.f.); **politique PADE** (n.f.)

Politique du Conseil du Trésor qui vise à faire en sorte que les comptes pour biens et services

payment

payment on due date policy;
PODD policy (cont'd)

reçus soient payés à la date d'échéance, ni avant, ni après cette date pour éviter de payer des intérêts en trop.

payment on due date system;
PODD system

système de paiement à la date d'échéance (n.m.); système **PADE** (n.m.)

payment period
SEE **term of payment**

payment requisition

demande de paiement (n.f.)

Payment Requisitioning Regulations

Règlement sur les demandes de paiement (n.m.)

payments and other charges

paiements et autres débits (n.m.)

A generic term used to identify debits in the accounts of Canada. The term applies to cash and non-cash transactions.

Terme générique qui représente les débits portés aux comptes du Canada. Ce terme s'applique aux opérations de caisse et aux opérations hors caisse.

payment schedule

échéancier des paiements (n.m.)

Répartition dans le temps de paiements concernant une opération ou une dépense globale.

Payments to Estates Regulations, 1990

Règlement de 1990 sur les versements aux successions (n.m.)

payment stub

talon de paiement (n.m.)

payment terms
SEE **terms of payment**

payment transaction

opération de paiement (n.f.)

pay off a debt; settle a debt; discharge a debt

acquitter une dette; payer une dette; rembourser une dette; régler une dette

pay off a loan
SEE **repay a loan**

pay office

bureau de paye (n.m.)

pay out of (v.)

payer sur

payout period
SEE **payback period**

payroll process

processus de paie (n.m.)

payroll savings plan

mode d'épargne sur le salaire (n.m.)

A deferred payment method of purchasing Compound Interest "C" Bonds at a place of employment by means of payroll deduction.

Mode de vente à tempérament d'obligations «C» à intérêt composé. Cette méthode permet aux employés de souscrire aux obligations à l'endroit même où ils travaillent et de les payer au moyen de retenues sur leur salaire.

Payroll Transfer Journal Voucher; PTJV

pièce de journal de transfert des salaires (n.f.); PJTS

PEMS (formerly called)
SEE **Expenditure Management System (of the Government of Canada)**

pensionable earnings

gains ouvrant droit à pension (n.m.)

pension account

compte de pension (n.m.)

An account used to record transactions relating to the operation of the Canada Pension Plan, various superannuation accounts and the Government Annuities Account.

Compte servant à comptabiliser les opérations relatives à l'administration du Régime de pensions du Canada, de divers comptes de pension de retraite et du Compte des rentes sur l'État.

pension

pension accounting — comptabilité concernant les régimes de retraite (n.f.)

pension adjustment — redressement au titre des régimes de retraite (n.m.)

pension and other accounts — régimes de retraite et autres comptes (n.m.)

pension liability — obligation découlant des régimes de retraite (n.f.)

The accrued benefit obligation determined as of March 31 and unamortized pension adjustments.

pension plan — régime de retraite (n.m.); régime de pension (n.m.)

percent — pour cent

e.g. fifty percent (50%)

p. ex., cinquante pour cent (50 %)

per diem allowance; per diem — indemnité journalière (n.f.); indemnité quotidienne (n.f.)

An allowance or payment established on a daily basis.

e.g. daily fees paid for staff serving on boards and commissions of inquiry

Somme forfaitaire allouée en compensation de certains frais de séjour (logement et nourriture) engagés pendant une période de 24 heures.

p. ex., les indemnités quotidiennes accordées aux personnes qui siègent à des conseils ou à des commissions d'enquête

period 13; period thirteen — période 13 (n.f.); période treize (n.f.)

cf. supplementary period

Laps de temps alloué après la fin de l'année financière, pour finaliser les opérations de l'année qui vient de se terminer. La période treize est une des périodes complémentaires.

— petty

period of payment
SEE term of payment

period thirteen
SEE period 13

personal income tax; individual income tax	impôt sur le revenu des particuliers (n.m.)
personnel authority	autorisation touchant le personnel (n.f.)
personnel costs	frais touchant le personnel (n.m.); coûts relatifs au personnel (n.m.); frais de personnel (n.m.)
person-year (obsolete); PY (obsolete) cf. full-time equivalent	année-personne (vieilli) (n.f.); AP (vieilli)
petroleum and gas revenue tax	impôt sur les revenus pétroliers (n.m.)
petroleum compensation charge	redevance d'indemnisation pétrolière (n.f.)
petroleum compensation program	programme d'indemnisation pétrolière (n.m.)
petty cash; petty cash fund	petite caisse (n.f.); fonds de petite caisse (n.m.)
A cash advance issued to a custodian who will be responsible for the security of the fund and the control of disbursements made from the fund. The amount of the fund is calculated based on operational needs. It is used to facilitate and accelerate the processing of low-value transactions.	Avance émise en espèces à un dépositaire qui assure la sécurité du fonds et le contrôle des débours faits sur le fonds dont il est responsable. Le montant du fonds est établi en fonction des besoins opérationnels. Le fonds de petite caisse est destiné à faciliter et à accélérer le traitement des opérations de faible valeur.

petty

petty cash; petty cash fund (cont'd)

• *safekeeping, size of a ~*

• *to establish, to secure a ~*

• *large, small petty cash fund*

• *custodian of a ~*

• *garde, importance d'une ~*

• *créer, constituer une ~; conserver une petite caisse en lieu sûr*

• *fonds de petite caisse d'un montant élevé, de petite taille*

• *dépositaire d'une ~*

petty cash advance

• *issue a ~*

avance de petite caisse (n.f.)

• *émettre une ~*

petty cash expenditure

A disbursement made from a petty cash fund.

dépense de petite caisse (n.f.)

Débours fait sur un fonds de petite caisse.

petty cash fund
SEE **petty cash**

petty cash statement

état de petite caisse (n.m.)

PFY
SEE **previous fiscal year**

physical asset
SEE **tangible asset**

planned and actual results

résultats escomptés et réels (n.m.); **résultats prévus et réels** (n.m.)

planned expenditures; forecast expenditures; expenditures forecast

dépenses prévues (n.f.); **prévision de dépenses** (n.f.)

planning element

A sub-division of a program which serves as a basis for Treasury

élément de planification (n.m.)

Subdivision d'un programme sur lequel se fonde le Conseil du

Policy

planning element (cont'd)
Board analysis and approval of resource requirements. Planning elements should also reflect the internal program structure of resource planning and management.

Trésor pour analyser et approuver les besoins en ressources nécessaires à la réalisation des objectifs. Les éléments de planification devraient aussi refléter la structure interne du programme en ce qui a trait à la gestion et à la planification des ressources.

planning year

année de planification (n.f.)
Période visée par la planification.

PMC
SEE **Project Management Council**

PMO
SEE **Project Management Office**

PODD policy
SEE **payment on due date policy**

PODD system; payment on due date system

système de paiement à la date d'échéance (n.m.)**; système PADE** (n.m.)

policy
A set of broad government objectives to be attained through a number of related specific programs.

politique (n.f.)
Ensemble d'objectifs gouvernementaux généraux qui sont normalement atteints au moyen d'une série de programmes reliés.

Policy and Expenditure Management System (formerly called)
SEE **Expenditure Management System (of the Government of Canada)**

policy

policy committee of Cabinet; Cabinet policy committee

comité d'orientation du Cabinet (n.m.)**; comité d'orientation** (n.m.)

Comité du Cabinet dont les fonctions sont les suivantes : formuler des priorités sectorielles stratégiques devant être intégrées au processus budgétaire et au processus de planification des dépenses; surveiller l'élaboration et la mise en oeuvre des nouveaux programmes annoncés dans le budget; prendre l'initiative d'organiser des séries de réaffectations en vue de financer des initiatives nouvelles importantes qui, en raison de circonstances exceptionnelles, n'avaient pas été retenues dans le cadre du cycle de planification budgétaire.

NOTA Il y a deux comités d'orientation du Cabinet, soit le Comité de la politique du développement économique et le Comité de la politique du développement social.

policy element

élément stratégique (n.m.)

policy initiative

initiative stratégique (n.f.)

policy reserve (obsolete)

réserve d'intervention (vieilli) (n.f.)

NOTE The new expenditure management system eliminates central policy reserves which did not encourage the ongoing review of existing programs and spending.

NOTA Le système de gestion des dépenses mis en place en 1995 élimine les réserves d'intervention parce qu'elles ne favorisaient pas l'examen continu des programmes existants et des dépenses courantes.

———————————————————————— preliminary

post up an account
SEE **balance**² (v.)

potential liability élément de passif possible (n.m.)

PPA
SEE **preliminary project approval**

pre-budget conference conférence prébudgétaire (n.f.)

pre-budget submission proposition en vue de la préparation du budget (n.f.); proposition prébudgétaire (n.f.)

Propositions et commentaires soumis au ministre des Finances par des organismes, associations et particuliers en vue de la préparation du budget.

preferential terms
SEE **concessional terms**

preferred share action privilégiée (n.f.)

preliminary financial statements états financiers provisoires (n.m.)

The unaudited financial statements of the Government of Canada pertaining to the fiscal year ended March 31, prepared from the information recorded in the accounts of Canada as at the date of publication.

États financiers non vérifiés de l'État canadien pour l'exercice clos le 31 mars, dressés d'après les informations enregistrées dans les comptes du Canada à la date de publication.

preliminary project approval; PPA

Treasury Board's authority to initiate a project in terms of its intended operational requirement, including approval of the objectives of the project definition phase and any associated expenditures.

approbation préliminaire de projet (n.f.); **APP**

Autorisation donnée par le Conseil du Trésor d'entreprendre un projet visant à répondre à un besoin opérationnel précis; elle englobe l'approbation des objectifs de la phase de définition du projet et les dépenses connexes.

preliminary

preliminary project approval; PPA (cont'd)

NOTA S'il faut utiliser un verbe, on dira «approuver un projet de façon préliminaire».

prepayment

paiement d'avance (n.m.); **paiement anticipé** (n.m.)

previous fiscal year; PFY; previous year; PY

exercice précédent (n.m.)

Exercice qui s'est écoulé avant l'exercice considéré.

NOTA Lorsqu'on se réfère à plusieurs exercices écoulés, on emploie «exercices antérieurs».

priority reserve (obsolete)

réserve des priorités (vieilli) (n.f.)

private sector company

entreprise du secteur privé (n.f.); **entreprise privée** (n.f.)

privatization program

programme de privatisation (n.f.)

A government program the purpose of which is to transfer Crown corporations and other corporate holdings to the private sector and other levels of government.

Programme du gouvernement qui vise à céder des sociétés d'État et autres entreprises au secteur privé et à d'autres paliers de gouvernement.

privatize

privatiser

To alter the status of (as a business or industry) from public to private control or ownership.

Confier au secteur privé des activités qui étaient jusqu'alors le propre du secteur public (de l'État, etc.).

privileges, licenses and permits

privilèges, licences et permis (n.m.)

proceeds from sales

produit des ventes (n.m.)

procurement

proceeds from the disposal of surplus Crown assets

process transactions

procurement

The process or responsibility of obtaining materials, supplies, or services for any organization, including the actual process of purchasing, the preparation of specifications, the submitting of call for tenders, the inspection of materials, storage, distribution and so on.

procurement authority; purchasing authority; purchase authority

The power or right to acquire goods and services for an organization.

procurement delegation

Delegation given to a minister authorizing him to enter into contracts for local purchases up to a set limit.

procurement strategy

A strategy which deals principally with procurement of projects and

produit de la vente de biens excédentaires de l'État (n.m.)

traiter des opérations

approvisionnement (n.m.); **acquisition** (n.f.); **achat** (n.m.)

Ensemble des opérations visant à mettre à la disposition d'une organisation les matières, fournitures et services nécessaires à son fonctionnement, notamment l'achat comme tel, la rédaction des devis, la préparation d'appels d'offres, l'inspection, l'entreposage, la distribution, etc.

NOTA Ces termes ne sont pas interchangeables dans tous les cas. Bien que les termes «achat» et «acquisition» ne représentent qu'une partie du processus d'approvisionnement, ils sont tout de même utilisés dans ce sens.

pouvoir d'achat (n.m.); **pouvoir d'acquisition** (n.m.); **pouvoir en matière d'achat** (n.m.)

Autorisation ou droit d'acquérir des biens et services pour une organisation.

délégation du pouvoir d'acquisition (n.f.)

Délégation octroyée à un ministre l'autorisant à passer des marchés pour des achats locaux jusqu'à une limite fixée d'avance.

stratégie d'approvisionnement (n.f.)

Stratégie concernant principalement

procurement

procurement strategy (cont'd)

is the direction resulting from decisions of Cabinet Committees, strategic procurement review processes, or the result of submitting a specific proposed project procurement strategy to the procurement review process.

professional and special services

A section of the *Public Accounts of Canada* which presents the total amount spent in the current fiscal year for each main classification of services by department and agency under each ministry.

Pro Forma Statement of Fund Position

A statement which includes a forecast of the utilization of the revolving fund to determine the amount of continuing authority required to operate it.

NOTE One of the statements required in a submission to Treasury Board seeking approval to establish and operate a revolving fund.

l'approvisionnement relié aux projets. Il s'agit d'une orientation résultant des décisions des comités du Cabinet, de processus stratégiques d'examen des acquisitions et de la présentation d'une stratégie d'approvisionnement particulière proposée pour le projet dans le cadre du processus d'examen des acquisitions.

services professionnels et spéciaux (n.m.)

Titre de la section des *Comptes publics du Canada* qui présente le montant total dépensé au cours de l'exercice pour chaque catégorie principale de services par ministère et organisme sous chaque portefeuille ministériel.

NOTA Voici quelques exemples : services de comptabilité, d'agence de recouvrement, d'informatique, etc.

état pro forma de la situation du fonds (n.m.)

État financier qui doit démontrer l'utilisation prévue du fonds renouvelable afin de déterminer le montant de l'autorisation permanente nécessaire.

NOTA Pour obtenir l'autorisation de créer un fonds renouvelable, il faut soumettre une présentation au Conseil du Trésor. L'état pro forma de la situation du fonds est un des documents à inclure dans la présentation.

program (n.)

Any set of government activities authorized by Parliament and directed to the achievement of common objectives.

• *deliver a ~*
• *delivering of ~*

program activity structure; PAS

A structure which provides essential information for Parliament on each government program included in the Estimates. Every Estimates program must have its PAS approved by the Treasury Board. Program activities are the major subdivisions of a program.

program budgeting

program by activity

program code (in the financial coding block)

program expenditures; program spending

A category of expenditures related to government programs.

program expenditures vote

A type of vote used when there is no requirement for either a separate capital expenditures vote

programme (n.m.)

Groupe d'activités connexes autorisées par le Parlement, mises en place par un ministère dans le but d'atteindre des objectifs précis.

• *exécuter un ~*
• *prestation de ~*

structure des activités de programme (n.f.)**; SAP**

Structure qui fournit des renseignements essentiels au Parlement sur tous les programmes de l'État figurant dans le Budget des dépenses. Le Conseil du Trésor doit en approuver une pour chacun de ces programmes. Les activités constituent les grandes subdivisions d'un programme.

budgétisation par programme (n.f.)**; établissement de budget par programme** (n.m.)

programme par activité (n.m.)

code de programme (n.m.) (dans le bloc de codage financier)

dépenses de programme (n.f.)

Catégorie de dépenses s'appliquant aux programmes gouvernementaux.

crédit pour dépenses de programme (n.m.)

Crédit utilisé lorsqu'il n'est pas nécessaire d'indiquer séparément le crédit pour dépenses en capital

program

program expenditures vote (cont'd)

or a grants and contributions vote because neither equals or exceeds $5 million.

ou le crédit pour subventions et contributions parce que les dépenses proposées n'atteignent ni ne dépassent 5 millions de dollars.

program funding

financement de programme (n.m.)

program name

intitulé de programme (n.m.)

program objective

objectif de programme (n.m.)

program offence

infraction commise à l'égard d'un programme (n.f.); **infraction ayant trait à un programme** (n.f.)

e.g. employment insurance fraud, tax evasion

p. ex., la fraude de l'assurance-emploi et la fraude fiscale

• *investigate, report a ~*

• *enquêter sur une ~, signaler une ~*

program of restraint; restraint program

programme de restrictions (n.m.)

program reserve (obsolete)

réserve des programmes (vieilli) (n.f.)

program review

examen des programmes (n.m.)

A comprehensive review of government spending announced in the 1994 budget. The main objective was to review all federal programs in order to bring about the most effective and cost-efficient way of delivering programs and services that are appropriate to the federal government's role in the Canadian federation.

Examen complet des dépenses fédérales, annoncé dans le budget de 1994. Le principal objectif de cet examen était de revoir tous les programmes fédéraux afin de définir la manière la plus efficace et la plus économique d'assurer la prestation de services et de programmes en fonction du rôle que le gouvernement fédéral doit jouer dans la fédération canadienne.

_____ project

program spending
SEE **program expenditures**

program spending-to-GDP ratio

GDP: gross domestic product

program summary

program support overhead

The costs of a program incurred in the performance of functions that are not directly involved with service delivery but support service delivery activities. This category includes all supervisory, management and policy personnel within a program branch.

progress payment

project (n.)

A set of activities required to produce certain defined outputs, or to accomplish specific goals or objectives within a defined schedule and resource budget. A project exists only for the duration of time required to complete its stated objectives.

project accounting

project brief

project close-out

An activity which consists of the commissioning of the end-product

ratio des dépenses de programme au PIB (n.m.)

PIB : produit intérieur brut

sommaire de programme (n.m.)

frais généraux de soutien de programme (n.m.)

Frais de programme engagés pour l'exécution de fonctions qui ne sont pas directement liées à la prestation d'un service, mais qui appuient les activités de prestation du service. Cette catégorie de coûts comprend tous les coûts liés à la supervision, à la gestion et à l'élaboration de politiques dans une direction de programme.

acompte (n.m.)**; paiement proportionnel** (n.m.)**; paiement au prorata des travaux** (n.m.)

projet (n.m.)

Ensemble d'activités requises pour produire des extrants définis, ou pour atteindre des buts ou des objectifs particuliers, dans un délai prescrit et dans les limites des ressources budgétaires allouées. Le projet n'existe que pour le temps requis pour l'atteinte des objectifs.

comptabilité de projet (n.f.)

énoncé de projet (n.m.)

clôture de projet (n.f.)

Activité qui comprend la mise en service du produit final du projet

project close-out (cont'd)

of the project (or the last site/end-item project); the clearance of remaining deficiencies (or the acceptance by the departmental maintenance authority of responsibility for residual deficiencies); and the completion of the project evaluation report and any related staff activity. Normally, the project management office is disbanded at the completion of the project close-out phase.

(ou de l'article final du dernier chantier dans un projet à plusieurs chantiers), la liquidation des travaux à compléter (ou l'acceptation par l'autorité ministérielle responsable de l'entretien de la responsabilité des travaux à terminer), et la rédaction du rapport d'évaluation de projet et l'achèvement de toute autre activité relative au personnel. Normalement, le bureau de gestion de projet est démantelé au moment de la clôture du projet.

project code (in the financial control area of the coding block)

code de projet (n.m.) (dans les données du contrôle financier du bloc de codage)

project definition phase

A distinct phase of the project life cycle. Its purpose is to establish sound objectives, refine the implementation phase estimate (which may include design and property acquisition costs), reduce project risk, and support development of an item that will be part of the end-product of the project.

définition de projet (n.f.)

Phase distincte du cycle de vie du projet. Elle a pour but de fixer des objectifs viables, de préciser les estimations relatives à la phase de la mise en oeuvre (ce qui peut comprendre les coûts de conception et d'acquisition des biens), de réduire les risques associés au projet et d'appuyer l'établissement d'un élément qui fera partie du produit final du projet.

project implementation

The phase of the project, usually following a project definition phase, in which the full objectives of the project are to be achieved.

mise en oeuvre de projet (n.f.)

Phase qui suit habituellement celle de la définition du projet et durant laquelle tous les objectifs du projet doivent être atteints.

project leader

The person appointed by the sponsoring department to be

chef de projet (n.é.)

Personne que le ministère parrain a chargé de rendre compte de tous

Project Management

project leader (cont'd)
accountable for all external and internal aspects of a capital project.

project management
The systematic planning, organizing and controlling of allocated resources to accomplish project cost, time and performance objectives.

Project Management Council; PMC
The interdepartmental forum that provides advice on project management policy to the Treasury Board Secretariat and a mutual exchange of information on project management techniques. It is also responsible for sponsoring project management training and other matters related to managing government projects.

Project Management Office; PMO
A distinct and temporary organizational unit led by the project manager tasked to administer a project. It consists of assigned full or part-time members of the sponsoring department and, when appropriate, representatives of participating departments working together in accordance with any interdepartmental agreements or memoranda of understanding.

les aspects internes et externes d'un projet d'investissement.

gestion de projet (n.f.)
Planification, organisation et contrôle systématiques des ressources affectées en vue de la réalisation des objectifs du projet, en ce qui concerne le coût, les délais et le rendement.

Conseil de gestion de projet (n.m.)**; CGP**
Forum interministériel chargé de fournir des conseils au sujet de la politique concernant la gestion des projets au Secrétariat du Conseil du Trésor (SCT), d'échanger avec celui-ci de l'information sur les techniques de gestion de projet, de parrainer des activités de formation en gestion de projet et d'autres éléments liés à la gestion des projets du gouvernement.

Bureau de gestion de projet (n.m.)**; BGP**
Unité organisationnelle temporaire distincte, dirigée par le gestionnaire du projet. Le BGP est composé de membres du ministère parrain affectés à plein temps ou à temps partiel et, le cas échéant, de représentants des ministères participants qui travaillent ensemble conformément aux accords ou protocoles d'entente interministériels pertinents.

project manager

project manager
A person formally appointed to manage a project and responsible for achieving defined project objectives within allocated resources.

project objectives
The measurable goals of a project which are subdivided into cost, schedule, technical performance, industrial and regional benefits, and other national objectives such as environmental protection.

project phase

project planning
The initial phase of the project life cycle during which the sponsoring department establishes operational needs, produces the statement of operational requirements, conducts initial options analyses and feasibility studies, sets up appropriate management framework and agreements, assigns resources and makes an initial assessment of project risk.

project risk
The likelihood that the objectives of a project will not be met or that unacceptable outcomes will arise during a project's life cycle. Like cost, schedule and performance objectives, elements of risk can pertain to damage and loss, or to other aspects of a project such as environmental, political or social.

gestionnaire de projet (n.é.)
Personne qui est officiellement chargée de gérer un projet et qui assume la responsabilité particulière de la réalisation du projet dans les limites des ressources allouées.

objectifs d'un projet (n.m.)
Objectifs mesurables des diverses phases du projet en ce qui concerne les coûts, le calendrier, le rendement technique, les retombées industrielles et régionales et d'autres objectifs nationaux tels que la protection de l'environnement.

phase d'un projet (n.f.)

planification de projet (n.f.)
Phase initiale du cycle de vie du projet, durant laquelle le ministère parrain détermine les besoins opérationnels, effectue les premières analyses des options et les études de faisabilité, met sur pied le cadre de gestion approprié, conclut les ententes pertinentes, affecte les ressources et prépare une première évaluation des risques associés au projet.

risque associé à un projet (n.m.)
Probabilité que les objectifs d'un projet ne soient pas atteints ou que des résultats inacceptables se produisent durant le cycle de vie du projet. Tout comme les objectifs relatifs au coût, au calendrier et au rendement, les éléments de risque peuvent se rapporter à des dommages et à des pertes ou à d'autres aspects du projet, d'ordre environnemental, politique, social ou autre.

project risk assessment

The assessment of overall project risk based on a determination of the risks associated with each project element.

project risk identification

A methodical examination of each element of a project during its life cycle to determine its associated perils, hazards, modes of failure and adverse outcomes that could arise during the project life cycle. Project risk is the aggregate of the risks associated with each element.

project risk level

An overall risk level assigned for the project life cycle at the time a risk assessment is conducted. It is assigned by comparing the project with completed projects. The relative risk level is as follows: low risk, medium risk and high risk.

project scope

The boundaries of the project that are the limits within which critical objectives are to be achieved and accountability assessed.

promissory note; note (n.)

property

prorated

évaluation des risques associés à un projet (n.f.)

Évaluation de l'ensemble des risques que comporte le projet, fondée sur la détermination des risques associés à chaque élément du projet.

détermination des risques associés à un projet (n.f.)

Examen méthodique de chaque élément du projet, pour toute sa durée de vie, visant à déterminer les dangers correspondants, les défaillances ou les résultats non souhaitables qui pourraient survenir durant le cycle de vie du projet. Le risque associé au projet est la somme des risques associés aux divers éléments.

niveau de risque d'un projet (n.m.)

Niveau de risque global pour le cycle de vie du projet. On le détermine en comparant le projet à des projets déjà terminés au moment de l'évaluation des risques. Les niveaux de risque relatif sont : risque faible, risque moyen et risque élevé.

portée d'un projet (n.f.)

Objectifs essentiels à atteindre et responsabilité à assumer.

billet (n.m.)

bien (n.m.)

établi au prorata; calculé au prorata; réparti proportionnellement

proration
SEE **allocation**

prospective surplus — excédent possible (n.m.)

provide an appropriation; make an appropriation — ouvrir un crédit

provincial and territorial governments — administrations provinciales et territoriales (n.f.)

provincial and territorial tax collection agreements account — compte des accords de perception fiscale avec les provinces et territoires (n.m.)

The account in which are recorded income taxes collected by the Government of Canada on behalf of the provinces and territories participating in the joint-collection provision of the *Federal-Provincial Fiscal Arrangements and Federal Post-Secondary Education and Health Contributions Act*, as well as the related payments made to the provinces and territories.

Compte dans lequel sont enregistrés, d'une part, les impôts sur le revenu perçus par l'État canadien au nom des provinces et des territoires concernés par les modalités de perception conjointe de la *Loi sur les arrangements fiscaux entre le gouvernement fédéral et les provinces et sur les contributions fédérales en matière d'enseignement postsecondaire et de santé* et, d'autre part, les versements faits aux provinces et aux territoires au titre des prélèvements correspondants.

provision for inflation; allowance for inflation — provision pour inflation (n.f.)

provision for losses; loss provision; allowance for losses — provision pour pertes (n.f.)

provision for valuation — provision pour évaluation (n.f.)

provision for valuation of assets and liabilities — provision pour évaluation de l'actif et du passif (n.f.)

provisioning system — mécanisme de provisionnement (n.m.)

provision of credit; credit granting; granting of credit; extension of credit — octroi de crédit (n.m.); concession de crédit (n.f.); mise à disposition de crédit (n.f.)

public

prudent cost concept	concept de coût raisonnable (n.m.)
PTJV; Payroll Transfer Journal Voucher	pièce de journal de transfert des salaires (n.f.); PJTS
public accounts audit plan	plan de vérification des comptes publics (n.m.)

Public Accounts of Canada

The report of the Government of Canada prepared each fiscal year by the Receiver General as required by section 64 of the *Financial Administration Act*. The Public Accounts is produced in two volumes. Volume I presents a summary analysis of the financial transactions of the Government. Volume II presents the financial operations of the Government, segregated by ministry.

The *Public Accounts of Canada*, which are tabled in the fall by the President of the Treasury Board, normally in October, set out the overall financial position of the Government for the year that ended the previous March. They also report in detail on the use of all spending authorities granted by Parliament for that year.

Comptes publics du Canada (n.m.)

Rapport du gouvernement du Canada, préparé à chaque exercice par le receveur général du Canada comme l'exige l'article 64 de la *Loi sur la gestion des finances publiques*. Les comptes publics sont publiés en deux volumes. Le volume I présente une analyse sommaire des opérations financières du gouvernement. Le volume II présente, par portefeuille ministériel, les opérations financières du gouvernement ainsi que des renseignements et analyses supplémentaires.

Les *Comptes publics du Canada*, qui sont déposés en octobre par le président du Conseil du Trésor, offrent un tableau global de la situation financière du gouvernement pendant l'exercice qui s'est achevé au mois de mars précédent. Ils exposent en détail la façon dont ont été utilisées les autorisations de dépenses accordées par le Parlement pour ce même exercice.

public accounts presentation

présentation des comptes publics (n.f.)

public debt

The outstanding debt of all levels of government and their agencies.

dette publique (n.f.)

Dette contractée par tous les paliers de gouvernement et leurs

291

public debt (cont'd)

In Canada, it includes the debts of the federal and provincial governments, Crown corporations, and other government agencies. It consists of bonds, treasury bills, and preferred shares held by residents or non-residents.

public debt charges; debt charges

The interest and servicing costs on the Government's outstanding debt.

Public debt charges include payments required by contract with the holders of unmatured debt instruments; interest payments on employee insurance and pension accounts and on various deposit and trust accounts and special drawing rights allocations; and premiums, discounts, commissions and servicing costs arising from the administration of the Public Debt Program.

cf. debt service

Public Debt Program

A program which provides funds for the interest and servicing costs of the outstanding and unmatured federal debt and for the issuing costs of new borrowings.

cf. debt service

public expenditures
SEE **government expenditures**

organismes. Au Canada, la dette publique comprend les dettes des administrations fédérale et provinciales, des sociétés d'État et des autres organismes gouvernementaux. Elle comprend les obligations, les bons du Trésor et les actions privilégiées que détiennent des résidents ou non-résidents.

frais de la dette publique (n.m.)

Frais d'intérêt et de service de la dette de l'État.

Les frais de la dette publique comprennent : les paiements exigés dans les contrats conclus avec les détenteurs de titres non échus; les intérêts à payer sur les comptes d'assurance et de pension des employés et sur divers comptes de dépôt et de fiducie, et les allocations de droits de tirage spéciaux; les primes, escomptes, commissions et frais de service découlant de l'administration du Programme du service de la dette publique.

Programme du service de la dette publique (n.m.)

Programme dont l'objectif est de défrayer les coûts d'intérêt et de service de la dette publique ainsi que les frais d'émission de nouveaux emprunts.

━━ **public service**

public funds; government funds; public money

All money belonging to Canada received or collected by the Receiver General or any other public officer in his official capacity or any person authorized to receive or collect such money.

fonds publics (n.m.)**; deniers publics** (vieilli) (n.m.)

Fonds appartenant au Canada, prélevés ou reçus par le receveur général ou un autre fonctionnaire agissant en sa qualité officielle ou toute autre personne autorisée à en prélever ou recevoir.

NOTA Dans la *Loi sur la gestion des finances publiques*, le terme «deniers publics» a été remplacé par «fonds publics».

public money
SEE **public funds**

public property

All property, other than money, belonging to Her Majesty in right of Canada.

biens publics (n.m.)

Biens de toute nature, à l'exception de fonds, appartenant à Sa Majesté du chef du Canada.

public revenues
SEE **government revenues**

public sector accountability
SEE **governmental accountability**

public sector accounting
SEE **government accounting**

public sector audit(ing); government audit(ing)

vérification publique (n.f.)**; vérification dans le secteur public** (n.f.)

public sector pensions

régimes de retraite du secteur public (n.m.)

public service body

A non-profit organization, charity, municipality, school authority, hospital authority, public college or university.

organisme de services publics (n.m.)

Désigne un organisme à but non lucratif, un organisme de bienfaisance, une municipalité, une administration scolaire, une administration hospitalière, un collège public ou une université.

Public Service

Public Service death benefit account

An account established under the *Public Service Superannuation Act* to provide life insurance to contributing members of the Public Service.

Compte de prestations de décès de la fonction publique (n.m.)

Compte établi en vertu de la *Loi sur la pension de la fonction publique* afin de fournir une assurance-vie aux membres cotisants de la fonction publique.

public service delivery

prestation de services publics (n.f.)

purchase authority
SEE **procurement authority**

purchased repair and maintenance

achat de services de réparation et d'entretien (n.m.)

purchase price

prix d'achat (n.m.)

purchase receipt

reçu d'achat (n.m.)

purchasing authority
SEE **procurement authority**

purpose classification
SEE **classification by purpose**

PV
SEE **vote** (n.)

PY (obsolete); **person-year** (obsolete)

cf. full-time equivalent

année-personne (vieilli) (n.f.); **AP** (vieilli)

PY
SEE **previous fiscal year**

quarterly (adj.)
Occurring four times a year.

trimestriel (adj.)
Qui a lieu tous les trois mois.

quarterly tax credit	crédit d'impôt trimestriel (n.m.)
quota (subscription to the International Monetary Fund)	quote-part (n.f.) (souscription au Fonds monétaire international)

RAA
SEE **GST Refundable Advance Account**

Race Track Supervision Revolving Fund (formerly called); **Canadian Pari-Mutuel Agency Revolving Fund**	Fonds renouvelable de l'Agence canadienne du pari mutuel (n.m.); Fonds renouvelable de la surveillance des hippodromes (appellation antérieure) (n.m.)
range of amounts	fourchette de montants (n.f.)

rate of amortization
SEE **depreciation rate**

rate of depreciation
SEE **depreciation rate**

rate of exchange
SEE **exchange rate**

rate of interest; interest rate	taux d'intérêt (n.m.)
rate of tax; rate of taxation; tax rate	taux d'imposition (n.m.); taux d'impôt (n.m.)
rate of taxation; tax rate; rate of tax	taux d'imposition (n.m.); taux d'impôt (n.m.)
rate-regulator	régulateur de taux (n.m.)
rate setting	établissement d'un taux (n.m.); tarification (n.f.)
rate stabilization	stabilisation des taux (n.f.)

reallocate

reallocate expenditures — **répartir des dépenses**
Diviser les dépenses qui s'appliquent à l'ensemble d'un ministère entre plusieurs centres de responsabilité au sein du ministère.

reallocate funds — **réaffecter des fonds**

reallocate revenues — **réaffecter des recettes**

reallocation of costs — **répartition des coûts** (n.f.)

reallocation of expenditures; spending reallocation; expenditure reallocation — **répartition des dépenses** (n.f.)

reallocation of resources; resource reallocation — **réaffectation des ressources** (n.f.)
The earmarking of resources for purposes other than originally intended.
Affectation des ressources disponibles à d'autres fins que celles initialement prévues.

reasonable estimate — **estimation raisonnable** (n.f.)
An estimate of the amount of the cost that is expected to be incurred.
Estimation du coût que l'on prévoit engager.

rebate (n.) — **remise** (n.f.)

recall (v.) — **rappeler**
To recover an electronic payment transaction before it is processed by the financial institution to which it is directed.
Récupérer un ordre de paiement électronique avant qu'il soit traité par l'institution financière à laquelle il est destiné.

Receipt and Deposit of Public Money Regulations — **Règlement sur la réception et le dépôt des fonds publics** (n.m.)

receipts — **rentrées** (n.f.)
Terme générique qui comprend : a) les fonds publics crédités au receveur général; b) les fonds publics perçus par le receveur général non encore déposés au

Receiver

receipts (cont'd)

crédit du receveur général ou sur le point de l'être; c) les sommes portées au crédit à la suite de règlements interministériels ou de pièces de journal, ou la liquidation de dettes provenant d'autres ministères ou organismes fédéraux.

receipts and other credits

A generic term used to identify credits in the accounts of Canada. The term applies to cash and non-cash transactions.

rentrées et autres crédits (n.f.)

Terme générique qui représente les crédits portés aux comptes du Canada. Ce terme s'applique aux opérations de caisse et aux opérations hors caisse.

receipts and revenues credited to the vote (obsolete)
SEE **revenues netted against expenditures**

receivables
SEE **accounts receivable**

Receiver General cheque

A cheque issued by the Receiver General for Canada.

chèque du receveur général (n.m.)

Chèque émis et distribué par le receveur général du Canada en sa qualité de gestionnaire des encaissements et des décaissements des fonds publics.

Receiver General directive

directive du receveur général (n.f.)

Receiver General for Canada

The public officer responsible for recording the transactions received from departments and agencies in the Central Accounting System, processing them according to the uniform classification prescribed by statute or by Treasury Board, and providing reports to various

receveur général du Canada (n.m.)

Fonctionnaire qui, tout en étant ministre de Travaux publics et Services gouvernementaux Canada (TPSGC), est chargé d'inscrire dans le Système central de comptabilité les données sur les opérations que lui fournissent les ministères et les organismes, de

Receiver

Receiver General for Canada (cont'd)

users in Parliament, central agencies and departments through the *Public Accounts of Canada*.

les traiter conformément à la classification uniforme requise par la loi ou par le Conseil du Trésor et de présenter des rapports aux divers utilisateurs du Parlement, des organismes centraux et des ministères. C'est le receveur général qui prépare les *Comptes publics du Canada*, lesquels constituent le rapport financier officiel du gouvernement. Ainsi, le ministre des Finances gère le Trésor, mais c'est le receveur général qui en assure le contrôle.

reciprocal accounts

Accounts on the books of two separate entities, which have equal balances, e.g., the accounts held by a department and the corresponding account held in the Accounts of Canada for this department.

comptes réciproques (n.m.)

Comptes figurant dans les livres de deux entités et dont les soldes sont égaux, par exemple, les comptes tenus par un ministère et le compte correspondant tenu dans les comptes du Canada pour ce ministère.

reciprocal taxation payment

paiement au titre des accords de réciprocité fiscale (n.m.)

recognition

The formal process of including a transaction in the determination of financial position and/or operating results as shown by the financial statements of an organization.

- ~ *of a liability, of income*

constatation (n.f.); **comptabilisation** (n.f.)

Fait d'inclure un élément dans les états financiers en ajoutant le montant en cause dans les totaux appropriés de l'un ou l'autre des états financiers et en décrivant l'élément au moyen d'un libellé.

- *constatation d'un passif; comptabilisation du revenu*

recognize

To include an item in the financial statements of an entity.

constater; comptabiliser

Enregistrer une opération ou un fait dans les comptes de l'entité.

recognize (cont'd)
- *expenditures recognized as a liability;*
- *liabilities not recognized in financial statements*

- *dépenses constatées à titre de passif*
- *passifs non constatés dans les états financiers*

recognize a signature
SEE **authenticate a signature**

recognized liability

passif constaté (n.m.)

reconciliation; reconciliation of accounts; account reconciliation

rapprochement (n.m.); **rapprochement des comptes** (n.m.); **réconciliation** (à éviter) (n.f.); **conciliation** (à éviter) (n.f.)

A comparison of two reciprocal accounts to verify that their balances are in agreement.

Comparaison faite entre deux comptes réciproques visant à constater la concordance de leur solde ou, le cas échéant, à mettre en évidence les écritures empêchant ces deux comptes (par exemple le compte Banque tenu par une entité et le compte bancaire de cette dernière) d'avoir un solde identique.

reconciliation report

rapport de rapprochement (n.m.)

reconciling item

élément de rapprochement (n.m.)

record (v.)

comptabiliser; enregistrer; inscrire

- *~ transactions*

- *~ des opérations*

record a liability

comptabiliser une dette

recorded expenditures

dépenses comptabilisées (n.f.)

recorded interest (in an organization)

participation comptabilisée (n.f.); **part comptabilisée** (n.f.) (dans un organisme)

recorded liabilities

passif comptabilisé (n.m.); **éléments de passif inscrits** (n.m.); **éléments de passif comptabilisés** (n.m.)

recorded

recorded value	**valeur comptabilisée** (n.f.); **valeur inscrite** (n.f.)
record of commitments; commitment record	**registre des engagements** (n.m.)
record of purchases	**document afférent aux achats** (n.m.)
e.g. requisitions, proper logs of transactions made by telephone, acquisition card receipts, other receipts or statements received	p. ex., commandes, registres adéquats des opérations téléphoniques, reçus de carte d'achat, autres relevés ou reçus

records
SEE **accounting records**

recoverability
SEE **collectibility**

recovery of advances	**recouvrement des avances** (n.m.)

recovery of costs
SEE **cost recovery**

recovery of interests; interest recovery	**recouvrement des intérêts** (n.m.)
recurring payment or settlement	**paiement ou règlement périodique** (n.m.)
A particular payment or settlement that is to be made at specific repetitive intervals.	Paiement ou règlement donné qui doit être effectué à des dates prédéterminées.
redeemable (adj.)	**rachetable** (adj.); **remboursable** (adj.)
redeemed (adj.)	**racheté** (adj.); **remboursé** (adj.)
redelegate authority	**redéléguer un pouvoir**
redemption of securities	**rachat de titres** (n.m.)
redirect a subsidy	**réorienter une subvention**
reduce an appropriation	**réduire un crédit; retrancher un montant d'un crédit**

━━ **registered**

reduce government spending

réduire les dépenses publiques

reduction of assets

diminution de l'actif (n.f.); **diminution des actifs** (n.f.)

reference level

niveau de référence (n.m.)

The amount of resources that have been approved by the Treasury Board to carry out approved policies and programs. Reference levels are provided on a planning element basis as well as for each program as a whole, for each year of the planning period.

Ensemble des ressources qui ont été approuvées par le Conseil du Trésor pour la mise en oeuvre des politiques et des programmes approuvés. Relativement à chaque année de la période de planification, des niveaux de référence sont fournis pour chaque élément de planification ainsi que pour chaque programme dans son ensemble.

reflect an amount (in the financial statements)

inscrire un montant (dans les états financiers)

Refundable Advance Account SEE **GST Refundable Advance Account**

refund of expenditures

remboursement de dépenses (n.m.)

refund of previous years' expenditures

recouvrement de dépenses d'exercices antérieurs (n.m.)

refund of tax; income tax refund; tax refund

remboursement d'impôt sur le revenu (n.m.); **remboursement d'impôt** (n.m.)

registered marketable bond

obligation négociable nominative (n.f.)

registered pension plan; RPP

régime de pension agréé (n.m.); **RPA; régime de retraite agréé** (n.m.)

An occupational pension plan to which an employer contributes and which is accepted for registration under the *Income Tax Act*.

Régime de retraite auquel l'employeur cotise et qui répond aux conditions d'agrément prévues dans la *Loi de l'impôt sur le revenu*.

301

registered

registered retirement savings plan; RRSP

A retirement savings plan vehicle to which Canadian taxpayers may make tax-deductible voluntary contributions up to specified annual limits.

régime enregistré d'épargne-retraite (n.m.); **REER**

Régime d'épargne-retraite auquel les contribuables canadiens peuvent verser des cotisations facultatives déductibles du revenu imposable, jusqu'à concurrence d'un plafond annuel prescrit.

registration number (of a traveller's cheque)

numéro d'enregistrement (n.m.) (d'un chèque de voyage)

regular journal voucher

A journal voucher transaction for input to the general ledger, with no further action.

pièce de journal ordinaire (n.f.)

regulation

règlement (n.m.)

Regulations Respecting the Repayment of Money Paid to a Public Officer; Repayment of Receipts Regulations

Règlement sur le remboursement de recettes (n.m.); **Règlement concernant le remboursement de sommes d'argent versées à un fonctionnaire public** (n.m.)

reimbursable expenses

frais remboursables (n.m.)

reimbursement cycle

- *shorten a ~*

cycle de remboursement (n.m.)

- *raccourcir le ~*

reimbursement of expenses

remboursement de frais (n.m.)

re-issue (v.)

émettre de nouveau

related expenditure

dépense connexe (n.f.)

related parties

apparentés (n.m.); **personnes apparentées** (n.f.); **entités apparentées** (n.f.)

Parties are related when one party has the ability to exercise, directly or indirectly, control or significant influence over the operating and financial decisions of the other, or

Des personnes morales ou physiques sont apparentées si l'une a la capacité d'exercer directement ou indirectement un contrôle ou une influence notable sur les

related parties (cont'd)

if one party has an interest in both parties, which guarantees control and the possibility of exercising significant influence.

• *between* ~

décisions concernant l'exploitation et la gestion financière de l'autre ou si une personne détient dans l'une et l'autre une participation lui assurant le contrôle ou la possibilité d'exercer une influence notable.

• *entre* ~

related payment

paiement connexe (n.m.)

release authority for expenditures

accorder le pouvoir de dépenser

relevant appropriation

crédit pertinent (n.m.)

remarks

observations (n.f.)

NOTE One of the headings used in Treasury Board submissions.

NOTA Une des rubriques d'une présentation au Conseil du Trésor.

remission of a debt

remise de dette (n.f.)

Renonciation, de la part du créancier, au remboursement de sa créance, ce qui a pour effet de dispenser le débiteur du règlement de sa dette.

remission of taxes, fees, penalties and other debts

remise de taxes, droits, pénalités et autres dettes (n.f.)

remission order

décret de remise (n.m.)

e.g. of the GST

p. ex., de la TPS

remit a debt
SEE **forgive a debt**

repayable contribution

contribution remboursable (n.f.)

A contribution all or part of which is repayable if terms and conditions requiring repayment are met or if a fixed schedule of repayments without interest is attached.

Contribution dont la totalité ou une partie est remboursable si les conditions prévoyant le remboursement sont réunies ou si un calendrier préétabli de remboursement sans intérêt est joint.

repay a loan ━━

repay a loan; pay off a loan

rembourser un emprunt

NOTA On pourrait également employer «rembourser un prêt» lorsque c'est le créancier qui parle. Du point de vue du débiteur, il s'agit d'un emprunt.

repayment of advances; advance repayment

remboursement d'avances (n.m.)

repayment of receipts

remboursement de recettes (n.m.)

The repayment of money received as a deposit to ensure that an activity has been completed as planned.

Remboursement des fonds versés à titre de cautionnement en garantie d'exécution d'un acte lorsque celui-ci a été exécuté.

Repayment of Receipts Regulations; Regulations Respecting the Repayment of Money Paid to a Public Officer

Règlement sur le remboursement de recettes (n.m.)**; Règlement concernant le remboursement de sommes d'argent versées à un fonctionnaire public** (n.m.)

repealed (adj.) (authority)

abrogée (adj.) (autorisation)

replacement cheque

chèque de remplacement (n.m.)

A cheque issued by the Receiver General or a public officer authorized by him in replacement of a lost, destroyed or stolen cheque.

Chèque émis par le receveur général ou le fonctionnaire autorisé par lui lorsqu'un détenteur contre valeur de bonne foi signale qu'un chèque a été perdu, détruit ou volé. Le chèque est libellé à l'ordre du détenteur au même montant que le chèque original.

reporting entity[1]

périmètre comptable (n.m.)

cf. Government of Canada as a reporting entity

reporting entity[2] **(for GST purposes)**

entité de déclaration (n.f.) (aux fins de la TPS)

reporting instrument

instrument de rapport (n.m.)

e.g. Estimates, *Public Accounts of Canada*, departmental annual

p. ex., Budget des dépenses, *Comptes publics du Canada*,

reporting instrument (cont'd)
report, other statutory reports and annual reviews

rapport annuel de ministère, autres rapports législatifs et revues annuelles

reporting object
A subdivision of standard objects used for central management purposes.

article de rapport (n.m.)
Subdivision des articles courants utilisés à des fins de gestion centrale.

reporting standards
SEE **disclosure standards**

reporting structure

structure de rapport (n.f.)

request authority; obtain authority from

demander l'autorisation au; obtenir l'autorisation de

requirements

besoins (n.m.)

requisition a payment or settlement

demander un paiement ou un règlement

requisition for cheque
SEE **cheque requisition**

requisition for payment or settlement
• *certified requisition for payment*
• *the requisition is superseded*
• *certify requisitions*

demande de paiement ou de règlement (n.f.)
• *demande de paiement certifiée*
• *la demande est périmée*
• *certifier les demandes*

reschedule commitments

modifier le calendrier des engagements

reserved allotment
SEE **frozen allotment**

reserve for contingencies
SEE **contingency reserve**

reserves-net-of-lapse component

The difference between reserves to handle contingencies and the

réserves nettes des péremptions (n.f.)
Différence entre les réserves pour éventualités constituées par le

reserves-net-of-lapse component (cont'd)

anticipated lapsing of appropriated funds. Reserves are required to provide a margin for changed economic circumstances and to deal with possible contingencies during the course of the year. They are not allocated until their ultimate use has been determined.

gouvernement et la péremption prévue des crédits votés. Des réserves doivent être constituées pour permettre au gouvernement de faire face à l'évolution de la situation économique ainsi que des éventualités qui peuvent surgir dans le courant de l'année. Elles ne sont pas affectées avant que leur utilisation ultime ait été déterminée.

residential investment

investissement dans le secteur résidentiel (n.m.); **investissement résidentiel** (n.m.)

resource

ressource (n.f.)

resource control

contrôle des ressources (n.m.)

resource reallocation
SEE **reallocation of resources**

respendable receipts

rentrées disponibles (n.f.)

respendable revenues

recettes disponibles (n.f.)

respending authority

autorisation de dépenser de nouveau (n.f.)

responsibility centre; responsibility center

centre de responsabilité (n.m.)

Any organizational unit accountable to higher authority for performance of assigned functions, usually including its incurrence of specified costs under budget limitations and control.

Groupement à l'intérieur de l'organisation correspondant à un ensemble de fonctions ou de responsabilités en vue d'exercer un meilleur contrôle des opérations. Il peut correspondre à des unités administratives avec des responsabilités financières spécifiques comme le centre de coûts ou le centre de profit.

responsibility centre manager

A manager with delegated authority to manage financial resources, including responsibility for determining financial requirements, controlling costs in relation to operational accomplishment, and exercising spending authority.

responsibility classification
SEE **classification by responsibility**

responsibility total

restated[1]

restated[2]

restated[3]

restore fiscal health

restrain spending; cut expenditures; cut spending; curtail spending

restraint measure

gestionnaire de centre de responsabilité (n.é.)

Gestionnaire à qui on a délégué le pouvoir de gérer des ressources financières, d'établir les besoins financiers, de contrôler les coûts par rapport aux réalisations opérationnelles et d'exercer le pouvoir de dépenser.

total par responsabilité (n.m.)

ajusté; après ajustement

NOTA S'emploie pour rétablir la concordance entre deux comptes ou deux séries de données; s'emploie pour rétablir une situation d'équilibre.

redressé; après redressement

NOTA S'emploie pour rectifier une erreur commise lors de l'enregistrement d'une opération.

retraité; après retraitement

NOTA S'emploie pour modifier les données comptables pour les adapter à un nouveau mode de présentation.

assainir les finances publiques

réduire les dépenses; diminuer les dépenses; comprimer les dépenses; couper dans les dépenses; couper les dépenses (à éviter)

mesure de restriction (n.f.); mesure d'austérité (n.f.)

restraint

restraint program; program of restraint

programme de restrictions (n.m.)

restricted-purpose grant

A grant that is to be used for a particular purpose or objective.

subvention à fin déterminée (n.f.)

Subvention qui doit servir à une fin déterminée ou à un objectif particulier.

restricted transaction

e.g. acquisition of shares in a company by a Crown corporation

opération restreinte (n.f.)

p. ex., l'achat d'actions d'une entreprise par une société d'État

restructuring charges; restructuring costs

coûts de restructuration (n.m.); **frais de restructuration** (n.m.)

Coûts ponctuels liés aux programmes d'encouragement au départ.

results of operations (Crown corporations)

résultat(s) d'exploitation (n.m.) (sociétés d'État)

retained earnings

bénéfices non répartis (n.m.)

retirement

rachat (n.m.); **remboursement** (n.m.)

Action de rembourser une dette, de racheter des actions.

return on investment

rendement du capital investi (n.m.); **rendement des investissements** (n.m.)

revaluation

réévaluation (n.f.)

revenue account

compte de recettes (n.m.)

revenue accounting; accounting for revenues

comptabilité des recettes (n.f.)

revenue budget

recettes prévues (n.f.)

revenue credited to the appropriation (obsolete)
SEE **revenues netted against expenditures**

revenue credited to the vote (obsolete)
SEE **revenues netted against expenditures**

revenue dependency

One of the funding methods used in the federal government whereby an organization must fully cost its operations, including all direct, indirect and overhead expenses, and recover these costs from its clients through fees and charges for services rendered and goods procured. Recovery of capital costs over the useful life of major investments would be expected as well.

autofinancement (n.m.)

Méthode de financement utilisée au gouvernement fédéral selon laquelle une organisation doit assumer complètement ses dépenses de fonctionnement y compris les frais directs, indirects et généraux et récupérer ces montants grâce aux frais et droits obtenus en contrepartie des biens et services qu'elle a fournis à ses clients. On peut s'attendre en plus à récupérer les frais de premier établissement au cours de la durée utile des principaux investissements.

revenue-enhancing measure; revenue-raising measure

mesure d'accroissement des recettes (n.f.)

revenue from outside parties (obsolete)
SEE **external revenues**

revenue generation

production de recettes (n.f.)

revenue growth; growth of revenues

hausse des recettes (n.f.); **augmentation des recettes** (n.f.)

revenue internal to the Government (obsolete)
SEE **internal revenues**

revenue management system

système de gestion des recettes (n.m.)

revenue measure

mesure productrice de recettes (n.f.); **mesure génératrice de recettes** (n.f.)

revenue producing

revenue producing activity	**activité génératrice de recettes** (n.f.) Activité de nature commerciale ou autre qui procure des recettes accessoires à un organisme.
revenue projection	**prévision de recettes** (n.f.)
revenue-raising measure; revenue-enhancing measure	**mesure d'accroissement des recettes** (n.f.)
revenue record	**registre des recettes** (n.m.)
revenue respending	**réaffectation des recettes** (n.f.)
revenues[1] All tax and non-tax amounts which affect the surplus or deficit of the Government in the reporting period, and internal revenues (revenues between departments or programs).	**recettes** (n.f.) Toutes les recettes fiscales et non fiscales qui agissent sur l'excédent ou le déficit de l'État au cours d'un exercice donné, ainsi que les recettes internes de l'État (les recettes interministérielles ou interprogrammes).
revenues[2]	**revenus** (n.m.) NOTA On emploie les termes «revenus» et «recettes» dans les états financieres de fonds renouvelables, tandis que l'on emploie «recettes» dans les états financiers des établissements publics.
revenues by main classification	**recettes par catégorie principale** (n.f.)
revenues from all sources	**recettes de toutes sources** (n.f.)
revenues netted against expenditures; revenue credited to the appropriation (obsolete); **revenue credited to the vote** (obsolete); **receipts and revenues credited to the vote** (obsolete) Revenues credited to an expenditure account rather than to a revenue account.	**recettes affectées aux dépenses** (n.f.); **recettes à valoir sur le crédit** (vieilli) (n.f.) Recettes créditées à un compte de dépenses plutôt qu'à un compte de recettes.

——————————————————————————————— **revenue trust**

revenues netted against expenditures; revenue credited to the appropriation (obsolete); **revenue credited to the vote** (obsolete); **receipts and revenues credited to the vote** (obsolete) (cont'd)

NOTE The Committee on Financial Administration Terminology has adopted the term "revenues netted against expenditures" to replace "revenue credited to the appropriation", "revenue credited to the vote" and "receipts and revenues credited to the vote".

NOTA Le Comité de terminologie des finances publiques a adopté «recettes affectées aux dépenses» pour remplacer «recettes à valoir sur le crédit».

revenue source object

article d'origine applicable aux recettes (n.m.)

revenue spending authority

autorisation de dépenser les recettes (n.f.)

e.g. revolving fund and net voting

p. ex., fonds renouvelable et crédits nets

revenues receivable netted against expenditures

recettes à recevoir affectées aux dépenses (n.f.)

revenues received

recettes perçues (n.f.)

revenue strategy

stratégie de recettes (n.f.)

revenue-to-GDP ratio

ratio recettes-PIB (n.m.); **ratio des recettes au PIB** (n.m.)

GDP: gross domestic product

PIB : produit intérieur brut

revenue trust account

compte de recettes en fiducie (n.m.)

An account established in a financial institution for the deposit of money paid to the credit of the Receiver General and not being public money.

Compte ouvert dans une institution financière aux fins du dépôt des sommes versées au crédit du receveur général, qui ne constituent pas des fonds publics.

Revenue Trust

Revenue Trust Account Regulations

Règlement sur les comptes de recettes en fiducie (n.m.)

reverse against

reporter sur

reverse a transfer

annuler un virement

revised down

révisé à la baisse; réduit

revised up

révisé à la hausse; majoré

revised upwards significantly

ayant fait l'objet d'une importante révision à la hausse; ayant fait l'objet d'une importante majoration

revolving credit agreement

accord de crédit renouvelable (n.m.)

revolving fund

fonds renouvelable (n.m.)

A continuing or non-lapsing authorization by Parliament to make payments out of the Consolidated Revenue Fund for working capital, capital acquisitions, and temporary financing of accumulated operating deficits. A revolving fund is periodically replenished either from operations or by transfers from other funds.

Autorisation permanente, donnée par le Parlement, d'effectuer des paiements à même le Trésor, pour un fonds de roulement, l'acquisition d'immobilisations et le financement temporaire de déficits de fonctionnement accumulés.

NOTE The revolving fund is a continuing or non-lapsing authorization while net voting is an authorization that lapses at the end of the fiscal year. The aim of a revolving fund is self-sufficiency while net voting provides for certain revenues to offset related expenditures.

NOTA Le fonds renouvelable est un crédit permanent alors que le crédit net est un crédit qui prend fin avec l'année financière. Le fonds renouvelable a un objectif d'autosuffisance alors que le crédit net permet de porter certaines recettes en réduction des dépenses qui y sont reliées.

• *create, establish, operate, set up, terminate, use a ~*

• *créer, établir, mettre sur pied, liquider, utiliser un ~*

revolving fund account; account of a revolving fund

compte de fonds renouvelable (n.m.)

revolving fund authority

A financial authority that must be obtained from Parliament to establish and operate a revolving fund. This authority may be obtained through a special act of Parliament or by including a specific vote within an appropriation act.

revolving fund expenditures

Revolving Funds Act; *Act to authorize the establishment of certain revolving funds*

An act which gives the authority to create and operate a revolving fund.

rise exponentially

rising debt

risk level

rounded to the nearest dollar

royalty

RPP
SEE **registered pension plan**

RRSP
SEE **registered retirement savings plan**

autorisation relative à un fonds renouvelable (n.f.)

Autorisation financière qui doit être obtenue du Parlement afin d'établir et d'utiliser un fonds renouvelable. Cette autorisation peut être obtenue au moyen d'une loi spéciale du Parlement ou par l'inclusion d'un crédit dans une loi de crédits.

dépenses des fonds renouvelables (n.f.)

Loi sur les fonds renouvelables; *Loi portant autorisation d'établir certains fonds renouvelables*

Loi qui autorise la création et l'utilisation d'un fonds renouvelable.

marquer une croissance exponentielle

dette croissante (n.f.)

niveau de risque (n.m.); **importance du risque** (n.f.)

NOTA L'importance du risque (élevé, faible ou moyen) associé aux divers types d'opérations peut être mesurée en fonction des critères suivants : le type d'opérations, les sommes en jeu, le fournisseur ou le bénéficiaire.

arrondi au dollar; arrondi au dollar le plus près

redevance (n.f.)

RRSP

RRSP contributor — personne cotisant à un REER (n.f.)

RRSP limit — plafond de cotisations à un REER (n.m.)

run a deficit; show a deficit; incur a deficit — enregistrer un déficit; afficher un déficit; accuser un déficit; être déficitaire

S

salaries and wages allotment — affectation pour traitements et salaires (n.f.)

cf. allotment

salary — traitement (n.f.)

Salary Adjustment Reserve Allotment; SARA — affectation de réserve pour le rajustement des traitements (n.f.); ARRT

The amount directed to be set aside as a reserve for salary and wage rate adjustments that are expected to take effect during the Estimates year.

Sommes mises de côté en vue des rajustements de rémunération prévus pour l'année budgétaire.

salary budget — budget salarial (n.m.)

salary increase — augmentation de traitement (n.f.); augmentation de salaire (n.f.); augmentation salariale (n.f.)

sales tax — taxe de vente (n.f.)

SARA
SEE Salary Adjustment Reserve Allotment

satisfy by payment — régler par paiement

------- securitization

scheduled payment	paiement à date fixe (n.m.)
	Paiement dont la date et le montant sont précisés dans l'accord contractuel qui prévoit le versement d'une contribution.
schedule of payments	calendrier des paiements (n.m.)
scrutiny of an account	examen minutieux d'un compte (n.m.)

SDRs
SEE **special drawing rights**

Secretary-Comptroller General

The public officer in charge of the Treasury Board Secretariat. He reports to the President of the Treasury Board.

secrétaire-contrôleur général (n.m.)

Fonctionnaire qui dirige le Secrétariat du Conseil du Trésor. Il relève du président du Conseil du Trésor.

sector priority

priorité sectorielle (n.f.)

securities

Bonds, notes, deposit certificates, non-interest bearing certificates, debentures, treasury bills, treasury notes and any other security representing part of the public debt of Canada.

valeurs (n.f.); **titres** (n.m.)

Valeurs du Canada qui représentent une partie de la dette publique. Par exemple : obligations, billets, certificats de dépôt, certificats ne portant pas intérêt, débentures, bons du Trésor et billets du Trésor.

securities held in trust

The recorded value of securities deposited with the Government of Canada acting in a fiduciary capacity.

titres détenus en fiducie (n.m.)

Valeur comptabilisée des titres déposés auprès de l'État canadien en sa qualité de fiduciaire.

securitization

A process under which non-marketable assets, such as mortgages, automobile leases and credit card receivables, are converted into marketable

titrisation (n.f.)

Opération consistant à convertir des avoirs non négociables, tels des hypothèques, des baux de location de véhicules automobiles et des sommes dues sur les cartes

315

securitization

securitization (cont'd)
securities that can be traded among investors.

security deposit
Security required from contractors for the satisfactory performance of work in accordance with the Government Contracts Regulations. It may be a bill of exchange payable to the Receiver General and certified by an approved financial institution on itself, a government guaranteed bond which is convertible to cash, or any other form of security acceptable to the contracting authority and approved by the Treasury Board.

Security for Debts Due to Her Majesty Regulations

seized property; forfeited property

self-financing program
e.g. employment insurance, Agricultural Commodities Stabilization Accounts, Gross Revenue Insurance Plan and Crop Re-insurance Fund

self-funded account

self-regulation

self-sustaining (adj.)

semi-annual (adj.)
Occurring twice a year.

de crédit, en titres négociables que les investisseurs peuvent acheter et vendre.

dépôt de garantie (n.m.)
Dépôt nécessaire pour assurer l'exécution satisfaisante des travaux en conformité avec le Règlement sur les marchés de l'État. Il peut s'agir d'une lettre de change établie à l'ordre du receveur général et certifiée par une institution financière agréée ou tirée par une telle institution sur elle-même, une obligation garantie par l'État et qui est convertible en espèces ou toute autre valeur jugée acceptable par l'autorité contractante et approuvée par le Conseil du Trésor.

Règlement sur la garantie à l'égard des dettes dues à Sa Majesté (n.m.)

bien confisqué (n.m.); **bien saisi** (n.m.)

programme autofinancé (n.m.)
p. ex., assurance-emploi, stabilisation des produits agricoles, Régime d'assurance du revenu brut et Caisse de réassurance des récoltes

compte autofinancé (n.m.)

autoréglementation (n.f.); **auto-réglementation** (n.f.)

autonome (adj.)

semestriel (adj.)
Qui a lieu deux fois par année.

senior financial officer; SFO

An officer responsible for devising and implementing a financial management organization and process in the department that will lay the foundations for good comptrollership.

agent financier supérieur (n.m.)

Agent chargé d'élaborer et d'instaurer une structure ainsi qu'un processus de gestion financière qui serviront de fondement pour l'exercice d'une fonction de contrôleur efficace au sein d'un ministère.

senior full-time financial officer; SFFO

agent financier supérieur à temps plein (n.m.); **AFSTP**

Senior Project Advisory Committee; SPAC

The interdepartmental senior-level forum for considering appropriate steps to orient a major project to achieve relevant national objectives.

Comité consultatif supérieur de projet (n.m.); **CCSP**

Forum interministériel où la haute direction examine la marche à suivre pour orienter un grand projet en vue d'atteindre les objectifs nationaux pertinents.

Seniors Benefit

A program which will replace the Old Age Security program and the Guaranteed Income Supplement (GIS), starting in 2001.

Prestation aux aîné(e)s (n.f.)

Programme qui remplacera les prestations actuelles de Sécurité de la vieillesse et de Supplément de revenu garanti en 2001.

separate account

compte distinct (n.m.)

separate disclosure

information distincte (n.f.); **mention distincte** (n.f.); **présentation distincte** (n.f.)

Disclosure of an item the purpose of which is to assist the financial statement user in understanding the impact of the item on the financial statements.

Mention d'un élément qui permet aux utilisateurs des états financiers de comprendre l'incidence de l'élément sur les états financiers.

separate transaction

opération distincte (n.f.)

service fees

frais de service (n.m.)

service line

gamme de services (n.f.)

service the public debt

assurer le service de la dette publique

servicing

servicing costs (borrowing)

set a credit limit

set aside a reserve

set aside funds

set-off (n.)

settle a debt; discharge a debt; pay off a debt

settle an account

settlement

An interdepartmental or an intradepartmental settlement; a settlement does not include adjusting or correcting entries within a particular appropriation.

settlement instrument; instrument for settlement

A non-negotiable instrument, other than one in the form of media, drawn by or on behalf of the Receiver General to effect a settlement between departments.

Examples are: cheques and drafts, including both Canadian and foreign, warrants,

frais de service (n.m.) (emprunt)

imposer une limite de crédit

constituer une réserve

mettre des fonds de côté

compensation (n.f.)
Procédure qui consiste à éteindre, sans règlement effectif, deux dettes existant en sens inverse. Lorsque l'État est créancier de son créancier, il se produit une compensation qui éteint sa dette à concurrence de sa créance.

acquitter une dette; payer une dette; rembourser une dette; régler une dette

régler un compte; solder un compte
Acquitter un compte en payant ce qui reste dû.

règlement (n.m.)
Règlement interministériel ou intraministériel; les écritures d'ajustement et les corrections au sein d'un crédit donné sont exclues.

effet de règlement (n.m.)

Effet non négociable, autre qu'un effet sur support, tiré par le receveur général ou en son nom en vue d'effectuer un règlement interministériel.

Voici des exemples d'effets : chèques et traites libellés en monnaie canadienne et en devises,

─────────────────────────────────────── **shared**

**settlement instrument;
instrument for settlement**
(cont'd)

interdepartmental settlements, and journal vouchers. Each kind of settlement instrument has its own specific use.

mandats, règlements interministériels et pièces justificatives. Chaque effet est utilisé à des fins spécifiques.

SFFO; senior full-time financial officer

agent financier supérieur à temps plein (n.m.)**; AFSTP**

SFO
SEE **senior financial officer**

SFY
SEE **subsequent fiscal year**

share (n.)

action (n.f.)

share capital
SEE **capital stock**

shared-cost agreement

entente relative aux frais partagés (n.f.)

**shared-cost program;
cost-shared program**

programme à frais partagés (n.m.)

A government program provided by one level of government, usually the provinces, using money provided by the other level, usually the federal government. Shared-cost programs help governments which have the jurisdictional obligation but lack the financial resources to provide programs and maintain a nation-wide standard of public service.

Programme dont les frais sont partagés par plusieurs gouvernements.

shared-cost project

projet à frais partagés (n.m.)

shared management agenda (obsolete)**; SMA** (obsolete)

projet de gestion partagée (vieilli) (n.m.)**; projet de gestion concertée** (vieilli) (n.m.)**; PGC** (vieilli)

NOTE Business plans replace the Multi-Year Operational Plan

NOTA Les plans d'activités remplacent maintenant le régime

319

shared

shared management agenda (obsolete); **SMA** (obsolete) (cont'd)

(MYOP) process, the Shared Management Agenda (SMA) process and the Increased Ministerial Authority and Accountability (IMAA) regime.

d'accroissement des pouvoirs et des responsabilités ministériels (APRM), le plan opérationnel pluriannuel (POP) et le projet de gestion concertée (PGC).

sharing of responsibilities; division of responsibilities

partage des responsabilités (n.m.); **répartition des responsabilités** (n.f.)

shortfall

insuffisance (n.f.)

NOTA Selon le contexte, le terme «shortfall» peut se rendre aussi par «manque à gagner», «déficit», etc.

short-term (adj.)

Occurring over a relatively short period. Often taken to be one year or less.

à court terme (adj.)

Qui doit se produire dans la perspective d'une échéance rapprochée, habituellement un an ou moins.

short-term deposit

dépôt à court terme (n.m.)

show a deficit; incur a deficit; run a deficit

enregistrer un déficit; afficher un déficit; accuser un déficit; être déficitaire

signature card
SEE **specimen signature card**

signature machine
SEE **signing machine**

significant accounting policies

principales conventions comptables (n.f.)

significant difference

différence significative (n.f.)

signing authority; authority to sign

pouvoir de signature (n.m.); **pouvoir de signer** (n.m.)

The right to sign specific documents.

Autorisation accordée à un agent ou à un gestionnaire d'un

signing authority; authority to sign (cont'd)

• *to have signing authority, to be authorized to sign, to exercise signing authority*

ministère par le ministre ou l'administrateur général de signer des documents afin de faciliter les procédures pour : autoriser une dépense, débourser des fonds, exercer un contrôle sur les dépenses ou pour tout autre acte nécessitant la signature d'une personne habilitée à signer.

• *avoir, détenir, exercer le ~*

signing machine; signature machine

machine à signer (n.f.)

Matériel permettant la reproduction, par un système traceur, d'une signature manuelle.

single payment; one-time payment

paiement unique (n.m.)

single submission (to the Treasury Board)

présentation unique (n.f.) (au Conseil du Trésor)

single-window service centre

centre multiservices (n.m.); **guichet unique de services** (n.m.)

Endroit où l'on rend un service complet au client, plutôt que de le faire passer d'un guichet à un autre, étant donné que le service exige plusieurs opérations distinctes.

size of a budget; budget size

taille d'un budget (n.f.)

SMA (obsolete)
SEE **shared management agenda** (obsolete)

SOA
SEE **special operating agency**

social assistance payment

prestation d'assistance sociale (n.f.)

social

social transfer
SEE **Canada Health and Social Transfer**

soft terms
SEE **concessional terms**

sole source contract

marché à fournisseur unique (n.m.)

SOR
SEE **statement of requirements**

sound financial management

Management practices which require departments to establish and maintain adequate controls within their systems.

saine gestion financière (n.f.)

Pratiques de gestion financière qui exigent des ministères qu'ils exercent des contrôles qui leur permettent de garantir l'intégralité, l'exactitude et la validité de leurs opérations.

source code

A four-digit number which identifies the type and sometimes the origin of a transaction, e.g. transactions affecting the central accounts such as payment issue, cash receipts, journal vouchers, interdepartmental settlements, and year-end pay accruals or reversals, as well as management-type transactions such as monthly pay accruals or reversals, budgets, commitments, and manpower. Source codes are used for central accounting and departmental accounting purposes.

code source (n.m.)

Numéro composé de quatre chiffres qui sert à déterminer la catégorie de mouvements et, parfois, leur origine. Il peut s'agir d'une part, de mouvements ayant une incidence sur les comptes centraux, notamment l'émission de paiements, les rentrées de fonds, les pièces justificatives, les règlements interministériels, les accumulations ou les contre-passations de paye de fin d'exercice ainsi que des mouvements de gestion, notamment les accumulations et les contre-passations de paye mensuelles, les budgets, les engagements, la main-d'oeuvre, etc. Les codes sources servent à la comptabilité centrale et à la comptabilité des ministères.

== **special**

source object

A classification level which identifies the origin of receipts and applies to budgetary revenues.

source of authorities

source of funds

source of receipts; source of revenues

source of revenues; source of receipts

sovereign loan

SPAC
SEE **Senior Project Advisory Committee**

special appropriation

The special authority of Parliament to pay money out of the Consolidated Revenue Fund.

article d'origine (n.m.)

Article servant à déterminer l'origine des recettes et s'appliquant aux recettes budgétaires.

provenance des autorisations (n.f.)

NOTA Titre de rubrique du «Sommaire du portefeuille ministériel» présenté dans le volume 2 des *Comptes publics du Canada*. Le Sommaire du portefeuille ministériel indique la provenance et l'utilisation des autorisations.

provenance des fonds (n.f.)

provenance des recettes (n.f.)

provenance des recettes (n.f.)

prêt consenti à un État souverain (n.m.)

crédit spécial (n.m.)

Autorisation spéciale que donne le Parlement de payer une somme d'argent à même le Trésor.

Il existe cinq types de crédits spéciaux dont deux auxquels ont recours bon nombre de ministères et organismes : le crédit pour éventualités du Conseil du Trésor et les postes législatifs.

special

special drawing rights; SDRs

An international currency created by the International Monetary Fund (IMF), and allocated to countries participating in its Special Drawing Account. As an asset, SDRs represent the value of the rights owned by Canada to purchase currencies of other countries participating in the IMF's Special Drawing Account, thereby representing a supplement to Canada's other official international reserves. As a liability, SDRs represent Canada's liability to the IMF in the event of the cancellation of SDRs previously allocated to Canada, the termination of Canada's participation in the Special Drawing Account or the liquidation of the Special Drawing Account by the IMF.

special drawing rights allocation

special examiner
SEE **examiner**

special non-marketable bond

An interest-bearing certificate of indebtedness issued by the Government of Canada exclusively to the Canada Pension Plan Investment Fund. Special non-marketable bonds are non-negotiable, non-transferable and non-assignable, with a term to maturity of 20 years or less, and interest payable semi-annually; and they are redeemable at face value plus accrued interest.

droits de tirage spéciaux (n.m.); **DTS**

Monnaie internationale créée par le Fonds monétaire international (FMI) et allouée aux pays qui participent à son Compte de tirage spécial. En tant qu'élément d'actif, les DTS représentent la valeur des droits, acquis par le Canada, d'acheter des devises d'autres pays participant au Compte de tirage spécial du FMI, droits qui représentent un supplément aux autres devises officielles du Canada. En tant qu'élément de passif, les DTS représentent l'engagement du Canada envers le FMI dans les éventualités suivantes : l'annulation de DTS antérieurement alloués au Canada; le retrait de la participation du Canada au Compte de tirage spécial; ou la suppression, par le FMI, du Compte de tirage spécial.

allocation de droits de tirage spéciaux (n.f.)

obligation spéciale non négociable (n.f.)

Titre de créance productif d'intérêts, émis par l'État canadien uniquement à l'intention du Fonds de placement du régime de pensions du Canada et comportant les caractéristiques suivantes : non négociable; non transférable; non cessible; échéance: 20 ans ou moins; intérêts payables tous les six mois; remboursement à la valeur nominale augmentée des intérêts courus.

specific

special operating agency; SOA

A service-oriented operational unit, generally within government departments, that receives increased management flexibility in return for commitment to improve performance under a business plan. Objectives include better overall management, improved operational results and greater focus on meeting client needs.

special purpose allotment

An allotment set up for a specific purpose to provide expenditure control, for example, allocations for summer student and youth employment programs.

cf. allotment

special purpose money; specified purpose funds

All money paid to, received or collected by Canada for a special purpose. The money is paid into the Consolidated Revenue Fund and must be paid out of the CRF for that purpose only.

special warrant
SEE **Governor General's special warrant**

specific commitment

A commitment that will require a single payment or a definitive series of payments over a determinate period of time. It

organisme de service spécial (n.m.); **OSS**

Unité opérationnelle axée sur le service, généralement à l'intérieur de ministères, qui bénéficie d'une plus grande marge de manoeuvre à condition d'améliorer les résultats de l'organisme conformément au plan d'activités. Les objectifs sont d'améliorer la gestion globale de l'organisme, d'en renforcer les résultats d'exploitation et de mieux tenir compte des besoins de la clientèle.

NOTA Au pluriel : organismes de service spéciaux.

affectation à but spécial (n.f.)

Catégorie d'affectation qui servira à contrôler des dépenses bien précises.

fonds à fins déterminées (n.m.)

Sommes que l'État reçoit ou perçoit à une fin particulière. Ces sommes sont versées au Trésor et ne peuvent être prélevées qu'à cette fin.

engagement spécifique (n.m.)

Engagement qui nécessitera un versement unique ou une série de versements précis au cours d'une période déterminée. Citons, par

specific

specific commitment (cont'd) includes contracts for goods and services, or any similar arrangement.

exemple, les marchés de biens et de services, ou tout arrangement similaire.

specific vote

crédit spécifique (n.m.); **crédit à des fins particulières** (n.m.)

Catégorie de crédits auxquels le Parlement a recours pour autoriser des dépenses découlant de l'application d'une loi qui prévoit des dépenses sans autoriser les fonds nécessaires, par exemple : les lois qui constituent une société, un conseil ou un autre organisme ou qui autorisent un programme d'aide quelconque.

specified agency

organisme désigné (n.m.)

specified purpose account

compte à fins déterminées (n.m.)

The recorded value of the financial obligations of the Government of Canada in its role as administrator of certain public moneys received or collected for specified purposes, under or pursuant to a legislation, trust, treaty, undertaking or contract. These public moneys may be paid out only for the purposes specified in or pursuant to such legislation, trust, treaty, undertaking or contract.

Valeur comptabilisée des dettes de l'État canadien en sa qualité d'administrateur de certains fonds publics reçus ou perçus à des fins déterminées au titre d'un texte législatif, d'une fiducie, d'un traité, d'un engagement ou d'un contrat. Ces fonds publics ne peuvent être décaissés qu'à des fins conformes au texte législatif, à la fiducie, au traité, à l'engagement ou au contrat en question.

specified purpose account transaction

opération sur un compte à fins déterminées (n.f.)

specified purpose funds
SEE **special purpose money**

specimen signature card; signature card

carte de spécimen de signature (n.f.)

A card used to identify the incumbent of a position to which

Carte servant à identifier les titulaires des postes à l'égard

**specimen signature card;
signature card** (cont'd)

signing authority has been delegated. This card is also used to validate the incumbent signature.

NOTE Specimen signature cards are gradually replaced by electronic validation and authentication processes.

desquels le pouvoir de signer a été délégué et à authentifier leur signature.

NOTA Les processus de validation et d'authentification électroniques remplacent progressivement les cartes de spécimen de signature.

spending authority; expenditure authority; expenditure authorization

The authority assigned by the Minister under section 34 of the *Financial Administration Act* to incur expenditures, including advance and progress payments, and to confirm satisfactory contract performance and price as a prerequisite to the requisitioning of payment.

Spending authority consists of four elements: expenditure initiation, commitment control, contracting and confirmation of contract performance and price.

- *increase ~*
- *~ of up to $...*

autorisation de dépenser (n.f.);
pouvoir de dépenser (n.m.)

Autorisation accordée par le ministre, en vertu de l'article 34 de la *Loi sur la gestion des finances publiques*, d'engager des dépenses, y compris les paiements anticipés et les acomptes, et de confirmer l'exécution satisfaisante et le prix d'un contrat comme condition préalable à la demande de paiement.

Le pouvoir de dépenser est constitué de quatre éléments : engagement des dépenses, contrôle des engagements, passation des marchés et conformité de l'exécution et des coûts du contrat.

- *relever le plafond de l'~; faire passer de [...] à [...] le montant autorisé*
- *autoriser une dépense maximale de [...] $*

spending ceiling; spending limit

spending control; expenditure control; control of expenditures

plafond de dépenses (n.m.)

contrôle des dépenses (n.m.)

Spending

Spending Control Act; Act respecting the control of government expenditures

An act the objective of which is to ensure that the program spending will not, except under prescribed circumstances, exceed the limits established in the Act.

spending control policy

spending decision

spending initiative

spending level; level of spending; expenditure level

spending limit; spending ceiling

spending plan

spending priority

• *set a ~*

spending profile

spending projection

spending reallocation; expenditure reallocation; reallocation of expenditures

spending reduction; expenditure reduction

spending reduction measure; expenditure reduction measure

Loi limitant les dépenses publiques; Loi instituant des plafonds pour les dépenses publiques

Loi qui a pour objectif d'assurer que les dépenses de programme ne dépassent pas les limites établies dans la loi, sauf dans certaines circonstances.

politique de contrôle des dépenses (n.f.)

décision en matière de dépenses (n.f.)

initiative en matière de dépenses (n.f.)

niveau de dépenses (n.m.)

plafond de dépenses (n.m.)

plan de dépenses (n.m.)

priorité en matière de dépenses (n.f.)

• *établir une ~*

profil des dépenses (n.m.)

projection de dépenses (n.f.)

répartition des dépenses (n.f.)

réduction des dépenses (n.f.); **compression des dépenses** (n.f.)

mesure de compression des dépenses (n.f.); **mesure de réduction des dépenses** (n.f.)

spending subject to control

sponsoring department

A department granted appropriation by Parliament for the project's funds and therefore responsible for its operational requirement. Sponsoring departments make submissions to Treasury Board for approval of project objectives and expenditure authority, and are accountable for the overall management of the project. The accountability for the project includes the case where another department or common service agency has agreed to perform project implementation.

sponsorship financial guarantee

Money which will be used to promote self-reliance among newcomers to Canada, reduce costs to taxpayers, and shift more responsibility to those who directly benefit from the management of Canada's immigration programs.

SRF; Supply Revolving Fund

stabilization payment

stacking
SEE **duplicate financing**

stage (n.)
The first subdivision level of the project phase normally related to project performance milestones.

dépenses assujetties à un contrôle (n.f.)

ministère parrain (n.m.)

Ministère qui doit remplir l'exigence opérationnelle du projet; a reçu du Parlement des fonds pour le projet; soumet des présentations au Conseil du Trésor pour demander l'approbation des objectifs du projet et l'autorisation des dépenses connexes; et assume la responsabilité de la gestion globale du projet même lorsqu'un autre ministère ou organisme de services communs a accepté de mettre en oeuvre le projet.

garantie financière de parrainage (n.f.)

Sommes d'argent qui serviront à promouvoir l'autonomie chez les nouveaux arrivants, à réduire les coûts supportés par les contribuables, et à transmettre une part de responsabilité plus importante à ceux qui bénéficient directement de la gestion des programmes d'immigration du Canada.

Fonds renouvelable des approvisionnements (n.m.); **FRA**

paiement de stabilisation (n.m.)

étape (n.f.)
Premier niveau de subdivision de la phase du projet, normalement relié aux étapes de rendement du projet.

standard

standard allotment

A type of allotment used to provide funding for voted budgetary expenditures.

cf. allotment

affectation courante (n.f.)

Catégorie d'affectation qui sert à financer des dépenses budgétaires votées.

p. ex., traitements et salaires; autres dépenses de fonctionnement; dépenses en capital secondaires; dépenses en capital contrôlées; subventions et contributions, etc.

standard audit report
SEE **auditor's standard report**

standard form report
SEE **auditor's standard report**

standard object

The highest level of object classification used for Parliamentary and executive purposes. Standard objects are reported in the Estimates and the Public Accounts.

NOTE There are two types of standard objects, a standard object of expenditures and a standard object of revenues.

article courant (n.m.)

Niveau le plus élevé de classification par article qu'utilisent le Parlement et le pouvoir exécutif; ces articles figurent dans le Budget des dépenses et les Comptes publics.

NOTA Il y a 2 types d'articles courants : les articles courants de dépenses et les articles courants de recettes. Il existe actuellement 16 articles courants.

standard of timeliness (for each step in the processing of an invoice)

norme précisant le délai fixé (n.f.) (pour chaque étape du traitement d'une facture)

standard payment terms

modalités de paiement normalisées (n.f.)

standard report
SEE **auditor's standard report**

standards of disclosure
SEE **disclosure standards**

standing advance

An accountable advance made in a fixed amount to a person required to incur expenditures on a continuing basis and reimbursed to that fixed amount each time an accounting for expenditures is made.

standing advance for travel
SEE **standing travel advance**

Standing Committee on Finance
(House of Commons Committee)

standing offer

standing travel advance; standing advance for travel

An advance issued to persons required to be constantly in travel status.

statement of account

A report of transactions between debtor and creditor, usually prepared by the creditor and concluding with the open or unpaid balance, if any.

Statement of Accumulated Deficit

A statement which reflects the net accumulation of annual deficits and surpluses of the government since Confederation.

Statement of Assets and Liabilities

A statement which discloses the government's cash balances and investments, and amounts owing to

avance permanente (n.f.)

Avance consentie sous forme d'un montant fixe à une personne qui doit supporter des dépenses de façon continue et qui est remboursée de façon à reconstituer ce montant fixe chaque fois qu'elle rend compte des dépenses.

Comité permanent des finances
(Comité de la Chambre des communes)

offre permanente (n.f.)

avance de voyage permanente (n.f.)

Avance consentie aux personnes qui doivent se déplacer souvent dans l'exercice de leurs fonctions.

état de compte (n.m.); relevé de compte (n.m.)

Document destiné à une personne ou à une entité sur lequel figure la transcription des mouvements enregistrés dans un compte, de manière à faire ressortir son solde.

État du déficit accumulé (n.m.)

État qui montre le résultat net de l'accumulation des déficits et des excédents annuels de l'État depuis la Confédération.

État de l'actif et du passif (n.m.)

État qui présente les soldes en caisse et les investissements du gouvernement, ainsi que les

Statement of Assets and Liabilities (cont'd)

and by the government at the end of the year. It differs in some ways from a conventional private sector balance sheet. Two major differences concern items that are not reported on this statement: capital assets, having been accounted for as expenditures, and tax revenues receivable since tax revenues are reported on a cash basis. The difference, therefore, between total assets and total liabilities is simply the aggregate of annual budgetary deficits and surpluses determined in accordance with the accounting policies of the government.

montants dus, au gouvernement ou par celui-ci, à la fin de l'exercice. Il diffère d'une certaine façon du bilan conventionnel propre au secteur privé. Deux différences majeures sont l'absence d'immobilisations, lesquelles ont été comptabilisées comme dépenses, et de débiteurs relatifs aux recettes fiscales, car ces recettes sont présentées selon la méthode de la comptabilité de caisse. Par conséquent, la différence entre le total de l'actif et le total du passif représente l'ensemble des déficits et des excédents budgétaires annuels déterminés selon les conventions comptables du gouvernement.

Statement of Changes in Financial Position

A statement which provides information on the government's cash requirements for operating and investing activities and on the various measures used for financing these activities.

État de l'évolution de la situation financière (n.m.)

État qui fournit de l'information sur les besoins de trésorerie du gouvernement pour les activités de fonctionnement et d'investissement et sur les diverses formes de financement retenues pour ces activités.

Statement of Contingent Liabilities

État du passif éventuel (n.m.)

statement of financial position SEE balance sheet

statement of operations (Crown corporations)

état des résultats (n.m.) (sociétés d'État)

statement of requirements; SOR

The sponsoring department's documentation of the operational requirements stated as the performance objectives of the

énoncé des besoins (n.m.); ÉB

Documentation du ministère parrain, énonçant les exigences opérationnelles sous forme d'objectifs qualitatifs et

— statistical

statement of requirements; SOR (cont'd)

project in qualitative and quantitative terms. SORs are normally expressed in operational or mission terms and related to the department's mandate or program accountability.

statement of responsibility

Statement of Revenues and Expenditures

A financial statement which presents the government's revenues and expenditures (results of operations) for the year. On this statement, revenues and expenditures are reported both gross and net.

Statement of Revenues due to the Consolidated Revenue Fund; Exchange Fund earnings (obsolete)

Statement of Transactions

A presentation of all financial transactions of the Government of Canada as a reporting entity identifying how the financial requirements were met and how these transactions affected the cash balance. The financial transactions are classified into the following categories: budgetary transactions, non-budgetary transactions, foreign exchange transactions and unmatured debt transactions.

statistical sampling

A sampling method that comprises the use of a number of different mathematical techniques based on

quantitatifs de rendement du projet. Normalement exprimé en termes opérationnels ou sous forme d'énoncé de mission, l'ÉB est lié au mandat du ministère ou à sa responsabilité à l'égard du programme.

énoncé de responsabilité (n.m.)

État des recettes et dépenses (n.m.)

État financier qui présente les recettes et les dépenses de l'État (résultats des opérations) pour l'exercice. On y trouve les recettes et les dépenses brutes et nettes.

État des revenus dus au Trésor (n.m.); gains du fonds des changes (vieilli) (n.m.)

État des opérations (n.m.)

Présentation de l'ensemble des opérations financières de l'État canadien, présentation qui indique la façon dont les besoins financiers ont été satisfaits et l'effet de ces opérations sur le solde de caisse. Les opérations financières sont classées selon les catégories suivantes : opérations budgétaires, opérations non budgétaires, opérations de change et opérations de la dette non échue.

échantillonnage statistique (n.m.)

Méthode d'échantillonnage qui consiste à utiliser différentes techniques mathématiques basées

statistical

statistical sampling (cont'd)
laws of probability to objectively determine sample size, select the sample items and evaluate the results (i.e. make inferences about the population from which the sample was selected).

• *sound ~*

• *implement ~*

sur les lois de la probabilité pour déterminer objectivement la taille de l'échantillon, sélectionner les éléments de l'échantillon et évaluer les résultats (c'est-à-dire aboutir à des conclusions sur la population à partir de l'échantillon prélevé).

• *~ rigoureux*

• *effectuer un ~, procéder à un ~*

statutory adjustment

redressement législatif (n.m.)

statutory appropriation

crédit législatif (n.m.); **crédit statutaire** (à éviter) (n.m.)

Any authority of Parliament to pay money out of the Consolidated Revenue Fund granted on a continuing basis and normally provided by statutes other than appropriation acts.

Toute autorisation du Parlement de payer une somme d'argent sur le Trésor accordée de façon permanente et normalement octroyée en vertu de lois autres que les lois de crédits.

statutory authority

autorisation législative (n.f.); **autorisation statutaire** (à éviter) (n.f.)

A permanent spending authority which is based on legislation, and is valid until the legislation is repealed or changed.

Autorisation de dépenser permanente accordée par le Parlement dans une loi autre que les lois de crédits et qui vaut jusqu'à ce que la mesure législative ait été abrogée ou modifiée.

statutory expenditures

dépenses législatives (n.f.); **dépenses statutaires** (à éviter) (n.f.)

Expenditures which have been given continuing authority by Acts of the current or previous Parliaments and therefore requires no new parliamentary approval. They are included in Estimates for

Dépenses qui ne nécessitent aucune nouvelle autorisation du Parlement puisqu'elles ont été approuvées de façon permanente par des lois d'un Parlement antérieur ou du Parlement actuel.

statutory

statutory expenditures (cont'd)
information purposes only. These expenditures include public debt charges and payments to other levels of government and to individuals.

Elles ne figurent dans le Budget des dépenses qu'à titre d'information. Ces dépenses comprennent les frais de la dette publique ainsi que les paiements à d'autres paliers de gouvernement ou à des particuliers.

statutory forecasts

prévisions réglementaires (n.f.)

statutory grant

subvention législative (n.f.)

statutory information –

renseignements requis par la loi (n.m.)

Information specifically called for, collected, distributed or reported in accordance with legislation; an example is a statement of the financial transactions of the fiscal year as part of the *Public Accounts of Canada*, as required by the *Financial Administration Act*.

Renseignements expressément exigés, recueillis, distribués, rapportés, etc. conformément à la loi, par exemple, un état des opérations financières de l'exercice dans le cadre des *Comptes publics du Canada*, comme l'exige la *Loi sur la gestion des finances publiques*.

statutory item

poste législatif (n.m.)

An item, included in the Estimates for information purposes only, for which legislative approval already exists.

Poste figurant au Budget des dépenses à titre d'information seulement, car les dépenses qui le composent ont été approuvées de façon permanente par des lois.

statutory payment

paiement législatif (n.m.);
versement législatif (n.m.)

statutory program

programme législatif (n.m.);
programme statutaire (à éviter) (n.m.)

A major departmental operation designed to achieve specified objectives for the department and for which the required expenditures have been approved through existing legislation other than appropriation acts.

Opération ministérielle majeure conçue pour atteindre des objectifs précis et dont les dépenses font déjà l'objet d'une approbation dans une loi autre que les lois de crédits.

statutory

statutory report	**rapport exigé par la loi** (n.m.); **rapport législatif** (n.m.); **rapport prévu par la loi** (n.m.)
statutory reserve (obsolete) NOTE Replaced by the contingency reserve.	**réserve législative** (vieilli) (n.f.) NOTA Cette réserve a été remplacée par la réserve pour éventualités.
statutory vote	**crédit législatif** (n.m.); **crédit statutaire** (à éviter) (n.m.)
stock SEE **capital stock**	
stock capital SEE **capital stock**	
stock of debt • *increase in the ~*	**encours de la dette** (n.m.); **dette** (n.f.) • *gonflement de l'~*
stop payment (n.) (on a cheque)	**opposition** (n.f.) (à un chèque)
stop payment on a cheque	**faire opposition à un chèque**
strategy session A session conducted by Cabinet in late spring to assess the results of the last Budget and to identify high priorities, drawing on advice from the policy committees, in order to guide the summer activities of defining reallocation and policy options for the Budget consultation process in the fall.	**séance de stratégie** (n.f.) Séance menée par le Cabinet à la fin du printemps pour évaluer les résultats du dernier budget et pour définir les grandes priorités, compte tenu de l'avis des comités d'orientation. Cette séance a pour but de guider les travaux qui se poursuivent pendant l'été et qui consistent à définir les possibilités de réaffectation et d'action en prévision du processus de consultation budgétaire de l'automne.
streamlined (adj.)	**rationalisé** (adj.); **simplifié** (adj.)

submission

subactivity

A subdivision of an activity within a program.

suballotment

A subdivision of an allotment by a department to permit the disbursement of funds outside departmental headquarters.

cf. allotment

sub-category

A level of classification by object used by departments and central agencies. Sub-categories are a primary breakdown of each category. In many cases, they are the same as standard objects.

subject

NOTE One of the headings used in Treasury Board submissions.

subject to call or redemption before maturity

submission
SEE **submission to the Treasury Board**

submission analysis

submission review

submission to the Treasury Board; submission; Treasury Board submission

A document submitted to the Treasury Board requesting authorities, one of which is permission to spend money.

sous-activité (n.f.)

Subdivision d'une activité à l'intérieur d'un programme.

sous-affectation (n.f.)

Subdivision d'une affectation faite par un ministère afin de permettre des sorties de fonds ailleurs qu'au bureau principal.

sous-catégorie (n.f.)

Un des niveaux de classification par article qu'utilisent les ministères et les organismes centraux. Chaque catégorie se divise d'abord en sous-catégories qui correspondent, dans bien des cas, aux articles courants.

objet (n.m.)

NOTA Une des rubriques d'une présentation au Conseil du Trésor.

rachetable ou remboursable avant (l')échéance

analyse des présentations (n.f.)

examen des présentations (n.m.)

présentation au Conseil du Trésor (n.f.); **PCT**; **présentation** (n.f.)

Document adressé au Conseil du Trésor pour obtenir certaines autorisations dont celle de dépenser de l'argent.

• *adresser, soumettre une ~*

sub-reporting

sub-reporting object

A secondary breakdown for reporting objects under certain standard objects. These objects are used for structural purposes only.

subscriber

subscription

An equity investment by the Government of Canada in an organization.

subscription to the International Monetary Fund

The recorded value of Canada's quota in the capital of the International Monetary Fund (IMF). The subscription is expressed in terms of special drawing rights.

subsequent event

subsequent fiscal year; SFY; subsequent year

subsidiary

subsidiary account

Account of the Central Accounts maintained for control and management information purposes.

subsidiary record

subsidy

article de sous-rapport (n.m.)

Subdivision secondaire des articles de rapport compris dans certains articles courants. Ces articles servent uniquement à des fins structurelles.

souscripteur (n.m.)

souscription (n.f.)

Investissement en actions dans un organisme par l'État canadien.

souscription au Fonds monétaire international (n.f.)

Valeur comptabilisée de la quote-part du Canada dans le capital du Fonds monétaire international (FMI). La souscription est exprimée en droits de tirage spéciaux.

événement postérieur (n.m.)

année financière suivante (n.f.); **exercice suivant** (n.m.)

NOTA Lorsqu'on se réfère à plusieurs exercices à venir, on emploie «exercices ultérieurs».

filiale (n.f.)

compte auxiliaire (n.m.)

Subdivision des comptes centraux tenus à des fins de contrôle et d'information de gestion.

registre auxiliaire (n.m.)

subvention (n.f.)

Summary

substantive estimate

An estimate of sufficiently high quality and reliability so as to warrant Treasury Board approval as a cost objective for the project phase under consideration. It is based on detailed system and component design and takes into account all project objectives and deliverables.

sub-subactivity

The lowest level of activity recognized on a department's program activity structure.

sub-suballotment

cf. allotment

subtotal

summarize

summarizing (transactions)

summary financial statement

e.g. of consolidated Crown corporations and enterprise Crown corporations

Summary Statement of Transactions

A ten-year comparative summary of the Government's financial transactions. This statement provides aggregate data on the

estimation fondée (n.f.)

Estimation suffisamment précise et fiable pour permettre au Conseil du Trésor d'approuver un objectif en ce qui a trait au coût de la phase du projet à l'étude. Elle repose sur des études détaillées des systèmes et des éléments et tient compte de tous les objectifs et résultats prévus du projet.

sous-sous-activité (n.f.)

Niveau le plus détaillé d'activité qui figure dans la structure des activités de programme d'un ministère.

sous-sous-affectation (n.f.)

Subdivision d'une sous-affectation attribuée aux centres de responsabilité où les gestionnaires reçoivent un budget de fonctionnement.

total partiel (n.m.)

récapituler; résumer; condenser

récapitulation (n.f.) (des opérations)

état financier abrégé (n.m.); **état financier condensé** (n.m.); **état financier sommaire** (n.m.)

p. ex., des sociétés d'État consolidées et des sociétés d'État entreprises

État sommaire des opérations (n.m.); **État abrégé des opérations** (proposition)

Sommaire comparatif, sur dix exercices, des opérations financières de l'État. Ce tableau présente un ensemble de données

339

Summary

Summary Statement of Transactions (cont'd)

major categories of transactions under four main headings: budgetary, non-budgetary, foreign exchange and unmatured debt. The resulting cash position at the end of each year is also shown.

concernant les catégories principales d'opérations, selon quatre rubriques principales : opérations budgétaires, opérations non budgétaires, opérations de change et opérations de la dette non échue. La situation du fonds en banque qui en découle à la fin de chaque exercice y figure également.

superannuation account

The liabilities of the Government of Canada in its role as administrator of pension plans in respect of its employees and certain other contributors.

compte de pension de retraite (n.m.)

Passif de l'État canadien en sa qualité d'administrateur de régimes de pension de ses fonctionnaires et de certains autres cotisants.

Supplementaries
SEE **Supplementary Estimates**

supplementary accounting period
SEE **supplementary period**

Supplementary Estimates; Supplementaries

The document used to obtain parliamentary approval of proposed changes in the allocation of funds previously approved in the Main Estimates, or to obtain a further allocation of funds. The Supplementary Estimates are indicated as A, B and so on.

Budget des dépenses supplémentaire (n.m.)

Document utilisé pour faire approuver par le Parlement des modifications proposées à l'affectation des crédits déjà approuvés dans le Budget des dépenses principal, ou pour obtenir une affectation supplémentaire. Comme il peut y avoir plus d'un budget des dépenses supplémentaire, on les distingue au moyen de lettres : A, B, etc.

supplementary financial information

information financière supplémentaire (n.f.)

supply

Supplementary Fines Fish Account

An account established to record the deposit of monies received from persons declared guilty of offences under the *Fisheries Act*, and fined by courts under the same Act.

supplementary period; supplementary accounting period

An accounting period, subsequent to the fiscal year, during which adjustments are made to the accounts of Canada for the year just ended.

supplementary statement

supplement votes

supply (n.)

A sum of money provided by Parliament, or a like body, to meet the expenses of government.

supply bill; appropriation bill

A draft law containing the expenditure estimates of all the departments of the government. Once a supply bill has passed through Parliament and been assented to by the Governor General, it becomes an appropriation act.

Compte d'amende additionnelle pour poisson

Compte établi afin d'enregistrer les sommes d'argent reçues de personnes qui ont été déclarées coupables d'une infraction en vertu de la *Loi sur les pêches*, et obligées de payer une amende en vertu de cette Loi.

période complémentaire (n.f.); **période supplémentaire** (à éviter) (n.f.)

Période comptable qui suit l'exercice et au cours de laquelle des régularisations sont faites dans les comptes du Canada relativement à l'exercice écoulé.

NOTA Les périodes complémentaires correspondent plus ou moins aux mois civils : période 13 (avril), période 14 (mai), période 15 (juin).

état supplémentaire (n.m.)

compléter des crédits

crédits (n.m.)

Ensemble des autorisations de dépenser octroyées pour faire face aux dépenses du gouvernement.

• *accorder des ~*

projet de loi de crédits (n.m.)

État provisoire d'un texte de loi portant sur les sommes prévues pour faire face aux dépenses de l'État. Il est élaboré par le gouvernement en vue de son adoption comme loi.

supply

supply motion

Any motion, including an opposition motion on an allotted day, moved under the continuing order of the day for the consideration of supply.

supply period

Supply Revolving Fund; SRF

supply schedule

support grant
SEE **sustaining grant**

surplus; budgetary surplus; budget surplus

The excess of revenues over expenditures resulting from budgetary transactions.

surplus Crown assets

suspense account

An account in which transactions are recorded temporarily, pending their ultimate disposition.

sustaining grant; support grant

Basic funding for ongoing operations, which may continue for a number of years.

system of account verification; account verification system

motion de crédits (n.f.)

Motion proposée en vertu de l'ordre du jour permanent des crédits, y compris les motions de l'opposition présentées les jours désignés.

période d'octroi des crédits (n.f.)

Fonds renouvelable des approvisionnements (n.m.)**; FRA**

calendrier d'octroi des crédits (n.m.)

excédent (n.m.)**; excédent budgétaire** (n.m.)**; surplus** (n.m.) (sociétés d'État)

Surplus des recettes par rapport aux dépenses attribuable aux opérations budgétaires.

biens excédentaires de l'État (n.m.)**; biens excédentaires de la Couronne** (à éviter) (n.m.)

compte d'attente (n.m.)

Compte dans lequel les opérations sont comptabilisées à titre provisoire en attendant leur affectation définitive.

subvention de soutien (n.f.)

Aide financière accordée pour les activités courantes, qui peut être versée pendant plusieurs années.

système de vérification des comptes (n.m.)

tabling date (of a report, a budget)	**date de dépôt** (n.f.) (d'un rapport, du budget, etc.)
tabling of Supplementary Estimates	**dépôt du Budget des dépenses supplémentaire** (n.m.)
tangible asset; physical asset	**bien matériel** (n.m.); **bien corporel** (n.m.)
Any asset having physical existence; any asset other than an intangible.	Bien ayant une existence à la fois tangible et physique.
tariff SEE **customs tariff**	
tax[1]	**taxe** (n.f.)
	Redevance résultant d'un procédé de répartition des charges publiques proportionnellement aux services rendus, que doit payer le bénéficiaire d'une prestation fournie par les pouvoirs publics et, par extension, le procédé de répartition lui-même.
tax[2] (n.)	**impôt** (n.m.)
• *introduce, initiate, establish a ~*	Prélèvement pécuniaire et obligatoire des pouvoirs publics, effectué à des fins d'interventions économiques, financières et sociales, sur les ressources des personnes physiques ou morales.
	• *instaurer un ~*
tax[3] (v.)	**imposer; taxer**
	Déterminer et exiger le paiement d'un impôt ou d'une taxe.

tax

tax[3] (v.) (cont'd)

NOTA Imposer une personne, un revenu, des bénéfices, etc. Taxer un produit.

taxability index

indice d'imposition (n.m.)

tax collection; collection of taxes

recouvrement de l'impôt (n.m.); **perception de l'impôt** (n.f.)

tax dollar; taxpayers' dollar

argent des contribuables (n.m.); **impôts** (n.m.)

tax equalization payment
SEE **equalization payment**

taxpayers' dollar; tax dollar

argent des contribuables (n.m.); **impôts** (n.m.)

tax point transfer

transfert de points d'impôt (n.m.)

A transfer which permits provinces to receive tax revenues that would otherwise flow to the federal government.

Transfert permettant aux provinces de recevoir des recettes fiscales qui, autrement, reviendraient au gouvernement fédéral.

tax rate; rate of tax; rate of taxation

taux d'imposition (n.m.); **taux d'impôt** (n.m.)

tax refund; refund of tax; income tax refund

remboursement d'impôt sur le revenu (n.m.); **remboursement d'impôt** (n.m.)

Tax Remission Order (goods and services tax)

Décret de remise de taxe (n.m.) (taxe sur les produits et services)

tax revenue receivable

recettes fiscales à recevoir (n.f.)

Financial claims arising through the tax system.

Créances résultant du régime fiscal.

tax revenues

recettes fiscales (n.f.)

Recettes que l'État tire des impôts directs et indirects et autres taxes qui frappent les contribuables.

tender

tax revenue source object	article d'origine pour les recettes fiscales (n.m.)

TB
SEE **Treasury Board**

T-bill
SEE **Treasury bill**

TBS
SEE **Treasury Board of Canada Secretariat**

TB vote 5
SEE **contingencies vote**

TB Vote 5 funding; Treasury Board Vote 5 funding	**prélèvement sur le crédit 5 du Conseil du Trésor** (n.m.)
technical submission (to the Treasury Board)	**présentation technique** (n.f.) (au Conseil du Trésor)
technical Supplementary Estimates	**budget supplémentaire de nature technique** (n.m.)
temporary security deposit	**dépôt de garantie provisoire** (n.m.)
tender[1] (n.); **bid**[1] (n.) An offer submitted in response to an invitation from a contracting authority to carry out work or to supply goods or services for a certain price under defined terms and conditions.	**soumission** (n.f.); **offre** (n.f.) Proposition soumise en réponse à une invitation faite par une autorité contractante et par laquelle une personne physique ou morale exprime sa volonté de s'engager à fournir des biens ou des services à un certain prix et selon des modalités déterminées.
tender[2] (v.); **bid**[2] (v.)	**soumissionner**
tender rate; Treasury bill tender rate	**taux d'adjudication des bons du Trésor** (n.m.); **taux d'adjudication** (n.m.)

tenders

tenders received

NOTE One of the headings used in Treasury Board submissions.

termination date (of a revolving fund)

term of payment; time for payment; period of payment; payment period

terms and conditions

terms of payment; payment terms

Territorial Formula Financing

The principal means by which the federal government provides funds to the governments of the Yukon Territory and the Northwest Territories to assist them in providing public services. The transfers are based on a formula which takes into account both expenditure requirements and revenue capacity.

third party

third-party liability

offres reçues (n.f.)

NOTA Une des rubriques d'une présentation au Conseil du Trésor.

date de fermeture (n.f.) (d'un fonds renouvelable)

délai de paiement (n.m.)

Période au terme de laquelle un débiteur est tenu de régler sa dette.

modalités (n.f.)

modalités de paiement (n.f.); **conditions de paiement** (n.f.); **conditions de règlement** (n.f.); **modalités de règlement** (n.f.)

Ensemble des conditions précisant la façon dont un débiteur versera une somme, réglera une facture, etc., ainsi que la date du versement ou du règlement.

financement global des territoires (n.m.); **formule de financement global des territoires** (n.f.)

Transferts versés directement par le gouvernement fédéral aux gouvernements du Territoire du Yukon et des Territoires du Nord-Ouest pour les aider à fournir des services publics. Ces transferts sont calculés en fonction d'une formule qui tient compte à la fois des besoins de dépenses et de la capacité fiscale des territoires.

tiers (n.m.)

passif auprès de tiers (n.m.)

total

**thirty-day payment policy;
30-day payment policy**

A policy whereby suppliers of goods and services must be paid on the due date, in accordance with the contract, as specified by a standard payment term, 30 days from receipt of an invoice or acceptance of the goods or service, whichever is later.

three Es, the

These are Economy, Efficiency and Effectiveness.

throughput

The number of production units or outputs that have been processed through an operation. It may be related to a particular activity, or to an entire service. In a government setting, it may be the number of clients served or applications processed in a given period of time.

time for payment
SEE **term of payment**

today's dollars
SEE **current dollars**

total budgetary expenditures

total expenditures

politique de paiement dans les 30 jours (n.f.)

Politique qui prévoit le paiement des fournisseurs de biens et services dans les 30 jours suivant la date de réception d'une facture ou d'acceptation des marchandises ou des services, la dernière de ces éventualités étant retenue.

les trois E

Ce sont l'Économie, l'Efficience et l'Efficacité.

production (n.f.)

Nombre d'unités ou d'extrants qui sont traités au moyen d'une opération. Elle peut être rattachée à une activité en particulier ou à un service complet. Dans un milieu gouvernemental, il peut s'agir du nombre de clients desservis ou des applications traitées dans une période de temps donnée.

dépenses budgétaires totales (n.f.)**; ensemble des dépenses budgétaires** (n.m.)**; total des dépenses budgétaires** (n.m.)

Ensemble des sommes qui sont imputées aux crédits budgétaires et qui influent sur le déficit ou l'excédent de l'État.

dépenses totales (n.f.)

total

total program spending	**dépenses totales de programme** (n.f.); **total des dépenses de programme** (n.m.)
traditional appropriation	**crédit traditionnel** (n.m.)
TRANSAC card	**carte TRANSAC** (n.f.)
	Carte magnétique qui renferme l'information nécessaire pour approuver les paiements d'articles stockés et de travaux d'impression.
transaction	**opération** (n.f.)
An event or condition the recognition of which gives rise to an accounting entry.	Fait ou situation dont la constatation donne lieu à une écriture comptable.
• *trace a ~*	• *retracer, suivre une ~*
transaction cycle	**cycle des opérations** (n.m.)
A grouping of similar economic events which have been recorded by the accounting system and which have an impact on the entity's financial statements.	Regroupement d'événements économiques comparables, enregistrés par le système comptable, qui ont une incidence sur les états financiers de l'entité.
NOTE The most common transaction cycles are: revenue, receivables, receipts; purchases, payables, payments; production, inventories; payroll; treasury; and financial reporting.	NOTA Les cycles les plus courants sont les suivants : produits, débiteurs, encaissements; achats, créditeurs, paiements; production, stocks; paye; trésorerie; rapports financiers.
transaction streams	**ensemble d'opérations** (n.m.)
transaction type; type of transaction	**type d'opération** (n.m.); **nature d'une opération** (n.f.)
transfer[1] (n.); **transfer of funds; funds transfer**	**virement** (n.m.); **virement de fonds** (n.m.)
A movement of funds by means of accounting entries.	Opération qui consiste à transférer, par simple jeu d'écritures, une somme ou un solde d'un compte à un autre.

transfer

transfer[2] (v.); **transfer funds** (v.)

An action by which a sum is moved electronically from one bank account to another.

virer; virer des fonds

Action de transférer électroniquement une somme d'un compte à un autre à l'intérieur d'une institution bancaire ou entre deux institutions différentes.

transferable (adj.)

transférable (adj.)

transferee of a fund

cessionnaire d'un fonds (n.é.)

NOTA Cessionnaire : dans une cession, personne qui acquiert du cédant le droit cédé.

transfer from persons

transfert de particuliers (n.m.)

transfer funds (v.)
SEE **transfer**[2] (v.)

transfer of funds
SEE **transfer**[1] (n.)

transfer of profit

virement de bénéfices (n.m.)

transferor of a fund

cédant d'un fonds (n.m.)

NOTA Cédant : dans une cession, personne qui cède son droit au cessionnaire.

transfer payment

Funding provided by the federal government to provinces and territories to ensure that they have the means to deliver essential public services such as health care, postsecondary education and social services, while allowing provinces the flexibility to provide programs reflecting their unique circumstances and needs.

paiement de transfert (n.m.)

Financement accordé par le gouvernement fédéral aux provinces et territoires afin qu'ils aient les moyens de fournir des services publics essentiels tels que l'assurance-santé, l'enseignement postsecondaire et les services sociaux, tout en leur laissant la liberté de fournir des programmes adaptés à leur situation et à leurs besoins particuliers.

transfer payment agreement

accord de paiement de transfert (n.m.)

transfer

transfer payment made

paiement de transfert effectué (n.m.)

transfer price[1]

An imputed rate of 20 per cent of the salary cost used to recognize and compensate the additional personnel costs (i.e., government's portion of pension, insurance and workers compensation) that result from the transfer of a non-salary allocation to a salary allocation. The transfer of a salary allocation to a non-salary allocation results in a 20 per cent premium.

facteur de conversion (n.m.); **prix de transfert** (à éviter) (n.m.)

Facteur qui tient compte du coût des avantages sociaux dans la rémunération globale, comme la cotisation du gouvernement aux régimes de retraite et aux régimes d'assurance, et non inclus dans le budget de fonctionnement. Il est exprimé sous forme d'un pourcentage (20 %) à appliquer aux virements entre les dépenses salariales et les autres postes du budget de fonctionnement.

transfer price[2]

prix de cession interne (n.m.); **coût de cession** (n.m.)

transfer to local governments

transfert aux administrations locales (n.m.)

transfer to non-residents

transfert aux non-résidents (n.m.)

transfer to persons

transfert aux particuliers (n.m.)

transfer to provinces

transfert aux provinces (n.m.)

transitional cost

frais de transition (n.m.)

transitional funding

financement transitoire (n.m.)

translation of foreign currencies; foreign currency translation; conversion of foreign currencies

conversion de devises (n.f.)

Action d'échanger la devise d'un pays contre celle d'un autre pays.

NOTA On utilisera l'expression «conversion en dollars canadiens» le cas échéant.

Treasury

translation of foreign currency transactions

conversion des opérations en devises (n.f.)

transportation subsidy

subvention au transport (n.f.)

travel advance; trip advance

avance de voyage (n.f.)

An advance to cover expenses for an authorized trip on official business.

Somme d'argent avancée à un employé dans le cas d'un voyage en service commandé.

travel card

carte-voyage (n.f.); carte de voyage (n.f.)

cf. individual travel card

travel expenses

frais de déplacement (n.m.); frais de voyage (n.m.)

Treasury bill; T-bill

bon du Trésor (n.m.)

A short-term certificate of indebtedness issued by the Government of Canada to pay a sum of money on a given date. Treasury Bills are issued at a discount in lieu of interest payments and have a maturity of 3, 6 or 12 months. They are transferable, issued in Canadian currency only, and bought and sold on the open market.

Titre de créance à court terme émis par l'État canadien pour le versement d'une somme d'argent à une date donnée et comportant les caractéristiques suivantes : escompte tenant lieu d'intérêt; termes d'échéance de 3, 6 et 12 mois; libellé en monnaie canadienne exclusivement; cessibilité; achat et vente sur le marché libre.

Treasury bill tender rate; tender rate

taux d'adjudication des bons du Trésor (n.m.); taux d'adjudication (n.m.)

Treasury Board; TB

Conseil du Trésor (n.m.); CT

Comité de ministres établi par décret en vertu de la *Loi sur la gestion des finances publiques* et habilité à autoriser les dépenses. Le Conseil du Trésor affecte les ressources nécessaires à la mise en oeuvre des politiques et des

Treasury

Treasury Board; TB (cont'd)

programmes approuvés par le gouvernement. Il s'agit de l'employeur officiel de la fonction publique fédérale.

Treasury Board contingencies vote
SEE **contingencies vote**

Treasury Board of Canada Secretariat; Treasury Board Secretariat; TBS

The administrative body of the Treasury Board established to implement TB policies throughout the public service.

Secrétariat du Conseil du Trésor (n.m.); **SCT**

Organe administratif du Conseil du Trésor (CT) qui a été créé pour mettre en vigueur les politiques établies par le CT, à titre de gestionnaire général de la fonction publique et des ressources humaines et matérielles connexes.

Treasury Board submission
SEE **submission to the Treasury Board**

Treasury Board vote 5
SEE **contingencies vote**

Treasury Board Vote 5 funding; TB Vote 5 funding

prélèvement sur le crédit 5 du Conseil du Trésor (n.m.)

Treasury note

A note issued by or on behalf of Her Majesty for the payment of a principal sum specified in the note to a named recipient or to a bearer at a date not later than twelve months from the date of issue of the note.

billet du Trésor (n.m.)

Billet, émis par sa Majesté ou en son nom, constatant le droit du bénéficiaire inscrit ou du porteur de toucher, dans les douze mois suivant sa date d'émission, la somme qui y est spécifiée à titre de principal.

trip advance
SEE **travel advance**

tripartite basis, on a
e.g. federal government, provinces and municipalities

selon une entente tripartite
p. ex., gouvernement fédéral, provinces et municipalités

trust (n.)
- *establishment of a ~*
- *in ~*

fiducie (n.f.)
- *création d'une ~*
- *en ~*

trust account
An account established to record the deposit of money in the Consolidated Revenue Fund, or the receipt of securities, when these funds must be administered by the Government of Canada according to specific terms and conditions of a trust agreement or legislation establishing a fiduciary relationship. The funds remain the property of the beneficiary and consequently represent a financial obligation of the Government of Canada.

- *establish a ~*

compte en fiducie (n.m.)
Compte servant à comptabiliser les dépôts au Trésor ou les titres reçus, si ces fonds doivent être administrés par l'État selon les conditions particulières d'une entente de fiducie ou d'une loi établissant une relation de fiduciaire. Les fonds appartiennent toujours au bénéficiaire et, en conséquence, équivalent à une obligation financière pour l'État canadien.

- *créer un ~*

trust fund
An account established in the *Public Accounts of Canada* to record funds received for specific purposes.

fonds en fiducie (n.m.)
Compte établi dans les *Comptes publics du Canada* afin d'inscrire principalement des sommes d'argent reçues pour des fins spécifiques.

trust obligation
SEE **fiduciary duty**

tuition fee

frais de scolarité (n.m.)

type of debtor

catégorie de débiteur (n.f.)

type of transaction; transaction type

type d'opération (n.m.); **nature d'une opération** (n.f.)

unaccounted-for-liability

unamortized amount

unamortized commission

unamortized discount

unamortized discount on Treasury bills

The portion of the discount on outstanding Treasury bills which has not yet been charged to expenditure.

NOTE Treasury bills do not bear interest and are sold at a discount, the amount of which is the equivalent of interest. The face value of the Treasury bills is recorded as a liability, and the difference between the face value and the actual selling price represents the discount. This discount is amortized as an expenditure over the term of issue.

unamortized portion of actuarial deficiencies (obsolete); **unamortized portion of experience gain or loss**

unamortized portion of experience gain or loss; unamortized portion of actuarial deficiencies (obsolete)

passif non comptabilisé (n.m.)

somme non amortie (n.f.)

commission non amortie (n.f.)

escompte non amorti (n.m.)

escompte non amorti des bons du Trésor (n.m.)

Fraction de l'escompte des bons du Trésor en circulation qui n'a pas encore été imputée aux dépenses.

NOTA Les bons du Trésor ne portent pas intérêt, mais comportent un escompte qui tient lieu d'intérêt. La valeur nominale des bons du Trésor s'inscrit au passif. La différence entre cette valeur et le prix de vente effectif constitue l'escompte, lequel est amorti, en tant que dépense, sur la durée de l'émission.

fraction non amortie des gains ou pertes actuariels (n.f.); **fraction non amortie des insuffisances actuarielles** (vieilli) (n.f.)

fraction non amortie des gains ou pertes actuariels (n.f.); **fraction non amortie des insuffisances actuarielles** (vieilli) (n.f.)

— **undistributed**

unamortized premium	prime non amortie (n.f.)
unamortized premiums, discounts and commissions	primes, escomptes et commissions non amortis
unamortized premiums, discounts and commissions on unmatured debt	primes, escomptes et commissions non amortis à l'émission de la dette non échue
unannounced verification e.g. of petty cash advances	vérification sans préavis (n.f.) p. ex., des avances de petite caisse
unaudited (adj.)	non vérifié (adj.)
unauthorized party	personne non autorisée (n.f.)
unclaimed dividend	dividende non réclamé (n.m.)
unconditional obligation	dette inconditionnelle (n.f.)
unconditional payment e.g. equalization payments	versement sans condition (n.m.) p. ex., paiements de péréquation
unconsolidated financial statement	état financier non consolidé (n.m.)
undeliverable cheque	chèque non livrable (n.m.)
underlying deficit	déficit sous-jacent (n.m.)
underrun of appropriations	sous-utilisation des crédits (n.f.)
undisbursed (adj.)	non déboursé (adj.); non versé (adj.)

undischarged commitment
SEE outstanding commitment

undisclosed liability **passif non mentionné** (n.m.)

undistributed allotment **affectation non répartie** (n.f.)

Any portion of the allotment which has not been distributed to the lower levels of the organization.

Toute portion de l'affectation qui n'a pas été répartie à des niveaux inférieurs de l'organisation.

cf. allotment

355

undistributed

undistributed asset

undistributed IS receipts account
IS: interdepartmental settlement

Unemployment Insurance Account (obsolete); **Employment Insurance Account**

unemployment insurance benefits (obsolete); **employment insurance benefits**

unemployment insurance premium (obsolete); **employment insurance premium**

unemployment insurance warrant (obsolete)
SEE **employment insurance warrant**

unencumbered balance

The total amount of unreserved appropriated funds available to meet obligations of the government.

unforeseen expenditures

uniform basis of accounting

An accounting method applied on a basis consistent with that of the preceding year.

unit cost
A cost computed by dividing the total cost by an activity base. The

actif non réparti (n.m.)

compte de recettes de RI non réparties (n.m.)
RI : règlement interministériel

Compte d'assurance-emploi (n.m.); **Compte d'assurance-chômage** (vieilli) (n.m.)

prestations d'assurance-emploi (n.f.); **prestations d'assurance-chômage** (vieilli) (n.f.)

cotisation d'assurance-emploi (n.f.); **cotisation d'assurance-chômage** (vieilli) (n.f.)

solde non grevé (n.m.); **solde inutilisé** (n.m.)

Montant total des ressources votées disponibles pour l'acquittement des dettes de l'État.

dépenses imprévues (n.f.)

méthode de comptabilité uniforme (n.f.)

Méthode comptable appliquée de la même manière qu'au cours de l'exercice précédent.

coût unitaire (n.m.)
Coût calculé en divisant le coût total par une base d'activité. Le

— **unspecified**

unit cost (cont'd)
denominator is a measure of activity that is related to total costs incurred.

unless otherwise directed; unless otherwise instructed (by the Treasury Board)

unmatured (adj.)
e.g. debt instrument, bond, etc.

unmatured debt
The financial obligations which are represented by certificates of indebtedness issued by the Government of Canada and which have not yet become due.

Unmatured debt comprises Government of Canada Treasury bills, marketable bonds, savings bonds, the federally invested portion of Canada Pension Plan funds and foreign borrowing.

unmatured debt transaction

A transaction which relates to the sale and redemption of Government of Canada bonds, Treasury bills and promissory notes which become due and payable after the reporting date.

unrecognized item

unrecognized liability

unspecified pre-payment accounts

Accounts established to record the deposit of money received as pre-payment of future unspecified

dénominateur est une mesure de l'activité qui se rattache au total des frais engagés.

à moins de directives contraires; sauf instruction contraire (du Conseil du Trésor)

non échu (adj.)**; à échoir**
p. ex., une obligation, un coupon, un effet, etc.

dette non échue (n.f.)
Dette que représentent les titres de créance émis par l'État canadien mais non encore arrivés à échéance.

La dette non échue comprend des bons du Trésor, des obligations négociables et des obligations d'épargne du Canada, la partie du Régime de pensions du Canada investie dans des titres fédéraux, ainsi que des emprunts étrangers.

opération de la dette non échue (n.f.)

élément non constaté (n.m.)

passif non constaté (n.m.)

comptes de paiements anticipés indéterminés (n.m.)

Comptes dans lesquels sont versés les paiements anticipés indéterminés reçus pour des biens

unspecified

unspecified pre-payment accounts (cont'd)

goods or services to be drawn upon when and as goods or services are requested.

ou services indéterminés à fournir ultérieurement, les sommes étant prélevées au fur et à mesure que sont demandés les biens ou services.

unspent funds (at the end of the fiscal year)

fonds inutilisés (n.m.) (à la fin de l'exercice)

unused authority

autorisation inutilisée (n.f.)

upcoming fiscal year
SEE **upcoming year**

upcoming year; upcoming fiscal year

Fiscal year following the current year.

exercice suivant (n.m.); **exercice à venir** (n.m.)

Année financière suivant l'année en cours.

use (n.) (authority)

emploi (n.m.) (autorisation)

used authority; authority used

autorisation employée (n.f.)

user fee(s)

frais d'utilisation (n.m.)

A charge levied upon users for the services rendered or goods supplied by a program.

Frais imposés aux usagers d'un service ou d'un bien dans le cadre d'un programme.

• *size of ~*

• *montant des ~*

user fee revenue plan

plan des recettes tirées des frais d'utilisation (n.m.); **plan des recettes provenant des frais d'utilisation** (n.m.)

A plan which defines services for which user fees will be charged.

Plan qui détermine les services pour lesquels on prélèvera des frais d'utilisation.

user fee revenues

recettes provenant des frais d'utilisation (n.f.); **recettes provenant de l'imposition de frais d'utilisation** (n.f.); **recettes tirées des frais d'utilisation** (n.f.)

——————————————————————————— verification

user pay principle

principe de l'utilisateur-payeur (n.m.)

utilities, materials and supplies

services publics, fournitures et approvisionnements

validation process
NOTE One of the processes which replace specimen signature cards.

processus de validation (n.m.)
NOTA Un des processus qui remplacent les cartes de spécimen de signature.

valuation of assets

évaluation de l'actif (n.f.)

valuation of liabilities

évaluation du passif (n.f.)

value-for-money; VFM
VFM is concerned with accountability and focuses primarily on the economical, efficient and effective (the three Es) use of resources and on the systems put in place to ensure that due regard is paid to them.

optimisation des ressources (n.f.)
Recherche de l'économie, de l'efficience et de l'efficacité dans l'utilisation et l'exploitation des ressources disponibles.

variance

écart (n.m.)

variation

fluctuation (n.f.)

vehicle maintenance expenses

dépenses liées à l'entretien de véhicules automobiles (n.f.)

vehicle operating expenses

dépenses liées à l'utilisation de véhicules automobiles (n.f.)

verification of accounts
SEE account verification

Veterans

Veterans administration and welfare trust fund

An account established to record the following moneys: (a) donations, legacies, gifts, bequests, and so on, received, to be disbursed for the benefit of veterans or their dependents under certain conditions, and for the benefit of patients in institutions, in accordance with section 9 of the Guardianship of Veterans' Property Regulations; and, (b) donations, legacies, gifts, bequests, and so on, received by the Canadian Pension Commission, to be disbursed for the use of pensioners or dependents in distressed circumstances.

Fonds de fiducie de l'administration et du bien-être — Anciens combattants (n.m.)

Compte établi pour comptabiliser : a) les dons, legs, cadeaux, etc., qui ont été reçus à l'intention des anciens combattants ou de leurs personnes à charge, sous réserve de certaines conditions et au profit des patients en établissement conformément à l'article 9 du Règlement sur la curatelle des biens des anciens combattants; b) les dons, legs, cadeaux, etc., reçus par la Commission canadienne des pensions, à l'intention de pensionnés nécessiteux ou de leurs personnes à charge.

Veterans insurance fund

A fund established by the *Veterans Insurance Act* to provide life insurance to contributing veterans of World War II. The account is credited with premiums and is charged with disbursements for death benefits and cash surrender values.

Fonds d'assurance des anciens combattants (n.m.)

Fonds établi par la *Loi sur l'assurance des anciens combattants*, pour fournir une assurance-vie aux anciens combattants de la seconde guerre mondiale qui ont cotisé au Fonds. Sont créditées au compte les primes et y sont imputés les déboursés de prestations de décès et de valeurs de rachat en espèces.

Veterans' Land Act Fund

Caisse de la *Loi sur les terres destinées aux anciens combattants* (n.f.)

Veterans' Land Act Fund Advances

The advances made by the Government of Canada for the purposes of assisting veterans in accordance with the *Veterans' Land Act*.

Avances à la Caisse de la *Loi sur les terres destinées aux anciens combattants* (n.f.)

Avances consenties par l'État canadien à titre d'aide aux anciens combattants conformément à la *Loi sur les terres destinées aux anciens combattants*.

voted

VFM
SEE **value-for-money**

visibility; financial visibility	**transparence financière** (n.f.); **transparence** (n.f.); **visibilité** (à éviter) (n.f.); **clarté financière** (à éviter) (n.f.)
void DBA cheque; void departmental bank account cheque	**chèque de compte bancaire ministériel nul** (n.m.); **chèque de CBM nul** (n.m.)
void departmental bank account cheque; void DBA cheque	**chèque de compte bancaire ministériel nul** (n.m.); **chèque de CBM nul** (n.m.)

vote (n.); **parliamentary vote; PV**

A request to Parliament for an appropriation.

NOTE The term "vote" is commonly used in the sense of "appropriation". Strictly speaking, a vote becomes an appropriation only when the appropriation act in which it is contained receives royal assent.

• *have access to a ~*
• *within a vote*

crédit (n.m.); **crédit parlementaire** (n.m.); **CP**

Demande faite au Parlement pour l'ouverture d'un crédit.

NOTA Le terme «crédit» s'emploie non seulement dans son sens propre d'autorisation parlementaire «appropriation» mais encore dans le sens de demande ou projet de crédit «vote».

• *prélever des sommes sur un ~; effectuer un prélèvement sur un ~; avoir le droit de recourir à un ~*
• *à l'intérieur d'un ~*

voted appropriation

An appropriation which provides for the annual expenditure requirements of federal departments and agencies, enabling them to meet the day-to-day costs of delivering their approved programs.

crédit approuvé (n.m.); **crédit voté** (n.m.)

Crédit qui permet aux ministères et organismes fédéraux de disposer pendant un an des fonds nécessaires pour financer leurs opérations courantes et leurs programmes.

voted

voted authority

An authority for which the government must seek Parliament's approval annually through an appropriation act.

voted budgetary expenditures

voted expenditures; voted spending

Expenditures for which Parliamentary authority is sought annually. Voted expenditures include defence and international assistance, voted transfer payments and operating and capital expenditures.

voted program

voted spending
SEE **voted expenditures**

vote full supply

To give legislative approval to the total funds requested in the Main or Supplementary Estimates for the conduct of government business.

vote funds

vote interim supply

To give legislative approval to money set aside at the beginning of the fiscal year in order to ensure funding of government operations until the end of June when the main supply bill is passed.

autorisation votée (n.f.)

Autorisation que le gouvernement doit faire approuver par le Parlement tous les ans au moyen d'une loi de crédits.

dépenses budgétaires votées (n.f.)

dépenses votées (n.f.)

Dépenses pour lesquelles l'approbation du Parlement est demandée chaque année.

programme voté (n.m.)

Programme pour lequel des crédits sont votés.

voter la totalité des crédits; voter la dotation totale

Approuver par voie législative la totalité des fonds demandés dans le Budget des dépenses principal ou dans le Budget des dépenses supplémentaire pour le financement des services publics.

approuver les crédits

voter des crédits provisoires

———————————————————————— **wholly-owned**

vote netting
SEE **net voting**

vote-netting authority
SEE **net-voting authority**

vote structure

A categorization of votes based on established criteria.

vote supply

To give legislative approval to money intended to meet the expenses of the government.

vote wording; wording of a vote

structure des crédits (n.f.)

Catégorisation des crédits fondée sur des critères déterminés.

voter des crédits

Approuver par voie législative les autorisations de dépenser octroyées pour faire face aux dépenses du gouvernement.

libellé d'un crédit (n.m.)

Termes dans lesquels un crédit est formulé.

warrant (n.)

The negotiable instrument of the Government drawn on the Receiver General for Canada and payable on demand.

WCA
SEE **working capital advance**

wholly-owned subsidiary

A corporation that is wholly owned by one or more parent Crown corporations directly or indirectly through any number of subsidiaries, each of which is wholly owned directly or

mandat (n.m.)

Titre négociable de l'État tiré sur le receveur général du Canada et payable sur demande.

filiale en propriété exclusive (n.f.)**; filiale à 100 %** (n.f.)

Personne morale appartenant à cent pour cent à une ou à plusieurs sociétés d'État mères, soit directement, soit par l'intermédiaire de filiales dont chacune appartient à cent pour

wholly-owned subsidiary (cont'd) indirectly by one or more parent Crown corporations.

cent, même indirectement, à une ou à plusieurs sociétés d'État mères.

wilful misrepresentation; willful misrepresentation

fausse déclaration intentionnelle (n.f.)

wording of a vote
SEE **vote wording**

working capital

fonds de roulement (n.m.)

working capital advance; WCA

avance de fonds de roulement (n.f.); **AFR**

An authorization by Parliament to draw money up to a specified maximum amount from the Consolidated Revenue Fund for prescribed purposes. The recorded amount of a working capital advance at any given date represents the amount of the authorization utilized at that date.

Autorisation donnée par le Parlement de tirer sur le Trésor à des fins prescrites, une somme maximale déterminée. La valeur comptabilisée d'une avance de fonds de roulement à une date donnée représente la somme autorisée effectivement employée à cette date.

• *adjust, establish a ~*

• *rajuster, établir une ~*

work order code (in the financial control area of the coding block)

code d'ordre de travail (n.m.) (dans les données de contrôle financier du bloc de codage)

write down (v.)

réduire; diminuer (la valeur)

write-down of an asset

réduction de la valeur d'un élément d'actif (n.f.)

write off (v.)

radier

write off a debt; delete a debt

radier une dette; radier une créance

write off a deficit

radier un déficit

write off a loan

radier un prêt

write-off of a debt

radiation d'une créance (n.f.)

write-off of a loan	radiation d'un prêt (n.f.)
write-off of assets; deletion of assets	radiation d'actif (n.f.); radiation d'éléments d'actif (n.f.)
write-off rate	taux de radiation (n.m.)

year end; end of fiscal year; fiscal year end; end of year	clôture de l'exercice (n.f.); fin de l'exercice (n.f.); (en) fin d'exercice
	Date à laquelle survient la fin de l'exercice de l'entité.
year ended; fiscal year ended	exercice clos le (n.m.); exercice terminé le (n.m.)
year ended March 31	exercice clos le 31 mars (n.m.); exercice terminé le 31 mars (n.m.)
year ending March 31	exercice se terminant le 31 mars
year-end receivables	débiteurs en fin d'exercice (n.m.)
year-over-year increase	hausse sur douze mois (n.f.)
year then ended; fiscal year then ended	exercice clos à cette date (n.m.); exercice terminé à cette date (n.m.)
year(-)to(-)date; YTD	total cumulé de l'année (n.m.); cumul annuel jusqu'à ce jour (n.m.); cumul annuel au ... (n.m.); depuis le début de l'exercice; depuis le début de l'année; cumul de l'année (n.m.); cumulatif annuel (n.m.)
The total to date this year.	Expression employée pour désigner les chiffres figurant, par exemple, dans des rapports

year

year(-)to(-)date; YTD (cont'd)

trimestriels et portant sur la période écoulée depuis le début de l'exercice.

yield (n.)   **rendement** (n.m.)

yielding interest   **portant intérêt; productif d'intérêt**

YTD
SEE **year(-)to(-)date**

zero real growth   **croissance nulle en termes réels** (n.f.)

Lexique français-anglais / French-English Glossary

000 000 $; en millions de dollars (n.m.) — millions of dollars, in; $000 000

000 000 $; en millions de dollars (n.m.) — millions of dollars, in; $000 000

AAL; autorisation d'achats locaux (n.f.) — local purchase order authority; LPOA

abandon d'un rapport (n.m.) — discontinuance of a report

abordabilité (n.f.); capacité financière (n.f.); moyens financiers (n.m.) — affordability

abrogée (adj.) (autorisation) — repealed (adj.) (authority)

A/C; exercice courant (n.m.); exercice en cours (n.m.); année en cours (n.f.); année courante (n.f.) — current year; C/Y; current fiscal year

ACA; analyse coûts-avantages (n.f.) — cost-benefit analysis; CBA; benefit-cost analysis

ACB; article courant brut (n.m.) — gross standard object; GSO

accise (n.f.); taxe d'accise (n.f.); TA — excise tax; ET; excise

accord à frais partagés (n.m.); entente à frais partagés (n.f.); entente de partage des coûts (n.f.); accord de partage des coûts (n.m.) — cost-sharing arrangement; cost-sharing agreement

accord contractuel (n.m.); entente contractuelle (n.f.) — contractual agreement; contractual arrangement

accord de contribution (n.m.) — contribution arrangement; contribution agreement

accord de crédit renouvelable (n.m.) — revolving credit agreement

Accord ─────────────────────────────

Accord de libre-échange nord-américain (n.m.); ALÉNA	North American Free Trade Agreement; NAFTA
accord d'émission (n.m.)	issue arrangement
accord de paiement de transfert (n.m.)	transfer payment agreement
accord de partage des coûts (n.m.); accord à frais partagés (n.m.); entente à frais partagés (n.f.); entente de partage des coûts (n.f.)	cost-sharing arrangement; cost-sharing agreement
accord de prêt (n.m.); contrat de prêt (n.m.); entente de prêt (n.f.)	loan agreement
accorder le pouvoir de dépenser	release authority for expenditures
accorder un crédit; voter un crédit; octroyer un crédit; consentir un crédit	grant an appropriation; approve an appropriation
accorder un crédit; consentir un crédit; octroyer un crédit	grant credit; issue a credit
accorder une autorisation; conférer une autorisation; autoriser	grant authority
accorder un prêt; consentir un prêt	grant a loan
accord interministériel (n.m.)	interdepartmental agreement
accords fiscaux (n.m.)	fiscal arrangements
Accroissement des pouvoirs et des responsabilités ministériels (vieilli) (n.m.); APRM (vieilli)	Increased Ministerial Authority and Accountability (obsolete); IMAA (obsolete)
accuser un déficit; être déficitaire; enregistrer un déficit; afficher un déficit	incur a deficit; run a deficit; show a deficit
achat (n.m.); approvisionnement (n.m.); acquisition (n.f.)	procurement
achat de faible valeur (n.m.)	low-value purchase

actif

achat de services de réparation et d'entretien (n.m.)	purchased repair and maintenance
achat d'immobilisations (n.m.); acquisition d'immobilisations (n.f.)	capital procurement; capital purchase
achats consolidés (n.m.)	consolidated purchasing
achèvement d'une vérification (n.m.)	completion of a verification
ACN; article courant net (n.m.)	net standard object; NSO
acompte (n.m.); paiement proportionnel (n.m.); paiement au prorata des travaux (n.m.)	progress payment
à court terme (adj.)	short-term (adj.)
acquisition (n.f.); achat (n.m.); approvisionnement (n.m.)	procurement
acquisition de produits disponibles dans le commerce (n.f.)	off-the-shelf procurement
acquisition d'immobilisations (n.f.); achat d'immobilisations (n.m.)	capital procurement; capital purchase
acquittement d'une dette (n.m.); paiement d'une dette (n.m.); règlement d'une dette (n.m.); remboursement d'une dette (n.m.)	discharge of a debt
acquitter une dette; payer une dette; rembourser une dette; régler une dette	discharge a debt; pay off a debt; settle a debt
acte irrégulier (n.m.); pratique répréhensible (n.f.)	impropriety
actif(s) (n.m.)	assets
actif (n.m.); bien (n.m.); élément d'actif (n.m.)	asset
actif (n.m.); patrimoine (n.m.)	asset base

actif(s) ───────────────────────────

actif(s) à court terme (n.m.)	current assets
actif à court terme (n.m.); élément d'actif à court terme (n.m.)	current asset
actif(s) à long terme (n.m.); actif(s) immobilisé(s) (n.m.); immobilisations (n.f.)	long-term asset(s); long-lived asset(s); non-current asset(s)
actif comptabilisé net (n.m.)	net recorded assets
actif environnemental (n.m.)	environmental asset
actif(s) financier(s) (n.m.); avoirs financiers (n.m.)	financial assets; financial holdings
actif monétaire (n.m.); élément d'actif monétaire (n.m.)	monetary asset
actif non financier (n.m.); élément d'actif non financier (n.m.)	non-financial asset
actif non réparti (n.m.)	undistributed asset
actifs immobilisés (n.m.); biens immobilisés (n.m.); immobilisations (n.f.)	capital assets
actifs immobilisés (n.m.); immobilisations (n.f.)	fixed assets
actif(s) immobilisé(s) (n.m.); immobilisations (n.f.); actif(s) à long terme (n.m.)	long-term asset(s); long-lived asset(s); non-current asset(s)
action (n.f.)	share (n.)
action ordinaire (n.f.)	common share
action privilégiée (n.f.)	preferred share
action rachetable (n.f.) (au gré de l'émetteur)	callable share
activité (n.f.)	activity
activité de crédit net (n.f.)	net-voted activity

affectation

activité de financement (n.f.)	financing activity
activité de fonctionnement (n.f.); activité d'exploitation (n.f.) (sociétés d'État)	operating activity
activité d'exploitation (n.f.); activité de fonctionnement (n.f.) (sociétés d'État)	operating activity
activité d'investissement (n.f.); opération d'investissement (n.f.)	investing activity
activité génératrice de recettes (n.f.)	revenue producing activity
addition des soldes de comptes (n.f.); totalisation des soldes de comptes (n.f.)	footing of account balances
administration de la dette (n.f.)	debt administration
administration financière (n.f.); gestion financière (n.f.)	financial administration; financial management
administrations provinciales et territoriales (n.f.)	provincial and territorial governments
ad valorem; à la valeur; sur la valeur	ad valorem
à échoir; non échu (adj.)	unmatured (adj.)
AEP; approbation effective de projet (n.f.)	effective project approval; EPA
affectation (n.f.); dotation (n.f.)	allotment
affectation à but spécial (n.f.)	special purpose allotment
affectation bloquée (n.f.); affectation réservée (n.f.)	frozen allotment; reserved allotment
affectation contrôlée (n.f.)	controlled allotment
affectation courante (n.f.)	standard allotment

affectation

affectation de capitaux (n.f.)	capital appropriation[1]
affectation de réserve pour le rajustement des traitements (n.f.); ARRT	Salary Adjustment Reserve Allotment; SARA
affectation du nouvel exercice (n.f.)	new-year allotment
affectation non répartie (n.f.)	undistributed allotment
affectation pour dépenses en capital (n.f.)	capital allotment
affectation pour dépenses non salariales (n.f.)	non-salary allotment
affectation pour traitements et salaires (n.f.)	salaries and wages allotment
affectation réservée (n.f.); affectation bloquée (n.f.)	frozen allotment; reserved allotment
affectation théorique (n.f.)	notional allotment
affecté à une fin particulière	earmarked
affecter; imputer	appropriate (v.)
affecter à une fin particulière; affecter une somme à une fin particulière	earmark
affecter des fonds (à); allouer des fonds (pour)	allocate funds (to, for); appropriate funds (to, for) (v.)
affecter des fonds; réserver des fonds; assigner des fonds	earmark funds
affecter des ressources; allouer des ressources	allocate resources
affecter une somme à une fin particulière; affecter à une fin particulière	earmark

Aide

afficher un déficit; accuser un déficit; être déficitaire; enregistrer un déficit	incur a deficit; run a deficit; show a deficit
AFR; avance de fonds de roulement (n.f.)	working capital advance; WCA
AFSTP; agent financier supérieur à temps plein (n.m.)	senior full-time financial officer; SFFO
agence centrale (à éviter) (n.f.); organisme central (n.m.)	central agency
agence de recouvrement (n.m.)	collection agency
agent agréé (n.m.)	authorized agent
agent d'autorisation (n.m.); autorisateur (n.m.) (d'une opération financière)	authorizer (of a financial transaction)
agent financier (n.m.)	financial officer; finance officer
agent financier supérieur (n.m.)	senior financial officer; SFO
agent financier supérieur à temps plein (n.m.); AFSTP	senior full-time financial officer; SFFO
agent payeur (n.m.)	paying officer; payment officer
agent payeur compétent (n.m.)	appropriate paying officer
agrégat budgétaire (n.m.)	fiscal aggregate
aide à la réduction de la dette (n.f.)	debt reduction assistance
aide à l'éducation (n.f.)	education support
aide au développement international (n.f.)	international development assistance
aide financière (n.f.); soutien financier (n.m.); appui financier (n.m.); support financier (à éviter) (n.m.)	financial support; financial assistance; financial aid
Aide financière aux Canadiens à l'étranger (n.f.)	Financial assistance to Canadians abroad

aide

aide financière provenant de crédits budgétaires (n.f.)	financial assistance under budgetary appropriations
ajusté; après ajustement	restated[1]
ajustement (n.m.)	adjustment[1]
ajustement bancaire (n.m.)	bank adjustment
ajuster un budget	adjust a budget
à la valeur; sur la valeur; ad valorem	ad valorem
à l'échelle de l'administration fédérale; à l'échelle du gouvernement	government-wide
à l'échelle du gouvernement; à l'échelle de l'administration fédérale	government-wide
ALÉNA; Accord de libre-échange nord-américain (n.m.)	North American Free Trade Agreement; NAFTA
algorithme de signature numérique (n.m.)	digital signature algorithm
aliénation (n.f.); cession (n.f.)	disposal
aliénation de filiales (n.f.); cession de filiales (n.f.)	disposal of subsidiaries
allocation de droits de tirage spéciaux (n.f.)	special drawing rights allocation
allouer des fonds (pour); affecter des fonds (à)	allocate funds (to, for); appropriate funds (to, for) (v.)
allouer des ressources; affecter des ressources	allocate resources
à long terme (adj.)	long-term (adj.)
AMG (à éviter); autres ministères (n.m.); autres ministères du gouvernement (à éviter) (n.m.)	other government departments; OGD

année

à moins de directives contraires; sauf instruction contraire (du Conseil du Trésor)	unless otherwise directed; unless otherwise instructed (by the Treasury Board)
amortissement (n.m.)	amortization; depreciation
amortissement cumulé (n.m.)	accumulated amortization; accumulated depreciation
amortissement de commissions (n.m.)	amortization of commissions
amortissement de primes (n.m.)	amortization of premiums
amortissement de primes, escomptes et commissions à l'émission de la dette non échue (n.m.)	amortization of premiums, discounts and commissions on unmatured debt
amortissement d'escomptes (n.m.)	amortization of discounts
analyse coûts-avantages (n.f.); ACA	cost-benefit analysis; CBA; benefit-cost analysis
analyse coûts-profits (n.f.)	cost-profit analysis
analyse de(s) coûts (n.f.)	cost analysis; analysis of costs; cost-based analysis
analyse des présentations (n.f.)	submission analysis
analyse financière (n.f.)	financial analysis
année budgétaire (n.f.); exercice budgétaire (n.m.)	estimates year; budget year
année civile (n.f.)	calendar year
année courante (n.f.); A/C; exercice courant (n.m.); exercice en cours (n.m.); année en cours (n.f.)	current year; C/Y; current fiscal year
année de planification (n.f.)	planning year
année en cours (n.f.); année courante (n.f.); A/C; exercice courant (n.m.); exercice en cours (n.m.)	current year; C/Y; current fiscal year

année

année financière (n.f.); année fiscale (à éviter) (n.f.); exercice (n.m.)	financial year; fiscal year
année financière suivante (n.f.); exercice suivant (n.m.)	subsequent fiscal year; SFY; subsequent year
année fiscale (à éviter) (n.f.); exercice (n.m.); année financière (n.f.)	financial year; fiscal year
année-personne (vieilli) (n.f.); AP (vieilli)	person-year (obsolete); PY (obsolete)
année visée par le Budget des dépenses (n.f.)	Estimates year
annuler un virement	reverse a transfer
AP (vieilli); année-personne (vieilli) (n.f.)	person-year (obsolete); PY (obsolete)
à payer en devises; payable en devises	payable in foreign currencies
à payer en monnaie canadienne; payable en monnaie canadienne	payable in Canadian currency
APP; approbation préliminaire de projet (n.f.)	preliminary project approval; PPA
apparentés (n.m.); personnes apparentées (n.f.); entités apparentées (n.f.)	related parties
appliquer un droit (de douane); percevoir un droit	collect a duty
apport (n.m.)	contribution[2]
approbation budgétaire (n.f.); approbation du budget (n.f.)	budget approval
approbation effective de projet (n.f.); AEP	effective project approval; EPA

arrêté

approbation préliminaire de projet (n.f.); APP	preliminary project approval; PPA
approche fondée sur les résultats (n.f.)	bottom(-)line approach
approuver des crédits provisoires; octroyer des crédits provisoires; consentir des crédits provisoires; ouvrir des crédits provisoires	appropriate interim supply (v.); approve interim supply; grant interim supply
approuver les crédits	vote funds
approvisionnement (n.m.); acquisition (n.f.); achat (n.m.)	procurement
appui financier (n.m.); support financier (à éviter) (n.m.); aide financière (n.f.); soutien financier (n.m.)	financial support; financial assistance; financial aid
après ajustement; ajusté	restated[1]
après déduction de; déduction faite de; au net de; moins les	net of
après redressement; redressé	restated[2]
après retraitement; retraité	restated[3]
APRM (vieilli); Accroissement des pouvoirs et des responsabilités ministériels (vieilli) (n.m.)	Increased Ministerial Authority and Accountability (obsolete); IMAA (obsolete)
APT; autre paiement de transfert (n.m.)	Other Transfer Payment; OTP
argent des contribuables (n.m.); impôts (n.m.)	tax dollar; taxpayers' dollar
ARI; avis de règlement interministériel (n.m.)	interdepartmental settlement advice; ISA
arrêté des comptes (n.m.); coupure de l'exercice (n.f.)	cutoff

377

arrêter

arrêter un compte; faire la balance d'un compte; solder un compte	balance[2] (v.); balance an account; bring an account into balance; post up an account
arriéré; échu; en souffrance; en retard; passé dû (à éviter)	overdue; past due
arriver à échéance; échoir; venir à échéance	come in course of payment
arriver à échéance; venir à échéance; échoir	mature (v.)
arrondi au dollar; arrondi au dollar le plus près	rounded to the nearest dollar
ARRT; affectation de réserve pour le rajustement des traitements (n.f.)	Salary Adjustment Reserve Allotment; SARA
article (n.m.)	object (n.)
article contrefait (n.m.)	counterfeit item
article courant (n.m.)	standard object
article courant brut (n.m.); ACB	gross standard object; GSO
article courant consolidé (n.m.)	consolidated standard object
article courant net (n.m.); ACN	net standard object; NSO
article d'actif (n.m.); article de ressources (n.m.)	asset object
article de classification (n.m.)	class object
article de dépense (n.m.)	object of expenditure
article de rapport (n.m.)	reporting object
article de ressources (n.m.); article d'actif (n.m.)	asset object
article de sous-rapport (n.m.)	sub-reporting object

assurer

article d'exécution (n.m.); article d'exécution ministériel (n.m.); article ministériel (n.m.)	line object; departmental object; departmental line object
article d'origine (n.m.)	source object
article d'origine applicable aux recettes (n.m.)	revenue source object
article d'origine pour les recettes fiscales (n.m.)	tax revenue source object
article économique (n.m.)	economic object
article ministériel (n.m.); article d'exécution (n.m.); article d'exécution ministériel (n.m.)	line object; departmental object; departmental line object
assainir les finances publiques	restore fiscal health
assigner des fonds; affecter des fonds; réserver des fonds	earmark funds
assimilable par une machine; lisible par machine	machine-readable (adj.)
assumer le coût; assumer les frais; supporter le coût; supporter les frais	bear the cost
assumer les frais; supporter le coût; supporter les frais; assumer le coût	bear the cost
assumer un engagement; se libérer d'un engagement; s'acquitter d'un engagement	discharge a commitment
assurance-crédit (n.f.)	loan insurance
assurance et soins médicaux (n.f.)	insurance and medical care
assurer des services; dispenser des services; fournir des services	deliver services
assurer le service de la dette publique	service the public debt

à tous

à tous égards importants	material respects, in all
attribution des crédits par le Parlement (n.f.)	parliamentary supply process
attribution d'un prêt (n.f.); concession d'un prêt (n.f.); octroi d'un prêt (n.m.)	granting of a loan
au coût; au prix coûtant	at cost
augmentation (n.f.)	increase (n.)
augmentation de salaire (n.f.); augmentation salariale (n.f.); augmentation de traitement (n.f.)	salary increase
augmentation des recettes (n.f.); hausse des recettes (n.f.)	revenue growth; growth of revenues
augmentation de traitement (n.f.); augmentation de salaire (n.f.); augmentation salariale (n.f.)	salary increase
augmentation nette (n.f.); majoration nette (n.f.)	net increase
augmentation salariale (n.f.); augmentation de traitement (n.f.); augmentation de salaire (n.f.)	salary increase
au 31 mars	as at March 31
au net de; moins les; après déduction de; déduction faite de	net of
au prix coûtant; au coût	at cost
authentification électronique (n.f.)	electronic authentication
authentifier une signature	authenticate a signature; recognize a signature
autofinancement (n.m.)	revenue dependency
autonome (adj.)	self-sustaining (adj.)

autorisation

autoréglementation (n.f.); auto-réglementation (n.f.)	self-regulation
autorisateur (n.m.); agent d'autorisation (n.m.) (d'une opération financière)	authorizer (of a financial transaction)
autorisation (n.f.); pouvoir (n.m.)	authority[1]
autorisation (n.f.); autorisation parlementaire (n.f.); autorisation du Parlement (n.f.)	authority[2]; parliamentary authority; parliamentary authorization
autorisation abrogée (n.f.)	authority repealed
autorisation accordée (n.f.)	authority granted; granted authority
autorisation budgétaire (n.f.)	budgetary authority; budget authority
autorisation d'achats locaux (n.f.); AAL	local purchase order authority; LPOA
autorisation de crédit net (n.f.)	net-voting authority; vote-netting authority
autorisation de dépenser (n.f.); pouvoir de dépenser (n.m.)	spending authority; expenditure authority; expenditure authorization
autorisation de dépenser de nouveau (n.f.)	respending authority
autorisation de dépenser les recettes (n.f.)	revenue spending authority
autorisation d'emprunter (n.f.); pouvoir d'emprunter (n.m.)	borrowing authority
autorisation d'engagement (n.f.); pouvoir d'engagement (n.m.)	commitment authority
autorisation de paiement (n.f.); pouvoir de payer (n.m.)	payment authority

autorisation

autorisation dépassée (n.f.)	authority overexpended; overexpended authority
autorisation de passer des marchés (n.f.); pouvoir de passation des marchés (n.m.); pouvoir de conclure des marchés (n.m.); pouvoir de passer des marchés (n.m.)	contracting authority[1]
autorisation de prélèvement (n.f.); pouvoir de prélèvement (n.m.)	drawdown authority
autorisation disponible (n.f.) (pour emploi)	authority available (for use)
autorisation du Parlement (n.f.); autorisation (n.f.); autorisation parlementaire (n.f.)	authority[2]; parliamentary authority; parliamentary authorization
autorisation électronique (n.f.)	electronic authorization
autorisation employée (n.f.)	used authority; authority used
autorisation financière (n.f.); pouvoir financier (n.m.)	financial authority
autorisation générale d'examiner et de faire rapport (n.f.); pouvoir général d'examiner et de faire rapport (n.m.)	general examination and reporting authority
autorisation inutilisée (n.f.)	unused authority
autorisation législative (n.f.); autorisation statutaire (à éviter) (n.f.)	statutory authority
autorisation ministérielle (n.f.); pouvoir ministériel (n.m.)	ministerial authority
autorisation monétaire pour attribution concurrentielle (n.f.)	competitive award dollar authority
autorisation non budgétaire (n.f.)	non-budgetary authority
autorisation non utilisée (n.f.)	lapsed authority

autorisation parlementaire (n.f.); autorisation du Parlement (n.f.); autorisation (n.f.)	authority^2; parliamentary authority; parliamentary authorization
autorisation permanente (n.f.)	non-lapsing authority; continuing authority; continuing authorization; non-lapsing authorization
autorisation relative à un fonds renouvelable (n.f.)	revolving fund authority
autorisation statutaire (à éviter) (n.f.); autorisation législative (n.f.)	statutory authority
autorisation touchant le personnel (n.f.)	personnel authority
autorisation votée (n.f.)	voted authority
autoriser; accorder une autorisation; conférer une autorisation	grant authority
autorité contractante (n.f.)	contracting authority^2
autorité habilitante (n.f.)	enabling authority; establishing authority
autre(s) actif(s) (n.m.)	other assets
autre actif (n.m.); autre élément d'actif (n.m.)	other asset
autre élément d'actif (n.m.); autre actif (n.m.)	other asset
autre élément de passif (n.m.); autre passif (n.m.)	other liability
autre paiement de transfert (n.m.); APT	Other Transfer Payment; OTP
autre(s) passif(s) (n.m.)	other liabilities
autre passif (n.m.); autre élément de passif (n.m.)	other liability

autres

autres comptes à fins déterminées (n.m.)	other specified purpose accounts
autres comptes à fins déterminées budgétaires (n.m.)	other budgetary specified purpose accounts
autres dépenses de fonctionnement (n.f.)	other operating expenditures; other operating
autres dépenses de programme (n.f.)	other program spending
autres ministères (n.m.); autres ministères du gouvernement (à éviter) (n.m.); AMG (à éviter)	other government departments; OGD
aux fins de la classification	classification purposes, for
avance (n.f.)	advance (n.)
avance à justifier (n.f.); avance comptable (à éviter) (n.f.)	accountable advance
avance à justifier (n.f.)	outstanding accountable advance
avance comptable (à éviter) (n.f.); avance à justifier (n.f.)	accountable advance
avance de fonds de roulement (n.f.); AFR	working capital advance; WCA
avance de petite caisse (n.f.)	petty cash advance
avance de voyage (n.f.)	travel advance; trip advance
avance de voyage permanente (n.f.)	standing travel advance; standing advance for travel
avance non réglée (n.f.)	advance outstanding; outstanding advance
avance permanente (n.f.)	standing advance
avance réglée (n.f.)	advance settled

─── **bail**

Avances à la Caisse de la *Loi sur les terres destinées aux anciens combattants* (n.f.)	Veterans' Land Act Fund Advances
avance sur contribution (n.f.)	contribution advance
avantage (n.m.)	benefit^2 (n.)
avantages sociaux (n.m.)	employee benefits
avis de cession (n.m.) (d'une dette de l'État)	notice of assignment (of a Crown debt)
Avis de dépôt de la TPS (n.m.) (formulaire)	GST Deposit Advice (form)
avis de recouvrement (n.m.)	collection notice
avis de règlement (n.m.)	advice of settlement
avis de règlement interministériel (n.m.); ARI	interdepartmental settlement advice; ISA
avoir (n.m.); capitaux propres (n.m.)	equity
avoir du Canada (n.m.)	equity of Canada
avoirs financiers (n.m.); actif(s) financier(s) (n.m.)	financial assets; financial holdings
ayant fait l'objet d'une importante majoration; ayant fait l'objet d'une importante révision à la hausse	revised upwards significantly

B

bail (n.m.); contrat de location (n.m.)	lease (n.)
bail de location-acquisition (n.m.); contrat de location-acquisition (n.m.); location-acquisition (n.f.)	capital lease arrangement; capital lease

bailleur ━━━━━━━━━━━━━━━━

bailleur de fonds (n.m.); prêteur (n.m.)	lender
balance chronologique des débiteurs (n.f.)	aged accounts receivable trial balance
base d'activité (n.f.)	activity base
base de coûts (n.f.)	cost base
base de répartition (n.f.)	allocation base
bénéfices non répartis (n.m.)	retained earnings
bénéficiaire (n.m.)	payee
besoins (n.m.)	requirements
besoins de financement (n.m.); besoins financiers (n.m.)	financial requirements; financial needs
besoins d'emprunt (n.m.)	borrowing requirements
besoins de trésorerie (n.m.)	cash requirements
besoins de trésorerie pour les activités de fonctionnement (n.m.)	cash required for operating activities
besoins de trésorerie pour les activités d'investissement (n.m.)	cash required for investing activities
besoins en information financière (n.m.)	financial information requirements
besoins financiers (n.m.); besoins de financement (n.m.)	financial requirements; financial needs
besoins financiers nets (n.m.)	net financial requirements
besoins nets (n.m.)	net requirements
BGP; Bureau de gestion de projet (n.m.)	Project Management Office; PMO
bien (n.m.)	property

bilan

bien (n.m.); élément d'actif (n.m.); actif (n.m.)	asset
bien confisqué (n.m.); bien saisi (n.m.)	forfeited property; seized property
bien corporel (n.m.); bien matériel (n.m.)	tangible asset; physical asset
bien loué (n.m.)	leased property
bien matériel (n.m.); bien corporel (n.m.)	tangible asset; physical asset
bien naturel (n.m.)	natural asset
bien non amortissable (n.m.)	non-depreciable asset
bien saisi (n.m.); bien confisqué (n.m.)	forfeited property; seized property
biens de la Couronne (à éviter) (n.m.); biens de l'État (n.m.)	Crown assets
biens de l'État (n.m.); biens de la Couronne (à éviter) (n.m.)	Crown assets
biens et services de faible valeur (n.m.)	low-value goods and services
biens excédentaires de la Couronne (à éviter) (n.m.); biens excédentaires de l'État (n.m.)	surplus Crown assets
biens excédentaires de l'État (n.m.); biens excédentaires de la Couronne (à éviter) (n.m.)	surplus Crown assets
biens immobilisés (n.m.); immobilisations (n.f.); actifs immobilisés (n.m.)	capital assets
biens publics (n.m.)	public property
biens reçus (n.m.)	goods received
bilan (n.m.)	balance sheet; statement of financial position

billet

billet (n.m.)	note (n.); promissory note
billet du Trésor (n.m.)	Treasury note
billet ne portant pas intérêt (n.m.)	non-interest bearing note
bloc de codage (n.m.); bloc de codage financier (n.m.)	coding block; financial coding block
bloc de codage d'entrée (n.m.)	input coding block
bloc de codage d'entrée ministériel (n.m.)	departmental input coding block
bloc de codage financier (n.m.); bloc de codage (n.m.)	coding block; financial coding block
bloquer les prix; geler les prix	freeze prices
bon du Canada (n.m.)	Canada bill
bon du Trésor (n.m.)	Treasury bill; T-bill
BSIF; Bureau du surintendant des institutions financières (n.m.)	Office of the Superintendent of Financial Institutions; OSFI
budget (n.m.)	budget^1 (n.)
budget (n.m.); budget fédéral (n.m.)	budget^2 (n.); federal budget
budgétaire (adj.)	budgetary (adj.)
budgétaire du Budget des dépenses principal, le (n.m.)	budgetary Main Estimates
budget central (n.m.); budget de base (n.m.)	core budget
budget de base (n.m.); budget central (n.m.)	core budget
budget de fonctionnement (n.m.); budget d'exploitation (n.m.) (sociétés d'État)	operating budget

budget

budget de fonctionnement d'un ministère (n.m.); budget de fonctionnement ministériel (n.m.)	departmental operating budget
budget de fonctionnement inutilisé (n.m.)	lapsing operating budget funds
budget de fonctionnement ministériel (n.m.); budget de fonctionnement d'un ministère (n.m.)	departmental operating budget
budget de fonctionnement net (n.m.)	net operating budget
budget de la santé (n.m.)	health care budget
budget de ministère (n.m.); budget ministériel (n.m.)	departmental budget
budget d'entretien (n.m.)	maintenance budget
budget des dépenses (n.m.)	expenditure budget
Budget des dépenses (n.m.); documents budgétaires (n.m.)	Estimates; Estimates documents
budget des dépenses de ministère (n.m.); budget des dépenses ministériel (n.m.)	departmental estimates
Budget des dépenses principal (n.m.); Livre bleu (n.m.)	Main Estimates; Blue Book
Budget des dépenses supplémentaire (n.m.)	Supplementary Estimates; Supplementaries
budget d'exploitation (n.m.) (sociétés d'État); budget de fonctionnement (n.m.)	operating budget
budget d'immobilisations (n.m.); budget d'investissement (n.m.)	capital budget
budget d'investissement (n.m.); budget d'immobilisations (n.m.)	capital budget

budget

budget équilibré (n.m.)	balanced budget
budgéter; inscrire au budget; porter au budget; budgétiser	budget[4] (v.)
budget fédéral (n.m.); budget (n.m.)	budget[2] (n.); federal budget
budgétisation (n.f.); élaboration du budget (n.f.); établissement du budget (n.m.)	budgeting[1]
budgétisation (n.f.); inscription au budget (n.f.)	budgeting[2]
budgétisation des immobilisations (n.f.); budgétisation des investissements (n.f.)	capital budgeting
budgétisation des investissements (n.f.); budgétisation des immobilisations (n.f.)	capital budgeting
budgétisation par programme (n.f.); établissement de budget par programme (n.m.)	program budgeting
budgétiser; budgéter; inscrire au budget; porter au budget	budget[4] (v.)
budget ministériel (n.m.); budget de ministère (n.m.)	departmental budget
budget salarial (n.m.)	salary budget
budget supplémentaire de nature technique (n.m.)	technical Supplementary Estimates
Bureau de gestion de projet (n.m.); BGP	Project Management Office; PMO
bureau de la caissière (n.f.); caisse (n.f.); bureau du caissier (n.m.)	cashier's office
bureau d'émission de chèques (n.m.) (Travaux publics et Services gouvernementaux Canada)	cheque-issuing office (Public Works and Government Services Canada)

———————————————————————————————— caisse

bureau de paye (n.m.)	paying office; pay office
bureau des comptes créditeurs (n.m.)	accounts payable office
bureau du caissier (n.m.); bureau de la caissière (n.f.); caisse (n.f.)	cashier's office
Bureau du surintendant des institutions financières (n.m.); BSIF	Office of the Superintendent of Financial Institutions; OSFI
Bureau du vérificateur général du Canada (n.m.); BVG	Office of the Auditor General of Canada; OAG

Cabinet (n.m.)	Cabinet
cadre budgétaire (n.m.)	budget framework; budget layout
cadre de financement (n.m.)	funding environment
cadre des dépenses (n.m.)	expenditure framework
cadre du plan opérationnel (n.m.); CPO	Operational Plan Framework; OPF
cadre financier (n.m.); régime fiscal (à éviter) (n.m.)	fiscal framework
cadre législatif (n.m.)	legislative framework
CAFE; créditeurs à la fin de l'exercice (n.m.)	Payables at Year-End; PAYE
caisse (n.f.); bureau du caissier (n.m.); bureau de la caissière (n.f.)	cashier's office
caisse centrale des avances de fonds de roulement (n.f.)	Central Working Capital Advance Fund

Caisse

Caisse de la *Loi sur les terres destinées aux anciens combattants* (n.f.)	Veterans' Land Act Fund
calculé au prorata; réparti proportionnellement; établi au prorata	prorated
calculer le coût de; évaluer le coût de; établir le devis de; établir le coût de	cost (v.)
calendrier des paiements (n.m.)	schedule of payments
calendrier d'octroi des crédits (n.m.)	supply schedule
capacité financière (n.f.); moyens financiers (n.m.); abordabilité (n.f.)	affordability
capital (n.m.)	capital (n.)
capital-actions (n.m.); capital social (n.m.)	capital stock; share capital; stock; stock capital
capital-actions autorisé (n.m.); capital social autorisé (n.m.)	authorized capital stock; authorized share capital
capital appelable (n.m.); capital sujet à appel (n.m.)	callable share capital (international banks and international organizations)
capital appelé (n.m.)	paid-in share capital
capital autorisé (n.m.)	authorized capital
capital d'apport (n.m.)	contributed capital; paid-in capital
capital futur appelable (n.m.); capital futur sujet à appel (n.m.)	future callable capital; future callable share capital (international banks and international organizations)
capital futur appelé (n.m.)	future paid-in share capital; future paid-in capital

capital futur sujet à appel (n.m.); capital futur appelable (n.m.)	future callable capital; future callable share capital (international banks and international organizations)
capitalisation (n.f.)	capitalization
capitaliser; inscrire à l'actif	capitalize
capital social (n.m.); capital-actions (n.m.)	capital stock; share capital; stock; stock capital
capital social autorisé (n.m.); capital-actions autorisé (n.m.)	authorized capital stock; authorized share capital
capital sujet à appel (n.m.); capital appelable (n.m.)	callable share capital (international banks and international organizations)
capitaux propres (n.m.); avoir (n.m.)	equity
CAR; Compte des avances remboursables de la TPS (n.m.); CAR de la TPS; Compte des avances remboursables (n.m.)	GST Refundable Advance Account; GST RAA; Refundable Advance Account; RAA
CAR de la TPS; Compte des avances remboursables (n.m.); CAR; Compte des avances remboursables de la TPS (n.m.)	GST Refundable Advance Account; GST RAA; Refundable Advance Account; RAA
carte APE (n.f.); carte d'autorisation de paiement électronique (n.f.)	Electronic Payment Authorization Card; EPA card
carte d'achat (n.f.)	acquisition card; corporate acquisition card
carte d'autorisation de paiement électronique (n.f.); carte APE (n.f.)	Electronic Payment Authorization Card; EPA card
carte de spécimen de signature (n.f.)	specimen signature card; signature card
carte de voyage (n.f.); carte-voyage (n.f.)	travel card

carte

carte individuelle de voyage (n.f.); CIV	individual travel card; ITC
carte TRANSAC (n.f.)	TRANSAC card
carte-voyage (n.f.); carte de voyage (n.f.)	travel card
catégorie d'articles (n.f.); catégorie (n.f.)	category
catégorie de débiteur (n.f.)	type of debtor
catégorie de paiements (n.f.)	class of payments
cautionnement pour le paiement du demandeur (n.m.)	claimant's payment bond
Cautionnements des candidats aux élections (n.m.)	Candidates' election deposits
CBM; compte bancaire ministériel (n.m.)	departmental bank account; DBA
CC; code crédit (n.m.)	code vote; CV
CCSP; Comité consultatif supérieur de projet (n.m.)	Senior Project Advisory Committee; SPAC
CCVM; coût du cycle de vie (n.m.); coût du cycle de vie du matériel (n.m.)	life(-)cycle cost; LCC
cédant d'une dette de l'État (n.m.)	assignor of a Crown debt
cédant d'un fonds (n.m.)	transferor of a fund
céder une dette	assign a debt
centre de coûts (n.m.); centre de frais (n.m.)	cost centre; cost center
centre de frais (n.m.); centre de coûts (n.m.)	cost centre; cost center
centre d'émission de chèques (n.m.); point d'émission de chèques (n.m.)	cheque-issue location; cheque-issuing location

—————————————————————————————— **charge**

centre de production et d'impression des chèques (n.m.)	cheque production and printing site
centre de responsabilité (n.m.)	responsibility centre; responsibility center
centre multiservices (n.m.); guichet unique de services (n.m.)	single-window service centre
certification (n.f.)	certification
cession (n.f.); aliénation (n.f.)	disposal
cession de filiales (n.f.); aliénation de filiales (n.f.)	disposal of subsidiaries
cession d'une dette de l'État (n.f.)	assignment of a Crown debt; Crown debt assignment
cessionnaire d'une dette de l'État (n.m.)	assignee of a Crown debt
cessionnaire d'un fonds (n.é.)	transferee of a fund
CGP; Conseil de gestion de projet (n.m.)	Project Management Council; PMC
Chambre des communes (n.f.)	House of Commons
champ de codage (n.m.)	field; coding field; code field
change (n.m.); cours du change (n.m.); cours (n.m.); taux de change (n.m.)	exchange rate; rate of exchange; foreign exchange rate
changement de l'avoir (vieilli) (n.m.); évolution de l'avoir (n.f.)	change in equity
charge à payer (n.f.)	accrued liability; accrued charge
charge à payer (n.f.)	accrual[1]
charge financière (à éviter) (n.f.); consignation de fonds (n.f.)	financial encumbrance; FE; encumbrance
charge reportée (n.f.); frais reportés (n.m.)	deferred charge; deferred cost; deferred expense

charges

charges (n.f.); dépenses (n.f.)	expenses
charges accessoires (n.f.); frais accessoires (n.m.)	executory costs
charges constatées (n.f.) (par régularisation)	accrued expenditures; accrued expenses
charges extraordinaires (n.f.); frais extraordinaires (n.m.)	extraordinary expenses
chef de projet (n.é.)	project leader
chèque (n.m.); CHQ	cheque; CHQ
chèque de CBM (n.m.); chèque de compte bancaire ministériel (n.m.)	departmental bank account cheque; DBA cheque
chèque de CBM nul (n.m.); chèque de compte bancaire ministériel nul (n.m.)	void departmental bank account cheque; void DBA cheque
chèque de compte bancaire ministériel (n.m.); chèque de CBM (n.m.)	departmental bank account cheque; DBA cheque
chèque de compte bancaire ministériel nul (n.m.); chèque de CBM nul (n.m.)	void departmental bank account cheque; void DBA cheque
chèque de remplacement (n.m.)	replacement cheque
chèque du receveur général (n.m.)	Receiver General cheque
chèque en circulation (n.m.)	outstanding cheque
chèque non livrable (n.m.)	undeliverable cheque
chèques et mandats en circulation (n.m.)	outstanding cheques and warrants
chèque sur compte d'avance fixe (n.m.)	imprest account cheque
chevauchement des périodes de facturation et de paiement (n.m.)	overlapping billing and payment periods

classification

chiffrement (n.m.)	encryption
chiffrer	encrypt
chiffres correspondants (n.m.) (de l'exercice précédent, des exercices antérieurs)	comparative figures
CHQ; chèque (n.m.)	cheque; CHQ
CII; crédit d'impôt à l'investissement (n.m.)	investment tax credit; ITC
CIV; carte individuelle de voyage (n.f.)	individual travel card; ITC
clarté financière (à éviter) (n.f.); transparence financière (n.f.); transparence (n.f.); visibilité (à éviter) (n.f.)	financial visibility; visibility
classement chronologique (n.m.)	ageing; aging (n.)
classement des éléments (n.m.) (dans les états financiers)	classification of items (in the financial statements)
classification à l'échelle de l'administration fédérale (n.f.)	government-wide classification
classification des comptes (n.f.)	classification of accounts; account classification
classification des comptes de ministère (n.f.); classification des comptes ministériels (n.f.)	departmental classification of accounts
classification par article (n.f.)	classification by object; object classification
classification par autorisation (n.f.)	classification by authority; authority classification
classification par objet (n.f.)	classification by purpose; purpose classification
classification par responsabilité (n.f.)	classification by responsibility; responsibility classification

classification

classification quadruple (n.f.); quadruple classification (n.f.)	four-way classification; four-fold classification; fourfold classification
clause de renonciation (n.f.)	forgiveness clause
clôture de compte (n.f.)	closing of account; account closing
clôture de l'exercice (n.f.); fin de l'exercice (n.f.); (en) fin d'exercice	year end; end of fiscal year; fiscal year end; end of year
clôture de projet (n.f.)	project close-out
codage (n.m.); codage des opérations financières (n.m.); codage financier (n.m.)	coding; coding of financial transactions; financial coding
codage d'entrée ministériel (n.m.)	departmental input coding
codage des articles (n.m.)	object coding
codage des opérations financières (n.m.); codage financier (n.m.); codage (n.m.)	coding; coding of financial transactions; financial coding
codage d'organisme (n.f.)	agency coding
codage financier (n.m.); codage (n.m.); codage des opérations financières (n.m.)	coding; coding of financial transactions; financial coding
codage ministériel (n.m.)	departmental coding
code crédit (n.m.); CC	code vote; CV
code d'activité à l'échelle de l'administration fédérale (n.m.); GWAC	government-wide activity code; GWAC
code d'article (n.m.)	object code
code d'article économique (n.m.)	economic object code
code de comptes (n.m.)	code of accounts; account code
code de fonction (n.m.)	function code

Comité

code d'entrée ministériel (n.m.)	departmental input code
code de programme (n.m.) (dans le bloc de codage financier)	program code (in the financial coding block)
code de projet (n.m.) (dans les données du contrôle financier du bloc de codage)	project code (in the financial control area of the coding block)
code (de) versement (n.m.) (système de paye)	entitlement code (pay system)
code d'interclassement (n.m.)	collator code
code d'ordre de travail (n.m.) (dans les données de contrôle financier du bloc de codage)	work order code (in the financial control area of the coding block)
code d'organisme (n.m.)	agency code
code imposé par le client (n.m.)	client-imposed code
code ministériel (n.m.)	departmental code
code source (n.m.)	source code
coentreprise (n.f.)	joint venture
collecter (à éviter); recouvrer; percevoir	collect (v.)
collectivité de la vérification interne (n.f.)	internal audit community
Comité consultatif supérieur de projet (n.m.); CCSP	Senior Project Advisory Committee; SPAC
Comité d'examen critique du budget (n.m.)	Budget Challenge Review Committee
comité d'orientation (n.m.); comité d'orientation du Cabinet (n.m.)	policy committee of Cabinet; Cabinet policy committee
Comité permanent des finances (Comité de la Chambre des communes)	Standing Committee on Finance (House of Commons Committee)

commande

commande d'un client (n.f.)	customer order; client order
commercialisation (n.f.)	commercialization
commission non amortie (n.f.)	unamortized commission
communication des pouvoirs (n.f.)	communication of authorities
communiquer; mentionner; indiquer; présenter	disclose
communiquer le montant en dollars	disclose the dollar amount
compensation (n.f.)	set-off (n.)
compensation des coûts (n.f.)	cost offset
compensé (adj.)	offset (adj.)
compenser un chèque	clear a cheque
compléter des crédits	supplement votes
comportement des coûts (n.f.); évolution des coûts (n.f.)	cost behaviour
composition de l'emploi (n.f.)	mix of employment
compression des dépenses (n.f.); réduction des dépenses (n.f.)	expenditure reduction; spending reduction
compression générale (n.f.); réduction globale (n.f.)	across-the-board cut
comprimer les dépenses; couper dans les dépenses; couper les dépenses (à éviter); réduire les dépenses; diminuer les dépenses	cut expenditures; cut spending; curtail spending; restrain spending
comptabilisation (n.f.)	accounting[2] (for)
comptabilisation (n.f.); constatation (n.f.)	recognition
comptabilisation à la valeur d'acquisition (n.f.); méthode de la comptabilisation à la valeur d'acquisition (n.f.)	cost method

comptabilité

comptabilisation des dépenses (n.f.); comptabilité des dépenses (n.f.)	expenditure accounting
comptabilisation d'une perte (n.f.)	loss accrual
comptabiliser; constater	recognize
comptabiliser; constater; inscrire; enregistrer; passer une écriture; prendre en compte	account (for) (v.)
comptabiliser; enregistrer; inscrire	record (v.)
comptabiliser en double	double count
comptabiliser une dette	record a liability
comptabilité (n.f.)	accounting[1]
comptabilité (n.f.) (d'un ministère); service de la comptabilité (n.m.)	accounting office (of a government department)
comptabilité concernant les régimes de retraite (n.f.)	pension accounting
comptabilité de caisse (n.f.); méthode de la comptabilité de caisse (n.f.)	cash basis of accounting; cash basis; cash accounting; cash-based accounting; cash method; accounting on a cash basis
comptabilité de caisse modifiée (n.f.); méthode de la comptabilité de trésorerie modifiée (n.f.); comptabilité de trésorerie modifiée (n.f.); méthode de la comptabilité d'exercice modifiée (n.f.); comptabilité d'exercice modifiée (n.f.); méthode de la comptabilité de caisse modifiée (n.f.)	modified cash basis of accounting; modified cash basis; modified accrual basis of accounting; modified accrual basis
comptabilité de l'État (n.f.); comptabilité gouvernementale (à éviter) (n.f.); comptabilité publique (n.f.); comptabilité du secteur public (n.f.)	government accounting; governmental accounting; public sector accounting

401

comptabilité

comptabilité d'engagement (n.f.); comptabilité des engagements de dépenses (n.f.)	commitment accounting
comptabilité de projet (n.f.)	project accounting
comptabilité des dépenses (n.f.); comptabilisation des dépenses (n.f.)	expenditure accounting
comptabilité des engagements de dépenses (n.f.); comptabilité d'engagement (n.f.)	commitment accounting
comptabilité des recettes (n.f.)	revenue accounting; accounting for revenues
comptabilité de trésorerie modifiée (n.f.); méthode de la comptabilité d'exercice modifiée (n.f.); comptabilité d'exercice modifiée (n.f.); méthode de la comptabilité de caisse modifiée (n.f.); comptabilité de caisse modifiée (n.f.); méthode de la comptabilité de trésorerie modifiée (n.f.)	modified cash basis of accounting; modified cash basis; modified accrual basis of accounting; modified accrual basis
comptabilité d'exercice (n.f.); méthode de la comptabilité d'exercice (n.f.)	accrual basis of accounting; accrual accounting method; accrual accounting; accrual method of accounting
comptabilité d'exercice modifiée (n.f.); méthode de la comptabilité de caisse modifiée (n.f.); comptabilité de caisse modifiée (n.f.); méthode de la comptabilité de trésorerie modifiée (n.f.); comptabilité de trésorerie modifiée (n.f.); méthode de la comptabilité d'exercice modifiée (n.f.)	modified cash basis of accounting; modified cash basis; modified accrual basis of accounting; modified accrual basis
comptabilité d'exercice pour toutes les opérations (n.f.)	full accrual accounting; full accrual basis
comptabilité du secteur public (n.f.); comptabilité de l'État (n.f.); comptabilité gouvernementale (à éviter) (n.f.); comptabilité publique (n.f.)	government accounting; governmental accounting; public sector accounting

compte

comptabilité gouvernementale (à éviter) (n.f.); comptabilité publique (n.f.); comptabilité du secteur public (n.f.); comptabilité de l'État (n.f.)	government accounting; governmental accounting; public sector accounting
comptabilité publique (n.f.); comptabilité du secteur public (n.f.); comptabilité de l'État (n.f.); comptabilité gouvernementale (à éviter) (n.f.)	government accounting; governmental accounting; public sector accounting
compte (n.m.)	account (n.)
compte à fins déterminées (n.m.)	specified purpose account
compte à fins déterminées consolidé (n.m.)	consolidated specified purpose account
compte à fins déterminées non budgétaire (n.m.)	non-budgetary specified purpose account
compte à payer (à éviter) (n.m.); compte payable (à éviter) (n.m.); compte créditeur (n.m.); créditeur (n.m.)	account payable
compte à payer ou à régler (n.m.)	account for payment or settlement
compte à recevoir (à éviter) (n.m.); compte recevable (à éviter) (n.m.); compte débiteur (n.m.); débiteur (n.m.)	account receivable
compte autofinancé (n.m.)	self-funded account
compte auxiliaire (n.m.)	subsidiary account
compte bancaire ministériel (n.m.); CBM	departmental bank account; DBA
compte budgétaire (n.m.)	budgetary account
compte budgétaire consolidé (n.m.)	consolidated budgetary account
compte central (n.m.)	concentrator account
compte client douteux (n.m.); créance douteuse (n.f.)	doubtful debt; doubtful account

compte consolidé

compte consolidé (n.m.)	consolidated account
compte créditeur (n.m.); créditeur (n.m.); compte à payer (à éviter) (n.m.); compte payable (à éviter) (n.m.)	account payable
compte d'actif (n.m.)	asset account
Compte d'amende additionnelle pour poisson	Supplementary Fines Fish Account
compte d'assurance (n.m.)	insurance account
compte d'assurance budgétaire (n.m.)	budgetary insurance account
Compte d'assurance-emploi (n.m.); Compte d'assurance-chômage (vieilli) (n.m.)	Employment Insurance Account; Unemployment Insurance Account (obsolete)
compte d'attente (n.m.)	suspense account
compte d'attente de crédits invalides (n.m.)	invalid vote suspense account
compte d'attente de la comptabilité centrale (n.m.)	central accounting suspense account
compte d'attente des autres ministères (n.m.)	other government departments suspense account; OGD suspense account
compte d'attente général (n.m.)	general suspense account
compte d'avance fixe (n.m.)	imprest account
compte de bilan (n.m.)	balance sheet account
compte débiteur (n.m.); débiteur (n.m.); compte à recevoir (à éviter) (n.m.); compte recevable (à éviter) (n.m.)	account receivable
compte de caisse ministériel (n.m.)	departmental cash account
Compte de canadianisation (n.m.)	Canadian Ownership Account

compte de recettes

compte de contrôle (n.m.)	control account; controlling account
compte de contrôle des débiteurs (n.m.); compte de contrôle des comptes débiteurs (n.m.)	accounts receivable control account
compte de crédit (n.m.); compte de crédit parlementaire (n.m.)	appropriation account
compte de dépenses (n.m.)	expenditure account
compte de dépôt (n.m.)	deposit account
compte de dépôt en devises (n.m.)	deposit account held in foreign currency
compte de dépôt non budgétaire (n.m.)	non-budgetary deposit account
compte de fonds renouvelable (n.m.)	revolving fund account; account of a revolving fund
compte de ministère (n.m.); compte ministériel (n.m.)	departmental account
compte de passif (n.m.)	liability account
compte de passif CAFE (n.m.)	PAYE liability account
compte de pension (n.m.)	pension account
compte de pension de retraite (n.m.)	superannuation account
Compte de pension pour les agents des rentes (n.m.)	Annuities agents' pension account
compte de péréquation (n.m.)	equalization account
compte de prestations de décès (n.m.)	death benefit account
Compte de prestations de décès de la fonction publique (n.m.)	Public Service death benefit account
compte de recettes (n.m.)	revenue account

compte de recettes

compte de recettes de RI non réparties (n.m.)	undistributed IS receipts account
compte de recettes en fiducie (n.m.)	revenue trust account
compte de recettes non fiscales (n.m.)	non-tax revenue account
compte des accords de perception fiscale avec les provinces et territoires (n.m.)	provincial and territorial tax collection agreements account
Compte des avances remboursables de la TPS (n.m.); CAR de la TPS; Compte des avances remboursables (n.m.); CAR	GST Refundable Advance Account; GST RAA; Refundable Advance Account; RAA
compte des chèques en circulation (n.m.)	outstanding cheques account
compte des engagements (n.m.)	commitment account
compte de service et de réduction de la dette (n.m.)	Debt Servicing and Reduction Account
compte des recettes de la TPS (n.m.)	GST revenue account
compte des recettes de RI (n.m.)	IS receipts account
Compte des rentes sur l'État (n.m.)	Government Annuities Account
Compte de stabilisation des produits agricoles (n.m.)	Agricultural Commodities Stabilization Account
compte de voyage ministériel (n.m.)	departmental travel account
compte d'indemnisation d'acheteurs de titres de placement (vieilli) (n.m.); Compte d'indemnisation placement (n.m.); compte d'indemnisation des épargnants (vieilli) (n.m.)	Investors' Indemnity Account

compte payable

compte d'indemnisation des épargnants (vieilli) (n.m.); compte d'indemnisation d'acheteurs de titres de placement (vieilli) (n.m.); Compte d'indemnisation placement (n.m.)	Investors' Indemnity Account
Compte d'indemnisation placement (n.m.); compte d'indemnisation des épargnants (vieilli) (n.m.); compte d'indemnisation d'acheteurs de titres de placement (vieilli) (n.m.)	Investors' Indemnity Account
compte distinct (n.m.)	separate account
Compte du Canada (n.m.)	Canada Account
compte du déficit accumulé (n.m.)	accumulated deficit account
Compte du fonds des changes (n.m.)	Exchange Fund Account
Compte du Régime de pensions du Canada (n.m.)	Canada Pension Plan Account
compte en fiducie (n.m.)	trust account
compte en souffrance (n.m.)	overdue account; account overdue
compte entre entités (n.m.); compte interentités (n.m.)	inter-entity account
compte interministériel (n.m.)	interdepartmental account
compte-mémoire (n.m.); compte pour mémoire (n.m.)	memorandum account; memo account
compte ministériel (n.m.); compte de ministère (n.m.)	departmental account
compte non budgétaire (n.m.)	non-budgetary account
compte payable (à éviter) (n.m.); compte créditeur (n.m.); créditeur (n.m.); compte à payer (à éviter) (n.m.)	account payable

compte portant

compte portant intérêt (n.m.); compte productif d'intérêt (n.m.)	interest-bearing account
compte pour mémoire (n.m.); compte-mémoire (n.m.)	memorandum account; memo account
compte productif d'intérêt (n.m.); compte portant intérêt (n.m.)	interest-bearing account
compte recevable (à éviter) (n.m.); compte débiteur (n.m.); débiteur (n.m.); compte à recevoir (à éviter) (n.m.)	account receivable
comptes à payer (à éviter) (n.m.); comptes payables (à éviter) (n.m.); créditeurs (n.m.); comptes créditeurs (n.m.)	accounts payable; payables
comptes à recevoir (à éviter) (n.m.); comptes recevables (à éviter) (n.m.); débiteurs (n.m.); comptes débiteurs (n.m.)	accounts receivable; receivables
comptes centraux (n.m.)	central accounts
comptes centraux inactifs (n.m.)	inactive central accounts
comptes créditeurs (n.m.); comptes à payer (à éviter) (n.m.); comptes payables (à éviter) (n.m.); créditeurs (n.m.)	accounts payable; payables
comptes créditeurs généraux (n.m.)	general accounts payable
comptes débiteurs (n.m.); comptes à recevoir (à éviter) (n.m.); comptes recevables (à éviter) (n.m.); débiteurs (n.m.)	accounts receivable; receivables
comptes de dépôt et en fiducie (n.m.)	deposit and trust accounts
Comptes de fiducie gérés (n.m.)	Administered Trust Accounts
comptes de la nation (n.m.); comptes nationaux (n.m.)	national accounts

conclure

comptes de paiements anticipés indéterminés (n.m.)	unspecified pre-payment accounts
Comptes de succession des Indiens (n.m.)	Indian estate accounts
comptes d'opérations de change (n.m.)	foreign exchange accounts
comptes du Canada (n.m.)	accounts of Canada
comptes nationaux (n.m.); comptes de la nation (n.m.)	national accounts
comptes payables (à éviter) (n.m.); créditeurs (n.m.); comptes créditeurs (n.m.); comptes à payer (à éviter) (n.m.)	accounts payable; payables
Comptes publics du Canada (n.m.)	*Public Accounts of Canada*
comptes recevables (à éviter) (n.m.); débiteurs (n.m.); comptes débiteurs (n.m.); comptes à recevoir (à éviter) (n.m.)	accounts receivable; receivables
comptes réciproques (n.m.)	reciprocal accounts
concédant (n.m.) (de licence)	licensor
concept de coût raisonnable (n.m.)	prudent cost concept
concession de crédit (n.f.); mise à disposition de crédit (n.f.); octroi de crédit (n.m.)	credit granting; granting of credit; extension of credit; provision of credit
concession d'un prêt (n.f.); octroi d'un prêt (n.m.); attribution d'un prêt (n.f.)	granting of a loan
conciliation (à éviter) (n.f.); rapprochement (n.m.); rapprochement des comptes (n.m.); réconciliation (à éviter) (n.f.)	reconciliation; reconciliation of accounts; account reconciliation
conclure un accord; conclure une entente; passer un accord	enter into an agreement

conclure

conclure une entente; passer un accord; conclure un accord	enter into an agreement
condenser; récapituler; résumer	summarize
conditions avantageuses (n.f.); conditions privilégiées (n.f.); conditions favorables (n.f.); conditions de faveur (n.f.); conditions libérales (n.f.); conditions préférentielles (n.f.); conditions spéciales (n.f.)	concessional terms; concessionary terms; soft terms; preferential terms
conditions de faveur (n.f.); conditions libérales (n.f.); conditions préférentielles (n.f.); conditions spéciales (n.f.); conditions avantageuses (n.f.); conditions privilégiées (n.f.); conditions favorables (n.f.)	concessional terms; concessionary terms; soft terms; preferential terms
conditions de paiement (n.f.); conditions de règlement (n.f.); modalités de règlement (n.f.); modalités de paiement (n.f.)	terms of payment; payment terms
conditions de règlement (n.f.); modalités de règlement (n.f.); modalités de paiement (n.f.); conditions de paiement (n.f.)	terms of payment; payment terms
conditions favorables (n.f.); conditions de faveur (n.f.); conditions libérales (n.f.); conditions préférentielles (n.f.); conditions spéciales (n.f.); conditions avantageuses (n.f.); conditions privilégiées (n.f.)	concessional terms; concessionary terms; soft terms; preferential terms
conditions libérales (n.f.); conditions préférentielles (n.f.); conditions spéciales (n.f.); conditions avantageuses (n.f.); conditions privilégiées (n.f.); conditions favorables (n.f.); conditions de faveur (n.f.)	concessional terms; concessionary terms; soft terms; preferential terms

conseil

conditions préférentielles (n.f.); conditions spéciales (n.f.); conditions avantageuses (n.f.); conditions privilégiées (n.f.); conditions favorables (n.f.); conditions de faveur (n.f.); conditions libérales (n.f.)	concessional terms; concessionary terms; soft terms; preferential terms
conditions privilégiées (n.f.); conditions favorables (n.f.); conditions de faveur (n.f.); conditions libérales (n.f.); conditions préférentielles (n.f.); conditions spéciales (n.f.); conditions avantageuses (n.f.)	concessional terms; concessionary terms; soft terms; preferential terms
conditions spéciales (n.f.); conditions avantageuses (n.f.); conditions privilégiées (n.f.); conditions favorables (n.f.); conditions de faveur (n.f.); conditions libérales (n.f.); conditions préférentielles (n.f.)	concessional terms; concessionary terms; soft terms; preferential terms
conférence prébudgétaire (n.f.)	pre-budget conference
conférer une autorisation; autoriser; accorder une autorisation	grant authority
conformément à	in accordance with
conformité aux autorisations (n.f.); respect des autorisations (n.m.); conformité aux pouvoirs (n.f.); respect des pouvoirs (n.m.)	compliance with authorities
conformité aux pouvoirs (n.f.); respect des pouvoirs (n.m.); conformité aux autorisations (n.f.); respect des autorisations (n.m.)	compliance with authorities
Conseil de gestion de projet (n.m.); CGP	Project Management Council; PMC
conseil dispensateur (n.m.); conseil octroyant des subventions (n.m.); conseil subventionnaire (n.m.)	granting council

Conseil

Conseil du Trésor (n.m.); CT	Treasury Board; TB
conseil octroyant des subventions (n.m.); conseil subventionnaire (n.m.); conseil dispensateur (n.m.)	granting council
conseil subventionnaire (n.m.); conseil dispensateur (n.m.); conseil octroyant des subventions (n.m.)	granting council
consentir des crédits provisoires; ouvrir des crédits provisoires; approuver des crédits provisoires; octroyer des crédits provisoires	appropriate interim supply (v.); approve interim supply; grant interim supply
consentir un crédit; accorder un crédit; voter un crédit; octroyer un crédit	grant an appropriation; approve an appropriation
consentir un crédit; octroyer un crédit; accorder un crédit	grant credit; issue a credit
consentir un prêt; accorder un prêt	grant a loan
consignation de fonds (n.f.); charge financière (à éviter) (n.f.)	financial encumbrance; FE; encumbrance
consigner des opérations	enter transactions
consolidation (n.f.)	consolidation
constatation (n.f.); comptabilisation (n.f.)	recognition
constaté (adj.) (par régularisation)	accrued (adj.)
constater; comptabiliser	recognize
constater; inscrire; enregistrer; passer une écriture; prendre en compte; comptabiliser	account (for) (v.)
constituer une réserve	set aside a reserve
constituer un ministère	establish a department
constitution (n.f.) (en société)	incorporation

contribution

construction ou acquisition de matériel et d'outillage (n.f.)	construction or acquisition of machinery and equipment
contexte fiscal (n.m.); situation fiscale (n.f.)	fiscal environment
contracter un emprunt; faire un emprunt	contract a loan
contrainte de financement (n.f.)	funding pressure
contrainte financière (n.f.); restriction budgétaire (n.f.); restriction financière (n.f.)	fiscal restraint; fiscal constraint
contrat (n.m.); marché (n.m.)	contract (n.)
contrat à prix coûtant majoré (n.m.)	cost-plus contract
contrat de location (n.m.); bail (n.m.)	lease (n.)
contrat de location-acquisition (n.m.); location-acquisition (n.f.); bail de location-acquisition (n.m.)	capital lease arrangement; capital lease
contrat de location-exploitation (n.m.)	operating lease
contrat de location-financement (n.m.)	direct financing lease
contrat de prêt (n.m.); entente de prêt (n.f.); accord de prêt (n.m.)	loan agreement
contre remboursement des frais; selon le principe de la récupération des coûts; en régime de recouvrement des coûts	on a cost-recovery basis
contribution (n.f.)	contribution[1]
contribution au FPÉ (n.f.); paiement au titre du FPÉ (n.m.); contribution au titre du FPÉ (n.f.)	EPF contribution

contribution

contribution au titre du FPÉ (n.f.); contribution au FPÉ (n.f.); paiement au titre du FPÉ (n.m.)	EPF contribution
contribution de contrepartie (n.f.)	matching contribution
contribution non législative (n.f.); contribution non prévue par la loi (n.f.)	non-statutory contribution
contribution non prévue par la loi (n.f.); contribution non législative (n.f.)	non-statutory contribution
contribution remboursable (n.f.)	repayable contribution
contrôle budgétaire (n.m.)	budgetary control
contrôle comptable informatique (n.m.); contrôle comptable informatisé (n.m.)	computer-assisted accounting control
contrôle comptable interne (n.m.)	internal accounting control
contrôle de limite (n.m.)	limit check
contrôle des affectations (n.m.)	allotment control; control of allotments
contrôle des crédits (n.m.)	control of appropriations
contrôle des dépenses (n.m.)	expenditure control; control of expenditures; spending control
contrôle des engagements (n.m.)	commitment control; control of commitments
contrôle des ressources (n.m.)	resource control
contrôle du budget (n.m.)	budget control
contrôle essentiel (n.m.)	critical control
contrôle financier (n.m.)	financial control
contrôle financier informatique (n.m.); contrôle financier informatisé (n.m.)	EDP financial control

couper

contrôle interne (n.m.); système de contrôle interne (n.m.)	internal control system; internal control
contrôle parlementaire (n.m.)	parliamentary control
contrôleur (n.m.)	controller; comptroller
conventions comptables (n.f.); règles et méthodes comptables (n.f.)	accounting policies
conversion de devises (n.f.)	translation of foreign currencies; foreign currency translation; conversion of foreign currencies
conversion des opérations en devises (n.f.)	translation of foreign currency transactions
coordonnateur des chèques de paye (n.m.)	pay cheque co-ordinator; pay cheque coordinator
coordonnateur ministériel des cartes d'achat (n.m.)	departmental acquisition card co-ordinator
corporation de mandataire (à éviter) (n.f.); société d'État mandataire (n.f.)	agent Crown corporation
correction (n.f.); rectification (n.f.); redressement (n.m.)	adjustment[2]
cotisation (n.f.)	contribution[3] (employer/employee)
cotisation d'assurance-emploi (n.f.); cotisation d'assurance-chômage (vieilli) (n.f.)	employment insurance premium; unemployment insurance premium (obsolete)
cotisation patronale (n.f.)	employer contribution
cotisation salariale (n.f.)	employee contribution
couper dans les dépenses; couper les dépenses (à éviter); réduire les dépenses; diminuer les dépenses; comprimer les dépenses	cut expenditures; cut spending; curtail spending; restrain spending

coupure

coupure de l'exercice (n.f.); arrêté des comptes (n.m.)	cutoff
cours (n.m.); taux de change (n.m.); change (n.m.); cours du change (n.m.)	exchange rate; rate of exchange; foreign exchange rate
cours du change (n.m.); cours (n.m.); taux de change (n.m.); change (n.m.)	exchange rate; rate of exchange; foreign exchange rate
coût complet sur le cycle de vie (n.m.); méthode du coût complet sur le cycle de vie (n.f.)	life-cycle costing
coût comptabilisé dans l'exercice en cours (n.m.)	cost recognized currently
coût de cession (n.m.); prix de cession interne (n.m.)	transfer price[2]
coût de mise en oeuvre (n.m.)	implementation cost
coût d'émission (n.m.); frais d'émission (n.m.)	flotation cost; issuance cost; issuing cost; floatation cost
coût d'émission de nouveaux emprunts (n.m.)	cost of issuing new borrowings
coût différentiel (n.m.)	incremental cost
coût d'origine (n.m.); coût historique (n.m.)	historical cost
coût du capital (n.m.)	cost of capital
coût du cycle de vie (n.m.); coût du cycle de vie du matériel (n.m.); CCVM	life(-)cycle cost; LCC
coût en capital (n.m.)	capital cost
coût estimatif (n.m.)	estimated cost
coût historique (n.m.); coût d'origine (n.m.)	historical cost

coûts (n.m.)	costs
coûts accumulés (n.m.)	accumulated costs
coûts de fonctionnement (n.m.); coûts d'exploitation (n.m.) (sociétés d'État)	operating costs
coûts de restructuration (n.m.); frais de restructuration (n.m.)	restructuring charges; restructuring costs
coûts des locaux (n.m.)	accommodation costs[2]
coûts des régimes de prestations aux employés (n.m.)	employee benefit plan costs
coûts d'exploitation (n.m.); coûts de fonctionnement (n.m.) (sociétés d'État)	operating costs
coûts directs (n.m.)	direct costs
coûts relatifs au personnel (n.m.); frais de personnel (n.m.); frais touchant le personnel (n.m.)	personnel costs
coûts répartis (n.m.); coûts ventilés (n.m.)	allocated costs
coûts ventilés (n.m.); coûts répartis (n.m.)	allocated costs
coût total (n.m.)	full cost
coût unitaire (n.m.)	unit cost
coût vérifié (n.m.)	audited cost
couvrir un déficit	cover a deficit
CP; crédit (n.m.); crédit parlementaire (n.m.)	vote (n.); parliamentary vote; PV
CPO; cadre du plan opérationnel (n.m.)	Operational Plan Framework; OPF
créance (n.f.)	financial claim

créance

créance (n.f.)	debt[2]
créance (n.f.) (compte débiteur)	claim[2] (n.) (account receivable)
créance constatée (n.f.) (par régularisation)	accrued financial claim
créance de Sa Majesté (n.f.); dette due à Sa Majesté (n.f.)	debt due to Her Majesty
créance douteuse (n.f.); compte client douteux (n.m.)	doubtful debt; doubtful account
créances ayant fait l'objet d'une radiation ou d'une renonciation (n.f.)	debts, obligations and claims written off or forgiven
créance sur Sa Majesté (n.f.); dette de l'État (n.f.)	Crown debt
créancier (n.m.); créditeur (à éviter) (n.m.)	creditor
création d'une dette (n.f.)	incurrence of a liability
crédit (n.m.)	credit[1] (n.)
crédit (n.m.); Ct (n.m.)	credit[2] (n.); Cr. (n.)
crédit (n.m.); crédit parlementaire (n.m.)	appropriation; parliamentary appropriation
crédit (n.m.); crédit parlementaire (n.m.); CP	vote (n.); parliamentary vote; PV
crédit à des fins particulières (n.m.); crédit spécifique (n.m.)	specific vote
crédit annuel (n.m.)	annual appropriation; lapsing appropriation
crédit approuvé (n.m.); crédit voté (n.m.)	voted appropriation
crédit budgétaire (n.m.)	budgetary appropriation; budget appropriation

─── **créditer**

crédit compensatoire (n.m.)	offsetting credit
crédit de financement (n.m.)	funding appropriation
crédit de fonctionnement (n.m.); crédit pour dépenses de fonctionnement (n.m.)	operating expenditures vote; operating vote
crédit de fonctionnement (n.m.); crédit de fonctionnement d'un ministère (n.m.)	operating appropriation; departmental operating appropriation
crédit de l'exercice courant (n.m.)	current-year appropriation
crédit de l'exercice précédent (n.m.)	old-year appropriation
crédit de relais (n.m.); crédit(-)relais (n.m.); prêt-relais (n.m.)	bridging loan; interim loan
crédit d'impôt à l'investissement (n.m.); CII	investment tax credit; ITC
crédit d'impôt trimestriel (n.m.)	quarterly tax credit
crédit 5 du Conseil du Trésor (n.m.); crédit 5 du CT (n.m.); éventualités du gouvernement (n.m.); crédit pour éventualités du gouvernement (n.m.); crédit pour éventualités (n.m.); crédit pour éventualités du Conseil du Trésor (n.m.)	contingencies vote; Treasury Board contingencies vote; Treasury Board vote 5; TB vote 5; Government contingencies; Government contingencies vote
crédit du ministère (n.m.); crédit ministériel (n.m.)	department's appropriation; departmental appropriation
crédit d'un dollar (n.m.)	one-dollar appropriation; dollar appropriation
crédit du nouvel exercice (n.m.)	new-year appropriation
crédité à; porté au crédit de	credited to
crédit en capital (n.m.); crédit pour dépenses en capital (n.m.)	capital appropriation[2]
créditer (qqn ou un compte d'une somme); porter (une somme) au crédit (de qqn ou d'un compte)	credit[3] (v.)

créditeur

créditeur (n.m.); compte à payer (à éviter) (n.m.); compte payable (à éviter) (n.m.); compte créditeur (n.m.)	account payable
créditeur (à éviter) (n.m.); créancier (n.m.)	creditor
créditeurs (n.m.); comptes créditeurs (n.m.); comptes à payer (à éviter) (n.m.); comptes payables (à éviter) (n.m.)	accounts payable; payables
créditeurs à la fin de l'exercice (n.m.); CAFE	Payables at Year-End; PAYE
crédit hors caisse (n.m.)	non-cash credit
crédit législatif (n.m.); crédit statutaire (à éviter) (n.m.)	statutory appropriation
crédit législatif (n.m.); crédit statutaire (à éviter) (n.m.)	statutory vote
crédit ministériel (n.m.); crédit du ministère (n.m.)	department's appropriation; departmental appropriation
crédit non budgétaire (n.m.)	non-budgetary appropriation
crédit non budgétaire (n.m.)	non-budgetary vote
crédit non législatif (n.m.)	non-statutory appropriation
crédit parlementaire (n.m.); crédit (n.m.)	appropriation; parliamentary appropriation
crédit parlementaire (n.m.); CP; crédit (n.m.)	vote (n.); parliamentary vote; PV
crédit permanent (n.m.)	non-lapsing vote
crédit permanent (n.m.)	non-lapsing appropriation; continuing appropriation
crédit pertinent (n.m.)	relevant appropriation
crédit pluriannuel (n.m.)	multiyear appropriation

crédit traditionnel

crédit pour dépenses de fonctionnement (n.m.); crédit de fonctionnement (n.m.)	operating expenditures vote; operating vote
crédit pour dépenses de programme (n.m.)	program expenditures vote
crédit pour dépenses en capital (n.m.)	capital expenditures vote; capital vote
crédit pour dépenses en capital (n.m.); crédit en capital (n.m.)	capital appropriation[2]
crédit pour éventualités (n.m.); crédit pour éventualités du Conseil du Trésor (n.m.); crédit 5 du Conseil du Trésor (n.m.); crédit 5 du CT (n.m.); éventualités du gouvernement (n.m.); crédit pour éventualités du gouvernement (n.m.)	contingencies vote; Treasury Board contingencies vote; Treasury Board vote 5; TB vote 5; Government contingencies; Government contingencies vote
crédit pour subventions et contributions (n.m.)	grants and contributions vote
crédit(-)relais (n.m.); prêt-relais (n.m.); crédit de relais (n.m.)	bridging loan; interim loan
crédits (n.m.)	supply (n.)
crédits nets (n.m.); méthode du crédit net (n.f.)	net voting; vote netting
crédit spécial (n.m.)	special appropriation
crédit spécifique (n.m.); crédit à des fins particulières (n.m.)	specific vote
crédits provisoires (n.m.)	interim supply
crédit statutaire (à éviter) (n.m.); crédit législatif (n.m.)	statutory appropriation
crédit statutaire (à éviter) (n.m.); crédit législatif (n.m.)	statutory vote
crédit traditionnel (n.m.)	traditional appropriation

421

crédit voté

crédit voté (n.m.); crédit approuvé (n.m.)	voted appropriation
croissance nulle en termes réels (n.f.)	zero real growth
Ct (n.m.); crédit (n.m.)	credit^2 (n.); Cr. (n.)
CT; Conseil du Trésor (n.m.)	Treasury Board; TB
cumul (n.m.); financement en double (n.m.)	duplicate financing; stacking
cumulatif annuel (n.m.); total cumulé de l'année (n.m.); cumul annuel jusqu'à ce jour (n.m.); cumul annuel au ... (n.m.); depuis le début de l'exercice; depuis le début de l'année; cumul de l'année (n.m.)	year(-)to(-)date; YTD
cycle budgétaire (n.m.)	budget cycle
cycle de dépenses (n.m.)	expenditure cycle
cycle de gestion des dépenses (n.m.)	expenditure management cycle
cycle de planification des dépenses (n.m.)	expenditure planning cycle
cycle de remboursement (n.m.)	reimbursement cycle
cycle des opérations (n.m.)	transaction cycle

date d'échéance (n.f.); date d'exigibilité (n.f.); échéance (n.f.)	maturity date; date of maturity; due date; maturity
date de démarcation (n.f.); date de l'arrêté des comptes (n.f.)	cutoff date

débiteurs

date de dépôt (n.f.) (d'un rapport, du budget, etc.)	tabling date (of a report, a budget)
date de fermeture (n.f.) (d'un fonds renouvelable)	termination date (of a revolving fund)
date de l'arrêté des comptes (n.f.)	accounting date
date de l'arrêté des comptes (n.f.); date de démarcation (n.f.)	cutoff date
date d'entrée en vigueur (n.f.)	inception date
date d'exigibilité (n.f.); échéance (n.f.); date d'échéance (n.f.)	maturity date; date of maturity; due date; maturity
date la plus rapprochée (n.f.)	earliest date
débit (n.m.)	debit[1] (n.); charge[1] (n.)
débit (n.m.); Dt	debit[2] (n.); debit side; Dr.
débit compensatoire (n.m.)	chargeback (n.); charge-back (n.)
débité à; imputé à; porté au débit de	charged to; debited to
débiter (qqn ou un compte d'une somme); porter (une somme) au débit (de qqn ou d'un compte); imputer sur; imputer à	debit[3] (v.); charge[3] (v.)
débiteur (n.m.)	debtor
débiteur (n.m.); compte à recevoir (à éviter) (n.m.); compte recevable (à éviter) (n.m.); compte débiteur (n.m.)	account receivable
débiteurs (n.m.); comptes débiteurs (n.m.); comptes à recevoir (à éviter) (n.m.); comptes recevables (à éviter) (n.m.)	accounts receivable; receivables
débiteurs en fin d'exercice (n.m.)	year-end receivables
débiteurs pour recettes fiscales (n.m.)	accounts receivable for tax revenues

423

débiteurs

débiteurs pour recettes non fiscales (n.m.)	accounts receivable for non-tax revenues
débours (n.m.); décaissement (n.m.); sortie de fonds (n.f.)	disbursement
débours fait sur un fonds (n.m.); débours sur un fonds (n.m.); décaissement sur un fonds (n.m.)	disbursement made from a fund; disbursement from a fund
débours sur un fonds (n.m.); décaissement sur un fonds (n.m.); débours fait sur un fonds (n.m.)	disbursement made from a fund; disbursement from a fund
début de l'exercice (n.m.)	beginning of year
décaissement (n.m.); sortie de fonds (n.f.); débours (n.m.)	disbursement
décaissement de fonds publics (n.m.)	disbursement of public money; disbursement of government funds; disbursement of public funds
décaissement sur un fonds (n.m.); débours fait sur un fonds (n.m.); débours sur un fonds (n.m.)	disbursement made from a fund; disbursement from a fund
déchiffrement (n.m.)	decryption
décision en matière de dépenses (n.f.)	spending decision
décision financière (n.f.)	financial decision
déclaration (n.f.); publication (n.f.); présentation de renseignements (n.f.); mention (n.f.); indication (n.f.)	disclosure[2]
décret (n.m.)	order in council
décret de remise (n.m.)	remission order
Décret de remise de taxe (n.m.) (taxe sur les produits et services)	Tax Remission Order (goods and services tax)
décret général (n.m.)	blanket order in council

déficit

déduction faite de; au net de; moins les; après déduction de	net of
déduction faite des emprunts (n.f.)	net of borrowings
déduire; défalquer; soustraire	net² (v.)
déduire de; imputer sur; imputer à; porter en réduction de	charge against (v.)
déduire des dépenses budgétaires	net against budgetary expenditures
défalquer; soustraire; déduire	net² (v.)
déficit (n.m.); déficit budgétaire (n.m.)	deficit; budgetary deficit; budget deficit
déficit accumulé (n.m.)	accumulated deficit
déficit actuariel (n.m.)	actuarial deficit
déficit annuel (n.m.); déficit de l'exercice (n.m.)	annual deficit
déficit au chapitre de la rémunération (n.m.)	paylist shortfall
déficit budgétaire (n.m.); déficit (n.m.)	deficit; budgetary deficit; budget deficit
déficit chronique (n.m.)	chronic deficit
déficit cumulatif (n.m.)	cumulative deficit
déficit de caisse (n.m.); écart de caisse négatif (n.m.)	cash shortage; cashier shortage
déficit de fonctionnement (n.m.); déficit d'exploitation (n.m.) (sociétés d'État)	operating deficit
déficit de l'exercice (n.m.); déficit annuel (n.m.)	annual deficit
déficit d'exploitation (n.m.); déficit de fonctionnement (n.m.) (sociétés d'État)	operating deficit

déficit

déficit estimatif (n.m.)	estimated deficit
déficit sous-jacent (n.m.)	underlying deficit
définition de projet (n.f.)	project definition phase
délai de grâce (n.m.); jours de grâce (n.m.)	days of grace
délai de grâce (n.m.); période de grâce (n.f.)	grace period
délai de paiement (n.m.)	term of payment; time for payment; period of payment; payment period
délai de récupération (n.m.); période de récupération (n.f.)	payback period; payout period; payback
délégation de pouvoir(s) (n.f.)	delegation of authority; delegation of powers
délégation du pouvoir d'acquisition (n.f.)	procurement delegation
demande de chèque (n.f.); réquisition de chèque (à éviter) (n.f.)	cheque requisition; requisition for cheque
demande de paiement (n.f.)	payment requisition
demande de paiement ou de règlement (n.f.)	requisition for payment or settlement
demande de remboursement (n.f.) (frais de voyage)	claim[4] (n.) (travel expenses)
demander l'autorisation au; obtenir l'autorisation de	obtain authority from; request authority
demander un paiement ou un règlement	requisition a payment or settlement
deniers publics (vieilli) (n.m.); fonds publics (n.m.)	public funds; government funds; public money
dépassement (n.m.)	overutilization; over-utilization

dépenses

dépassement (n.m.)	overexpenditure; over-expenditure
dépassement de(s) coût(s) (n.m.)	cost overrun; overrun
dépassement du pouvoir de dépenser (n.m.)	overexpenditure of spending authority
dépense connexe (n.f.)	related expenditure
dépense de petite caisse (n.f.)	petty cash expenditure
dépense effectuée au titre de (n.f.)	expenditure made under
dépense estimative (n.f.)	estimated expense
dépense extraordinaire (n.f.)	extraordinary expenditure
dépenses (n.f.)	expenditures
dépenses (n.f.); charges (n.f.)	expenses
dépenses annuelles (n.f.)	annual expenditures
dépenses assujetties à un contrôle (n.f.)	spending subject to control
dépenses autres qu'en capital (n.f.)	non-capital expenditures
dépenses brutes (n.f.); montant brut des dépenses (n.m.)	gross expenditures
dépenses budgétaires (n.f.)	budgetary expenditures; budgetary spending
dépenses budgétaires totales (n.f.); ensemble des dépenses budgétaires (n.m.); total des dépenses budgétaires (n.m.)	total budgetary expenditures
dépenses budgétaires votées (n.f.)	voted budgetary expenditures
dépenses budgétées (n.f.); dépenses budgétisées (n.f.); dépenses inscrites au budget (n.f.)	budgeted expenditures
dépenses compensatoires (n.f.)	offsetting expenditures

dépenses comptabilisées

dépenses comptabilisées (n.f.)	recorded expenditures
dépenses concernant les tiers (vieilli) (n.f.); dépenses externes (n.f.)	external expenditures; expenditure with outside parties (obsolete)
dépenses concernant les tiers par catégorie (vieilli) (n.f.); dépenses externes par catégorie (n.f.)	external expenditures by type; expenditures with outside parties by type (obsolete)
dépenses courantes (n.f.); dépenses de l'exercice (n.f.)	current expenditures
dépenses de fonctionnement (n.f.); dépenses d'exploitation (n.f.) (sociétés d'État)	operating expenditures
dépenses de fonctionnement non liées au personnel (n.f.)	non-personnel operating expenditures
dépenses de fonctionnement non salariales (n.f.)	non-salary operating expenditures; non-salary operating dollars
dépenses de l'État (n.f.) (gouvernement fédéral); dépenses publiques (n.f.)	government expenditures; governmental expenditures; public expenditures; government spending
dépenses de l'exercice (n.f.); dépenses courantes (n.f.)	current expenditures
dépenses de main-d'oeuvre (n.f.)	labour expenditures
dépenses de programme (n.f.)	program expenditures; program spending
dépenses des fonds renouvelables (n.f.)	revolving fund expenditures
dépenses des ménages (n.f.)	household spending
dépenses des sociétés d'État (n.f.)	Crown corporations expenditures
dépenses d'exploitation (n.f.); dépenses de fonctionnement (n.f.) (sociétés d'État)	operating expenditures

dépenses législatives

dépenses discrétionnaires (n.f.)	discretionary expenditures; discretionary spending
dépenses diverses (n.f.)	miscellaneous expenditures
dépenses effectives (n.f.); dépenses réelles (n.f.)	actual spending; actual expenditures; actual expenses
dépenses en capital (n.f.)	capital expenditures; capital spending
dépenses en capital contrôlées (n.f.)	controlled capital expenditures; controlled capital
dépenses en capital secondaires (n.f.)	minor capital expenditures; minor capital
Dépenses en vertu d'autorisations législatives (n.f.)	Expenditures under statutory authorities
dépenses externes (n.f.); dépenses concernant les tiers (vieilli) (n.f.)	external expenditures; expenditure with outside parties (obsolete)
dépenses externes par catégorie (n.f.); dépenses concernant les tiers par catégorie (vieilli) (n.f.)	external expenditures by type; expenditures with outside parties by type (obsolete)
dépenses imprévues (n.f.)	unforeseen expenditures
dépenses imputées (n.f.); dépenses inscrites (n.f.)	expenditures charged
dépenses inscrites (n.f.); dépenses imputées (n.f.)	expenditures charged
dépenses inscrites au budget (n.f.); dépenses budgétées (n.f.); dépenses budgétisées (n.f.)	budgeted expenditures
dépenses internes (n.f.)	internal expenditures; expenditure internal to the Government (obsolete)
dépenses législatives (n.f.); dépenses statutaires (à éviter) (n.f.)	statutory expenditures

dépenses liées

dépenses liées à l'entretien de véhicules automobiles (n.f.)	vehicle maintenance expenses
dépenses liées à l'utilisation de véhicules automobiles (n.f.)	vehicle operating expenses
dépenses liées aux taux d'intérêt (n.f.)	interest-sensitive spending
dépenses ministérielles (n.f.)	ministerial expenditures; departmental spending; departmental expenditures
dépenses nettes (n.f.)	net expenditures
dépenses non budgétaires (n.f.)	non-budgetary expenditures
dépenses par article courant (n.f.)	expenditures by standard object
Dépenses par source (n.f.)	Expenditures by source
dépenses prévues (n.f.); prévision de dépenses (n.f.)	planned expenditures; forecast expenditures; expenditures forecast
dépenses publiques (n.f.); dépenses de l'État (n.f.) (gouvernement fédéral)	government expenditures; governmental expenditures; public expenditures; government spending
dépenses réelles (n.f.); dépenses effectives (n.f.)	actual spending; actual expenditures; actual expenses
dépenses statutaires (à éviter) (n.f.); dépenses législatives (n.f.)	statutory expenditures
dépenses supplémentaires (n.f.)	incremental expenditures
dépenses totales (n.f.)	total expenditures
dépenses totales de programme (n.f.); total des dépenses de programme (n.m.)	total program spending
dépenses votées (n.f.)	voted expenditures; voted spending
déposer au crédit de	deposit to the credit of (v.)

depuis

déposer des fonds dans un compte; verser des fonds dans un compte	deposit funds in an account
dépositaire (n.é.); détenteur (n.m.)	custodian
dépositaire (n.é.); détenteur (n.m.)	holder
dépositaire désigné des chèques de paye (n.é.)	designated pay cheque custodian
dépôt à court terme (n.m.)	short-term deposit
dépôt bancaire (n.m.)	bank deposit
dépôt courant (n.m.)	current deposit
dépôt de garantie (n.m.)	guarantee deposit
dépôt de garantie (n.m.)	security deposit
dépôt de garantie provisoire (n.m.)	temporary security deposit
dépôt direct (anglicisme) (n.m.); virement automatique (n.m.); virement automatisé (n.m.)	direct deposit
dépôt du Budget des dépenses supplémentaire (n.m.)	tabling of Supplementary Estimates
dépôt en espèces (n.m.)	cash deposit
dépôt en monnaie canadienne (n.m.)	Canadian currency deposit
Dépôts de garantie-Douanes et Accise (n.m.)	Guarantee deposits-Customs and Excise
dépôts pour projets divers (n.m.)	miscellaneous projects deposits
dépréciation du dollar (n.f.)	depreciation of the dollar
depuis le début de l'année; cumul de l'année (n.m.); cumulatif annuel (n.m.); total cumulé de l'année (n.m.); cumul annuel jusqu'à ce jour (n.m.); cumul annuel au ... (n.m.); depuis le début de l'exercice	year(-)to(-)date; YTD

depuis ─────────────────────────────

depuis le début de l'exercice; depuis le début de l'année; cumul de l'année (n.m.); cumulatif annuel (n.m.); total cumulé de l'année (n.m.); cumul annuel jusqu'à ce jour (n.m.); cumul annuel au ... (n.m.)

year(-)to(-)date; YTD

dernier Budget des dépenses supplémentaire (n.m.)

Final Supplementary Estimates; final supplementaries

description de l'activité (n.f.)

activity description

désengagement (n.m.)

decommitment

désengager (des fonds)

decommit (funds)

déséquilibre budgétaire (n.m.)

fiscal imbalance; budgetary imbalance

désinvestir; se départir

divest; disinvest

détail des montants disponibles (n.m.); détail des montants disponibles pour être dépensés (n.m.)

details of respendable amounts; details of amounts credited to the vote (obsolete)

détails (n.m.)

particulars

détenir des fonds dans un compte

hold funds in an account

détenteur (n.m.); dépositaire (n.é.)

custodian

détenteur (n.m.); dépositaire (n.é.)

holder

détenteur (n.m.); détenteur d'une carte d'achat (n.m.)

acquisition card holder; acquisition cardholder; card holder; cardholder

détenteur de licence (n.m.); licencié (n.m.)

licensee

détenteur d'une carte d'achat (n.m.); détenteur (n.m.)

acquisition card holder; acquisition cardholder; card holder; cardholder

détenu en fiducie

held in trust

dette

détérioration de pistes de vérification (n.f.)	breakdown of audit trails
détermination des risques associés à un projet (n.f.)	project risk identification
détournement de fonds (n.m.)	misappropriation of funds
dette (n.f.)	financial obligation
dette (n.f.)	debt[1]
dette (n.f.); encours de la dette (n.m.)	stock of debt
dette approximative (n.f.)	estimated debt
dette bilatérale (n.f.)	bilateral debt
dette brute (n.f.)	gross debt
dette CAFE (n.f.)	PAYE debt
dette constatée (n.f.) (par régularisation)	accrued financial obligation
dette croissante (n.f.)	rising debt
dette de l'État (n.f.); créance sur Sa Majesté (n.f.)	Crown debt
dette de l'État (n.f.)	Government's liability
dette due à Sa Majesté (n.f.); créance de Sa Majesté (n.f.)	debt due to Her Majesty
dette échue (n.f.)	matured debt
dette envers un tiers (n.f.)	liability to a third party
dette extérieure (n.f.)	foreign debt
dette fédérale (n.f.); dette publique (n.f.)	national debt; federal debt; government debt
dette inconditionnelle (n.f.)	unconditional obligation

dette

dette non échue (n.f.)	unmatured debt
dette portant intérêt (n.f.)	interest-bearing debt
dette publique (n.f.)	public debt
dette publique (n.f.); dette fédérale (n.f.)	national debt; federal debt; government debt
dette surestimée (n.f.)	overestimated debt
devenir périmé; se périmer; être périmé; ne pas pouvoir être reporté; ne pas être utilisé	lapse[3] (v.)
devise (n.f.)	currency
devise (n.f.); monnaie étrangère (n.f.)	foreign currency; foreign exchange
différence significative (n.f.)	significant difference
diminuer (la valeur); réduire	write down (v.)
diminuer les dépenses; comprimer les dépenses; couper dans les dépenses; couper les dépenses (à éviter); réduire les dépenses	cut expenditures; cut spending; curtail spending; restrain spending
diminution de l'actif (n.f.); diminution des actifs (n.f.)	reduction of assets
diminution nette (n.f.)	net decrease
directive du receveur général (n.f.)	Receiver General directive
discipline financière (n.f.)	fiscal discipline
discours du budget (n.m.)	budget speech
dispense du remboursement d'un prêt (n.f.); exonération du remboursement d'un prêt (n.f.)	forgiveness of a loan
dispenser de rembourser un prêt; dispenser du remboursement d'un prêt	forgive a loan

— **document**

dispenser des services; fournir des services; assurer des services	deliver services
dispenser du remboursement d'un prêt; dispenser de rembourser un prêt	forgive a loan
disposition de report (n.f.) (report des fonds inutilisés du budget de fonctionnement)	carry-forward provision (carry-forward of lapsing operating budget funds)
disposition financière (n.f.)	financial arrangement
distributeur désigné des chèques de paye (n.m.); distributrice désignée des chèques de paye (n.f.); préposé(e) désigné(e) à la distribution des chèques de paye	designated pay cheque distributor
dividende (n.m.)	dividend
dividende déclaré (n.m.)	dividend declared
dividende non réclamé (n.m.)	unclaimed dividend
diviser une affectation; répartir une affectation	divide an allotment
document afférent aux achats (n.m.)	record of purchases
document de délégation (n.m.)	delegation document; document of delegation
document de facturation (n.m.)	billing-related document
document d'engagement des dépenses (n.m.)	expenditure initiation document
document de responsabilisation (n.m.)	accountability document
document non exigé par la loi (n.m.); document non législatif (n.m.)	non-statutory publication

document ─────────────────────────

document non législatif (n.m.); document non exigé par la loi (n.m.)	non-statutory publication
documents budgétaires (n.m.)	budget documents
documents budgétaires (n.m.); Budget des dépenses (n.m.)	Estimates; Estimates documents
documents comptables (n.m.); registres comptables (n.m.); livres et registres (à éviter) (n.m.); livres (n.m.); livres comptables (n.m.)	accounting records; records; books; books of account; books and records (avoid)
documents de consultation budgétaire (n.m.); documents relatifs au processus de consultation budgétaire (n.m.)	Budget Consultation Papers
documents relatifs au processus de consultation budgétaire (n.m.); documents de consultation budgétaire (n.m.)	Budget Consultation Papers
dollar canadien (n.m.)	Canadian dollar
dollars constants (n.m.)	constant dollars
dollars courants (n.m.); dollars de l'année budgétaire (n.m.)	current dollars; budget-year dollars; inflated dollars; today's dollars
dollars de l'année budgétaire (n.m.); dollars courants (n.m.)	current dollars; budget-year dollars; inflated dollars; today's dollars
don (n.m.)	donation; gift
données budgétaires (n.f.)	budgetary data
données d'entrée de paye (n.f.); données d'entrée relatives à la paye (n.f.)	pay input
données extra-comptables (n.f.)	non-accounting data

-- durée

données financières (n.f.); information financière (n.f.)	financial information
données sur les opérations financières (n.f.)	financial transaction data
donner en sous-traitance; sous-traiter; donner à la sous-traitance	contract out (v.)
dotation (n.f.); affectation (n.f.)	allotment
dotation totale (n.f.); totalité des crédits (n.f.)	full supply
double comptabilisation (n.f.)	double counting
dresser un budget; élaborer un budget; préparer un budget; établir un budget	budget[4] (v.); establish a budget
droit(s) (n.m.)	fee(s)[1]
droit à péréquation (n.m.)	equalization entitlement
droit au paiement (n.m.)	payment entitlement
droit d'accise (n.m.)	excise duty
droit d'un bénéficiaire (n.m.)	entitlement of a recipient
droits de douane (n.m.)	customs duties
droits de tirage spéciaux (n.m.); DTS	special drawing rights; SDRs
Dt; débit (n.m.)	debit[2] (n.); debit side; Dr.
DTS; droits de tirage spéciaux (n.m.)	special drawing rights; SDRs
durée du bail (n.f.); durée du contrat de location (n.f.)	lease term
durée du contrat de location (n.f.); durée du bail (n.f.)	lease term

E

EAI; enveloppe de l'aide internationale (n.f.)	International Assistance Envelope; IAE
ÉB; énoncé des besoins (n.m.)	statement of requirements; SOR
ECA; estimation des coûts à l'achèvement (n.f.)	estimate at completion; EAC
écart (n.m.)	variance
écart de caisse négatif (n.m.); déficit de caisse (n.m.)	cash shortage; cashier shortage
écart de caisse positif (n.m.); surplus de caisse (à éviter) (n.m.); excédent de caisse (n.m.)	cash overage; cash over
échantillonnage statistique (n.m.)	statistical sampling
échéance (n.f.); date d'échéance (n.f.); date d'exigibilité (n.f.)	maturity date; date of maturity; due date; maturity
échéance courante (n.f.)	common term
échéancier des paiements (n.m.)	payment schedule
échoir; arriver à échéance; venir à échéance	mature (v.)
échoir; venir à échéance; arriver à échéance	come in course of payment
échu; en souffrance; en retard; passé dû (à éviter); arriéré	overdue; past due
économies au chapitre des dépenses (n.f.)	expenditure savings
économies brutes (n.f.)	gross savings
économies cumulatives (n.f.)	cumulative savings; cumulative cost savings

égalisation

économies supplémentaires (n.f.)	incremental savings
écriture (n.f.); inscription comptable (n.f.); enregistrement comptable (n.m.); écriture comptable (n.f.)	accounting entry; book entry; entry
ECU; unité monétaire européenne (n.f.)	European Currency Unit; ECU
effacer un déficit; éponger un déficit	offset a deficit
effectif (adj.); réel (adj.)	actual (adj.)
effectuer des paiements sur le Trésor	make payments out of the Consolidated Revenue Fund
effet à payer (n.m.)	note payable
effet de commerce (n.m.)	negotiable instrument
effet de paiement (n.m.)	payment instrument
effet de règlement (n.m.)	settlement instrument; instrument for settlement
effet non négociable (n.m.)	non-marketable note
efficacité en fonction du coût (n.f.); efficacité par rapport au coût (n.f.); rapport coût-efficacité (n.m.); rentabilité (n.f.)	cost effectiveness
efficacité par rapport au coût (n.f.); rapport coût-efficacité (n.m.); rentabilité (n.f.); efficacité en fonction du coût (n.f.)	cost effectiveness
égalisation des recettes et des dépenses (à éviter) (n.f.); équilibre des recettes et dépenses (n.m.); équilibre entre les recettes et les dépenses (n.m.); péréquation des recettes et dépenses (à éviter) (n.f.)	equalization of revenues and expenditures; equalization of revenues and expenses

élaboration

élaboration du budget (n.f.); établissement du budget (n.m.); budgétisation (n.f.)	budgeting[1]
élaborer un budget; préparer un budget; établir un budget; dresser un budget	budget[4] (v.); establish a budget
élément d'actif (n.m.); actif (n.m.); bien (n.m.)	asset
élément d'actif à court terme (n.m.); actif à court terme (n.m.)	current asset
élément d'actif autre que le stock (n.m.)	non-inventory asset
élément d'actif en devise (n.m.)	foreign exchange asset
élément d'actif monétaire (n.m.); actif monétaire (n.m.)	monetary asset
élément d'actif non financier (n.m.); actif non financier (n.m.)	non-financial asset
élément de coût (n.m.)	cost driver
élément de passif (n.m.); passif (n.m.)	liability
élément de passif général (n.m.)	general liability
élément de passif possible (n.m.)	potential liability
élément de planification (n.m.)	planning element
élément de rapprochement (n.m.)	reconciling item
élément du bilan (n.m.)	balance sheet component
élément extraordinaire (n.m.); poste extraordinaire (n.m.)	extraordinary item
élément non constaté (n.m.)	unrecognized item
éléments d'actif d'un fonds (n.m.)	assets of a fund

emprunts

éléments d'actif hors exploitation (n.m.)	non-operating assets
éléments de passif CAFE (n.m.)	PAYE liabilities
éléments de passif comptabilisés (n.m.); passif comptabilisé (n.m.); éléments de passif inscrits (n.m.)	recorded liabilities
éléments des états financiers (n.m.)	financial statement components
élément stratégique (n.m.)	policy element
émetteur de la carte d'achat (n.m.); société émettrice de la carte d'achat (n.f.)	acquisition card company
émettre de nouveau	re-issue (v.)
émission de chèques (n.f.)	cheque issue; issue of cheques; cheque issuance
émission de titres (n.f.); émission de valeurs mobilières (n.f.)	issue of securities
émission de valeurs mobilières (n.f.); émission de titres (n.f.)	issue of securities
émission d'obligations (n.f.)	bond issue
emploi (n.m.) (autorisation)	use (n.) (authority)
emprunt (n.m.)	loan^2 (n.)
emprunt (n.m.)	borrowing (n.)
emprunt auprès de tiers (n.m.)	borrowing from third party
emprunt formel (n.m.)	explicit borrowing
emprunts d'État (n.m.); emprunts publics (n.m.)	Government borrowings
emprunts du gouvernement fédéral (n.m.); emprunts fédéraux (n.m.)	federal borrowings

emprunts

emprunts publics (n.m.); emprunts d'État (n.m.)	Government borrowings
encaisse (n.f.)	cash (n.)
encaisse (n.f.)	cash balance
encaissement (n.m.)	encashment
encaissements (n.m.); rentrées de fonds (n.f.)	cash receipts
encours (n.m.); encours de la dette (n.m.)	outstanding debt; debt outstanding
encours (n.m.); montant non réglé (n.m.); montant impayé (n.m.)	amount outstanding
encours de la dette (n.m.); dette (n.f.)	stock of debt
encours de la dette (n.m.); encours (n.m.)	outstanding debt; debt outstanding
encours de prêts (n.m.); prêts en cours (n.m.)	outstanding loans; loans outstanding; loans receivable
en donner le plus possible au contribuable pour son argent; en donner pour son argent au contribuable	ensure value for the taxpayer's dollar
en donner pour son argent au contribuable; en donner le plus possible au contribuable pour son argent	ensure value for the taxpayer's dollar
en fiducie	in trust
engagé	committed (adj.)
engagement (n.m.)	commitment
engagement clos (n.m.)	closed commitment
engagement contractuel (n.m.)	contractual commitment

enregistrement

engagement des dépenses (n.m.)	expenditure initiation
engagement en cours (n.m.)	outstanding commitment; undischarged commitment
engagement inconditionnel (à éviter) (n.m.); engagement provisionnel (n.m.); engagement indéterminé (à éviter) (n.m.)	blanket commitment
engagement permanent (n.m.)	continuing commitment
engagement provisionnel (n.m.); engagement indéterminé (à éviter) (n.m.); engagement inconditionnel (à éviter) (n.m.)	blanket commitment
engagement spécifique (n.m.)	specific commitment
engager des dépenses; supporter des dépenses	incur expenses
engager des ressources	commit resources
engager une dépense	initiate an expenditure
en millions de dollars (n.m.); 000 000 $	millions of dollars, in; $000 000
énoncé de projet (n.m.)	project brief
énoncé de responsabilité (n.m.)	statement of responsibility
énoncé des besoins (n.m.); ÉB	statement of requirements; SOR
énoncé économique (n.m.); exposé économique (n.m.)	economic statement
en régime de recouvrement des coûts; contre remboursement des frais; selon le principe de la récupération des coûts	on a cost-recovery basis
enregistrement comptable (n.m.); écriture comptable (n.f.); écriture (n.f.); inscription comptable (n.f.)	accounting entry; book entry; entry

enregistrer

enregistrer; inscrire; comptabiliser	record (v.)
enregistrer; passer une écriture; prendre en compte; comptabiliser; constater; inscrire	account (for) (v.)
enregistrer un déficit; afficher un déficit; accuser un déficit; être déficitaire	incur a deficit; run a deficit; show a deficit
en retard; passé dû (à éviter); arriéré; échu; en souffrance	overdue; past due
ensemble des dépenses (n.m.); somme des dépenses (n.f.); total des dépenses (n.m.)	aggregate of expenditures
ensemble des dépenses budgétaires (n.m.); total des dépenses budgétaires (n.m.); dépenses budgétaires totales (n.f.)	total budgetary expenditures
ensemble d'opérations (n.m.)	transaction streams
en souffrance; en retard; passé dû (à éviter); arriéré; échu	overdue; past due
entente à frais partagés (n.f.); entente de partage des coûts (n.f.); accord de partage des coûts (n.m.); accord à frais partagés (n.m.)	cost-sharing arrangement; cost-sharing agreement
entente contractuelle (n.f.); accord contractuel (n.m.)	contractual agreement; contractual arrangement
entente de collaboration réciproque (n.f.)	cross-servicing agreement
entente de financement (n.f.)	funding arrangement
entente de financement préétablie (n.f.)	formula financing agreement
entente de partage des coûts (n.f.); accord de partage des coûts (n.m.); accord à frais partagés (n.m.); entente à frais partagés (n.f.)	cost-sharing arrangement; cost-sharing agreement

enveloppe

entente de prêt (n.f.); accord de prêt (n.m.); contrat de prêt (n.m.)	loan agreement
entente relative à un projet conjoint (n.f.)	joint project agreement
entente relative aux frais partagés (n.f.)	shared-cost agreement
ententes fédérales/provinciales relatives aux frais partagés (n.f.)	federal/provincial cost-sharing agreements
entité (n.f.)	entity
entité comptable (n.f.)	accounting entity
entité comptable consolidée (n.f.)	consolidated accounting entity
entité de déclaration (n.f.) (aux fins de la TPS)	reporting entity[2] (for GST purposes)
entité du secteur public (n.f.)	government entity
entités apparentées (n.f.); apparentés (n.m.); personnes apparentées (n.f.)	related parties
entité vérifiée (n.f.)	audited entity
entreprise commerciale de l'État (n.f.)	Government business enterprise
entreprise créée aux fins de la prise en charge (n.f.)	employee takeover company
entreprise du secteur privé (n.f.); entreprise privée (n.f.)	private sector company
entreprise privée (n.f.); entreprise du secteur privé (n.f.)	private sector company
entreprises mixtes et en coparticipation (n.f.)	joint and mixed enterprises
enveloppe de l'aide internationale (n.f.); EAI	International Assistance Envelope; IAE

éponger

éponger un déficit; effacer un déficit	offset a deficit
équilibre budgétaire (n.m.)	fiscal balance
équilibre des recettes et dépenses (n.m.); équilibre entre les recettes et les dépenses (n.m.); péréquation des recettes et dépenses (à éviter) (n.f.); égalisation des recettes et des dépenses (à éviter) (n.f.)	equalization of revenues and expenditures; equalization of revenues and expenses
équilibrer le budget	balance the budget
équivalent temps plein (n.m.); ÉTP	full-time equivalent; FTE
erreur comptable (n.f.)	accounting error
erreur de classement (n.f.)	classification error
escompte (n.m.)	discount (n.)
escompte à l'émission d'obligations (n.m.)	discount on bonds; bond discount
escompte non amorti (n.m.)	unamortized discount
escompte non amorti des bons du Trésor (n.m.)	unamortized discount on Treasury bills
espèces confisquées (n.f.)	cash forfeited
espèces et quasi-espèces (n.f.)	cash and cash equivalents
estimation comptable (n.f.)	accounting estimate
estimation de l'année budgétaire (n.f.); estimation en dollars courants (n.f.)	current dollar estimate; budget year estimate
estimation des coûts à l'achèvement (n.f.); ECA	estimate at completion; EAC
estimation en dollars constants (n.f.)	constant dollar estimate

établissement

estimation en dollars courants (n.f.); estimation de l'année budgétaire (n.f.)	current dollar estimate; budget year estimate
estimation fondée (n.f.)	substantive estimate
estimation indicative (n.f.)	indicative estimate
estimation raisonnable (n.f.)	reasonable estimate
estimation rigoureuse (n.f.)	hard estimate
établi au prorata; calculé au prorata; réparti proportionnellement	prorated
établir le coût de; calculer le coût de; évaluer le coût de; établir le devis de	cost (v.)
établir le devis de; établir le coût de; calculer le coût de; évaluer le coût de	cost (v.)
établir un budget; dresser un budget; élaborer un budget; préparer un budget	budget[4] (v.); establish a budget
établir un partenariat avec	enter into a partnership with
établissement de budget par programme (n.m.); budgétisation par programme (n.f.)	program budgeting
établissement de rapports à l'échelle de l'administration fédérale (n.m.)	government-wide reporting
établissement de rapports renfermant des données brutes (n.m.)	gross reporting
établissement du budget (n.m.); budgétisation (n.f.); élaboration du budget (n.f.)	budgeting[1]

établissement

établissement d'un taux (n.m.); tarification (n.f.)	rate setting
établissement financier (n.m.); institution financière (n.f.)	financial institution
établissement public (n.m.)	departmental corporation
étape (n.f.)	stage (n.)
État (n.m.)	Government[1]
État abrégé des opérations (proposition); État sommaire des opérations (n.m.)	Summary Statement of Transactions
état comparatif (n.m.); tableau comparatif (n.m.)	comparative statement
état consolidé par article courant (n.m.)	consolidated status by standard object
état consolidé par compte central (n.m.)	consolidated status by central account
état de compte (n.m.); relevé de compte (n.m.)	statement of account
État de l'actif et du passif (n.m.)	Statement of Assets and Liabilities
État de l'évolution de la situation financière (n.m.)	Statement of Changes in Financial Position
état de petite caisse (n.m.)	petty cash statement
État des opérations (n.m.)	Statement of Transactions
État des recettes et dépenses (n.m.)	Statement of Revenues and Expenditures
état des résultats (n.m.) (sociétés d'État)	statement of operations (Crown corporations)
État des revenus dus au Trésor (n.m.); gains du fonds des changes (vieilli) (n.m.)	Statement of Revenues due to the Consolidated Revenue Fund; Exchange Fund earnings (obsolete)

ÉTP

État du déficit accumulé (n.m.)	Statement of Accumulated Deficit
État du passif éventuel (n.m.)	Statement of Contingent Liabilities
état financier abrégé (n.m.); état financier condensé (n.m.); état financier sommaire (n.m.)	summary financial statement
état financier condensé (n.m.); état financier sommaire (n.m.); état financier abrégé (n.m.)	summary financial statement
état financier consolidé (n.m.)	consolidated financial statement
état financier définitif (n.m.)	final financial statement
état financier intermédiaire (n.m.)	interim financial statement
état financier non consolidé (n.m.)	unconsolidated financial statement
état financier sommaire (n.m.); état financier abrégé (n.m.); état financier condensé (n.m.)	summary financial statement
état financier vérifié (n.m.)	audited financial statement
état pro forma de la situation du fonds (n.m.)	Pro Forma Statement of Fund Position
états (n.m.); états financiers (n.m.)	financial statements
états financiers annuels (n.m.)	annual financial statements
États financiers du gouvernement du Canada (n.m.)	Financial Statements of the Government of Canada
états financiers provisoires (n.m.)	preliminary financial statements
État sommaire des opérations (n.m.); État abrégé des opérations (proposition)	Summary Statement of Transactions
état supplémentaire (n.m.)	supplementary statement
ÉTP; équivalent temps plein (n.m.)	full-time equivalent; FTE

être

être déficitaire; enregistrer un déficit; afficher un déficit; accuser un déficit	incur a deficit; run a deficit; show a deficit
être périmé; ne pas pouvoir être reporté; ne pas être utilisé; devenir périmé; se périmer	lapse^3 (v.)
eu égard à l'économie et à l'efficience; souci de l'économie et de l'efficience (n.m.); importance voulue accordée à l'économie et à l'efficience (n.f.)	due regard for economy and efficiency
évaluation actuarielle (n.f.)	actuarial valuation
évaluation de l'actif (n.f.)	valuation of assets
évaluation des risques associés à un projet (n.f.)	project risk assessment
évaluation du crédit (n.f.)	credit assessment
évaluation du passif (n.f.)	valuation of liabilities
évaluer le coût de; établir le devis de; établir le coût de; calculer le coût de	cost (v.)
événement futur (n.m.)	future event
événement postérieur (n.m.)	subsequent event
éventualités (n.f.)	contingencies
éventualités du gouvernement (n.m.); crédit pour éventualités du gouvernement (n.m.); crédit pour éventualités (n.m.); crédit pour éventualités du Conseil du Trésor (n.m.); crédit 5 du Conseil du Trésor (n.m.); crédit 5 du CT (n.m.)	contingencies vote; Treasury Board contingencies vote; Treasury Board vote 5; TB vote 5; Government contingencies; Government contingencies vote
évitement des coûts (n.m.)	cost avoidance

excédent

évolution de l'avoir (n.f.); changement de l'avoir (vieilli) (n.m.)	change in equity
évolution des coûts (n.f.); comportement des coûts (n.f.)	cost behaviour
examen des présentations (n.m.)	submission review
examen des programmes (n.m.)	program review
examen minutieux d'un compte (n.m.)	scrutiny of an account
examen opérationnel (n.m.)	operational review
examinateur (n.m.)	examiner; special examiner
excédent (n.m.); excédent budgétaire (n.m.); surplus (n.m.) (sociétés d'État)	surplus; budgetary surplus; budget surplus
excédent accumulé (n.m.); surplus accumulé (n.m.)	accumulated surplus
excédent annuel (n.m.); excédent de l'exercice (n.m.)	annual surplus
excédent budgétaire (n.m.); surplus (n.m.) (sociétés d'État); excédent (n.m.)	surplus; budgetary surplus; budget surplus
excédent de caisse (n.m.); écart de caisse positif (n.m.); surplus de caisse (à éviter) (n.m.)	cash overage; cash over
excédent de dépenses (n.m.)	overspending
excédent de fonctionnement (n.m.); excédent d'exploitation (n.m.) (sociétés d'État)	operating surplus
excédent de l'exercice (n.m.); excédent annuel (n.m.)	annual surplus
excédent d'exploitation (n.m.); excédent de fonctionnement (n.m.) (sociétés d'État)	operating surplus

excédent

excédent estimatif (n.m.)	estimated surplus
excédent possible (n.m.)	prospective surplus
exécuter des programmes gouvernementaux; réaliser des programmes gouvernementaux	deliver government programs
exercice (n.m.); année financière (n.f.); année fiscale (à éviter) (n.f.)	financial year; fiscal year
exercice à venir (n.m.); exercice suivant (n.m.)	upcoming year; upcoming fiscal year
exercice budgétaire (n.m.); année budgétaire (n.f.)	estimates year; budget year
exercice clos à cette date (n.m.); exercice terminé à cette date (n.m.)	fiscal year then ended; year then ended
exercice clos le (n.m.); exercice terminé le (n.m.)	fiscal year ended; year ended
exercice clos le 31 mars (n.m.); exercice terminé le 31 mars (n.m.)	year ended March 31
exercice courant (n.m.); exercice en cours (n.m.); année en cours (n.f.); année courante (n.f.); A/C	current year; C/Y; current fiscal year
exercice de préparation du Budget des dépenses (n.m.)	Estimates exercise
exercice en cours (n.m.); année en cours (n.f.); année courante (n.f.); A/C; exercice courant (n.m.)	current year; C/Y; current fiscal year
exercice futur (n.m.)	future period
exercice précédent (n.m.)	previous fiscal year; PFY; previous year; PY
exercice se terminant le (n.m.)	fiscal year ending
exercice se terminant le 31 mars	year ending March 31

extrabudgétaire

exercice suivant (n.m.); année financière suivante (n.f.)	subsequent fiscal year; SFY; subsequent year
exercice suivant (n.m.); exercice à venir (n.m.)	upcoming year; upcoming fiscal year
exercice terminé à cette date (n.m.); exercice clos à cette date (n.m.)	fiscal year then ended; year then ended
exercice terminé le (n.m.); exercice clos le (n.m.)	fiscal year ended; year ended
exercice terminé le 31 mars (n.m.); exercice clos le 31 mars (n.m.)	year ended March 31
exigence comptable (n.f.); exigence en matière de comptabilité (n.f.)	accounting requirement
exigence en matière de comptabilité (n.f.); exigence comptable (n.f.)	accounting requirement
exigence en matière d'importance relative (n.f.)	materiality requirement
exigences en matière de classification (n.f.)	classification requirements
exonération du remboursement d'un prêt (n.f.); dispense du remboursement d'un prêt (n.f.)	forgiveness of a loan
exposé économique (n.m.); énoncé économique (n.m.)	economic statement
Exposé économique et financier (n.m.)	Economic and Fiscal Statement
extrabudgétaire (adj.); non budgétaire (adj.)	non-budgetary (adj.)

facteur de conversion (n.m.); prix de transfert (à éviter) (n.m.)	transfer price[1]
facteur d'intrant (n.m.)	input factor
facturation générale (n.f.)	general billing
facturation interministérielle (n.f.)	interdepartmental charging; interdepartmental billing
facture combinée (n.f.)	multiple item invoice
facture erronée (n.f.)	out-of-line invoice
facture impayée (n.f.)	open invoice
facture interministérielle (n.f.)	interdepartmental invoice
faillite (n.f.)	bankruptcy
faire grâce d'une dette; renoncer à une dette; remettre une dette; renoncer à une créance; faire remise d'une dette; faire remise d'une créance	forgive a debt; forego a debt; forgo a debt; remit a debt
faire la balance d'un compte; solder un compte; arrêter un compte	balance[2] (v.); balance an account; bring an account into balance; post up an account
faire opposition à un chèque	stop payment on a cheque
faire remise d'une créance; faire grâce d'une dette; renoncer à une dette; remettre une dette; renoncer à une créance; faire remise d'une dette	forgive a debt; forego a debt; forgo a debt; remit a debt

faire remise d'une dette; faire remise d'une créance; faire grâce d'une dette; renoncer à une dette; remettre une dette; renoncer à une créance	forgive a debt; forego a debt; forgo a debt; remit a debt
faire un emprunt; contracter un emprunt	contract a loan
fardeau du coût (n.m.)	burden of cost
fardeau du déficit (n.m.)	burden of deficit; deficit burden
fausse déclaration intentionnelle (n.f.)	willful misrepresentation; wilful misrepresentation
faux chèque de compte bancaire ministériel (n.m.); faux chèque de CBM (n.m.)	fraudulent departmental bank account cheque; fraudulent DBA cheque
F&E; fonctionnement et entretien (n.m.)	operations and maintenance; O&M
fermer un fonds; liquider un fonds	close out a fund
fichier des comptes créditeurs (n.m.)	accounts payable file
fichier des engagements (n.m.)	commitment file
fichier du grand livre général (n.m.)	general ledger file
fichier maître (n.m.); fichier principal (n.m.)	master file
fichier principal (n.m.); fichier maître (n.m.)	master file
fidélité des états financiers (n.f.)	fairness of financial statements
fiducie (n.f.)	trust (n.)
filiale (n.f.)	subsidiary
filiale à 100 % (n.f.); filiale en propriété exclusive (n.f.)	wholly-owned subsidiary

filiale ─────────────────────────────

filiale en propriété exclusive (n.f.); filiale à 100 % (n.f.)	wholly-owned subsidiary
filiales consolidées (n.f.)	consolidated subsidiaries
financement (n.m.)	funding
financement de programme (n.m.)	program funding
financement des programmes établis (n.m.); FPÉ	established programs financing; EPF
financement en double (n.m.); cumul (n.m.)	duplicate financing; stacking
financement global (n.m.)	block funding
financement global des territoires (n.m.); formule de financement global des territoires (n.f.)	Territorial Formula Financing
financement provisoire (n.m.); préfinancement (n.m.)	bridge financing; interim financing
financement public (n.m.)	government funding
financement transitoire (n.m.)	transitional funding
financé par	financed by
financer	fund[2] (v.)
financer des dépenses	fund spending
finances publiques (n.f.)	government finance
fin de l'exercice (n.f.); (en) fin d'exercice; clôture de l'exercice (n.f.)	year end; end of fiscal year; fiscal year end; end of year
flottant de dépôt (n.m.)	deposit float
flottant de facturation (n.m.)	billing float
flottant de recouvrement (n.m.)	collection float
fluctuation (n.f.)	variation

fonds

flux de la trésorerie (n.m.); mouvements de l'encaisse (n.m.); flux de l'encaisse (n.m.); mouvements de la trésorerie (n.m.)	cash flow
flux de l'encaisse (n.m.); mouvements de la trésorerie (n.m.); flux de la trésorerie (n.m.); mouvements de l'encaisse (n.m.)	cash flow
FMI; Fonds monétaire international (n.m.)	International Monetary Fund; IMF
FNP; fonds non publics (n.m.)	non-public moneys; non-public funds; NPF
Fonction de contrôleur	Comptrollership
fonctionnement et entretien (n.m.); F&E	operations and maintenance; O&M
fonction touchant le service du budget (n.f.)	budget office function
fonds (n.m.)	fund[1] (n.)
fonds (n.m.)	funds
fonds administrés (n.m.)	administered funds
fonds affectés (n.m.); fonds alloués (n.m.)	appropriated funds; appropriated money; allocated funds
fonds affectés (n.m.); fonds réservés (n.m.); fonds assignés (n.m.)	funds earmarked; earmarked funds
fonds à fins déterminées (n.m.)	special purpose money; specified purpose funds
fonds alloués (n.m.); fonds affectés (n.m.)	appropriated funds; appropriated money; allocated funds
fonds assignés (n.m.); fonds affectés (n.m.); fonds réservés (n.m.)	funds earmarked; earmarked funds

fonds d'assurance

fonds d'assurance (n.m.)	insurance fund
Fonds d'assurance de biens-fonds (n.m.)	Land Assurance Fund
Fonds d'assurance des anciens combattants (n.m.)	Veterans insurance fund
Fonds de bienfaisance de l'Armée (n.m.)	Army benevolent fund
fonds de caisse à montant fixe (n.m.)	imprest fund
fonds de capital de risque de travailleurs (n.m.)	labour-sponsored venture capital fund
fonds de dotation (n.m.)	endowment fund
Fonds de fiducie de l'administration et du bien-être — Anciens combattants (n.m.)	Veterans administration and welfare trust fund
fonds de petite caisse (n.m.); petite caisse (n.f.)	petty cash; petty cash fund
Fonds de placement du Régime de pensions du Canada (n.m.)	Canada Pension Plan Investment Fund
fonds de projets conjoints (n.m.)	joint project funds
Fonds de réclamations à l'étranger (n.m.)	Foreign Claims Fund
fonds de roulement (n.m.)	working capital
Fonds de successions (n.m.)	Estates fund
fonds détenus par les percepteurs et en transit (n.m.)	cash in hands of collectors and in transit
Fonds du revenu consolidé (à éviter) (n.m.); FRC (à éviter); Trésor (n.m.)	Consolidated Revenue Fund; CRF
fonds en banque (n.m.)	cash in bank

fonds non utilisés

fonds encaissés (n.m.); fonds recouvrés (n.m.); fonds perçus (n.m.)	collected money
fonds en excédent (n.m.); fonds non utilisés (n.m.); fonds inutilisés (n.m.); fonds non reportables (n.m.)	lapsing funds
fonds en fiducie (n.m.)	trust fund
fonds en transit (n.m.)	cash in transit
fonds excédentaires des sociétés d'État (n.m.)	Crown corporations' surplus moneys
fonds gérés par les organismes centraux (n.m.)	centrally held funds
fonds inutilisés (n.m.); fonds non utilisés (n.m.); fonds périmés (n.m.)	lapsed funds
fonds inutilisés (n.m.); fonds non reportables (n.m.); fonds en excédent (n.m.); fonds non utilisés (n.m.)	lapsing funds
fonds inutilisés (n.m.) (à la fin de l'exercice)	unspent funds (at the end of the fiscal year)
Fonds monétaire international (n.m.); FMI	International Monetary Fund; IMF
fonds non publics (n.m.); FNP	non-public moneys; non-public funds; NPF
fonds non reportables (n.m.); fonds en excédent (n.m.); fonds non utilisés (n.m.); fonds inutilisés (n.m.)	lapsing funds
fonds non utilisés (n.m.); fonds périmés (n.m.); fonds inutilisés (n.m.)	lapsed funds

fonds non utilisés

fonds non utilisés (n.m.); fonds inutilisés (n.m.); fonds non reportables (n.m.); fonds en excédent (n.m.)	lapsing funds
fonds perçus (n.m.); fonds encaissés (n.m.); fonds recouvrés (n.m.)	collected money
fonds périmés (n.m.); fonds inutilisés (n.m.); fonds non utilisés (n.m.)	lapsed funds
Fonds pour l'étude de l'environnement (n.m.)	Environmental Studies Research Fund
fonds publics (n.m.); deniers publics (vieilli) (n.m.)	public funds; government funds; public money
fonds recouvrés (n.m.); fonds perçus (n.m.); fonds encaissés (n.m.)	collected money
fonds renouvelable (n.m.)	revolving fund
Fonds renouvelable de l'Agence canadienne du pari mutuel (n.m.); Fonds renouvelable de la surveillance des hippodromes (appellation antérieure) (n.m.)	Canadian Pari-Mutuel Agency Revolving Fund; Race Track Supervision Revolving Fund (formerly called)
Fonds renouvelable de la production de défense (n.m.); FRPD	Defence Production Revolving Fund; DPRF
Fonds renouvelable de la surveillance des hippodromes (appellation antérieure) (n.m.); Fonds renouvelable de l'Agence canadienne du pari mutuel (n.m.)	Canadian Pari-Mutuel Agency Revolving Fund; Race Track Supervision Revolving Fund (formerly called)
Fonds renouvelable des approvisionnements (n.m.); FRA	Supply Revolving Fund; SRF
fonds réservés (n.m.); fonds assignés (n.m.); fonds affectés (n.m.)	funds earmarked; earmarked funds

frais

fonds utilisés (n.m.); sommes utilisées (n.f.)	funds paid out; paid-out funds
formation brute de capital (n.f.)	gross capital formation
formule de financement global des territoires (n.f.); financement global des territoires (n.m.)	Territorial Formula Financing
fourchette de montants (n.f.)	range of amounts
fourchette en dollars (n.f.)	dollar range
fournir des services; assurer des services; dispenser des services	deliver services
FPÉ; financement des programmes établis (n.m.)	established programs financing; EPF
FRA; Fonds renouvelable des approvisionnements (n.m.)	Supply Revolving Fund; SRF
fraction non amortie des gains ou pertes actuariels (n.f.); fraction non amortie des insuffisances actuarielles (vieilli) (n.f.)	unamortized portion of experience gain or loss; unamortized portion of actuarial deficiencies (obsolete)
fraction non amortie des insuffisances actuarielles (vieilli) (n.f.); fraction non amortie des gains ou pertes actuariels (n.f.)	unamortized portion of experience gain or loss; unamortized portion of actuarial deficiencies (obsolete)
frais (n.m.)	charges
frais (n.m.)	fee(s)[2]
frais (n.m.); frais remboursables (n.m.)	out-of-pocket costs
frais accessoires (n.m.); charges accessoires (n.f.)	executory costs
frais d'administration (n.m.)	administration cost; administration expense

frais

frais d'administration (n.m.); frais d'application (n.m.) (de la loi)	costs of administering (the Act)
frais d'application (n.m.); frais d'administration (n.m.) (de la loi)	costs of administering (the Act)
frais de bureau (n.m.)	office expenses
frais de congés d'étude (vieilli) (n.m.); frais d'étude (n.m.)	education cost; education leave cost (obsolete)
frais de défense (n.m.)	defence spending; defence expenditures
frais de déplacement (n.m.); frais de voyage (n.m.)	travel expenses
frais de la dette publique (n.m.)	public debt charges; debt charges
frais de logement (n.m.); frais d'hébergement (n.m.)	accommodation costs[1]
frais d'émission (n.m.); coût d'émission (n.m.)	flotation cost; issuance cost; issuing cost; floatation cost
frais de personnel (n.m.); frais touchant le personnel (n.m.); coûts relatifs au personnel (n.m.)	personnel costs
frais de recouvrement (n.m.)	collection charges; collection fees; collection costs
frais de restructuration (n.m.); coûts de restructuration (n.m.)	restructuring charges; restructuring costs
frais de scolarité (n.m.)	tuition fee
frais de service (n.m.)	servicing costs
frais de service (n.m.)	service fees
frais de service de la dette extérieure (n.m.)	foreign debt servicing cost
frais de transition (n.m.)	transitional cost

frais d'étude (n.m.); frais de congés d'étude (vieilli) (n.m.)	education cost; education leave cost (obsolete)
frais de voyage (n.m.); frais de déplacement (n.m.)	travel expenses
frais d'hébergement (n.m.); frais de logement (n.m.)	accommodation costs[1]
frais d'utilisation (n.m.)	user fee(s)
frais d'utilisation externe (n.m.)	external user fee; external user charge
frais extraordinaires (n.m.); charges extraordinaires (n.f.)	extraordinary expenses
frais généraux de soutien de programme (n.m.)	program support overhead
frais généraux pour les services intégrés et administratifs (n.m.)	Corporate and Administrative Services overhead costs
frais remboursables (n.m.)	reimbursable expenses
frais remboursables (n.m.); frais (n.m.)	out-of-pocket costs
frais reportés (n.m.); charge reportée (n.f.)	deferred charge; deferred cost; deferred expense
frais touchant le personnel (n.m.); coûts relatifs au personnel (n.m.); frais de personnel (n.m.)	personnel costs
fraude (n.f.)	fraud (n.)
FRC (à éviter); Trésor (n.m.); Fonds du revenu consolidé (à éviter) (n.m.)	Consolidated Revenue Fund; CRF
FRPD; Fonds renouvelable de la production de défense (n.m.)	Defence Production Revolving Fund; DPRF

G

gain actuariel (n.m.)	experience gain
gain de change (n.m.)	gain on exchange
gain éventuel (n.m.); profit éventuel (n.m.)	contingent gain
gain net de change (n.m.)	net gain on exchange
gain ou perte de change	gain or loss on exchange
gains du fonds des changes (vieilli) (n.m.); État des revenus dus au Trésor (n.m.)	Statement of Revenues due to the Consolidated Revenue Fund; Exchange Fund earnings (obsolete)
gains ouvrant droit à pension (n.m.)	pensionable earnings
gamme de services (n.f.)	service line
garantie d'emprunt (n.f.); garantie de prêt (à éviter) (n.f.)	loan guarantee
garantie financière de parrainage (n.f.)	sponsorship financial guarantee
garantie formelle (n.f.)	explicit guarantee
garantie formelle d'emprunt (n.f.)	explicit loan guarantee
geler les prix; bloquer les prix	freeze prices
générer des recettes; produire des recettes	generate revenues
gestion budgétaire (n.f.); gestion d'un budget (n.f.)	budget management
gestion de l'actif (n.f.); gestion des biens (n.f.); gestion des actifs (n.f.)	asset(s) management
gestion de la dette (n.f.)	debt management; management of debt

gouverneur

gestion de la trésorerie (n.f.); gestion de l'encaisse (n.f.)	cash management; management of cash
gestion de l'encaisse (n.f.); gestion de la trésorerie (n.f.)	cash management; management of cash
gestion de projet (n.f.)	project management
gestion des actifs (n.f.); gestion de l'actif (n.f.); gestion des biens (n.f.)	asset(s) management
gestion des biens (n.f.); gestion des actifs (n.f.); gestion de l'actif (n.f.)	asset(s) management
gestion des clés (n.f.)	key management
gestion des coûts (n.f.)	cost management; management of costs
gestion des immobilisations (n.f.)	capital asset(s) management
gestion d'un budget (n.f.); gestion budgétaire (n.f.)	budget management
gestion économique (n.f.)	cost-effective management
gestion financière (n.f.); administration financière (n.f.)	financial administration; financial management
gestionnaire de centre de responsabilité (n.é.)	responsibility centre manager
gestionnaire de projet (n.é.)	project manager
gestionnaire investi du pouvoir d'achat (n.é.)	manager with purchasing authority
gestion par activité (n.f.); GPA	activity-based management; ABM
gouvernement (n.m.)	government[2]
gouvernement étranger (n.m.)	foreign government; national government
gouverneur en conseil (n.m.)	Governor in Council

GPA

GPA; gestion par activité (n.f.)	activity-based management; ABM
GPÉ; grand projet de l'État (n.m.)	major Crown project; MCP
grand livre auxiliaire des factures impayées (n.m.)	open item subsidiary ledger; open item sub-ledger
grand livre des débours (n.m.); grand livre des décaissements (n.m.)	cash disbursements ledger
grand livre des décaissements (n.m.); grand livre des débours (n.m.)	cash disbursements ledger
grand livre des encaissements (n.m.)	cash receipts ledger
grand livre général du Canada (n.m.)	general ledger of Canada
grand projet de l'État (n.m.); GPÉ	major Crown project; MCP
grand total (à éviter) (n.m.); total général (n.m.); total (n.m.); total global (n.m.)	grand total
guichet unique de services (n.m.); centre multiservices (n.m.)	single-window service centre
GWAC; code d'activité à l'échelle de l'administration fédérale (n.m.)	government-wide activity code; GWAC

hausse des recettes (n.f.); augmentation des recettes (n.f.)	revenue growth; growth of revenues
hausse sur douze mois (n.f.)	year-over-year increase
honoraires (n.m.)	fee(s)[3]

——————————————————————————— importance

honoraires de consultant (n.m.); honoraires d'expert-conseil (n.m.)	consultant fees
honorer	honour (v.)
hypothèses actuarielles (n.f.)	actuarial assumptions
hypothèses économiques (n.f.)	economic assumptions
hypothèses financières (n.f.)	fiscal assumptions

I

ICCA; Institut Canadien des Comptables Agréés (n.m.)	Canadian Institute of Chartered Accountants; CICA
IDP; indice des dépenses publiques (n.m.)	government expenditure index; GEI
immobilisation développée (n.f.); immobilisation mise en valeur (n.f.)	developed asset
immobilisation mise en valeur (n.f.); immobilisation développée (n.f.)	developed asset
immobilisations (n.f.); actifs immobilisés (n.m.); biens immobilisés (n.m.)	capital assets
immobilisations (n.f.); actifs immobilisés (n.m.)	fixed assets
immobilisations (n.f.); actif(s) à long terme (n.m.); actif(s) immobilisé(s) (n.m.)	long-term asset(s); long-lived asset(s); non-current asset(s)
impayés (n.m.); paiements non réglés (n.m.)	outstanding payments

importance

importance du risque (n.f.); niveau de risque (n.m.)	risk level
importance relative (n.f.)	materiality
importance relative comptable (n.f.)	accounting materiality
importance voulue accordée à l'économie et à l'efficience (n.f.); cu égard à l'économie et à l'efficience; souci de l'économie et de l'efficience (n.m.)	due regard for economy and efficiency
imposer; taxer	tax^3 (v.)
imposer une limite de crédit	set a credit limit
impôt (n.m.)	tax^2 (n.)
impôt des non-résidents (n.m.); impôt sur le revenu des non-résidents (n.m.)	non-resident tax; NRT; non-resident income tax
impôt des sociétés (n.m.)	corporation income tax
impôts (n.m.); argent des contribuables (n.m.)	tax dollar; taxpayers' dollar
impôt sur le revenu (n.m.)	income tax
impôt sur le revenu des non-résidents (n.m.); impôt des non-résidents (n.m.)	non-resident tax; NRT; non-resident income tax
impôt sur le revenu des particuliers (n.m.)	individual income tax; personal income tax
impôt sur les revenus pétroliers (n.m.)	petroleum and gas revenue tax
imputabilité (à éviter) (n.f.); obligation de rendre compte (n.f.); obligation de rendre des comptes (n.f.); reddition de comptes (n.f.); obligation redditionnelle (n.f.); responsabilisation (n.f.)	accountability

imputer

imputable sur un crédit (n.f.)	chargeable to a vote
imputation (n.f.)	charge² (n.)
imputation (n.f.); répartition (n.f.); ventilation (n.f.)	allocation; apportionment; distribution; proration
imputation budgétaire (n.f.)	budgetary charge
imputation nette accumulée (n.f.)	accumulated net charge
imputation nette accumulée sur l'autorisation du fonds (n.f.); INASAF	Accumulated Net Charge Against the Fund's Authority; ANCAFA
imputation permanente (n.f.)	continuing charge
imputations au Trésor (n.f.)	charges against the Consolidated Revenue Fund
imputations aux crédits budgétaires (n.f.)	charges to budgetary appropriations
imputations interministérielles (n.f.)	interdepartmental charges
imputé à; porté au débit de; débité à	charged to; debited to
imputé légalement	legally charged
imputer; affecter	appropriate (v.)
imputer à; débiter (qqn ou un compte d'une somme); porter (une somme) au débit (de qqn ou d'un compte); imputer sur	debit³ (v.); charge³ (v.)
imputer à; porter en réduction de; déduire de; imputer sur	charge against (v.)
imputer des dépenses à un budget	charge expenditures to a budget
imputer des frais	charge costs (v.); assign costs
imputer sur; imputer à; porter en réduction de; déduire de	charge against (v.)

imputer

imputer sur; imputer à; débiter (qqn ou un compte d'une somme); porter (une somme) au débit (de qqn ou d'un compte)	debit[3] (v.); charge[3] (v.)
INASAF; imputation nette accumulée sur l'autorisation du fonds (n.f.)	Accumulated Net Charge Against the Fund's Authority; ANCAFA
incidence sur le déficit (n.f.)	impact on deficit
indemnité de parité salariale (n.f.)	equal pay award
indemnité de séjour (n.f.)	living allowance
indemnité journalière (n.f.); indemnité quotidienne (n.f.)	per diem allowance; per diem
indemnité quotidienne (n.f.); indemnité journalière (n.f.)	per diem allowance; per diem
indicateur budgétaire (n.m.)	fiscal indicator
indicateur de l'inflation (n.m.)	indicator of inflation
indicateur financier (n.m.)	financial indicator
indication (n.f.); déclaration (n.f.); publication (n.f.); présentation de renseignements (n.f.); mention (n.f.)	disclosure[2]
indice des dépenses publiques (n.m.); IDP	government expenditure index; GEI
indice des prix à la consommation (n.m.); IPC	Consumer Price Index; CPI
indice d'imposition (n.m.)	taxability index
indiquer; présenter; communiquer; mentionner	disclose
inexactitude (n.f.)	inaccuracy
inexécution de contrat (n.f.)	breach of contract

inflation à l'étranger (n.f.)	foreign inflation; inflation abroad
information (n.f.); information à fournir (n.f.); renseignements à fournir (n.m.)	disclosure[1]
information à fournir (n.f.); renseignements à fournir (n.m.); information (n.f.)	disclosure[1]
information distincte (n.f.); mention distincte (n.f.); présentation distincte (n.f.)	separate disclosure
information financière (n.f.); données financières (n.f.)	financial information
information financière supplémentaire (n.f.)	supplementary financial information
information inadéquate fournie (n.f.); présentation incorrecte de l'information (n.f.)	inadequate disclosure
infraction (n.f.)	offence
infraction ayant trait à un programme (n.f.); infraction commise à l'égard d'un programme (n.f.)	program offence
infraction commise à l'égard d'un programme (n.f.); infraction ayant trait à un programme (n.f.)	program offence
infraction relative aux ordinateurs (n.f.)	computer-related offence
initiative budgétaire (n.f.); mesure budgétaire (n.f.)	budget action; budget measure
initiative de réduction budgétaire (n.f.)	budget reduction initiative
initiative de réduction du déficit (n.f.)	deficit reduction initiative

initiative

initiative en matière de dépenses (n.f.)	spending initiative
initiative en matière de recouvrement des coûts (n.f.); initiative en matière de récupération des coûts (n.f.)	cost-recovery initiative
initiative ministérielle (n.f.)	ministerial initiative
initiative stratégique (n.f.)	policy initiative
inscription au budget (n.f.); budgétisation (n.f.)	budgeting[2]
inscription au crédit de (n.f.)	crediting
inscription CAFE-AMG (n.f.); inscription créditeurs à la fin de l'exercice — autres ministères du gouvernement (n.f.)	PAYE-OGD entry; Payables at Year-End — Other Government Departments entry
inscription comptable (n.f.); enregistrement comptable (n.m.); écriture comptable (n.f.); écriture (n.f.)	accounting entry; book entry; entry
inscription créditeurs à la fin de l'exercice — autres ministères du gouvernement (n.f.); inscription CAFE-AMG (n.f.)	PAYE-OGD entry; Payables at Year-End — Other Government Departments entry
inscription d'éléments de passif (n.f.)	accrual of liabilities
inscrire; comptabiliser; enregistrer	record (v.)
inscrire; enregistrer; passer une écriture; prendre en compte; comptabiliser; constater	account (for) (v.)
inscrire à l'actif; capitaliser	capitalize
inscrire au budget; porter au budget; budgétiser; budgéter	budget[4] (v.); establish a budget

intérêts

inscrire aux opérations budgétaires	consolidate as budgetary transactions; consolidate as budgetary
inscrire un montant (dans les états financiers)	reflect an amount (in the financial statements)
Institut Canadien des Comptables Agréés (n.m.); ICCA	Canadian Institute of Chartered Accountants; CICA
institution de crédit (n.f.)	lending institution
institution financière (n.f.); établissement financier (n.m.)	financial institution
instrument d'emprunt (n.m.)	debt instrument[1]
instrument de rapport (n.m.)	reporting instrument
insuffisance (n.f.)	shortfall
insuffisance actuarielle (vieilli) (n.f.)	actuarial deficiency (obsolete)
intégrité (n.f.)	integrity
intégrité des données (n.f.)	data integrity
interdiction de sortie du budget de la salle de presse (n.f.)	budget press lockup; budget lockup
intérêt (n.m.)	interest[1]
intérêt couru (n.m.)	accrued interest[1]; interest accrued
intérêt couru (n.m.)	accrued interest[2]; interest accrued
intérêt implicite (n.m.); intérêt théorique (n.m.)	implicit interest; imputed interest
intérêts (n.m.); intérêts gagnés (n.m.)	interest earned
intérêts échus (n.m.); intérêts exigibles (n.m.)	interest due
intérêts et dette échue	interest and matured debt

intérêts

intérêts exigibles (n.m.); intérêts échus (n.m.)	interest due
intérêts gagnés (n.m.); intérêts (n.m.)	interest earned
intérêts versés sur la dette extérieure (n.m.)	foreign debt interest payment
intérêt théorique (n.m.); intérêt implicite (n.m.)	implicit interest; imputed interest
intérêt y afférent (n.m.)	interest thereon
interfinancement (n.m.)	cross-subsidization; cross subsidizing
intitulé de programme (n.m.)	program name
investissement (n.m.)	investment[2]
investissement dans le secteur résidentiel (n.m.); investissement résidentiel (n.m.)	residential investment
investissement dans l'infrastructure (n.m.)	infrastructural investment
investissement de capitaux (n.m.)	capital investment; investment of capital
investissement résidentiel (n.m.); investissement dans le secteur résidentiel (n.m.)	residential investment
IPC; indice des prix à la consommation (n.m.)	Consumer Price Index; CPI

J

jour du budget moins un (n.m.)	budget day-minus-one

limite

jour du dépôt du budget (n.m.)	budget day
journal comptable (n.m.); livre de comptes (n.m.); livre comptable (n.m.)	book of account
jours de grâce (n.m.); délai de grâce (n.m.)	days of grace
juste valeur (n.f.)	fair value

L

les trois E	three Es, the
lettre d'accord (n.f.)	comfort letter
LGFP; *Loi sur la gestion des finances publiques* (n.f.)	*Financial Administration Act*; FAA
libellé (adj.)	denominated (adj.)
libellé d'un crédit (n.m.)	vote wording; wording of a vote
libellé en devises; libellé en monnaie étrangère	denominated in foreign currency
libellé en monnaie étrangère; libellé en devises	denominated in foreign currency
libération de l'emprunteur (n.f.); renonciation à une créance (n.f.)	forgiveness of a debt
licencié (n.m.); détenteur de licence (n.m.)	licensee
ligne de codage (n.f.)	line of coding
ligne de crédit (n.f.); marge de crédit (n.f.)	line of credit
limite autorisée (n.f.)	authorized limit

limite

limite d'un budget (n.m.)	limit of a budget
limite financière (n.f.); plafond (n.m.)	dollar limit
lingots et monnaies	bullion and coinage
liquider un fonds; fermer un fonds	close out a fund
lisible par machine; assimilable par une machine	machine-readable (adj.)
Liste des codes de versement de la paye (n.f.)	List of Pay Entitlement Codes
liste descriptive (n.f.)	list of descriptions
liste type d'articles (n.f.)	master list of objects
liste type des articles de classification applicables aux créances et aux dettes (n.f.)	master list of class objects for financial claims and obligations
liste type des articles de dépenses (n.f.)	master list of objects of expenditure
liste type des articles de recettes (n.f.)	master list of objects for revenue
liste type des articles d'origine applicables aux recettes (n.f.)	master list of source objects for revenue
liste type des programmes et activités (n.f.)	master list of programs and activities
Livre bleu (n.m.); Budget des dépenses principal (n.m.)	Main Estimates; Blue Book
livre comptable (n.m.); journal comptable (n.m.); livre de comptes (n.m.)	book of account
livres (n.m.); livres comptables (n.m.); documents comptables (n.m.); registres comptables (n.m.); livres et registres (à éviter) (n.m.)	accounting records; records; books; books of account; books and records (avoid)

Loi

livres et registres (à éviter) (n.m.); livres (n.m.); livres comptables (n.m.); documents comptables (n.m.); registres comptables (n.m.)

accounting records; records; books; books of account; books and records (avoid)

location à bail capitalisée (n.f.)

capitalized leasing

location-acquisition (n.f.); bail de location-acquisition (n.m.); contrat de location-acquisition (n.m.)

capital lease arrangement; capital lease

loi (n.f.)

act (n.)

Loi autorisant l'émission des rentes sur l'État pour le vieil âge (n.f.); *Loi relative aux rentes sur l'État* (n.f.)

Government Annuities Act; *Act to authorize the issue of Government annuities for old age*

loi constitutive (n.f.)

incorporating legislation

loi de crédits (n.f.)

appropriation act

Loi d'interprétation (n.f.)

Interpretation Act

loi habilitante (n.f.)

enabling legislation

Loi instituant des plafonds pour les dépenses publiques; *Loi limitant les dépenses publiques*

Spending Control Act; *Act respecting the control of government expenditures*

Loi limitant les dépenses publiques; *Loi instituant des plafonds pour les dépenses publiques*

Spending Control Act; *Act respecting the control of government expenditures*

Loi portant autorisation d'établir certains fonds renouvelables; *Loi sur les fonds renouvelables*

Revolving Funds Act; *Act to authorize the establishment of certain revolving funds*

Loi portant pouvoir d'emprunt pour l'exercice 19xx-19xx (n.f.); *Loi sur le pouvoir d'emprunt pour 19xx-19xx* (n.f.)

Borrowing Authority Act, 19xx-xx; *Act to provide borrowing authority for the fiscal year beginning on April 1, 19xx*

Loi relative aux rentes sur l'État (n.f.); *Loi autorisant l'émission des rentes sur l'État pour le vieil âge* (n.f.)

Government Annuities Act; *Act to authorize the issue of Government annuities for old age*

Loi

Loi sur la gestion des finances publiques (n.f.); LGFP	Financial Administration Act; FAA
Loi sur l'augmentation du rendement des rentes sur l'État (n.f.)	Government Annuities Improvement Act
Loi sur le compte de service et de réduction de la dette (n.f.)	Debt Servicing and Reduction Account Act
Loi sur le pouvoir d'emprunt pour 19xx-19xx (n.f.); Loi portant pouvoir d'emprunt pour l'exercice 19xx-19xx (n.f.)	Borrowing Authority Act, 19xx-xx; Act to provide borrowing authority for the fiscal year beginning on April 1, 19xx
Loi sur les arrangements fiscaux entre le gouvernement fédéral et les provinces et sur les contributions fédérales en matière d'enseignement postsecondaire et de santé (n.f.)	Federal-Provincial Fiscal Arrangements and Federal Post-Secondary Education and Health Contributions Act
Loi sur les fonds renouvelables; Loi portant autorisation d'établir certains fonds renouvelables	Revolving Funds Act; Act to authorize the establishment of certain revolving funds

machine à signer (n.f.)	signing machine; signature machine
machines et matériel (à éviter) (n.f.); matériel et outillage (n.m.)	machinery and equipment
majoration nette (n.f.); augmentation nette (n.f.)	net increase
majoré; révisé à la hausse	revised up
majorer le coût	increase the cost
mandat (n.m.)	warrant (n.)

mandataire (n.é.)	agent
mandataire de l'État (n.é.)	agent of the Crown
mandataire de Sa Majesté (n.é.)	agent of Her Majesty
mandat d'assurance-emploi (n.m.); mandat d'assurance-chômage (vieilli) (n.m.)	employment insurance warrant; unemployment insurance warrant (obsolete)
mandat du gouverneur général (n.m.)	Governor General's warrant
mandat en circulation (n.m.)	outstanding warrant
mandat spécial (n.m.); mandat spécial du gouverneur général (n.m.)	Governor General's special warrant; special warrant
manuel de codage (n.m.)	coding manual
Manuel du plan comptable (n.m.)	Chart of Accounts Manual
marché (n.m.); contrat (n.m.)	contract (n.)
marché à fournisseur unique (n.m.)	sole source contract
marché monétaire (n.m.)	money market
marge de crédit (n.f.); ligne de crédit (n.f.)	line of credit
marquer une croissance exponentielle	rise exponentially
matériel (n.m.)	equipment
matériel et outillage (n.m.); machines et matériel (à éviter) (n.f.)	machinery and equipment
matrice de délégation (n.f.)	delegation matrix
matrice de délégation électronique (n.f.)	electronic delegation matrix
MC; mémoire au Cabinet (n.m.)	Memorandum to Cabinet; MC

mécanisme

mécanisme de contrôle (n.m.); procédé de contrôle (n.m.) (contrôle interne)	control procedure (internal control)
mécanisme de provisionnement (n.m.)	provisioning system
mémoire au Cabinet (n.m.); MC	Memorandum to Cabinet; MC
mention (n.f.); indication (n.f.); déclaration (n.f.); publication (n.f.); présentation de renseignements (n.f.)	disclosure[2]
mention distincte (n.f.); présentation distincte (n.f.); information distincte (n.f.)	separate disclosure
mentionner; indiquer; présenter; communiquer	disclose
mesure budgétaire (n.f.); initiative budgétaire (n.f.)	budget action; budget measure
mesure d'accroissement des recettes (n.f.)	revenue-enhancing measure; revenue-raising measure
mesure d'austérité (n.f.); mesure de restriction (n.f.)	restraint measure
mesure de compression des dépenses (n.f.); mesure de réduction des dépenses (n.f.)	spending reduction measure; expenditure reduction measure
mesure de recouvrement (n.f.)	collection action
mesure de recouvrement des coûts (n.f.); mesure de récupération des coûts (n.f.)	cost-recovery measure
mesure de récupération des coûts (n.f.); mesure de recouvrement des coûts (n.f.)	cost-recovery measure
mesure de réduction des dépenses (n.f.); mesure de compression des dépenses (n.f.)	spending reduction measure; expenditure reduction measure

méthode

mesure de réduction du déficit (n.f.)	deficit reduction action
mesure de restriction (n.f.); mesure d'austérité (n.f.)	restraint measure
mesure financière (n.f.)	fiscal action
mesure génératrice de recettes (n.f.); mesure productrice de recettes (n.f.)	revenue measure
mesure productrice de recettes (n.f.); mesure génératrice de recettes (n.f.)	revenue measure
méthode actuarielle (n.f.)	actuarial basis
méthode de comptabilité (n.m.)	basis of accounting
méthode de comptabilité uniforme (n.f.)	uniform basis of accounting
méthode de financement préétablie (n.f.)	formula funding; formula financing
méthode de gestion axée sur les pratiques commerciales (n.f.)	commercially oriented management approach
méthode de la comptabilisation à la valeur d'acquisition (n.f.); comptabilisation à la valeur d'acquisition (n.f.)	cost method
méthode de la comptabilisation à la valeur de consolidation (n.f.)	equity method
méthode de la comptabilité de caisse (n.f.); comptabilité de caisse (n.f.)	cash basis of accounting; cash basis; cash accounting; cash-based accounting; cash method; accounting on a cash basis
méthode de la comptabilité de caisse modifiée (n.f.); comptabilité de caisse modifiée (n.f.); méthode de la comptabilité de trésorerie modifiée (n.f.); comptabilité de trésorerie modifiée (n.f.); méthode de la comptabilité d'exercice modifiée (n.f.); comptabilité d'exercice modifiée (n.f.)	modified cash basis of accounting; modified cash basis; modified accrual basis of accounting; modified accrual basis

méthode

méthode de la comptabilité de trésorerie modifiée (n.f.); comptabilité de trésorerie modifiée (n.f.); méthode de la comptabilité d'exercice modifiée (n.f.); comptabilité d'exercice modifiée (n.f.); méthode de la comptabilité de caisse modifiée (n.f.); comptabilité de caisse modifiée (n.f.)	modified cash basis of accounting; modified cash basis; modified accrual basis of accounting; modified accrual basis
méthode de la comptabilité d'exercice (n.f.); comptabilité d'exercice (n.f.)	accrual basis of accounting; accrual accounting method; accrual accounting; accrual method of accounting
méthode de la comptabilité d'exercice modifiée (n.f.); comptabilité d'exercice modifiée (n.f.); méthode de la comptabilité de caisse modifiée (n.f.); comptabilité de caisse modifiée (n.f.); méthode de la comptabilité de trésorerie modifiée (n.f.); comptabilité de trésorerie modifiée (n.f.)	modified cash basis of accounting; modified cash basis; modified accrual basis of accounting; modified accrual basis
méthode du coût complet sur le cycle de vie (n.f.); coût complet sur le cycle de vie (n.m.)	life-cycle costing
méthode du crédit net (n.f.); crédits nets (n.m.)	net voting; vote netting
méthode proportionnelle (n.f.)	line-by-line basis (of accounting)
mettre des fonds de côté	set aside funds
ministère (n.m.)	department
ministère créancier (n.m.); ministère créditeur (à éviter) (n.m.)	creditor department
ministère d'attache (n.m.)	home department
ministère débiteur (n.m.)	debtor department

━━ **mode**

ministère des Finances (n.m.)	Department of Finance
ministère parrain (n.m.)	sponsoring department
ministère participant (n.m.)	participating department
ministère responsable (n.m.)	administering department
mise à disposition de crédit (n.f.); octroi de crédit (n.m.); concession de crédit (n.f.)	credit granting; granting of credit; extension of credit; provision of credit
Mise à jour économique et financière (n.m.)	Economic and Fiscal Update
mise à jour relative à la situation économique (n.f.)	economic update
mise à jour relative à la situation financière (n.f.)	fiscal update
mise de fonds (n.f.)	investment[4]
mise en oeuvre de projet (n.f.)	project implementation
mise en service (n.f.)	commissioning
modalités (n.f.)	terms and conditions
modalités de paiement (n.f.)	basis of payment
modalités de paiement (n.f.); conditions de paiement (n.f.); conditions de règlement (n.f.); modalités de règlement (n.f.)	terms of payment; payment terms
modalités de paiement normalisées (n.f.)	standard payment terms
modalités de règlement (n.f.); modalités de paiement (n.f.); conditions de paiement (n.f.); conditions de règlement (n.f.)	terms of payment; payment terms
mode de financement (n.m.)	funding option

mode

mode d'épargne sur le salaire (n.m.)	payroll savings plan
modèle économique (n.m.)	economic model
mode optionnel de financement (n.m.); MOF	Alternative Funding Arrangement; AFA
modification comptable (n.f.)	accounting change
modification de convention comptable (n.f.)	change in accounting policy
modification de principes comptables (n.f.)	change in accounting principles
modification des engagements (n.f.)	commitment amendment
modification d'estimation comptable (n.f.); révision d'estimation comptable (n.f.)	change in accounting estimate
modification législative (n.f.)	legislative change
modifie les *Comptes publics du Canada* de l'exercice précédent	amends previous year's *Public Accounts of Canada*; amends reporting in previous year's Public Accounts (obsolete)
modifier le calendrier des engagements	reschedule commitments
MOF; mode optionnel de financement (n.m.)	Alternative Funding Arrangement; AFA
moins les; après déduction de; déduction faite de; au net de	net of
monnaie canadienne (n.f.)	Canadian currency
monnaie étrangère (n.f.); devise (n.f.)	foreign currency; foreign exchange
montant (n.m.)	amount (n.)

montant

montant (n.m.); montant en dollars (n.m.)	dollar amount
montant (n.m.); valeur monétaire (n.f.); somme en jeu (n.f.); valeur en dollars (n.f.); valeur pécuniaire (n.f.); valeur (n.f.)	dollar value
montant adjugé (n.m.); montant adjugé par la cour (n.m.)	court award; award
montant brut des dépenses (n.m.); dépenses brutes (n.f.)	gross expenditures
montant consolidé (n.m.)	amount consolidated
montant constaté (n.m.) (par régularisation)	accrued amount; amount accrued
montant de capital (n.m.)	amount of principal
montant dépensé (n.m.)	amount expended
montant dû (n.m.); somme due (n.f.); montant exigible (n.m.); somme exigible (n.f.)	amount due; amount owing
montant du contrat (n.m.)	amount contracted
montant du recouvrement non prévu (n.m.)	amount not expected to be recovered
montant du recouvrement prévu (n.m.)	amount expected to be recovered
montant en dollars (n.m.); montant (n.m.)	dollar amount
montant estimatif (n.m.)	estimated amount
montant établi (n.m.); montant prévu (n.m.); montant prescrit (n.m.)	amount prescribed
montant exigible (n.m.); somme exigible (n.f.); montant dû (n.m.); somme due (n.f.)	amount due; amount owing

485

montant

montant impayé (n.m.); encours (n.m.); montant non réglé (n.m.)	amount outstanding
montant net (n.m.)	net amount
montant net en dollars (n.m.); somme nette en dollars (n.f.)	net dollar amount
montant non réglé (n.m.); montant impayé (n.m.); encours (n.m.)	amount outstanding
montant perçu (n.m.)	amount realized
montant perçu (n.m.)	amount collected
montant prescrit (n.m.); montant établi (n.m.); montant prévu (n.m.)	amount prescribed
montant prévu (n.m.); montant prescrit (n.m.); montant établi (n.m.)	amount prescribed
montant recouvré (n.m.)	amount recovered
montant reporté (n.m.)	amount brought forward
montant reporté (n.m.)	amount carried forward
montants à recevoir (n.m.); sommes à recevoir (n.f.)	amounts receivable
montant surestimé (n.m.); montant surévalué (n.m.)	overestimated amount; amount overestimated
montant surévalué (n.m.); montant surestimé (n.m.)	overestimated amount; amount overestimated
montant versé (n.m.)	amount disbursed
motion de crédits (n.f.)	supply motion
mouvement de dépôt direct (à éviter) (vieilli) (n.m.); ordre de paiement électronique (n.m.)	direct deposit transaction (obsolete); electronic payment instruction
mouvements de la trésorerie (n.m.); flux de la trésorerie (n.m.); mouvements de l'encaisse (n.m.); flux de l'encaisse (n.m.)	cash flow

niveau

mouvements de l'encaisse (n.m.); flux de l'encaisse (n.m.); mouvements de la trésorerie (n.m.); flux de la trésorerie (n.m.)	cash flow
moyens financiers (n.m.); abordabilité (n.f.); capacité financière (n.f.)	affordability
moyens financiers (n.m.); ressources financières (n.f.)	financial resources; dollar resources

nature d'une opération (n.f.); type d'opération (n.m.)	type of transaction; transaction type
NCC; numéros des comptes centraux (n.m.)	central account numbers; CAN
néant (n.m.); zéro (n.m.)	nil
ne pas être utilisé; devenir périmé; se périmer; être périmé; ne pas pouvoir être reporté	lapse³ (v.)
ne pas pouvoir être reporté; ne pas être utilisé; devenir périmé; se périmer; être périmé	lapse³ (v.)
net (adj.)	net¹ (adj.)
niveau central d'activités (n.m.)	core level of activity
niveau d'autorisation pour marché concurrentiel (n.m.)	competitive authority level
niveau décisionnel (n.m.)	authority level
niveau de classification par article (n.m.)	level of classification by object; level of object classification; object classification level

niveau

niveau de contrôle (n.m.)	control level
niveau de dépenses (n.m.)	expenditure level; spending level; level of spending
niveau de dépenses autorisées (n.m.)	authorized spending level
niveau de dépenses prévu (n.m.)	forecast expenditure level
niveau de financement (n.m.)	funding level; level of funding
niveau de la dette (n.m.); niveau d'endettement (n.m.)	debt level
niveau de référence (n.m.)	reference level
niveau de référence ajusté (n.m.)	adjusted reference level
niveau de risque (n.m.); importance du risque (n.f.)	risk level
niveau de risque d'un projet (n.m.)	project risk level
non budgétaire (adj.); extrabudgétaire (adj.)	non-budgetary (adj.)
non cessible (adj.)	not assignable (adj.)
non déboursé (adj.); non versé (adj.)	undisbursed (adj.)
non échu (adj.); à échoir	unmatured (adj.)
non mandataire (de l'État)	non-agent (of the Crown)
non résidant (adj.)	non-resident[1] (adj.)
non-résident (n.m.); personne non résidante (n.f.)	non-resident[2] (n.); non-resident person
non-utilisation de fonds (n.f.); péremption (n.f.)	lapse[2] (n.); lapsing
non vérifié (adj.)	unaudited (adj.)

non versé (adj.); non déboursé (adj.)	undisbursed (adj.)
norme précisant le délai fixé (n.f.) (pour chaque étape du traitement d'une facture)	standard of timeliness (for each step in the processing of an invoice)
normes de présentation (n.f.); normes de présentation de l'information (n.f.)	disclosure standards; reporting standards; standards of disclosure
note de crédit (n.f.)	credit note
notes aux états financiers (n.f.)	notes to the financial statements
nouvel exercice (n.m.); nouvelle année financière (n.f.)	new year; new fiscal year
nouvelle année financière (n.f.); nouvel exercice (n.m.)	new year; new fiscal year
nouvelle initiative (n.f.)	new initiative
NRM; numéro de référence ministériel (n.m.); numéro de référence des ministères (n.m.)	departmental reference number; DRN
numéro d'autorisation (n.m.)	authorization number
numéro de bureau de district (n.m.)	district office number
numéro de carte d'achat (n.m.)	acquisition card number
numéro de contrôle des engagements (n.m.)	commitment control number
numéro de ministère (n.m.)	department number
numéro d'engagement provisionnel (n.m.)	blanket commitment number
numéro d'enregistrement (n.m.) (d'un chèque de voyage)	registration number (of a traveller's cheque)
numéro de référence des ministères (n.m.); NRM; numéro de référence ministériel (n.m.)	departmental reference number; DRN

numéro

numéro d'interclassement (n.m.)	collator number; collator
numéro intra (n.m.)	intragovernmental transactions number; intra number
numéros des comptes centraux (n.m.); NCC	central account numbers; CAN

objectif budgétaire (n.m.); objectif financier (n.m.)	fiscal objective; fiscal target
objectif de dépenses (n.m.)	expenditure target
objectif de programme (n.m.)	program objective
objectif de réduction du déficit (n.m.)	deficit reduction target
objectif en matière de déficit (n.m.)	deficit target
objectif financier (n.m.); objectif budgétaire (n.m.)	fiscal objective; fiscal target
objectifs d'un projet (n.m.)	project objectives
objet (n.m.)	subject
obligation (n.f.)	bond (n.)
obligation découlant des régimes de retraite (n.f.)	pension liability
obligation d'épargne du Canada (n.f.); OÉC	Canada Savings Bond; CSB
obligation de rendre compte (n.f.); obligation de rendre des comptes (n.f.); reddition de comptes (n.f.); obligation redditionnelle (n.f.); responsabilisation (n.f.); imputabilité (à éviter) (n.f.)	accountability

octroi

obligation de rendre compte du secteur public (n.f.)	governmental accountability; public sector accountability
obligation de rendre des comptes (n.f.); reddition de comptes (n.f.); obligation redditionnelle (n.f.); responsabilisation (n.f.); imputabilité (à éviter) (n.f.); obligation de rendre compte (n.f.)	accountability
obligation d'État (n.f.)	Government bond
obligation fiduciaire (n.f.)	fiduciary duty; trust obligation
obligation négociable (n.f.)	marketable bond
obligation négociable au porteur (n.f.)	bearer marketable bond
obligation négociable nominative (n.f.)	registered marketable bond
obligation non négociable (n.f.)	non-marketable bond
obligation pour le Régime de pensions du Canada (n.f.)	bond for Canada Pension Plan
obligation redditionnelle (n.f.); responsabilisation (n.f.); imputabilité (à éviter) (n.f.); obligation de rendre compte (n.f.); obligation de rendre des comptes (n.f.); reddition de comptes (n.f.)	accountability
obligation spéciale non négociable (n.f.)	special non-marketable bond
observations (n.f.)	remarks
obtenir l'autorisation de; demander l'autorisation au	obtain authority from; request authority
octroi (à éviter) (n.m.); subvention (n.f.)	grant (n.)
octroi de crédit (n.m.); concession de crédit (n.f.); mise à disposition de crédit (n.f.)	credit granting; granting of credit; extension of credit; provision of credit

octroi

octroi d'un prêt (n.m.); attribution d'un prêt (n.f.); concession d'un prêt (n.f.)	granting of a loan
octroyer des crédits provisoires; consentir des crédits provisoires; ouvrir des crédits provisoires; approuver des crédits provisoires	appropriate interim supply (v.); approve interim supply; grant interim supply
octroyer un crédit; accorder un crédit; consentir un crédit	grant credit; issue a credit
octroyer un crédit; consentir un crédit; accorder un crédit; voter un crédit	grant an appropriation; approve an appropriation
OÉC; obligation d'épargne du Canada (n.f.)	Canada Savings Bond; CSB
offre (n.f.); soumission (n.f.)	tender[1] (n.); bid[1] (n.)
offre permanente (n.f.)	standing offer
offre permanente principale (n.f.)	master standing offer
offres reçues (n.f.)	tenders received
ONG; organisation non gouvernementale (n.f.)	non-governmental organization; NGO
opération (n.f.)	transaction
opération à crédit (n.f.)	credit transaction
opération à faible risque (n.f.)	low-risk transaction
opération à risque élevé (n.f.)	high-risk transaction
opération à risque moyen (n.f.)	medium-risk transaction
opération autre que budgétaire (n.f.)	other-than-budgetary transaction
opération budgétaire (n.f.)	budgetary transaction
opération consolidée (n.f.)	consolidated transaction

opération

opération de capital (n.f.) (gouvernement)	capital transaction[1] (government)
opération de change (n.f.)	foreign exchange transaction
opération d'échange de devises (n.f.); opération de swap de devises (n.f.)	currency swap transaction
opération de dépenses (n.f.)	expenditure transaction
opération de faible valeur (n.f.)	low-value transaction
opération de la dette non échue (n.f.)	unmatured debt transaction
opération d'emprunt (n.f.)	borrowing transaction
opération de paiement (n.f.)	payment transaction
opération de swap de devises (n.f.); opération d'échange de devises (n.f.)	currency swap transaction
opération d'investissement (n.f.); activité d'investissement (n.f.)	investing activity
opération distincte (n.f.)	separate transaction
opération d'origine (n.f.); opération initiale (n.f.)	original transaction
opération en devises (n.f.); opération en monnaie étrangère (n.f.)	foreign currency transaction
opération en monnaie étrangère (n.f.); opération en devises (n.f.)	foreign currency transaction
opération entre entités (n.f.); opération interentités (n.f.)	inter-entity transaction
opération externe (n.f.)	external transaction
opération financée par un crédit net (n.f.)	net-voted operation

493

opération

opération financière (n.f.)	financial transaction
opération financière électronique (n.f.)	electronic financial transaction
opération hors caisse (n.f.)	non-cash transaction
opération initiale (n.f.); opération d'origine (n.f.)	original transaction
opération interentités (n.f.); opération entre entités (n.f.)	inter-entity transaction
opération interne (n.f.)	internal transaction
opération intraentité (n.f.)	intra-entity transaction
opération non budgétaire (n.f.)	non-budgetary transaction
opération non monétaire (n.f.)	non-monetary transaction
opération portant sur l'avoir (n.f.); opération portant sur les capitaux propres (n.f.) (sociétés d'État)	capital transaction[2]; equity transaction (Crown Corporations)
opération portant sur les capitaux propres (n.f.); opération portant sur l'avoir (n.f.) (sociétés d'État)	capital transaction[2]; equity transaction (Crown Corporations)
opération restreinte (n.f.)	restricted transaction
opération sur un compte à fins déterminées (n.f.)	specified purpose account transaction
opinion du vérificateur général (n.f.)	opinion of the Auditor General
opposition (n.f.) (à un chèque)	stop payment (n.) (on a cheque)
optimisation des ressources (n.f.)	value-for-money; VFM
ordre de paiement (n.m.)	instruction for payment
ordre de paiement électronique (n.m.); mouvement de dépôt direct (à éviter) (vieilli) (n.m.)	direct deposit transaction (obsolete); electronic payment instruction

organisation non gouvernementale (n.f.); ONG	non-governmental organization; NGO
organisations internationales (n.f.)	international organizations
organisme (n.m.)	agency
organisme central (n.m.); agence centrale (à éviter) (n.f.)	central agency
organisme débiteur (n.m.)	debtor organization
organisme de service spécial (n.m.); OSS	special operating agency; SOA
organisme de services publics (n.m.)	public service body
organisme désigné (n.m.)	specified agency
organismes non gouvernementaux (n.m.)	non-government agencies
orientation budgétaire (n.f.); orientation financière (n.f.)	fiscal stance
orientation financière (n.f.); orientation budgétaire (n.f.)	fiscal stance
OSS; organisme de service spécial (n.m.)	special operating agency; SOA
ouvrir des crédits	grant supply
ouvrir des crédits provisoires; approuver des crédits provisoires; octroyer des crédits provisoires; consentir des crédits provisoires	appropriate interim supply (v.); approve interim supply; grant interim supply
ouvrir la dotation totale; ouvrir la totalité des crédits	appropriate full supply (v.); approve full supply
ouvrir la totalité des crédits; ouvrir la dotation totale	appropriate full supply (v.); approve full supply
ouvrir un crédit	provide an appropriation; make an appropriation

paiement

P

paiement (n.m.); versement (n.m.); règlement (n.m.)	payment
paiement à caractère extraordinaire (n.m.); paiement extraordinaire (n.m.)	extraordinary payment
paiement à date fixe (n.m.)	scheduled payment
paiement anticipé (n.m.); paiement par anticipation (n.m.); versement anticipé (n.m.); versement par anticipation (n.m.)	advance payment; AP; payment in advance
paiement anticipé (n.m.); paiement d'avance (n.m.)	prepayment
paiement à titre gracieux (n.m.); paiement ex gratia (n.m.)	ex gratia payment
paiement au prorata des travaux (n.m.); acompte (n.m.); paiement proportionnel (n.m.)	progress payment
paiement au titre de l'aide internationale (n.m.)	international assistance payment
paiement au titre des accords de réciprocité fiscale (n.m.)	reciprocal taxation payment
paiement au titre du FPÉ (n.m.); contribution au titre du FPÉ (n.f.); contribution au FPÉ (n.f.)	EPF contribution
paiement à valoir sur une dette (n.m.)	payment against a debt
paiement compensatoire (n.m.)	compensatory payment
paiement connexe (n.m.)	related payment
paiement continu (n.m.)	continuing payment

496

paiement en capital

paiement d'avance (n.m.); paiement anticipé (n.m.)	prepayment
paiement de péréquation (n.m.); paiement de péréquation fiscale (n.m.)	equalization payment; tax equalization payment; fiscal equalization payment
paiement de péréquation fiscale (n.m.); paiement de péréquation (n.m.)	equalization payment; tax equalization payment; fiscal equalization payment
paiement de rente (n.m.)	annuity payment
paiement de stabilisation (n.m.)	stabilization payment
paiement de transfert (n.m.)	transfer payment
paiement de transfert effectué (n.m.)	transfer payment made
paiement de transfert fédéral (n.m.); transfert fédéral (n.m.)	federal transfer; federal transfer payment
paiement de transfert fiscal (n.m.)	fiscal transfer payment
paiement de transfert souple (n.m.); PTS	Flexible Transfer Payment; FTP
paiement d'indemnités (n.m.)	compensation payment
paiement discrétionnaire (n.m.)	judgmental payment
paiement d'une dette (n.m.); règlement d'une dette (n.m.); remboursement d'une dette (n.m.); acquittement d'une dette (n.m.)	discharge of a debt
paiement élevé (n.m.)	large payment
paiement en capital à titre gracieux (n.m.); paiement en capital ex gratia (n.m.)	ex gratia capital payment
paiement en capital ex gratia (n.m.); paiement en capital à titre gracieux (n.m.)	ex gratia capital payment

paiement en retard

paiement en retard (n.m.); paiement en souffrance (n.m.)	late payment; overdue payment
paiement en souffrance (n.m.); paiement en retard (n.m.)	late payment; overdue payment
paiement en trop (n.m.)	overpayment
paiement estimatif minimal exigible en vertu d'un bail (n.m.); paiement estimatif minimal exigible en vertu d'un contrat de location (n.m.)	estimated minimum lease payment
paiement ex gratia (n.m.); paiement à titre gracieux (n.m.)	ex gratia payment
paiement extraordinaire (n.m.); paiement à caractère extraordinaire (n.m.)	extraordinary payment
paiement interministériel (n.m.)	interdepartmental payment
paiement législatif (n.m.); versement législatif (n.m.)	statutory payment
paiement non recouvrable (n.m.)	non-recoverable payment
paiement ou règlement périodique (n.m.)	recurring payment or settlement
paiement par anticipation (n.m.); versement anticipé (n.m.); versement par anticipation (n.m.); paiement anticipé (n.m.)	advance payment; AP; payment in advance
paiement proportionnel (n.m.); paiement au prorata des travaux (n.m.); acompte (n.m.)	progress payment
paiement sans contrepartie (n.m.)	nugatory payment
paiements et autres débits (n.m.)	payments and other charges
paiements minimaux exigibles en vertu d'un bail (n.m.); paiements minimaux exigibles en vertu d'un contrat de location (n.m.)	minimum lease payments

passer

paiements non réglés (n.m.); impayés (n.m.)	outstanding payments
paiement unique (n.m.)	single payment; one-time payment
parapher	initial (v.)
part (n.f.); participation (n.f.)	interest[2]
partage des coûts (n.m.); partage des frais (n.m.)	cost sharing
partage des frais (n.m.); partage des coûts (n.m.)	cost sharing
partage des responsabilités (n.m.); répartition des responsabilités (n.f.)	division of responsibilities; sharing of responsibilities
part comptabilisée (n.f.); participation comptabilisée (n.f.) (dans un organisme)	recorded interest (in an organization)
participation (n.f.)	investment[3]
participation (n.f.); part (n.f.)	interest[2]
participation au capital-actions (n.f.)	investment in capital stock
participation comptabilisée (n.f.); part comptabilisée (n.f.) (dans un organisme)	recorded interest (in an organization)
passé dû (à éviter); arriéré; échu; en souffrance; en retard	overdue; past due
passer un accord; conclure un accord; conclure une entente	enter into an agreement
passer un contrat; passer un marché	enter into a contract
passer une écriture; prendre en compte; comptabiliser; constater; inscrire; enregistrer	account (for) (v.)

passer

passer un marché; passer un contrat	enter into a contract
passif(s) (n.m.)	liabilities
passif (n.m.); élément de passif (n.m.)	liability
passif(s) à court terme (n.m.)	current liabilities
passif auprès de tiers (n.m.)	third-party liability
passif comptabilisé (n.m.); éléments de passif inscrits (n.m.); éléments de passif comptabilisés (n.m.)	recorded liabilities
passif constaté (n.m.)	recognized liability
passif environnemental (n.m.)	environmental liabilities
passif(s) éventuel(s) (n.m.)	contingent liabilities
passif important (n.m.)	material liability
passif non comptabilisé (n.m.)	unaccounted-for-liability
passif non constaté (n.m.)	unrecognized liability
passif non mentionné (n.m.)	undisclosed liability
patrimoine (n.m.); actif (n.m.)	asset base
payable à vue	payable on demand
payable en devises; à payer en devises	payable in foreign currencies
payable en monnaie canadienne; à payer en monnaie canadienne	payable in Canadian currency
payer sur	pay out of (v.)
payer une dette; rembourser une dette; régler une dette; acquitter une dette	discharge a debt; pay off a debt; settle a debt

péréquation

PCGR; principes comptables généralement reconnus (n.m.)	Generally Accepted Accounting Principles; GAAP
PCT; présentation (n.f.); présentation au Conseil du Trésor (n.f.)	submission to the Treasury Board; submission; Treasury Board submission
PDI; Programme de développement de l'investissement (n.m.)	Investment Development Program; IDP
pénalité pour paiement en retard (n.f.)	late-payment penalty
PERA; Programme d'encouragement à la retraite anticipée (n.m.)	Early Retirement Incentive program; ERI program
perception de l'impôt (n.f.); recouvrement de l'impôt (n.m.)	tax collection; collection of taxes
percevoir; collecter (à éviter); recouvrer	collect (v.)
percevoir un droit; appliquer un droit (de douane)	collect a duty
péremption (n.f.); ressources inutilisées (n.m.); ressources non utilisées (n.f.)	lapse[1] (n.)
péremption (n.f.); non-utilisation de fonds (n.f.)	lapse[2] (n.); lapsing
péremption des autorisations (n.f.)	lapsing of authorities
péremption imposée (n.f.) (par le Conseil du Trésor)	directed lapse
péremption opérationnelle	operational lapse
péremption prévue (n.f.)	anticipated lapse
péréquation (n.f.)	equalization
péréquation des recettes et dépenses (à éviter) (n.f.); égalisation des recettes et des dépenses (à éviter) (n.f.); équilibre des recettes et dépenses (n.m.); équilibre entre les recettes et les dépenses (n.m.)	equalization of revenues and expenditures; equalization of revenues and expenses

périmètre

périmètre comptable (n.m.)	reporting entity[1]
périmètre comptable de l'État canadien (n.m.); périmètre comptable du gouvernement du Canada (n.m.)	Government of Canada as a reporting entity
période 13 (n.f.); période treize (n.f.)	period 13; period thirteen
période budgétaire (n.f.)	budget period; budgetary period
période complémentaire (n.f.); période supplémentaire (à éviter) (n.f.)	supplementary period; supplementary accounting period
période comptable (n.f.); période intermédiaire (n.f.)	accounting period; fiscal period; financial period; interim period
période de facturation (n.f.)	billing period
période de flottement (n.f.)	float period
période de grâce (n.f.); délai de grâce (n.m.)	grace period
période de recouvrement (n.f.)	collection period
période de récupération (n.f.); délai de récupération (n.m.)	payback period; payout period; payback
période d'octroi des crédits (n.f.)	supply period
période intermédiaire (n.f.); période comptable (n.f.)	accounting period; fiscal period; financial period; interim period
période supplémentaire (à éviter) (n.f.); période complémentaire (n.f.)	supplementary period; supplementary accounting period
période treize (n.f.); période 13 (n.f.)	period 13; period thirteen
permanent (adj.)	non-lapsing (adj.)
personne cotisant à un REER (n.f.)	RRSP contributor

─── **perte**

personne non autorisée (n.f.)	unauthorized party
personne non résidante (n.f.); non-résident (n.m.)	non-resident[2] (n.); non-resident person
personnes apparentées (n.f.); entités apparentées (n.f.); apparentés (n.m.)	related parties
perspectives budgétaires (n.f.); perspectives financières (n.f.)	fiscal outlook; financial outlook
perspectives de dépenses (n.f.)	expenditure outlook
perspectives d'évolution du déficit (n.f.)	deficit outlook
perspectives économiques (n.f.)	economic outlook; economic prospects
perspectives financières (n.f.); perspectives budgétaires (n.f.)	fiscal outlook; financial outlook
Perspectives sur les priorités et les dépenses reliées aux programmes (n.f.)	Outlooks on Program Priorities and Expenditures
perte actuarielle (n.f.)	experience loss
perte brute (n.f.)	gross loss
perte comptabilisée (n.f.)	accrued loss
perte de biens publics (n.f.)	loss of public property
perte de change (n.f.)	loss on exchange
perte de fonds (n.f.)	loss of money
perte de fonds publics (n.f.)	loss of public money
perte de recettes (n.f.)	loss of revenues
perte d'exploitation (n.f.) (sociétés d'État)	operating loss
perte en capital (n.f.)	capital loss

perte

perte initiale (n.f.)	original loss
perte nette (n.f.)	net loss
perte nette de change (n.f.)	net loss on exchange
petite caisse (n.f.); fonds de petite caisse (n.m.)	petty cash; petty cash fund
PGC (vieilli); projet de gestion partagée (vieilli) (n.m.); projet de gestion concertée (vieilli) (n.m.)	shared management agenda (obsolete); SMA (obsolete)
phase d'un projet (n.f.)	project phase
pièce de journal (n.f.); pièce justificative (n.f.); pièce justificative de journal (n.f.)	journal voucher (n.)
pièce de journal créditrice (n.f.)	credit journal voucher
pièce de journal de la comptabilité centrale (n.f.); PJCC; pièce justificative de la comptabilité centrale (vieilli) (n.f.)	central accounting journal voucher; CAJV
pièce de journal de transfert des salaires (n.f.); PJTS	Payroll Transfer Journal Voucher; PTJV
pièce de journal hors caisse (n.f.)	non-cash journal voucher
pièce de journal ordinaire (n.f.)	regular journal voucher
pièce de règlement bancaire (n.f.)	bank settlement voucher; BSV
pièce justificative (n.f.); pièce justificative de journal (n.f.); pièce de journal (n.f.)	journal voucher (n.)
pièce justificative de compte bancaire ministériel (n.f.); pièce justificative de CBM (n.f.)	departmental bank account voucher; DBA voucher
pièce justificative de journal (n.f.); pièce de journal (n.f.); pièce justificative (n.f.)	journal voucher (n.)

— **plan**

pièce justificative de la comptabilité centrale (vieilli) (n.f.); pièce de journal de la comptabilité centrale (n.f.); PJCC	central accounting journal voucher; CAJV
pièces de monnaie canadienne (n.f.)	domestic coinage
PILT; plan d'investissement à long terme (n.m.)	long-term capital plan; LTCP
piste de vérification (n.f.)	audit trail
PJCC; pièce justificative de la comptabilité centrale (vieilli) (n.f.); pièce de journal de la comptabilité centrale (n.f.)	central accounting journal voucher; CAJV
PJTS; pièce de journal de transfert des salaires (n.f.)	Payroll Transfer Journal Voucher; PTJV
placement (n.m.)	investment[1]
plafond (n.m.); limite financière (n.f.)	dollar limit
plafond annuel (n.m.)	annual ceiling
plafond de cotisations à un REER (n.m.)	RRSP limit
plafond de dépenses (n.m.)	spending ceiling; spending limit
plafond des dépenses budgétaires (n.m.)	budgetary expenditure ceiling
plafond imposé aux achats (n.m.); restrictions applicables aux achats (n.f.)	dollar limits of purchases; limitations on purchases
plan budgétaire (n.m.)	budgetary plan
plan comptable (n.m.)	chart of accounts
plan comptable ministériel (n.m.); plan comptable de ministère (n.m.)	departmental chart of accounts

plan ──────────────────────────────

plan d'activités (n.m.); plan d'affaires (à éviter) (n.m.)	business plan; departmental business plan
plan d'affaires (à éviter) (n.m.); plan d'activités (n.m.)	business plan; departmental business plan
Plan de contrôle des dépenses (n.m.)	Expenditure Control Plan
plan de dépenses (n.m.)	spending plan
Plan de dépenses (n.m.)	Expenditure Plan
plan de dépenses de gestion (n.m.)	managerial spending plan
Plan de dépenses du gouvernement et Points saillants par portefeuille (n.m.)	Government Expenditure Plan and Highlights by Ministry
plan d'entreprise (n.m.)	corporate plan
plan des recettes provenant des frais d'utilisation (n.m.); plan des recettes tirées des frais d'utilisation (n.m.)	user fee revenue plan
plan des recettes tirées des frais d'utilisation externe (n.m.)	external user fee revenue plan
plan de vérification des comptes publics (n.m.)	public accounts audit plan
plan de vérification interne (n.m.)	internal audit plan
plan d'immobilisations (n.m.); plan d'investissement (n.m.)	capital plan
plan d'investissement (n.m.); plan d'immobilisations (n.m.)	capital plan
plan d'investissement à long terme (n.m.); PILT	long-term capital plan; LTCP
plan financier (n.m.)	fiscal plan
planification budgétaire (n.f.)	budget planning

planification de projet (n.f.)	project planning
planification des recettes fiscales (n.f.)	fiscal planning
plan ministériel (n.m.)	departmental plan
plan opérationnel pluriannuel (n.m.); POP	multi-year operational plan; MYOP
point d'émission de chèques (n.m.); centre d'émission de chèques (n.m.)	cheque-issue location; cheque-issuing location
politique (n.f.)	policy
politique budgétaire (n.f.)	fiscal policy
politique d'amortissement (n.f.)	depreciation policy; amortization policy
politique de contrôle des dépenses (n.f.)	spending control policy
politique de croissance zéro (n.f.)	no-growth policy
politique de paiement à la date d'échéance (n.f.); politique PADE (n.f.)	payment on due date policy; PODD policy
politique de paiement dans les 30 jours (n.f.)	thirty-day payment policy; 30-day payment policy
Politique de prise en charge des services de l'État par des fonctionnaires (n.f.)	Employee Takeover Policy
politique du faire ou faire faire (n.f.)	make-or-buy policy
politique financière (n.f.)	financial policy
politique PADE (n.f.); politique de paiement à la date d'échéance (n.f.)	payment on due date policy; PODD policy
POP; plan opérationnel pluriannuel (n.m.)	multi-year operational plan; MYOP

portant

portant intérêt; productif d'intérêt	yielding interest
porté au crédit de; crédité à	credited to
porté au débit de; débité à; imputé à	charged to; debited to
portée d'un projet (n.f.)	project scope
portefeuille ministériel (n.m.)	ministry
porter au budget; budgétiser; budgéter; inscrire au budget	budget[4] (v.)
porter (une somme) au crédit (de qqn ou d'un compte); créditer (qqn ou un compte d'une somme)	credit[3] (v.)
porter (une somme) au débit (de qqn ou d'un compte); imputer sur; imputer à; débiter (qqn ou un compte d'une somme)	debit[3] (v.); charge[3] (v.)
porter en réduction de; déduire de; imputer sur; imputer à	charge against (v.)
possibilité de recouvrement (n.f.); possibilité de recouvrer (n.f.); recouvrabilité (n.f.)	collectibility; recoverability
poste (n.m.)	item
poste budgétaire (n.m.); poste du budget (n.m.)	budgetary item; budget item
poste de dépense (n.m.)	item of expenditure; expenditure item
poste de dépenses non salariales (n.m.)	non-salary item
poste de subvention (n.m.)	grant item
poste du budget (n.m.); poste budgétaire (n.m.)	budgetary item; budget item

——————————————————————————— **pouvoir**

poste extraordinaire (n.m.); élément extraordinaire (n.m.)	extraordinary item
poste législatif (n.m.)	statutory item
pour cent	percent
pour faire face aux imprévus; pour parer aux imprévus	contingency purposes, for
pour le compte de Sa Majesté	on behalf of Her Majesty
pour l'exercice clos le 31 mars; pour l'exercice terminé le 31 mars	for the year ended March 31
pour parer aux imprévus; pour faire face aux imprévus	contingency purposes, for
pouvoir (n.m.); autorisation (n.f.)	authority[1]
pouvoir d'achat (n.m.); pouvoir d'acquisition (n.m.); pouvoir en matière d'achat (n.m.)	procurement authority; purchasing authority; purchase authority
pouvoir d'acquisition (n.m.); pouvoir en matière d'achat (n.m.); pouvoir d'achat (n.m.)	procurement authority; purchasing authority; purchase authority
pouvoir de conclure des marchés (n.m.); pouvoir de passer des marchés (n.m.); autorisation de passer des marchés (n.f.); pouvoir de passation des marchés (n.m.)	contracting authority[1]
pouvoir de confirmer l'exécution et le prix d'un marché (n.m.)	authority to confirm contract performance and price
pouvoir de dépenser (n.m.); autorisation de dépenser (n.f.)	spending authority; expenditure authority; expenditure authorization
pouvoir délégué (n.m.)	delegated authority
pouvoir délégué en matière d'achat (n.m.)	delegated purchasing authority

509

pouvoir

pouvoir d'emprunter (n.m.); autorisation d'emprunter (n.f.)	borrowing authority
pouvoir d'engagement (n.m.); autorisation d'engagement (n.f.)	commitment authority
pouvoir d'engager des dépenses (n.m.)	expenditure initiation authority; authority to initiate expenditures
pouvoir de passer des marchés (n.m.); autorisation de passer des marchés (n.f.); pouvoir de passation des marchés (n.m.); pouvoir de conclure des marchés (n.m.)	contracting authority[1]
pouvoir de payer (n.m.); autorisation de paiement (n.f.)	payment authority
pouvoir de prélèvement (n.m.); autorisation de prélèvement (n.f.)	drawdown authority
pouvoir de recouvrement des coûts (n.m.); pouvoir de récupération des coûts (n.m.)	cost-recovery authority
pouvoir de renonciation (n.m.)	forgiveness authority
pouvoir de signature (n.m.); pouvoir de signer (n.m.)	signing authority; authority to sign
pouvoir de signer les documents financiers (n.m.)	financial signing authority
pouvoir de vérification (n.m.); pouvoir de vérifier (n.m.)	audit authority
pouvoir en matière d'achat (n.m.); pouvoir d'achat (n.m.); pouvoir d'acquisition (n.m.)	procurement authority; purchasing authority; purchase authority
pouvoir financier (n.m.); autorisation financière (n.f.)	financial authority
pouvoir général d'examiner et de faire rapport (n.m.); autorisation générale d'examiner et de faire rapport (n.f.)	general examination and reporting authority

présentation

pouvoir ministériel (n.m.); autorisation ministérielle (n.f.)	ministerial authority
pouvoirs ministériels d'approbation (n.m.)	departmental approval authorities
pratique répréhensible (n.f.); acte irrégulier (n.m.)	impropriety
préfinancement (n.m.); financement provisoire (n.m.)	bridge financing; interim financing
préfinancer; procéder à un financement provisoire; procéder à un préfinancement	bridge-finance (v.)
prélèvement spécial de canadianisation (n.m.)	Canadian ownership special charge
prélèvement sur le crédit 5 du Conseil du Trésor (n.m.)	Treasury Board Vote 5 funding; TB Vote 5 funding
prendre en compte; comptabiliser; constater; inscrire; enregistrer; passer une écriture	account (for) (v.)
préparation du budget (n.f.)	budget preparation
préparer un budget; établir un budget; dresser un budget; élaborer un budget	budget[4] (v.); establish a budget
préposé(e) désigné(e) à la distribution des chèques de paye; distributeur désigné des chèques de paye (n.m.); distributrice désignée des chèques de paye (n.f.)	designated pay cheque distributor
présentation (n.f.); présentation au Conseil du Trésor (n.f.); PCT	submission to the Treasury Board; submission; Treasury Board submission
présentation au Conseil du Trésor non contractuelle (n.f.)	non-contractual submission to the Treasury Board; non-contractual Treasury Board submission

présentation

présentation d'ensemble (n.f.) (au Conseil du Trésor)	omnibus submission (to the Treasury Board)
présentation de renseignements (n.f.); mention (n.f.); indication (n.f.); déclaration (n.f.); publication (n.f.)	disclosure[2]
présentation des comptes nationaux (n.f.)	national accounts presentation
présentation des comptes publics (n.f.)	public accounts presentation
présentation d'importance secondaire (n.f.) (au Conseil du Trésor)	minor submission (to the Treasury Board)
présentation distincte (n.f.); information distincte (n.f.); mention distincte (n.f.)	separate disclosure
présentation incorrecte de l'information (n.f.); information inadéquate fournie (n.f.)	inadequate disclosure
présentation préparée manuellement (n.f.) (présentation au Conseil du Trésor)	manual submission (to the Treasury Board)
présentation relative au Budget des dépenses (n.f.)	Estimates submission
présentation technique (n.f.) (au Conseil du Trésor)	technical submission (to the Treasury Board)
présentation unique (n.f.) (au Conseil du Trésor)	single submission (to the Treasury Board)
présenter; communiquer; mentionner; indiquer	disclose
préserver l'intégrité	maintain integrity
pression budgétaire (n.f.); pression financière (n.f.)	fiscal pressure

—— prêt

pression financière (n.f.); pression budgétaire (n.f.)	fiscal pressure
prestation (n.f.)	benefit[1] (n.)
Prestation aux aîné(e)s (n.f.)	Seniors Benefit
prestation consécutive au décès (n.f.); prestation de décès (n.f.)	death benefit
prestation d'assistance sociale (n.f.)	social assistance payment
prestation de décès (n.f.); prestation consécutive au décès (n.f.)	death benefit
prestation de la Sécurité de la vieillesse (n.f.)	Old Age Security benefit
prestation de services publics (n.f.)	public service delivery
prestations d'assurance-emploi (n.f.); prestations d'assurance-chômage (vieilli) (n.f.)	employment insurance benefits; unemployment insurance benefits (obsolete)
prêt (n.m.)	loan[1] (n.)
prêt à des conditions de faveur (n.m.)	concessionary loan
prêt à remboursement conditionnel (n.m.); prêt-subvention (n.m.); subvention remboursable sous condition (n.f.)	forgivable loan
prêt aux employés du service extérieur (n.m.)	foreign service loan
prêt aux pays en développement (n.m.)	loan to developing countries
prêt consenti à un État souverain (n.m.)	sovereign loan
prêt consolidé (n.m.)	consolidated loan

prêteur

prêteur (n.m.); bailleur de fonds (n.m.)	lender
prêt intermédiaire (n.m.)	pass-through loan
prêt non budgétaire (n.m.)	non-budgetary loan
prêt-relais (n.m.); crédit de relais (n.m.); crédit(-)relais (n.m.)	bridging loan; interim loan
prêt remboursable à vue (n.m.)	callable loan
prêts, dotations en capital et avances (vieilli) (n.m.); prêts, placements et avances (n.m.)	loans, investments and advances
prêts en cours (n.m.); encours de prêts (n.m.)	outstanding loans; loans outstanding; loans receivable
prêts, placements et avances (n.m.); prêts, dotations en capital et avances (vieilli) (n.m.)	loans, investments and advances
prêts, placements et avances divers (n.m.)	miscellaneous loans, investments and advances
prêt-subvention (n.m.); subvention remboursable sous condition (n.f.); prêt à remboursement conditionnel (n.m.)	forgivable loan
prévision de déficit (n.f.)	deficit projection
prévision de dépenses (n.f.); dépenses prévues (n.f.)	planned expenditures; forecast expenditures; expenditures forecast
prévision de dépenses budgétaires (n.f.)	budgetary expenditure forecast; forecast of budgetary expenditures
prévision de recettes (n.f.)	revenue projection
prévision de recouvrement des coûts (n.f.); prévision de récupération des coûts (n.f.)	cost-recovery projection

principes

prévision de récupération des coûts (n.f.); prévision de recouvrement des coûts (n.f.)	cost-recovery projection
prévision des besoins de trésorerie (n.f.)	cash requirements forecast
prévision des coûts (n.f.)	cost forecast
prévision relative au taux d'intérêt (n.f.)	interest rate forecast
prévisions (n.f.)	forecasts
prévisions à long terme (n.f.)	long-range forecasts; long-range forecasting; long-term forecasting
prévisions réglementaires (n.f.)	statutory forecasts
prime à l'émission d'obligations (n.f.)	bond premium
prime d'assurance (n.f.)	insurance premium
prime non amortie (n.f.)	unamortized premium
primes, escomptes et commissions non amortis	unamortized premiums, discounts and commissions
primes, escomptes et commissions non amortis à l'émission de la dette non échue	unamortized premiums, discounts and commissions on unmatured debt
principale catégorie d'opérations (n.f.)	main class of transactions
principales conventions comptables (n.f.)	significant accounting policies
principe de l'utilisateur-payeur (n.m.)	user pay principle
principes comptables (n.m.)	accounting principles
principes comptables généralement reconnus (n.m.); PCGR	Generally Accepted Accounting Principles; GAAP

priorité ━━━━━━━━━━━━━━━━━━━━━━━━━━━━━━

priorité en matière de dépenses (n.f.)	spending priority
priorité sectorielle (n.f.)	sector priority
prise en charge de services de l'État par des fonctionnaires (n.f.); prise en charge par des fonctionnaires (n.f.)	employee takeover
prise en charge par des fonctionnaires (n.f.); prise en charge de services de l'État par des fonctionnaires (n.f.)	employee takeover
privatiser	privatize
privilèges, licences et permis (n.m.)	privileges, licenses and permits
prix d'achat (n.m.)	purchase price
prix de cession interne (n.m.); coût de cession (n.m.)	transfer price[2]
prix de transfert (à éviter) (n.m.); facteur de conversion (n.m.)	transfer price[1]
prix ferme (n.m.)	firm price
procédé de contrôle (n.m.); mécanisme de contrôle (n.m.) (contrôle interne)	control procedure (internal control)
procéder à un financement provisoire; procéder à un préfinancement; préfinancer	bridge-finance (v.)
procéder à un préfinancement; préfinancer; procéder à un financement provisoire	bridge-finance (v.)
processus budgétaire (n.m.)	budgetary process; budget process; budgeting process
processus d'approbation budgétaire (n.m.); processus d'approbation du budget (n.m.)	budget approval process

———————————————————————————————— **profit**

processus d'authentification (n.m.)	authentication process
processus de consultation budgétaire (n.m.)	budget consultation process
processus de dépenses (n.m.)	expenditure process
processus de paie (n.m.)	payroll process
processus de planification budgétaire (n.m.)	budget planning process
processus de planification financière (n.m.)	financial planning process; fiscal planning process
processus de règlement interministériel (n.m.)	interdepartmental settlement process
processus des CAFE (n.m.)	PAYE process
processus de validation (n.m.)	validation process
procurer un rendement convenable	ensure a fair return
productif d'intérêt; portant intérêt	yielding interest
production (n.f.)	throughput
production de recettes (n.f.)	revenue generation
produire des recettes; générer des recettes	generate revenues
produit à recevoir (n.m.)	accrual[2]
produit de la vente de biens excédentaires de l'État (n.m.)	proceeds from the disposal of surplus Crown assets
produit des ventes (n.m.)	proceeds from sales
produit d'extrant (n.m.)	output product
profil des dépenses (n.m.)	spending profile
profit éventuel (n.m.); gain éventuel (n.m.)	contingent gain

programme

programme (n.m.)	program (n.)
programme à frais partagés (n.m.)	shared-cost program; cost-shared program
Programme APD; Programme d'aide publique au développement (n.m.)	Official Development Assistance Program; ODA Program
programme autofinancé (n.m.)	self-financing program
programme budgétaire (n.m.); programme relatif au Budget des dépenses (n.m.)	Estimates program
Programme d'aide publique au développement (n.m.); Programme APD	Official Development Assistance Program; ODA Program
programme d'assurance (n.m.)	insurance program
programme d'assurance-crédit (n.m.)	loan insurance program
Programme de développement de l'investissement (n.m.); PDI	Investment Development Program; IDP
programme de garantie (n.m.)	guarantee program
programme de gestion des dépenses (n.m.)	expenditure management agenda
Programme de la PDA (n.m.); Programme de la prime de départ anticipé (n.m.)	Early Departure Incentive program; EDI program
Programme de la prestation fiscale pour enfants (n.m.)	Child Tax Benefit Program
Programme de la prime de départ anticipé (n.m.); Programme de la PDA (n.m.)	Early Departure Incentive program; EDI program
Programme d'émission de bons du Canada (n.m.)	Canada Bills Program

programme fédéral-provincial

Programme d'encouragement à la retraite anticipée (n.m.); PERA	Early Retirement Incentive program; ERI program
programme de privatisation (n.f.)	privatization program
programme de réaménagement de la dette (n.m.); programme de restructuration de la dette (n.m.)	debt restructuring program
programme de restrictions (n.m.)	program of restraint; restraint program
programme de restructuration de la dette (n.m.); programme de réaménagement de la dette (n.m.)	debt restructuring program
Programme des paiements de transfert fiscal (n.m.)	Fiscal Transfer Payments Program
Programme des politiques financières et économiques (n.m.) (ministère des Finances)	Financial and Economic Policies Program (Department of Finance)
Programme de stabilisation fiscale (n.m.)	Fiscal Stabilization Program
programme d'immobilisations (n.m.); programme d'investissement (n.m.)	capital program
programme d'indemnisation pétrolière (n.m.)	petroleum compensation program
programme d'investissement (n.m.); programme d'immobilisations (n.m.)	capital program
programme dont les coûts sont entièrement récupérés (n.m.); programme qui rentre dans ses frais (n.m.)	cost-neutral program
Programme du service de la dette publique (n.m.)	Public Debt Program
programme fédéral-provincial à frais partagés (n.m.)	federal-provincial shared-cost program

programme financé ───────────────

programme financé (n.m)	financially assisted program
programme financé par l'administration centrale (n.m.)	centrally financed program
programme législatif (n.m.); programme statutaire (à éviter) (n.m.)	statutory program
programme par activité (n.m.)	program by activity
programme qui rentre dans ses frais (n.m.); programme dont les coûts sont entièrement récupérés (n.m.)	cost-neutral program
programme relatif au Budget des dépenses (n.m.); programme budgétaire (n.m.)	Estimates program
programme statutaire (à éviter) (n.m.); programme législatif (n.m.)	statutory program
programme voté (n.m.)	voted program
projection de dépenses (n.f.)	spending projection
projet (n.m.)	project (n.)
projet à frais partagés (n.m.)	shared-cost project
projet de décret (n.m.)	draft order in council
projet de gestion concertée (vieilli) (n.m.); PGC (vieilli); projet de gestion partagée (vieilli) (n.m.)	shared management agenda (obsolete); SMA (obsolete)
projet de gestion partagée (vieilli) (n.m.); projet de gestion concertée (vieilli) (n.m.); PGC (vieilli)	shared management agenda (obsolete); SMA (obsolete)
projet de location (n.m.)	lease project
projet de loi (n.m.)	bill (n.)
projet de loi de crédits (n.m.)	supply bill; appropriation bill

———————————————————————————————— **provision**

projet de loi de crédits provisoires (n.m.)	interim supply bill
projet de technologie de l'information (n.m.)	information technology project
projet d'immobilisations (n.m.); projet d'investissement (n.m.)	capital project
projet d'investissement (n.m.); projet d'immobilisations (n.m.)	capital project
proposition en vue de la préparation du budget (n.f.); proposition prébudgétaire (n.f.)	pre-budget submission
proposition prébudgétaire (n.f.); proposition en vue de la préparation du budget (n.f.)	pre-budget submission
provenance des autorisations (n.f.)	source of authorities
provenance des fonds (n.f.)	source of funds
provenance des recettes (n.f.)	source of receipts; source of revenues
provenance nette (vieilli) (n.f.); ressource nette (n.f.)	net source
province à faible revenu (n.f.); province à revenu inférieur (n.f.)	lower-income province
province à revenu inférieur (n.f.); province à faible revenu (n.f.)	lower-income province
province bénéficiant de la péréquation (n.f.)	equalization-receiving province
province ne bénéficiant pas de la péréquation (n.f.); province qui ne bénéficie pas de la péréquation (n.f.)	non-equalization-receiving province
provision (n.f.)	allowance
provision actuarielle (n.f.)	actuarial liability

provision ━━━

provision actuarielle au titre des régimes de retraite (n.f.)	actuarial liability for employee pensions; actuarial liability for pensions
provision pour avantages sociaux (n.f.)	allowance for employee benefits
provision pour CAFE (n.f.); provision pour créditeurs à la fin de l'exercice (n.f.)	allowance for Payables at Year-End; allowance for PAYE
provision pour créances douteuses (n.f.)	allowance for doubtful accounts
provision pour créditeurs à la fin de l'exercice (n.f.); provision pour CAFE (n.f.)	allowance for Payables at Year-End; allowance for PAYE
provision pour emprunts (n.f.)	allowance for borrowings
provision pour évaluation (n.f.)	provision for valuation
provision pour évaluation actuarielle au titre des régimes de retraite (n.f.)	allowance for the actuarial liability for employee pensions; allowance for the actuarial liability for pensions
provision pour évaluation de l'actif et du passif (n.f.)	provision for valuation of assets and liabilities
provision pour garanties d'emprunt (n.f.)	allowance for loan guarantees
provision pour inflation (n.f.)	provision for inflation; allowance for inflation
provision pour moins-value (n.f.) (de l'actif)	allowance for valuation (of assets)
provision pour péremption (n.f.)	allowance for lapse
provision pour pertes (n.f.)	allowance for losses; provision for losses; loss provision
provision pour prestations conditionnelles (n.f.)	allowance for conditional benefits

———————————————————————————————— **rachat**

provision pour redressement au titre des régimes de retraite (n.f.)	allowance for pension adjustment
PTS; paiement de transfert souple (n.m.)	Flexible Transfer Payment; FTP
publication (n.f.); présentation de renseignements (n.f.); mention (n.f.); indication (n.f.); déclaration (n.f.)	disclosure[2]

quadruple classification (n.f.); classification quadruple (n.f.)	four-way classification; four-fold classification; fourfold classification
quasi-espèces (n.f.); valeurs assimilables à des espèces (n.f.)	cash equivalents; near-cash assets; near cash
qui dépend de crédits	appropriation-dependent (adj.)
quote-part (n.f.) (souscription au Fonds monétaire international)	quota (subscription to the International Monetary Fund)

rabais pour paiement hâtif (n.m.)	early payment discount
RABP; Régime d'assurance des bateaux de pêche (n.m.)	Fishing Vessel Insurance Plan; FVIP
rachat (n.m.); remboursement (n.m.)	retirement
rachat de titres (n.m.)	redemption of securities

523

rachat

rachat ou remboursement avant (l')échéance (n.m.)	call or redemption before maturity
rachetable (adj.); remboursable (adj.)	redeemable (adj.)
rachetable ou remboursable avant (l')échéance	subject to call or redemption before maturity
racheté (adj.); remboursé (adj.)	redeemed (adj.)
radiation d'actif (n.f.); radiation d'éléments d'actif (n.f.)	write-off of assets; deletion of assets
radiation d'une créance (n.f.)	write-off of a debt
radiation d'un prêt (n.f.)	write-off of a loan
radier	delete
radier	write off (v.)
radier un déficit	write off a deficit
radier une créance; radier une dette	delete a debt; write off a debt
radier une dette; radier une créance	delete a debt; write off a debt
radier un prêt	write off a loan
rajustement en fonction de l'inflation (n.m.)	inflation adjustment
RAM; rapport annuel (n.m.); rapport annuel de ministère (n.m.)	departmental annual report; DAR; annual report
RAPC; Régime d'assistance publique du Canada (n.m.)	Canada Assistance Plan; CAP
rappeler	recall (v.)
rapport annuel (n.m.); rapport annuel de ministère (n.m.); RAM	departmental annual report; DAR; annual report

524

rapport

rapport chronologique des débiteurs (n.m.)	aged accounts receivable report
rapport consolidé (n.m.)	consolidated report
rapport coût-efficacité (n.m.); rentabilité (n.f.); efficacité en fonction du coût (n.f.); efficacité par rapport au coût (n.f.)	cost effectiveness
rapport d'analyse économique (n.m.)	economic analysis statement
rapport d'avances (n.m.)	advances report
rapport déficit/dette-PIB (n.m.)	deficit/debt-to-GDP ratio
rapport déficit-PIB (n.m.); ratio du déficit au PIB (n.m.); ratio déficit/PIB (n.m.); ratio déficit-PIB (n.m.)	deficit-to-GDP ratio; deficit-GDP ratio
rapport de rapprochement (n.m.)	reconciliation report
rapport dette-PIB (n.m.)	debt-to-GDP; debt-to-GDP ratio
rapport de vérification interne (n.m.)	internal audit report
rapport du vérificateur (n.m.)	auditor's report; audit report
rapport exigé par la loi (n.m.); rapport législatif (n.m.); rapport prévu par la loi (n.m.)	statutory report
rapport fiduciaire (n.m.); relation de fiduciaire (n.f.)	fiduciary relationship
rapport financier intermédiaire (n.m.)	interim financial report
rapport législatif (n.m.); rapport prévu par la loi (n.m.); rapport exigé par la loi (n.m.)	statutory report
rapport ministériel (n.m.)	departmental report

rapport ───────────────────────────

rapport prévu par la loi (n.m.); rapport exigé par la loi (n.m.); rapport législatif (n.m.)	statutory report
rapport type (n.m.); rapport type du vérificateur (n.m.)	auditor's standard report; standard audit report; standard report; standard form report
rapprochement (n.m.); rapprochement des comptes (n.m.); réconciliation (à éviter) (n.f.); conciliation (à éviter) (n.f.)	reconciliation; reconciliation of accounts; account reconciliation
rapprochement informatisé (n.m.)	automated reconciliation
rapprocher	match (v.)
RARB; Régime d'assurance-revenu brut (n.m.)	Gross Revenue Insurance Program; GRIP
ratio avantages-coûts (n.m.); ratio coûts-bénéfices (n.m.)	benefit-cost ratio; benefit/cost ratio; B/C ratio; cost-benefit ratio
ratio coûts-bénéfices (n.m.); ratio avantages-coûts (n.m.)	benefit-cost ratio; benefit/cost ratio; B/C ratio; cost-benefit ratio
ratio déficit/PIB (n.m.); ratio déficit-PIB (n.m.); rapport déficit-PIB (n.m.); ratio du déficit au PIB (n.m.)	deficit-to-GDP ratio; deficit-GDP ratio
ratio des dépenses de programme au PIB (n.m.)	program spending-to-GDP ratio
ratio des recettes au PIB (n.m.); ratio recettes-PIB (n.m.)	revenue-to-GDP ratio
ratio du déficit au PIB (n.m.); ratio déficit/PIB (n.m.); ratio déficit-PIB (n.m.); rapport déficit-PIB (n.m.)	deficit-to-GDP ratio; deficit-GDP ratio
rationalisé (adj.); simplifié (adj.)	streamlined (adj.)
ratio recettes-PIB (n.m.); ratio des recettes au PIB (n.m.)	revenue-to-GDP ratio
réaffectation des recettes (n.f.)	revenue respending

recettes

réaffectation des ressources (n.f.)	reallocation of resources; resource reallocation
réaffecter des fonds	reallocate funds
réaffecter des recettes	reallocate revenues
réaliser des programmes gouvernementaux; exécuter des programmes gouvernementaux	deliver government programs
récapitulation (n.f.) (des opérations)	summarizing (transactions)
récapituler; résumer; condenser	summarize
recettes (n.f.)	revenues[1]
recettes affectées aux dépenses (n.f.); recettes à valoir sur le crédit (vieilli) (n.f.)	revenues netted against expenditures; revenue credited to the appropriation (obsolete); revenue credited to the vote (obsolete); receipts and revenues credited to the vote (obsolete)
recettes à recevoir affectées aux dépenses (n.f.)	revenues receivable netted against expenditures
recettes à valoir sur le crédit (vieilli) (n.f.); recettes affectées aux dépenses (n.f.)	revenues netted against expenditures; revenue credited to the appropriation (obsolete); revenue credited to the vote (obsolete); receipts and revenues credited to the vote (obsolete)
recettes brutes (n.f.)	gross revenues
recettes budgétaires (n.f.)	budgetary revenues
recettes compensatoires (n.f.)	offsetting revenues
recettes constatées (n.f.) (par régularisation)	accrued revenues
recettes de l'État (n.f.) (gouvernement fédéral); recettes publiques (n.f.)	government revenues; governmental revenues; public revenues

recettes

recettes de toutes sources (n.f.)	revenues from all sources
recettes différées (n.f.); recettes reportées (n.f.)	deferred revenues; deferrals
recettes disponibles (n.f.)	respendable revenues
recettes estimatives (n.f.)	estimated revenues
recettes externes (n.f.); recettes provenant de tiers (vieilli) (n.f.)	external revenues; revenue from outside parties (obsolete)
recettes fiscales (n.f.)	tax revenues
recettes fiscales à recevoir (n.f.)	tax revenue receivable
recettes générales (n.f.)	general revenues
recettes hors caisse (n.f.)	non-cash revenues
recettes internes (n.f.)	internal revenues; revenue internal to the Government (obsolete)
recettes ministérielles (n.f.)	ministerial revenues
recettes nettes (n.f.)	net revenues
recettes non fiscales (n.f.)	non-tax revenues
recettes non fiscales à recevoir (n.f.)	non-tax revenue receivable
recettes non fiscales découlant d'un recouvrement des coûts (n.f.)	cost-recovered non-tax revenues
recettes non fiscales de l'exercice courant (n.f.)	current-year non-tax revenues
recettes non fiscales diverses (n.f.)	miscellaneous non-tax revenues
recettes non fiscales générales (n.f.)	general non-tax revenues
recettes par catégorie principale (n.f.)	revenues by main classification
recettes perçues (n.f.)	revenues received

réconciliation

recettes prévues (n.f.)	revenue budget
recettes provenant de la TPS (n.f.)	GST revenues
recettes provenant de l'imposition de frais d'utilisation (n.f.); recettes tirées des frais d'utilisation (n.f.); recettes provenant des frais d'utilisation (n.f.)	user fee revenues
recettes provenant des frais d'utilisation (n.f.); recettes provenant de l'imposition de frais d'utilisation (n.f.); recettes tirées des frais d'utilisation (n.f.)	user fee revenues
recettes provenant de tiers (vieilli) (n.f.); recettes externes (n.f.)	external revenues; revenue from outside parties (obsolete)
recettes publiques (n.f.); recettes de l'État (n.f.) (gouvernement fédéral)	government revenues; governmental revenues; public revenues
recettes reportées (n.f.); recettes différées (n.f.)	deferred revenues; deferrals
recettes tirées des frais d'utilisation (n.f.); recettes provenant des frais d'utilisation (n.f.); recettes provenant de l'imposition de frais d'utilisation (n.f.)	user fee revenues
receveur général du Canada (n.m.)	Receiver General for Canada
réclamation (n.f.)	claim[1] (n.)
réclamation contre l'État (n.f.)	claim against the Crown
réclamations et causes en instance et imminentes (n.f.)	claims and pending and threatened litigation
réconciliation (à éviter) (n.f.); conciliation (à éviter) (n.f.); rapprochement (n.m.); rapprochement des comptes (n.m.)	reconciliation; reconciliation of accounts; account reconciliation

recouvrabilité

recouvrabilité (n.f.); possibilité de recouvrement (n.f.); possibilité de recouvrer (n.f.)	collectibility; recoverability
recouvrement de dépenses d'exercices antérieurs (n.m.)	refund of previous years' expenditures
recouvrement de l'impôt (n.m.); perception de l'impôt (n.f.)	tax collection; collection of taxes
recouvrement des avances (n.m.)	recovery of advances
recouvrement des coûts (n.m.); récupération des coûts (n.f.)	cost recovery; recovery of costs
recouvrement des intérêts (n.m.)	recovery of interests; interest recovery
recouvrement intégral des coûts (n.m.); récupération intégrale des coûts (n.f.)	full cost recovery
recouvrement interministériel des dépenses (n.m.)	interdepartmental recovery of expenditures
recouvrement partiel des coûts (n.m.)	partial cost recovery
recouvrer; percevoir; collecter (à éviter)	collect (v.)
rectification (n.f.); redressement (n.m.); correction (n.f.)	adjustment[2]
reçu d'achat (n.m.)	purchase receipt
reçu de carte d'achat (n.m.)	acquisition card receipt
reçu officiel (n.m.)	official receipt
récupération des coûts (n.f.); recouvrement des coûts (n.m.)	cost recovery; recovery of costs
récupération intégrale des coûts (n.f.); recouvrement intégral des coûts (n.m.)	full cost recovery

réduction

reddition de comptes (n.f.); obligation redditionnelle (n.f.); responsabilisation (n.f.); imputabilité (à éviter) (n.f.); obligation de rendre compte (n.f.); obligation de rendre des comptes (n.f.)	accountability
redéléguer un pouvoir	redelegate authority
redevance (n.f.)	royalty
redevance d'indemnisation pétrolière (n.f.)	petroleum compensation charge
redressé; après redressement	restated[2]
redressement (n.m.); correction (n.f.); rectification (n.f.)	adjustment[2]
redressement au titre des régimes de retraite (n.m.)	pension adjustment
redressement de change (n.m.)	exchange valuation adjustment
redressement de consolidation (n.m.)	consolidation adjustment
redressement de la provision actuarielle (n.m.)	actuarial liability adjustment
redressement des créditeurs de l'exercice précédent (n.m.); redressement des créditeurs à la fin de l'exercice précédent (vieilli) (n.m.)	adjustment to prior year's payables; adjustment of prior year's payables at year end (obsolete)
redressement législatif (n.m.)	statutory adjustment
réduction de la valeur d'un élément d'actif (n.f.)	write-down of an asset
réduction des dépenses (n.f.); compression des dépenses (n.f.)	expenditure reduction; spending reduction
réduction du déficit (n.f.)	deficit reduction

réduction

réduction globale (n.f.); compression générale (n.f.)	across-the-board cut
réduire; diminuer (la valeur)	write down (v.)
réduire les dépenses; diminuer les dépenses; comprimer les dépenses; couper dans les dépenses; couper les dépenses (à éviter)	cut expenditures; cut spending; curtail spending; restrain spending
réduire les dépenses publiques	reduce government spending
réduire un crédit; retrancher un montant d'un crédit	reduce an appropriation
réduit; révisé à la baisse	revised down
réel (adj.); effectif (adj.)	actual (adj.)
REER; régime enregistré d'épargne-retraite (n.m.)	registered retirement savings plan; RRSP
réévaluation (n.f.)	revaluation
Régime d'assistance publique du Canada (n.m.); RAPC	Canada Assistance Plan; CAP
Régime d'assurance des bateaux de pêche (n.m.); RABP	Fishing Vessel Insurance Plan; FVIP
Régime d'assurance-revenu brut (n.m.); RARB	Gross Revenue Insurance Program; GRIP
régime de pension (n.m.); régime de retraite (n.m.)	pension plan
régime de pension agréé (n.m.); RPA; régime de retraite agréé (n.m.)	registered pension plan; RPP
régime de pension des employés (n.m.); RPE; régime de retraite des employés (n.m.)	employee pension plan; EPP
Régime de pensions du Canada (n.m.); RPC	Canada Pension Plan; CPP

registre

régime de prestations pour anciens combattants (n.m.)	benefit plan for veterans
régime de responsabilisation (n.m.)	accountability regime
régime de retraite (n.m.); régime de pension (n.m.)	pension plan
régime de retraite agréé (n.m.); régime de pension agréé (n.m.); RPA	registered pension plan; RPP
régime de retraite des employés (n.m.); régime de pension des employés (n.m.); RPE	employee pension plan; EPP
régime du budget de fonctionnement (n.m.)	operating budget regime
régime enregistré d'épargne-retraite (n.m.); REER	registered retirement savings plan; RRSP
régime fiscal (à éviter) (n.m.); cadre financier (n.m.)	fiscal framework
régimes de retraite du secteur public (n.m.)	public sector pensions
régimes de retraite et autres comptes (n.m.)	pension and other accounts
registre auxiliaire (n.m.)	subsidiary record
registre d'émission de chèques (n.m.)	cheque-issue register
registre des créances (n.m.)	accounts receivable record
registre des engagements (n.m.)	commitment record; record of commitments
registre des factures (n.m.) (d'un système de gestion financière)	invoice register (of a financial management system)
registre des recettes (n.m.)	revenue record

registres

registres comptables (n.m.); livres et registres (à éviter) (n.m.); livres (n.m.); livres comptables (n.m.); documents comptables (n.m.)	accounting records; records; books; books of account; books and records (avoid)
règlement (n.m.); paiement (n.m.); versement (n.m.)	payment
règlement (n.m.)	regulation
règlement (n.m.)	settlement
Règlement concernant le remboursement de sommes d'argent versées à un fonctionnaire public (n.m.); Règlement sur le remboursement de recettes (n.m.)	Repayment of Receipts Regulations; Regulations Respecting the Repayment of Money Paid to a Public Officer
Règlement de 1990 sur les versements aux successions (n.m.)	Payments to Estates Regulations, 1990
règlement d'une dette (n.m.); remboursement d'une dette (n.m.); acquittement d'une dette (n.m.); paiement d'une dette (n.m.)	discharge of a debt
règlement interministériel (n.m.); RI	interdepartmental settlement; IS
Règlement relatif aux rentes sur l'État (n.m.)	Government Annuities Regulations
Règlement sur la cession des dettes de la Couronne (n.m.)	Assignment of Crown Debt Regulations
Règlement sur la destruction des effets payés (n.m.)	Destruction of Paid Instruments Regulations
Règlement sur la garantie à l'égard des dettes dues à Sa Majesté (n.m.)	Security for Debts Due to Her Majesty Regulations
Règlement sur la radiation des créances (n.m.)	Debt Write-off Regulations
Règlement sur la réception et le dépôt des fonds publics (n.m.)	Receipt and Deposit of Public Money Regulations

relation

Règlement sur l'émission des chèques (n.m.)	Cheque Issue Regulations
Règlement sur le remboursement de recettes (n.m.); Règlement concernant le remboursement de sommes d'argent versées à un fonctionnaire public (n.m.)	Repayment of Receipts Regulations; Regulations Respecting the Repayment of Money Paid to a Public Officer
Règlement sur les avances comptables (n.m.)	Accountable Advances Regulations
Règlement sur les comptes de recettes en fiducie (n.m.)	Revenue Trust Account Regulations
Règlement sur les demandes de paiement (n.m.)	Payment Requisitioning Regulations
Règlement sur les mouvements de dépôt direct (n.m.)	Direct Deposit Regulations
régler par paiement	satisfy by payment
régler un compte; solder un compte	settle an account
régler une dette; acquitter une dette; payer une dette; rembourser une dette	discharge a debt; pay off a debt; settle a debt
règles comptables communiquées (n.f.)	disclosed basis of accounting
règles et méthodes comptables (n.f.); conventions comptables (n.f.)	accounting policies
regroupement des coûts (n.m.)	cost pool
régularisation (n.f.)	adjustment[3]
régulateur de taux (n.m.)	rate-regulator
relation de fiduciaire (n.f.); rapport fiduciaire (n.m.)	fiduciary relationship

relevé

relevé de compte (n.m.); état de compte (n.m.)	statement of account
relevé de paiement (n.m.)	payment list
relevé des dépenses (n.m.)	expenditure statement
remboursable (adj.); rachetable (adj.)	redeemable (adj.)
remboursé (adj.); racheté (adj.)	redeemed (adj.)
remboursement (n.m.); rachat (n.m.)	retirement
remboursement d'avances (n.m.)	repayment of advances; advance repayment
remboursement de chèques (n.m.)	cheque redemption
remboursement de dépenses (n.m.)	refund of expenditures
remboursement de frais (n.m.)	reimbursement of expenses
remboursement de recettes (n.m.)	repayment of receipts
remboursement d'impôt (n.m.); remboursement d'impôt sur le revenu (n.m.)	income tax refund; tax refund; refund of tax
remboursement d'une dette (n.m.); acquittement d'une dette (n.m.); paiement d'une dette (n.m.); règlement d'une dette (n.m.)	discharge of a debt
rembourser une dette; régler une dette; acquitter une dette; payer une dette	discharge a debt; pay off a debt; settle a debt
rembourser un emprunt	repay a loan; pay off a loan
remettre une dette; renoncer à une créance; faire remise d'une dette; faire remise d'une créance; faire grâce d'une dette; renoncer à une dette	forgive a debt; forego a debt; forgo a debt; remit a debt

renonciation

remise (n.f.)	rebate (n.)
remise conditionnelle (n.f.)	conditional remission
remise de dette (n.f.)	remission of a debt
remise de taxes, droits, pénalités et autres dettes (n.f.)	remission of taxes, fees, penalties and other debts
rendement (n.m.)	yield (n.)
rendement des investissements (n.m.); rendement du capital investi (n.m.)	return on investment
rendement du capital investi (n.m.); rendement des investissements (n.m.)	return on investment
rendement financier (n.m.); résultats financiers (n.m.)	financial performance; fiscal performance
rendement moyen (n.m.); taux de rendement moyen (n.m.)	average yield
rendre compte de l'utilisation des fonds publics	account for public money; account for government funds; account for public funds
renoncer à une créance; faire remise d'une dette; faire remise d'une créance; faire grâce d'une dette; renoncer à une dette; remettre une dette	forgive a debt; forego a debt; forgo a debt; remit a debt
renoncer à une dette; remettre une dette; renoncer à une créance; faire remise d'une dette; faire remise d'une créance; faire grâce d'une dette	forgive a debt; forego a debt; forgo a debt; remit a debt
renoncer à une somme	forgive an amount
renonciation à une créance (n.f.); libération de l'emprunteur (n.f.)	forgiveness of a debt

renseignements

renseignements à fournir (n.m.); information (n.f.); information à fournir (n.f.)	disclosure[1]
renseignements financiers à l'échelle de l'administration fédérale (n.m.)	government-wide financial information
renseignements requis par la loi (n.m.)	statutory information
rentabilité (n.f.); efficacité en fonction du coût (n.f.); efficacité par rapport au coût (n.f.); rapport coût-efficacité (n.m.)	cost effectiveness
rente (n.f.)	annuity
rente sur l'État (n.f.)	Government annuity
rentrées (n.f.)	receipts
rentrées de fonds (n.f.); encaissements (n.m.)	cash receipts
rentrées disponibles (n.f.)	respendable receipts
rentrées et autres crédits (n.f.)	receipts and other credits
réorienter une subvention	redirect a subsidy
réparti proportionnellement; établi au prorata; calculé au prorata	prorated
répartir des dépenses	reallocate expenditures
répartir les coûts; ventiler les coûts	allocate costs
répartir une affectation; diviser une affectation	divide an allotment
répartition (n.f.); ventilation (n.f.); imputation (n.f.)	allocation; apportionment; distribution; proration
répartition des coûts (n.f)	cost allocation
répartition des coûts (n.f.)	reallocation of costs

réserver

répartition des dépenses (n.f.)	expenditure reallocation; reallocation of expenditures; spending reallocation
répartition des responsabilités (n.f.); partage des responsabilités (n.m.)	division of responsibilities; sharing of responsibilities
répartition interne des coûts (n.f.)	internal cost distribution
Repenser le rôle de l'État : Rapport d'étape	Getting Government Right: A Progress Report
report automatique (n.m.)	automatic carry-forward
report de fonds (n.m.)	carry-forward of funds
reporté	brought forward
reporté	carried forward
reporter des fonds	carry forward funds
reporter sur	reverse against
réquisition de chèque (à éviter) (n.f.); demande de chèque (n.f.)	cheque requisition; requisition for cheque
réserve de fonctionnement (n.f.)	operating reserve
réserve des priorités (vieilli) (n.f.)	priority reserve (obsolete)
réserve des programmes (vieilli) (n.f.)	program reserve (obsolete)
réserve d'intervention (vieilli) (n.f.)	policy reserve (obsolete)
réserve interne (n.f.)	internal reserve
réserve législative (vieilli) (n.f.)	statutory reserve (obsolete)
réserve pour éventualités (n.f.)	contingency reserve; reserve for contingencies
réserver des fonds; assigner des fonds; affecter des fonds	earmark funds

réserves

réserves de liquidités internationales détenues dans le Compte du fonds des changes (n.f.)	international reserves held in the Exchange Fund Account
réserves nettes des péremptions (n.f.)	reserves-net-of-lapse component
respect des autorisations (n.m.); conformité aux pouvoirs (n.f.); respect des pouvoirs (n.m.); conformité aux autorisations (n.f.)	compliance with authorities
respect des pouvoirs (n.m.); conformité aux autorisations (n.f.); respect des autorisations (n.m.); conformité aux pouvoirs (n.f.)	compliance with authorities
responsabilisation (n.f.); imputabilité (à éviter) (n.f.); obligation de rendre compte (n.f.); obligation de rendre des comptes (n.f.); reddition de comptes (n.f.); obligation redditionnelle (n.f.)	accountability
responsabilité financière (n.f.)	fiscal responsibility
ressource (n.f.)	resource
ressource nette (n.f.); provenance nette (vieilli) (n.f.)	net source
ressources de fonctionnement (n.f.)	operating resources
ressources financières (n.f.); moyens financiers (n.m.)	financial resources; dollar resources
ressources inutilisées (n.m.); ressources non utilisées (n.f.); péremption (n.f.)	lapse[1] (n.)
restriction budgétaire (n.f.); restriction financière (n.f.); contrainte financière (n.f.)	fiscal restraint; fiscal constraint

revendication

restriction financière (n.f.); contrainte financière (n.f.); restriction budgétaire (n.f.)	fiscal restraint; fiscal constraint
restrictions applicables aux achats (n.f.); plafond imposé aux achats (n.m.)	dollar limits of purchases; limitations on purchases
résultat(s) d'exploitation (n.m.) (sociétés d'État)	results of operations (Crown corporations)
résultats escomptés et réels (n.m.); résultats prévus et réels (n.m.)	planned and actual results
résultats financiers (n.m.); rendement financier (n.m.)	financial performance; fiscal performance
résultats prévus et réels (n.m.); résultats escomptés et réels (n.m.)	planned and actual results
résumé financier (n.m.)	financial summary
résumer; condenser; récapituler	summarize
rétention irrégulière (n.f.)	improper retention
retenue de garantie (n.f.)	contractor's holdback; holdback
retenues salariales diverses (n.f.); retenues sur traitements de divers ministères (vieilli) (n.f.)	miscellaneous paylist deductions; miscellaneous departmental paylist deductions (obsolete)
retenues sur traitements de divers ministères (vieilli) (n.f.); retenues salariales diverses (n.f.)	miscellaneous paylist deductions; miscellaneous departmental paylist deductions (obsolete)
retraité; après retraitement	restated[3]
retrancher un montant d'un crédit; réduire un crédit	reduce an appropriation
revendication (n.f.) (Autochtone)	claim[3] (n.) (Native)
revendication foncière (à éviter) (n.f.); revendication territoriale (n.f.)	land claim

541

revendication

revendication territoriale (n.f.); revendication foncière (à éviter) (n.f.)	land claim
revendication territoriale des Autochtones (n.f.)	Native land claim
revendication territoriale globale des Autochtones (n.f.)	comprehensive Native land claim
revenu de retraite lié à l'emploi (n.m.)	employment-related pension income
revenus (n.m.)	revenues[2]
revenus de placement(s) (n.m.)	investment income
révisé à la baisse; réduit	revised down
révisé à la hausse; majoré	revised up
révision d'estimation comptable (n.f.); modification d'estimation comptable (n.f.)	change in accounting estimate
revue annuelle non exigée par la loi (n.f.); revue annuelle non législative (n.f.); revue annuelle non réglementaire (à éviter) (n.f.)	non-statutory annual review
revue annuelle non législative (n.f.); revue annuelle non réglementaire (à éviter) (n.f.); revue annuelle non exigée par la loi (n.f.)	non-statutory annual review
revue annuelle non réglementaire (à éviter) (n.f.); revue annuelle non exigée par la loi (n.f.); revue annuelle non législative (n.f.)	non-statutory annual review
RI; règlement interministériel (n.m.)	interdepartmental settlement; IS
risque associé à un projet (n.m.)	project risk

risque d'erreur très élevé (n.m.); risque d'erreur très grand (n.m.)	highly error-prone
RPA; régime de retraite agréé (n.m.); régime de pension agréé (n.m.)	registered pension plan; RPP
RPC; Régime de pensions du Canada (n.m.)	Canada Pension Plan; CPP
RPE; régime de retraite des employés (n.m.); régime de pension des employés (n.m.)	employee pension plan; EPP

S

s'acquitter d'un engagement; assumer un engagement; se libérer d'un engagement	discharge a commitment
saine gestion financière (n.f.)	sound financial management
Sa Majesté	Crown
Sa Majesté du chef du Canada (n.f.)	Her Majesty in right of Canada
sans objet; s/o; s.o.	not applicable; N/A
santé financière (n.f.)	financial strength
SAP; structure des activités de programme (n.f.)	program activity structure; PAS
sauf instruction contraire (du Conseil du Trésor); à moins de directives contraires	unless otherwise directed; unless otherwise instructed (by the Treasury Board)
SCC; Système de comptabilité centrale (à éviter) (n.m.); Système central de comptabilité (n.m.)	Central Accounting System; CAS

SCT

SCT; Secrétariat du Conseil du Trésor (n.m.)	Treasury Board of Canada Secretariat; Treasury Board Secretariat; TBS
séance de stratégie (n.f.)	strategy session
secrétaire-contrôleur général (n.m.)	Secretary-Comptroller General
Secrétariat du Conseil du Trésor (n.m.); SCT	Treasury Board of Canada Secretariat; Treasury Board Secretariat; TBS
secret budgétaire (n.m.)	budget secrecy
secteur d'activités (n.m.); secteur d'activités du gouvernement (n.m.)	line of business; line of government business; business line
se départir; désinvestir	divest; disinvest
se libérer d'un engagement; s'acquitter d'un engagement; assumer un engagement	discharge a commitment
selon la formule de calcul des droits	on an entitlements basis
selon le principe de la récupération des coûts; en régime de recouvrement des coûts; contre remboursement des frais	on a cost-recovery basis
selon une entente tripartite	on a tripartite basis
selon une formule de calcul des paiements	on a payment basis
semestriel (adj.)	semi-annual (adj.)
sensibilisation à l'importance des résultats (n.f.); sensibilisation aux résultats (n.f.)	bottom(-)line awareness; bottom(-)line consciousness
sensibilisation aux résultats (n.f.); sensibilisation à l'importance des résultats (n.f.)	bottom(-)line awareness; bottom(-)line consciousness
se périmer; être périmé; ne pas pouvoir être reporté; ne pas être utilisé; devenir périmé	lapse[3] (v.)

seuil

service complémentaire de santé (n.m.)	extended health care service
service d'agences de recouvrement (n.m.)	collection agency service
service de contrôle interne (n.m.)	internal control unit
service de dépôt (n.m.)	deposit facility
service de la comptabilité (n.m.); comptabilité (n.f.) (d'un ministère)	accounting office (of a government department)
service de la dette (n.m.)	debt service; debt servicing
service d'émission de chèques (n.m.)	cheque-issue service
service dérivé (n.m.)	derivative service
service de santé assuré (n.m.)	insured health service
service de vérification interne (n.m.); unité de vérification interne (n.f.)	internal audit group
service du budget (n.m.)	budget office
service financé par un crédit net (n.m.)	net-voted service
services de santé et de bien-être (n.m.)	health and welfare services
services facultatifs (n.m.)	optional services
services juridiques (n.m.)	legal services
services professionnels et spéciaux (n.m.)	professional and special services
services publics, fournitures et approvisionnements	utilities, materials and supplies
seuil d'importance relative (n.m.)	materiality level; materiality limit

French	English
SGD; système de gestion des secteurs de dépenses (appellation antérieure) (n.m.); SGSD (appellation antérieure); système de gestion des dépenses (du gouvernement du Canada) (n.m.)	Expenditure Management System (of the Government of Canada); EMS; Policy and Expenditure Management System (formerly called); PEMS (formerly called)
SIF; Stratégie d'information financière (n.f.)	Financial Information Strategy; FIS
signature électronique (n.f.)	electronic signature
signature sur papier (n.f.)	paper signature
simplifié (adj.); rationalisé (adj.)	streamlined (adj.)
SIOC; Système d'information des organismes centraux (n.m.)	Central Agencies Information System; CAIS
situation budgétaire (n.f.)	fiscal position
situation financière (n.f.)	financial position; financial condition; financial situation
situation fiscale (n.f.); contexte fiscal (n.m.)	fiscal environment
SMC; système ministériel de comptabilité (n.m.)	departmental accounting system; DAS
s/o; s.o.; sans objet	not applicable; N/A
société (n.f.)	corporation
société coopérative de crédit centrale (n.f.)	central cooperative credit society
société coopérative de crédit locale (n.f.)	local cooperative credit society
société d'État (n.f.)	Crown corporation
société d'État consolidée (n.f.)	consolidated Crown corporation
société d'État entreprise (n.f.)	enterprise Crown corporation

société d'État entreprise mandataire (n.f.)	agent enterprise Crown corporation
société d'État entreprise non mandataire (n.f.)	non-agent enterprise Crown corporation
société d'État mandataire (n.f.); corporation de mandataire (à éviter) (n.f.)	agent Crown corporation
société d'État mandataire consolidée (n.f.)	consolidated agent Crown corporation
société d'État mère (n.f.)	parent Crown corporation
société d'État mère consolidée (n.f.)	consolidated parent Crown Corporation
société d'État non-entreprise (n.f.)	non-enterprise Crown corporation
société d'État non mandataire (n.f.)	non-agent Crown corporation
société émettrice de la carte d'achat (n.f.); émetteur de la carte d'achat (n.m.)	acquisition card company
solde (n.m.); solde de compte (n.m.)	balance[1] (n.); balance of account; account balance
solde comptable (n.m.)	book balance
solde créditeur (n.m.)	credit balance
solde cumulé (n.m.)	accumulated balance
solde débiteur (n.m.)	debit balance
solde de clôture (n.m.); solde de fermeture (n.m.)	closing balance; ending balance
solde de compte (n.m.); solde (n.m.)	balance[1] (n.); balance of account; account balance
solde de fermeture (n.m.); solde de clôture (n.m.)	closing balance; ending balance

solde

solde de fonctionnement (n.m.); solde d'exploitation (n.m.) (sociétés d'État)	operating balance
solde d'exploitation (n.m.); solde de fonctionnement (n.m.) (sociétés d'État)	operating balance
solde disponible (n.m.)	free balance
solde d'ouverture (n.m.)	opening balance
solde inutilisé (n.m.); solde non grevé (n.m.)	unencumbered balance
solde moyen quotidien (n.m.)	average daily balance; average daily operating balance (obsolete)
solde négligeable (n.m.)	immaterial balance
solde non grevé (n.m.); solde inutilisé (n.m.)	unencumbered balance
solde reporté (n.m.)	balance brought forward
solde reporté (n.m.)	balance carried forward
solder un compte; arrêter un compte; faire la balance d'un compte	balance[2] (v.); balance an account; bring an account into balance; post up an account
solder un compte; régler un compte	settle an account
sommaire de programme (n.m.)	program summary
Sommaire du portefeuille ministériel (n.m.)	Ministry Summary
somme créditée à (n.f.); somme portée au crédit de (n.f.)	amount credited to
somme des dépenses (n.f.); total des dépenses (n.m.); ensemble des dépenses (n.m.)	aggregate of expenditures
somme due (n.f.); montant exigible (n.m.); somme exigible (n.f.); montant dû (n.m.)	amount due; amount owing

soumission

somme en jeu (n.f.); valeur en dollars (n.f.); valeur pécuniaire (n.f.); valeur (n.f.); montant (n.m.); valeur monétaire (n.f.)	dollar value
somme exigible (n.f.); montant dû (n.m.); somme due (n.f.); montant exigible (n.m.)	amount due; amount owing
somme imputée à (n.f.)	amount charged to
somme nette en dollars (n.f.); montant net en dollars (n.m.)	net dollar amount
somme non amortie (n.f.)	unamortized amount
somme portée au crédit de (n.f.); somme créditée à (n.f.)	amount credited to
sommes à payer aux AMG (n.f.)	OGD payables
sommes à recevoir (n.f.); montants à recevoir (n.m.)	amounts receivable
sommes à recevoir des AMG (n.f.)	OGD receivables
sommes reçues après le 31 mars mais applicables à l'exercice (n.f.)	moneys received after March 31 but applicable to the current year
sommes utilisées (n.f.); fonds utilisés (n.m.)	funds paid out; paid-out funds
sortie de fonds (n.f.); débours (n.m.); décaissement (n.m.)	disbursement
souci de l'économie et de l'efficience (n.m.); importance voulue accordée à l'économie et à l'efficience (n.f.); eu égard à l'économie et à l'efficience	due regard for economy and efficiency
soumission (n.f.); offre (n.f.)	tender[1] (n.); bid[1] (n.)

549

soumission

soumission la plus basse (n.f.)	lowest bid; lowest tender
soumissionner	tender^2 (v.); bid^2 (v.)
sources d'encaisse (n.f.)	cash sources
sources hors caisse (n.f.)	non-cash sources
sous-activité (n.f.)	subactivity
sous-affectation (n.f.)	suballotment
sous-catégorie (n.f.)	sub-category
souscripteur (n.m.)	subscriber
souscription (n.f.)	subscription
souscription au capital (n.f.)	capital subscription
souscription au capital appelable (n.f.); souscription au capital sujet à appel (n.f.)	callable share subscription (international banks and international organizations)
souscription au capital appelé (n.f.)	paid-in share subscription (international banks and organizations)
souscription au capital sujet à appel (n.f.); souscription au capital appelable (n.f.)	callable share subscription (international banks and international organizations)
souscription au Fonds monétaire international (n.f.)	subscription to the International Monetary Fund
souscription future au capital appelable (n.f.); souscription future au capital sujet à appel (n.f.)	future subscription to callable share
souscription future au capital appelé (n.f.)	future subscription to paid-in share (international banks and international organizations)
souscription future au capital sujet à appel (n.f.); souscription future au capital appelable (n.f.)	future subscription to callable share

Stratégie

sous-ministre (n.é.)	deputy minister
sous-receveur général (n.m.); sous-receveur général du Canada (n.m.)	Deputy Receiver General; Deputy Receiver General for Canada
sous-sous-activité (n.f.)	sub-subactivity
sous-sous-affectation (n.f.)	sub-suballotment
soustraire; déduire; défalquer	net^2 (v.)
sous-traiter; donner à la sous-traitance; donner en sous-traitance	contract out (v.)
sous-utilisation des crédits (n.f.)	underrun of appropriations
soutien financier (n.m.); appui financier (n.m.); support financier (à éviter) (n.m.); aide financière (n.f.)	financial support; financial assistance; financial aid
SRG; supplément de revenu garanti (n.m.)	guaranteed income supplement; GIS
SRM; Système de rapports ministériels (n.m.)	Departmental Reporting System; DRS
stabilisation des taux (n.f.)	rate stabilization
stock de chèques (n.m.)	cheque stock
stock(s) (n.m.)	inventory
stratégie d'approvisionnement (n.f.)	procurement strategy
stratégie de dépenses (n.f.)	expenditure strategy
stratégie de recettes (n.f.)	revenue strategy
stratégie de réinvestissement (n.f.)	capital reinvestment strategy
Stratégie d'information financière (n.f.); SIF	Financial Information Strategy; FIS

stratégie

stratégie sous-jacente aux consultations budgétaires (n.f.)	budget consultation strategy
structure de budgétisation (n.f.)	budgeting structure
structure de codage financier (n.f.)	financial coding structure
structure de coûts (n.f.)	cost structure
structure de rapport (n.f.)	reporting structure
structure des activités de programme (n.f.); SAP	program activity structure; PAS
structure des crédits (n.f.)	appropriation structure
structure des crédits (n.f.)	vote structure
structure ministérielle (n.f.)	ministerial structure
subvention (n.f.); octroi (à éviter) (n.m.)	grant (n.)
subvention (n.f.)	subsidy
subvention à fin déterminée (n.f.)	restricted-purpose grant
subvention agricole (n.f.); subvention à l'agriculture (n.f.)	agricultural subsidy
subvention à la consommation d'énergie (n.f.)	energy subsidy
subvention à l'agriculture (n.f.); subvention agricole (n.f.)	agricultural subsidy
subvention au transport (n.f.)	transportation subsidy
subvention aux entreprises (n.f.)	grant to business; business grant
subvention d'aide au transport des céréales fourragères (n.f.)	Feed Freight Assistance transportation subsidy
subvention de péréquation (n.f.)	equalization grant
subvention de soutien (n.f.)	sustaining grant; support grant

supporter

subvention d'exploitation (n.f.)	operating grant
subvention directe (n.f.)	direct grant; direct subsidy
subvention en remplacement de l'impôt (n.f.); subvention tenant lieu d'impôt foncier (n.f.); subvention tenant lieu de taxes (n.f.)	grant(-)in(-)lieu of taxes; GILT
subvention législative (n.f.)	statutory grant
subvention non législative (n.f.); subvention non prévue par la loi (n.f.)	non-statutory grant
subvention non prévue par la loi (n.f.); subvention non législative (n.f.)	non-statutory grant
subvention pour remboursement d'un prêt (n.f.)	debt servicing grant
subvention remboursable sous condition (n.f.); prêt à remboursement conditionnel (n.m.); prêt-subvention (n.m.)	forgivable loan
subvention reportée (n.f.)	deferred subsidy
subventions et contributions (n.m.)	grants and contributions
subvention tenant lieu de taxes (n.f.); subvention en remplacement de l'impôt (n.f.); subvention tenant lieu d'impôt foncier (n.f.)	grant(-)in(-)lieu of taxes; GILT
subvention unique (n.f.)	one-time grant
subvention vérifiée (n.f.)	audited grant
supplément de revenu garanti (n.m.); SRG	guaranteed income supplement; GIS
supporter des dépenses; engager des dépenses	incur expenses

supporter

supporter le coût; supporter les frais; assumer le coût; assumer les frais	bear the cost
supporter les frais; assumer le coût; assumer les frais; supporter le coût	bear the cost
support financier (à éviter) (n.m.); aide financière (n.f.); soutien financier (n.m.); appui financier (n.m.)	financial support; financial assistance; financial aid
surestimation d'une dette (n.f.)	overestimate of a debt
sur la valeur; ad valorem; à la valeur	ad valorem
surplus (n.m.) (sociétés d'État); excédent (n.m.); excédent budgétaire (n.m.)	surplus; budgetary surplus; budget surplus
surplus accumulé (n.m.); excédent accumulé (n.m.)	accumulated surplus
surplus d'apport (n.m.)	contributed surplus; paid-in surplus
surplus de caisse (à éviter) (n.m.); excédent de caisse (n.m.); écart de caisse positif (n.m.)	cash overage; cash over
sur une base consolidée nette	on a consolidated net basis
système automatisé d'approvisionnement (n.m.)	automated procurement system
système budgétaire (n.m.); système de budgétisation (n.m.)	budget system; budgeting system; budgetary system
système central de classification (n.m.)	central classification system
Système central de comptabilité (n.m.); SCC; Système de comptabilité centrale (à éviter) (n.m.)	Central Accounting System; CAS

système

système comptable (n.m.)	accounting system
système de budgétisation (n.m.); système budgétaire (n.m.)	budget system; budgeting system; budgetary system
système de classification à l'échelle de l'administration fédérale (n.m.); système de classification gouvernemental (n.m.)	government-wide classification system
système de classification des opérations financières (n.m.)	classification system for financial transactions; financial transactions classification system
système de classification gouvernemental (n.m.); système de classification à l'échelle de l'administration fédérale (n.m.)	government-wide classification system
système de codage (n.m.); système de codage financier (n.m.)	coding system; financial coding system
système de codage des dépenses (n.m.)	expenditure coding system
système de codage financier (n.m.); système de codage (n.m.)	coding system; financial coding system
système de codage intégré (n.m.)	integrated coding system
système de comptabilisation des créances (n.m.); système des comptes débiteurs (n.m.)	accounts receivable system; ARS
Système de comptabilité centrale (à éviter) (n.m.); Système central de comptabilité (n.m.); SCC	Central Accounting System; CAS
système de contrôle (n.m.)	control system
système de contrôle interne (n.m.); contrôle interne (n.m.)	internal control system; internal control
système de gestion des dépenses (du gouvernement du Canada) (n.m.); SGD; système de gestion des secteurs de dépenses (appellation antérieure) (n.m.); SGSD (appellation antérieure)	Expenditure Management System (of the Government of Canada); EMS; Policy and Expenditure Management System (formerly called); PEMS (formerly called)

555

système ───────────────

système de gestion des recettes (n.m.)	revenue management system
système de gestion des secteurs de dépenses (appellation antérieure) (n.m.); SGSD (appellation antérieure); système de gestion des dépenses (du gouvernement du Canada) (n.m.); SGD	Expenditure Management System (of the Government of Canada); EMS; Policy and Expenditure Management System (formerly called); PEMS (formerly called)
système d'enregistrement (n.m.)	logging system
système de paiement à la date d'échéance (n.m.); système PADE (n.m.)	payment on due date system; PODD system
Système de rapports ministériels (n.m.); SRM	Departmental Reporting System; DRS
système des comptes débiteurs (n.m.); système de comptabilisation des créances (n.m.)	accounts receivable system; ARS
système de vérification des comptes (n.m.)	system of account verification; account verification system
Système d'information des organismes centraux (n.m.); SIOC	Central Agencies Information System; CAIS
système financier (n.m.)	financial system
système financier à l'échelle de l'administration fédérale (n.m.)	government-wide financial system
système ministériel de comptabilité (n.m.); SMC	departmental accounting system; DAS
système PADE (n.m.); système de paiement à la date d'échéance (n.m.)	payment on due date system; PODD system

T

TA; accise (n.f.); taxe d'accise (n.f.)	excise tax; ET; excise
tableau comparatif (n.m.); état comparatif (n.m.)	comparative statement
tableau de concordance (n.m.)	crosswalk; crosswalk table; accounting crosswalk
tableau de délégation (n.m.) (des pouvoirs)	delegation chart
taille d'un budget (n.f.)	size of a budget; budget size
talon de paiement (n.m.)	payment stub
tarif (n.m.); tarif douanier (n.m.); tarif des douanes (n.m.)	customs tariff; tariff
tarification (n.f.); établissement d'un taux (n.m.)	rate setting
taux annuel d'inflation (n.m.); taux d'inflation annuel (n.m.)	annual rate of inflation; annual inflation rate
taux croissant (n.m.)	escalating rate
taux d'adjudication (n.m.); taux d'adjudication des bons du Trésor (n.m.)	Treasury bill tender rate; tender rate
taux d'amortissement (n.m.)	depreciation rate; rate of depreciation; amortization rate; rate of amortization
taux de change (n.m.); change (n.m.); cours du change (n.m.); cours (n.m.)	exchange rate; rate of exchange; foreign exchange rate
taux de facturation (n.m.)	billing rate
taux de radiation (n.m.)	write-off rate

taux

taux de recouvrement (n.m.)	collection rate
taux de rendement moyen (n.m.); rendement moyen (n.m.)	average yield
taux d'escompte (n.m.)	bank rate
taux d'imposition (n.m.); taux d'impôt (n.m.)	tax rate; rate of tax; rate of taxation
taux d'inflation annuel (n.m.); taux annuel d'inflation (n.m.)	annual rate of inflation; annual inflation rate
taux d'intérêt (n.m.)	interest rate; rate of interest
taux d'intérêt implicite (n.m.)	implicit interest rate
taux d'intérêt moyen (n.m.)	average interest rate; average rate of interest
taux d'intérêt prévus (n.m.)	interest rate outlook
taux effectif moyen d'intérêt (n.m.)	average effective interest rate
taxe (n.f.)	tax[1]
taxe d'accise (n.f.); TA; accise (n.f.)	excise tax; ET; excise
taxe de vente (n.f.)	sales tax
taxe de vente harmonisée (n.f.); TVH	harmonized sales tax; HST
taxer; imposer	tax[3] (v.)
taxe sur l'énergie (n.f.)	energy tax
taxe sur les produits et services (n.f.); TPS	goods and services tax; GST
TCSPS; Transfert canadien en matière de santé et de programmes sociaux (n.m.)	Canada Health and Social Transfer; CHST

—— **total**

télévirement (n.m.); transfert électronique de fonds (n.m.); TEF; virement électronique de fonds (n.m.); VEF	electronic funds transfer; EFT
tendance en matière de dépenses (n.f.)	expenditure trend
tenir des comptes; tenir les comptes de	keep the accounts of; keep accounts; maintain accounts
tenir des documents comptables	maintain accounting records
tenir les comptes de; tenir des comptes	keep the accounts of; keep accounts; maintain accounts
tenir une piste de vérification	maintain an audit trail
terrains, bâtiments et ouvrages (n.m.)	land, buildings and works
tiers (n.m.)	outside party
tiers (n.m.)	third party
tirer un chèque	draw a cheque
titre (n.m.); titre d'emprunt (n.m.)	certificate of indebtedness
titre de créance (n.m.)	debt instrument[2]
titre d'emprunt (n.m.); titre (n.m.)	certificate of indebtedness
titre d'emprunt portant intérêt (n.m.)	interest-bearing certificate of indebtedness
titre d'État (n.m.)	Government security
titres (n.m.); valeurs (n.f.)	securities
titres détenus en fiducie (n.m.)	securities held in trust
titrisation (n.f.)	securitization
total (n.m.); total global (n.m.); grand total (à éviter) (n.m.); total général (n.m.)	grand total

559

total ───────────────────────────────

total cumulé de l'année (n.m.); cumul annuel jusqu'à ce jour (n.m.); cumul annuel au ... (n.m.); depuis le début de l'exercice; depuis le début de l'année; cumul de l'année (n.m.); cumulatif annuel (n.m.)	year(-)to(-)date; YTD
total des dépenses (n.m.); ensemble des dépenses (n.m.); somme des dépenses (n.f.)	aggregate of expenditures
total des dépenses budgétaires (n.m.); dépenses budgétaires totales (n.f.); ensemble des dépenses budgétaires (n.m.)	total budgetary expenditures
total des dépenses de programme (n.m.); dépenses totales de programme (n.f.)	total program spending
total général (n.m.); total (n.m.); total global (n.m.); grand total (à éviter) (n.m.)	grand total
total global (n.m.); grand total (à éviter) (n.m.); total général (n.m.); total (n.m.)	grand total
totalisation des soldes de comptes (n.f.); addition des soldes de comptes (n.f.)	footing of account balances
totalité des crédits (n.f.); dotation totale (n.f.)	full supply
total par responsabilité (n.m.)	responsibility total
total partiel (n.m.)	subtotal
TPS; taxe sur les produits et services (n.f.)	goods and services tax; GST
traitement (n.f.)	salary
traitement budgétaire (n.m.) (dans les *Comptes publics du Canada*)	budgetary treatment (in the *Public Accounts of Canada*)

Trésor

traiter des opérations	process transactions
transférable (adj.)	transferable (adj.)
transfert aux administrations locales (n.m.)	transfer to local governments
transfert aux non-résidents (n.m.)	transfer to non-residents
transfert aux particuliers (n.m.)	transfer to persons
transfert aux provinces (n.m.)	transfer to provinces
Transfert canadien en matière de santé et de programmes sociaux (n.m.); TCSPS	Canada Health and Social Transfer; CHST
transfert d'affectation (n.m.); virement d'affectation (n.m.)	allotment transfer
transfert de fonds (n.m.)	cash transfer
transfert de particuliers (n.m.)	transfer from persons
transfert de péréquation (n.m.)	equalization transfer
transfert de points d'impôt (n.m.)	tax point transfer
transfert direct (n.m.)	direct transfer
transfert électronique de fonds (n.m.); TEF; virement électronique de fonds (n.m.); VEF; télévirement (n.m.)	electronic funds transfer; EFT
transfert fédéral (n.m.); paiement de transfert fédéral (n.m.)	federal transfer; federal transfer payment
transfert relatif à la santé (n.m.)	health transfer
transparence (n.f.); visibilité (à éviter) (n.f.); clarté financière (à éviter) (n.f.); transparence financière (n.f.)	financial visibility; visibility
Trésor (n.m.); Fonds du revenu consolidé (à éviter) (n.m.); FRC (à éviter)	Consolidated Revenue Fund; CRF

561

trésorerie

trésorerie de l'État (n.f.)	cash position of the Government
trimestriel (adj.)	quarterly (adj.)
TVH; taxe de vente harmonisée (n.f.)	harmonized sales tax; HST
type d'opération (n.m.); nature d'une opération (n.f.)	type of transaction; transaction type

unité de vérification interne (n.f.); service de vérification interne (n.m.)	internal audit group
unité monétaire européenne (n.f.); ECU	European Currency Unit; ECU
utilisation des autorisations (n.f.)	disposition of authorities
utilisation irrégulière (n.f.)	improper handling
utiliser un crédit net	net vote (v.)

valeur (n.f.); montant (n.m.); valeur monétaire (n.f.); somme en jeu (n.f.); valeur en dollars (n.f.); valeur pécuniaire (n.f.)	dollar value
valeur comptabilisée (n.f.); valeur inscrite (n.f.)	recorded value
valeur de rachat (n.f.)	cash surrender value

valeur du marché (n.f.); valeur marchande (n.f.)	market value
valeur en dollars (n.f.); valeur pécuniaire (n.f.); valeur (n.f.); montant (n.m.); valeur monétaire (n.f.); somme en jeu (n.f.)	dollar value
valeur inscrite (n.f.); valeur comptabilisée (n.f.)	recorded value
valeur marchande (n.f.); valeur du marché (n.f.)	market value
valeur monétaire (n.f.); somme en jeu (n.f.); valeur en dollars (n.f.); valeur pécuniaire (n.f.); valeur (n.f.); montant (n.m.)	dollar value
valeur nominale (n.f.)	par value
valeur pécuniaire (n.f.); valeur (n.f.); montant (n.m.); valeur monétaire (n.f.); somme en jeu (n.f.); valeur en dollars (n.f.)	dollar value
valeurs (n.f.); titres (n.m.)	securities
valeurs assimilables à des espèces (n.f.); quasi-espèces (n.f.)	cash equivalents; near-cash assets; near cash
variation (n.f.)	increase or decrease
variation nette (n.f.)	net increase or decrease
variation nette (n.f.)	net change
VEF; télévirement (n.m.); transfert électronique de fonds (n.m.); TEF; virement électronique de fonds (n.m.)	electronic funds transfer; EFT
venir à échéance; arriver à échéance; échoir	come in course of payment
venir à échéance; échoir; arriver à échéance	mature (v.)

vente

vente de biens excédentaires de l'État (n.f.)	disposal of surplus Crown assets
ventilation (n.f.); imputation (n.f.); répartition (n.f.)	allocation; apportionment; distribution; proration
ventiler chronologiquement des comptes; ventiler par antériorité des soldes	age accounts
ventiler les coûts; répartir les coûts	allocate costs
ventiler par antériorité des soldes; ventiler chronologiquement des comptes	age accounts
vérificateur (n.m.); vérificatrice (n.f.)	auditor
vérificateur général (n.m.); VG; vérificateur général du Canada (n.m.)	Auditor General of Canada; Auditor General; AG
vérificateur général adjoint (n.m.); VGA	Assistant Auditor General; AAG
vérificateur général du Canada (n.m.); vérificateur général (n.m.); VG	Auditor General of Canada; Auditor General; AG
vérificateur interne (n.m.); vérificatrice interne (n.f.)	internal auditor
vérification (n.f.)	audit[1] (n.)
vérification dans le secteur public (n.f.); vérification publique (n.f.)	government audit(ing); public sector audit(ing)
vérification de gestion (n.f.); vérification opérationnelle (n.f.)	management audit(ing); operational audit(ing)
vérification de (la) conformité (n.f.); vérification de (la) conformité aux autorisations (n.f.); vérification de (la) conformité aux pouvoirs (n.f.)	compliance audit(ing); compliance with authority audit(ing)

versement

vérification des comptes (n.m.)	account verification; verification of accounts
vérification des contributions (n.f.)	contribution audit
vérification environnementale (n.f.)	environmental auditing
vérification informatique (n.f.)	EDP audit(ing); computer audit(ing)
vérification interne (n.f.)	internal audit
vérification opérationnelle (n.f.); vérification de gestion (n.f.)	management audit(ing); operational audit(ing)
vérification publique (n.f.); vérification dans le secteur public (n.f.)	government audit(ing); public sector audit(ing)
vérification sans préavis (n.f.)	unannounced verification
vérificatrice (n.f.); vérificateur (n.m.)	auditor
vérificatrice interne (n.f.); vérificateur interne (n.m.)	internal auditor
vérifier	audit^2 (v.)
vérifier la conformité; vérifier le respect	monitor compliance
vérifier le respect; vérifier la conformité	monitor compliance
versement (n.m.); règlement (n.m.); paiement (n.m.)	payment
versement anticipé (n.m.); versement par anticipation (n.m.); paiement anticipé (n.m.); paiement par anticipation (n.m.)	advance payment; AP; payment in advance
versement législatif (n.m.); paiement législatif (n.m.)	statutory payment

versement

versement par anticipation (n.m.); paiement anticipé (n.m.); paiement par anticipation (n.m.); versement anticipé (n.m.)	advance payment; AP; payment in advance
versement sans condition (n.m.)	unconditional payment
versements mensuels égaux (n.m.)	equal monthly instalments
verser des fonds dans un compte; déposer des fonds dans un compte	deposit funds in an account
VG; vérificateur général du Canada (n.m.); vérificateur général (n.m.)	Auditor General of Canada; Auditor General; AG
VGA; vérificateur général adjoint (n.m.)	Assistant Auditor General; AAG
virement (n.m.); virement de fonds (n.m.)	transfer[1] (n.); transfer of funds; funds transfer
virement automatique (n.m.); virement automatisé (n.m.); dépôt direct (anglicisme) (n.m.)	direct deposit
virement d'affectation (n.m.); transfert d'affectation (n.m.)	allotment transfer
virement de bénéfices (n.m.)	transfer of profit
virement de fonds (n.m.); virement (n.m.)	transfer[1] (n.); transfer of funds; funds transfer
virement électronique de fonds (n.m.); VEF; télévirement (n.m.); transfert électronique de fonds (n.m.); TEF	electronic funds transfer; EFT
virement entre crédits (n.m.)	inter(-)vote transfer
virement interministériel (n.m.)	interdepartmental transfer
virer; virer des fonds	transfer[2] (v.); transfer funds (v.)
visibilité (à éviter) (n.f.); clarté financière (à éviter) (n.f.); transparence financière (n.f.); transparence (n.f.)	financial visibility; visibility

zéro

voter des crédits	vote supply
voter des crédits provisoires	vote interim supply
voter la dotation totale; voter la totalité des crédits	vote full supply
voter la totalité des crédits; voter la dotation totale	vote full supply
voter un crédit; octroyer un crédit; consentir un crédit; accorder un crédit	grant an appropriation; approve an appropriation

zéro (n.m.); néant (n.m.)	nil

Figure 1
Le système de gestion des dépenses

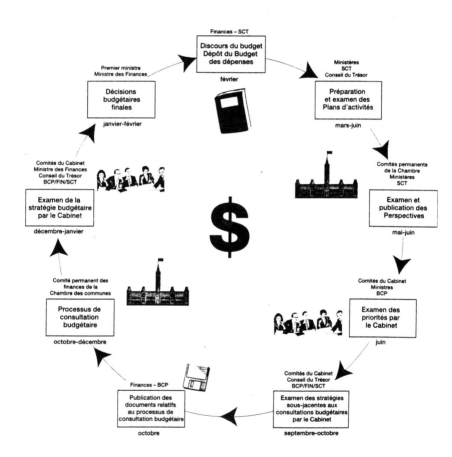

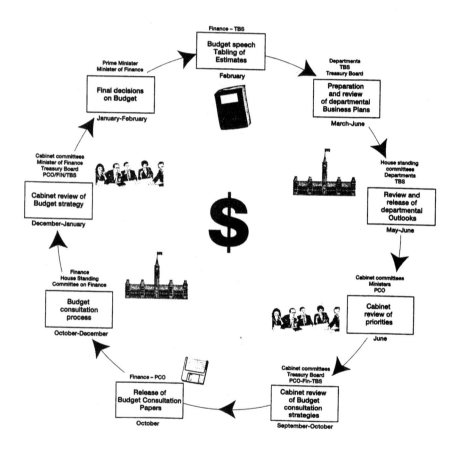

Figure 1
The Expenditure Management System

Bibliographie / Bibliography

Budget. — Ottawa : Ministère des Finances Canada = Dept. of Finance Canada, 1990?-

Budget des dépenses, Partie I. Plan de dépenses du gouvernement. — Ottawa : Approvisionnements et Services Canada, 1981-   . — Titre de la p. de t. addit. : Estimates. Part I. The Government Expenditure Plan

Budget des dépenses, Partie II. Budget des dépenses principal. — Ottawa : Approvisionnements et Services Canada, 1981-   . — Titre de la p. de t. addit. : Estimates. Part II. The Main Estimates

Budget des dépenses, Partie III. Conseil du Trésor du Canada Secrétariat. — Ottawa : Approvisionnements et Services Canada, 1981-   . — Titre de la p. de t. addit. : Estimates. Part III. Treasury Board of Canada Secretariat

Budget des dépenses, Partie III. Ministère des Finances Canada. — Ottawa : Approvisionnements et Services Canada, 1981-   . — Titre de la p. de t. addit. : Estimates. Part III. Department of Finance Canada

Budgets de fonctionnement : guide des gestionnaires. — [Ottawa] : Direction des communications et de la coordination, Conseil du Trésor, 1992. — v, 64, 56, v p. — Titre de la p. de t. addit. : A Manager's Guide to Operating Budgets. — ISBN 0-6625-9233-6

Canada. Bureau des traductions. — Vocabulaire budgétaire, comptable et financier = Budgetary, Accounting and Financial Vocabulary. — Ottawa : Secrétariat d'État du Canada, ©1987. — xii, 433 p. — (Bulletin de terminologie = Terminology Bulletin, 174). — ISBN 0-660-53366-9

Canada. Conseil du Trésor. — Nouvelles orientations : plans d'activités et perspectives ministériels. — [Ottawa] : Conseil du Trésor du Canada, Secrétariat, 1995. — 18, 18 p. — Titre de la p. de t. addit. : New Directions : Departmental Business Plans and Outlooks

Canadian Institute of Chartered Accountants. — CICA Handbook. — Toronto : CICA, [©1968]-   . — 2 vol. (loose-leaf)

Canadian Institute of Chartered Accountants. — Terminology for Accountants. — 4th ed. — Toronto : CICA, ©1992. — x, 234 p. — ISBN 0-88800-317-X

Collier, Linda P. — Vocabulaire des pensions = Pensions Vocabulary. — Ottawa : Secrétariat d'État du Canada, 1990. — xi, 151 p. — (Bulletin de terminologie = Terminology Bulletin, 201). — ISBN 0-660-55784-3

Comptes publics du Canada. — Ottawa : Receveur général du Canada, 1969-   . — 3 vol. — ISSN 0319-3314

"Financial Administration Act, R.S. 1985, c. F-11". Program Management and Comptrollership. Comptrollership = Gestion des programmes et fonction de contrôleur. Fonction de contrôleur. — Ch. 6-1, vol. 2. — Ottawa : Treasury Board of Canada, 1994. — 82 p.

Financial Management. Chart of Accounts = Gestion financière. Plan comptable. — Ottawa : Treasury Board of Canada, 1991-   . — 1 vol. (loose-leaf)

Gagnon, Louiselle ; Skeete, Charles. — Vocabulaire de la vérification publique = Vocabulary of Public Sector Auditing. — Ottawa : Secrétariat d'État du Canada, ©1992. — xiv, 291 p. — (Bulletin de terminologie = Terminology Bulletin, 216). — ISBN 0-660-53366-9

Guide des dispositions financières et des modes de financement. — [Ottawa] : Direction de la planification et des communications, Conseil du Trésor, Secrétariat, ©1995. — v, 36, 32, v p. — Titre de la p. de t. addit. : Guide on Financial Arrangements and Funding Options. — ISBN 0-662-61929-3

Guide pour l'établissement des coûts des extrants au Gouvernement du Canada. — Ottawa : Bureau du Contrôleur général, 1989. — 25, 23 p. — Titre de la p. de t. addit. : Guide to the Costing of Outputs in the Government of Canada

Un guide pour l'établissement du coût de la prestation des services pour les normes de service. — [Ottawa] : Conseil du Trésor, Secrétariat, 1995. — 16, 14 p. — Titre de la p. de t. addit. : A Guide to Costing Service Delivery for Service Standards

Institut Canadien des Comptables Agréés. — Manuel de l'ICCA. — Toronto : ICCA, [1969]-   . — 2 vol. (f. mobiles)

Lascombe, Michel ; Vandendriessche, Xavier. — Les finances publiques. — Paris : Dalloz, 1994. — xi, 151 p. — (Connaissance du droit). — ISBN 2-2470-1761-4

«Loi sur la gestion des finances publiques, L.R. 1985, c. F-11». — Chap. 6-1, vol. 2. — Program Management and Comptrollership. Comptrollership = Gestion des programmes et fonction de contrôleur. Fonction de contrôleur. — Ottawa : Conseil du Trésor du Canada, 1994. — 79 p.

Mekhanter, Joël. — Finances publiques : le budget de l'État. — Paris : Hachette, ©1993. — 160 p. — (Les fondamentaux ; 18). — ISBN 2-01-144900-6

Ménard, Louis ; Arsenault, Murielle ; Joly, Jean-François. — Dictionnaire de la comptabilité et de la gestion financière : anglais-français avec index français-anglais. — Avec la collaboration de Henri Olivier et al. — Montréal : Institut Canadien des Comptables Agréés, 1994. — xxii, 994 p. — ISBN 0-88800-388-9

Péron, Michel et al. — Le Robert & Collins du management : dictionnaire français-anglais, anglais-français = French-English, English-French Dictionary. — Paris : Dictionnaires Le Robert, ©1992. — 1022 p. — ISBN 2-85036-146-1

Program Management and Comptrollership. Comptrollership = Gestion des programmes et fonction de contrôleur. Fonction de contrôleur. — Ottawa : Treasury Board of Canada, 1994-   . — 2 vol. (loose-leaf)

Public Accounts of Canada. — Ottawa : Receiver General for Canada, 1969-   . — 3 vol. — ISSN 0319-3306

Receiver General Directive = Directive du Receveur général. — Ottawa : Supply and Services, [1971?]-   . — 1 vol. (loose-leaf)

Le système de gestion des dépenses du gouvernement du Canada. — [Ottawa] : Direction de la planification et des communications, Conseil du Trésor, ©1995. — iii, 14, 13, iii p. — Titre de la p. de t. addit. : The Expenditure Management System of the Government of Canada. — ISBN 0-662-61552-2

Traduction comptable et budgétaire. — Hull : Direction de la formation et de l'évaluation, Bureau de la traduction, Travaux publics et Services gouvernementaux Canada, 1995. — 180 p. — (DSL-222)

Treasury Board Submissions Guide = Guide des présentations au Conseil du Trésor. — Ottawa : Treasury Board of Canada, 1991-   . — 1 vol. (loose-leaf)

Autres publications du Bureau de la traduction

Bulletins de terminologie

- Additifs alimentaires
- Administration correctionnelle
- Administration municipale
- Administration publique et gestion
- Agriculture
- Bancaire
- Barrages
- Bourse et placement
- Céramiques techniques
- CFAO mécanique
- Conditionnement d'air
- Constitutionnel (Lexique)
- Couche d'ozone
- Cuivre et ses alliages
- Électronique et télécommunications
- Emballage
- Enseignement assisté par ordinateur
- Financement et assurance à l'exportation (Financiamento y Seguro a la exportación)
- Fiscalité
- Génériques en usage dans les noms géographiques du Canada
- Génie cellulaire (structure cellulaire)
- Génie enzymatique
- Génie génétique
- Guerre spatiale
- Hélicoptères
- Industries graphiques
- Intelligence artificielle
- Langage Ada
- Lexique de l'informatique
- Libre-échange
- Logement et sol urbain

Other Translation Bureau Publications

Terminology Bulletins

- Ada Language
- Advanced Ceramics
- Agriculture
- Air-Conditioning
- Artificial Intelligence
- Banking
- CAD/CAM Mechanical Engineering
- Cell Engineering (Cell Structure)
- Collection of Definitions in Federal Statutes
- Computer-Assisted Instruction
- Computer Security and Viruses
- Constitutional (Glossary)
- Copper and its Alloys
- Correctional Administration
- Dams
- Educational Technology and Training
- Electronics and Telecommunications
- Emergency Preparedness
- Enzyme Engineering
- Export Financing and Insurance (Financiamento y Seguro a la Exportación)
- Family Violence
- Federal Statutes (Legal Glossary)
- Food Additives
- Free Trade
- French Nomenclature of North American Birds
- Generic Terms in Canada's Geographical Names
- Genetic Engineering
- Global Warming (Contributors to the Greenhouse Effect)

- Lois fédérales
  (Lexique juridique)
- Lutte intégrée
- Matières dangereuses utilisées au travail
- Micrographie
- Nomenclature française des oiseaux d'Amérique du Nord
- Pensions
- Protection civile
- Quaternaire
- RADARSAT et télédétection hyperfréquence
- Réchauffement climatique (les agents à effet de serre)
- Recueil des définitions des lois fédérales
- Sécurité et virus informatiques
- Sémiologie de l'appareil locomoteur (signes cliniques)
- Sémiologie de l'appareil locomoteur (signes d'imagerie médicale)
- Sémiologie médicale
- Services de santé
- Station spatiale
- Statistique et enquêtes
- Technologie éducative et formation
- Titres de lois fédérales
- Transport des marchandises dangereuses
- Transports urbains
- Vérification publique
- Violence familiale

Collection Lexique

- Aménagement du terrain
- Caméscope
- Chauffage central
- Diplomatie
- Dotation en personnel
- Droits de la personne
- Économie
- Éditique
- Emballage
- Enseignement postsecondaire
- Explosifs
- Géotextiles

- Graphic Arts
- Hazardous Materials in the Workplace
- Health Services
- Helicopters
- Informatics Glossary
- Housing and Urban Land
- Integrated Pest Management
- Medical Signs and Symptoms
- Micrographics
- Municipal Administration
- Ozone Layer
- Packaging
- Pensions
- Public Administration and Management
- Public Sector Auditing
- Quaternary
- RADARSAT and Microwave Remote Sensing
- Signs and Symptoms of the Musculoskeletal System (Clinical Findings)
- Signs and Symptoms of the Musculoskeletal System (Medical Imaging Signs)
- Space Station
- Space War
- Statistics and Surveys
- Stock Market and Investment
- Taxation
- Titles of Federal Statutes
- Transportation of Dangerous Goods
- Urban Transportation

Glossary Series

- Acid Rain
- Camcorder
- Central Heating
- Construction Projects
- Desktop Publishing
- Diplomacy
- Economics
- Explosives
- Financial Management
- Geotextiles
- Graphic Arts
- Human Rights

- Gestion des documents
- Gestion financière
- Immobilier
- Industries graphiques
- Matériel de sécurité
- Mécanique des sols et fondations
- Planification de gestion
- Pluies acides
- Procédure parlementaire
- Projets de construction
- Relations du travail
- Reprographie
- Réunions
- Services sociaux

- Labour Relations
- Management Planning
- Meetings
- Packaging
- Parliamentary Procedure
- Postsecondary Education
- Realty
- Records Management
- Reprography
- Security Equipment
- Site Development
- Social Services
- Soil Mechanics and Foundations
- Staffing

Collection Lexiques ministériels

- Assurance-chômage
- Immigration

Departmental Glossary Series

- Immigration
- Unemployment Insurance

Langue et traduction

- Aide-mémoire d'autoperfectionnement à l'intention des traducteurs et des rédacteurs
- Le guide du rédacteur
- Lexique analogique
- Repères - T/R
- The Canadian Style: A Guide to Writing and Editing
- Vade-mecum linguistique

Language and Translation

Autres publications

- Bibliographie sélective : Terminologie et disciplines connexes

Other Publications

- Selective Bibliography: Terminology and Related Fields

- Compendium de terminologie chimique (version française du *Compendium of Chemical Terminology*)

- Vocabulaire trilingue des véhicules de transport routier
  Trilingual Vocabulary of Road Transport Vehicles
  Vocabulario trilingüe de autotransporte de carga

L'Actualité terminologique

- Bulletin d'information portant sur la recherche terminologique et la linguistique en général. (Abonnement annuel, 4 numéros)

- Index cumulatif (1967-1992)

On peut se procurer toutes les publications en écrivant à l'adresse suivante :

Groupe Communication
 Canada — Édition
Ottawa (Ontario)
K1A 0S9
tél. : (819) 956-4802

ou chez votre libraire local.

Terminology Update

- Information bulletin on terminological research and linguistics in general. (Annual subscription, 4 issues)

- Cumulative Index (1967-1992)

All publications may be obtained at the following address:

Canada Communication
 Group — Publishing
Ottawa, Ontario
K1A 0S9
tel.: (819) 956-4802

or through your local bookseller.

Les termes contenus dans nos vocabulaires et nos lexiques terminologiques ET ENCORE BEAUCOUP PLUS se retrouvent sur

TERMIUM®, la banque de données linguistiques du gouvernement du Canada

- **LE** grand dictionnaire électronique anglais-français, français-anglais!
- Une terminologie à jour dans tous les domaines!
- Plus de trois millions de termes et d'appellations au bout des doigts!
- Des données textuelles : définitions, contextes, exemples d'utilisation, observations.
- Un vaste répertoire d'appellations officielles d'organismes nationaux et internationaux, de titres de lois et de programmes, des abréviations, des sigles, des acronymes, des noms de lieux géographiques, etc.

TERMIUM® est l'outil par excellence pour

- améliorer la précision et l'efficacité de vos communications
- épargner du temps de recherche
- trouver une expression à l'aide de mots-clés

TERMIUM®, c'est aussi une interface conviviale sous Windows • DOS • Macintosh en versions monoposte et réseau.
- Importez des termes de TERMIUM® dans votre document grâce à la fonction couper/coller.

L'outil par excellence pour une rédaction claire et précise!

Obtenez votre disquette de démonstration gratuite!

Téléphone : (819) 997-9727
             1-800-TERMIUM (Canada et États-Unis)
Télécopieur : (819) 997-1993

Courrier électronique : termium@piper.tpsgc.gc.ca

Terms from our terminological vocabularies and glossaries and SO MUCH MORE can be found on

TERMIUM®, the Government of Canada linguistic data bank

- **THE** English-French, French-English electronic dictionary!
- The most up-to-date terminology in all subject fields!
- Over three million terms and names at your fingertips!
- Contextual information: definitions, contexts, examples of usage, observations.
- A wide range of official titles including names of national and international organizations, titles of acts and programs, abbreviations, acronyms, intialisms, geographical names, etc.

TERMIUM® enables you to

- improve the clarity and effectiveness of your communications
- save on research time

TERMIUM® is a user-friendly interface running under Windows • DOS • Macintosh in standalone and network versions.
- Cut and paste terms from TERMIUM® into your text, as easy as 1-2-3.

The definitive writing and editing tool!

Get your free demonstration diskette!

Telephone: (819) 997-9727
            1-800-TERMIUM (Canada and U.S.)
Fax: (819) 997-1993

E-mail: termium@piper.pwgsc.gc.ca

The Canadian Style is an indispensable language guide for editors, copywriters, students, teachers, lawyers, journalists, secretaries and business people—in fact, anyone writing in the English language in Canada today.

It provides concise, up-to-date answers to a host of questions on abbreviations, hyphenation, spelling, the use of capital letters, punctuation and frequently misused or confused words. It deals with letter, memo and report formats, notes, indexes and bibliographies, and geographical names.

In this revised and expanded edition, new chapters give techniques for writing clearly and concisely, editing documents, and avoiding stereotyping in communications. There is even an appendix on how to present French words in an English text.

Revised and Expanded
The Canadian Style
A Guide to Writing and Editing

by Dundurn Press Limited in co-operation with
Public Works and Government Services Canada
Translation Bureau

Catalogue Number S2-158/1996E
Canada: **$23.95***
* Applicable taxes, freight and handling charges extra

Le guide du rédacteur s'est imposé au fil des ans comme un outil irremplaçable pour tous ceux qui écrivent en français.

Nouvellement révisé et augmenté, il expose toutes les techniques possibles pour féminiser un texte, les grandes règles de la correspondance, les principes de la langue claire et simple, et les règles détaillées des références bibliographiques, que la source citée soit imprimée, visuelle ou électronique. Un chapitre entier est consacré aux noms géographiques, des noms d'îles aux noms de pays.

Grâce à sa présentation sobre et à son index très détaillé, Le guide du rédacteur est facile à consulter. Ses longues listes d'exemples en font un guide pratique et complet.

Le guide du rédacteur
Bureau de la traduction

N° de Cat. S53-8/1996F
Canada : **23,95 $***
* Taxes applicables et frais d'expédition et de manutention en sus

To order The Canadian Style, Le guide du rédacteur or other publications of the Translation Bureau:
Pour commander le Canadian Style, Le guide du rédacteur ou toute autre publication du Bureau de la traduction :

Canada Communication Group - Publishing
(819) 956-4800

Groupe Communication Canada - Édition
(819) 956-4800